T0298770

إدارة الموارد البشرية

الدكتور
محفوظ أحمد جودة
عميد كلية الاقتصاد والعلوم الإدارية
جامعة العلوم التطبيقية

دار وائل للنشر

الطبعة الأولى
2010

رقم الإيداع لدى دائرة المكتبة الوطنية : (2010/2/450)

جودة، محفوظ أحمد

إدارة الموارد البشرية/ محفوظ أحمد جودة. -

- عمان: دار وائل للنشر والتوزيع (2010)

(424) ص

ر.إ. : (2010/2/450)

الواصفات: /إدارة الموارد البشرية // إدارة الأفراد// الإدارة العامة// إدارة الأعمال /

* تم إعداد بيانات الفهرسة والتصنيف الأولية من قبل دائرة المكتبة الوطنية

****

رقم التصنيف العشري / ديوي : 352.6

(ردمك) ISBN 978-9957-11-878-5

* إدارة الموارد البشرية
* الدكتور محفوظ أحمد جودة
* الطبعــة الأولى 2010

* جميع الحقوق محفوظة للناشر

دار وائــل للنشر والتوزيع

* الأردن - عمان - شارع الجمعية العلمية الملكية - مبنى الجامعة الاردنية الاستثماري رقم (2) الطابق الثاني

هـاتف : 00962-6-5338410 - فاكس : 00962-6-5331661 - ص. ب (1615 - الجبيهة)

* الأردن - عمـان - وسـط البـلد - مجمـع الفحيص التجــاري- هــاتف: 00962-6-4627627

www.darwael.com

E-Mail: Wael@Darwael.Com

بسم الله الرحمن الرحيم

[يؤتى الحكمة من يشاء ومن يؤت الحكمة فقد أوتي خيراً كثيراً وما يذّكر إلا أولوا الألباب]

صَدَقَ اللَّهُ الْعَظِيمُ

البقرة - الآية 269

الإهـــداء

إلى روحي والدي الطاهرتين...
رب ارحمهما كما ربياني صغيراً

إلى كل من طلب العلم
وكان متعطشاً للمعرفة....

أهدي هذا الكتاب

المؤلف

المقدمة

تحظى الموارد البشرية باهتمام كبير في عالمنا اليوم نظراً للأهمية النسبية لهذه الموارد مقارنة بالموارد الأخرى، وبسبب دورها الفعال في كافة العمليات الانتاجية والبيعية والإدارية والمالية وغيرها.

ان التطورات السريعة في مجال الصناعات والخدمات والتكنولوجيا أدى إلى تغييرات ملموسة في تصميمات الهيكل التنظيمي للمنظمات وبالتالي في احتياجاتها من الموارد البشرية. وهذا ما دعا المؤلف إلى إصدار هذا الكتاب لتدريسه لطلاب البكالوريوس وإعدادهم للخوض في سوق العمل مسلحين بالمعرفة الحديثة وملمين بالتطورات الأخيرة في مجال إدارة الموارد البشرية.

لقد تضمن هذا الكتاب اثنا عشر فصلاً، الأول منها كان عاماً حيث هدف إلى تعريف القارئ بمفهوم إدارة الموارد البشرية وأهميتها وتطورها. أما في الفصل الثاني فقد تناول المؤلف التخطيط الاستراتيجي لإدارة الموارد البشرية، من حيث أهمية تخطيط الموارد البشرية، وخطوات تخطيط الاحتياجات من الموارد البشرية، وكذلك دور إدارة الموارد البشرية في الاستراتيجية العامة للمنظمة وتقييم الأداء المتوازن كأداة من أدوات الرقابة الإستراتيجية.

وتم التطرق في الفصل الثالث إلى تصميم وتحليل الوظيفة، كما أفرد كل من الفصل الرابع والخامس والسادس لدراسة ومعالجة التوظيف بمراحله الثلاثة: الاستقطاب، والاختيار، والتعيين، وكذلك لدراسة وإدارة التدريب والتعويضات بنوعيها المالية وغير المالية. أما بالنسبة للفصل السابع فقد استعرض مفهوم تقييم أداء العاملين من حيث خطوات التقييم، وطرق التقييم، ومشكلات التقييم، بالإضافة إلى الرضى الوظيفي.

خصص الفصل الثامن لدراسة انضباط العاملين وإدارة الحركة الوظيفية حيث بحث في هذا الفصل انضباط العاملين، والتزامهم المؤسسي، والنقل الوظيفي، والترقية، والمسار الوظيفي، وانتهاء الخدمة. وفيما يتعلق بالفصل التاسع فقد تم استعراض جودة حياة بيئة العمل، والعدالة التنظيمية، ومناخ الإبداع، وتمكين الموظفين، والجودة الشاملة

وإدارة الموارد البشرية. وفي الفصل العاشر تم التطرق إلى العلاقات الصناعية والمنازعات الجماعية من حيث مفهوم العلاقات الصناعية وتطور وأهداف النقابات العمالية بالإضافة إلى المنازعات الجماعية وشكاوى العاملين.

أما بالنسبة إلى الفصل الحادي عشر، فقد تطرق إلى مفهوم الصحة والسلامة المهنية ومخاطرها، ومسؤولية تطبيق إجراءات الصحة والسلامة المهنية، وقياس تكرار وشدة الحوادث وكيفية الوقاية منها.

كما تناول الفصل الأخير وهو الفصل الثاني عشر نظام معلومات الموارد البشرية وأهميته ومكوناته، وكذلك كيفية تصميم وتطبيق النظام والصعوبات التي تجابه عملية تطبيق النظام.

يتميز هذا الكتاب عن الكتب الأخرى في إدارة الموارد البشرية بإضافته لموضوعات حيوية كالرضى الوظيفي والعدالة التنظيمية والتنوع الثقافي وتمكين العاملين والتي كان من الضروري بحثها وذلك نظراً لأهميتها على أرض الواقع.

وقد تم في بداية كل فصل وضع الأهداف التعليمية له من أجل تمكين القارئ أن يقيم بعد دراسته للفصل درجة استفادته ومدى ما تم تحقيقه من هذه الأهداف.

وفي الوقت الذي أضع كتابي هذا بين يدي القراء، فأنني آمل أن يساهم هذا الكتاب بإفادتهم في الدراسة الجامعية وفي سوق العمل مستقبلاً.

وفقني الله وإياكم لما فيه الخير

المؤلف
الدكتور محفوظ أحمد جودة
2010

محتويات الكتاب

قائمة الجداول

قائمة الأشكال

رقم الصفحة	عنوان الشكل	رقم الجدول

الفصل الأول
مفهوم إدارة الموارد البشرية وتطورها

The Concept of Human Resource
Management and its Evolution

- تعريف إدارة الموارد البشرية وأهميتها
- تطور إدارة الموارد البشرية
- المهنية وإدارة الموارد البشرية
- تنظيم إدارة الموارد البشرية ونشاطاتها
- الأخلاقيات في العمل
- التحديات أمام إدارة الموارد البشرية

الأهداف التعليمية للفصل

يتوقع من الطالب بعد دراسة الفصل الأول أن يحقق الأهداف التعليمية المرجوة، وذلك بـأن يكون قادراً على :

- تحديد مفهوم إدارة الموارد البشرية وأهميتها .
- فهم العوامل المؤثرة في تحديد الوضع التنظيمي لإدارة الموارد البشرية.
- شرح تطور إدارة الموارد البشرية.
- توضيح نشاطات إدارة الموارد البشرية في المنظمة.
- إقرار ضرورة الالتزام بالأخلاقيات في العمل.

الفصل الأول
مفهوم إدارة الموارد البشرية وتطورها

تعريف إدارة الموارد البشرية وأهميتها

تحتاج المنظمة إلى العديد من الموارد البشرية والمادية والمالية والتقنية والمعلوماتية وذلك لأجل تحقيق رسالتها والوصول إلى أهدافها. وتعد الموارد البشرية من أهم الموارد التي تحتاجها المنظمة فالموارد الأخرى لا تعمل بدون تدخل الموارد البشرية من إدارة وعاملين.

وبسبب ظهور العولمة وإزالة الحواجز بين الدول وتطور وسائل الاتصال وتكنولوجيا المعلومات، فقد ازدادت الحاجة إلى توفير موارد بشرية كفؤة ومؤهله تضطلع بمسؤولياتها بالشكل المطلوب. وبالتالي ظهرت هناك حاجة إلى إدارة الموارد البشرية لتتولى استقطاب واختيار وتوظيف الموارد البشرية الكفؤة، والإشراف على تدريبها وتحفيزها ومتابعة أدائها.

يمكن النظر إلى الموارد البشرية Human Resources من جانبين:

1- الجانب المجتمعي الكلي، حيث يتضمن مفهوم الموارد البشرية كافة العاملين في القطاع العام والخاص بالإضافة إلى العاطلين عن العمل والقادرين عليه والراغبين فيه.

2- الجانب المنظمي الجزئي، حيث يتضمن المفهوم كافة العاملين فيما يتعلق بمهاراتهم وطاقاتهم ومؤهلاتهم وأدائهم، بالإضافة إلى المتوقع انضمامهم إلى المنظمة من خلال استقطاب وجذب المرشحين للعمل.

تتباين وجهات نظر العلماء والممارسين في تحديد مفهوم إدارة الموارد البشرية، حيث يعود هذا التباين إلى الخلفية العلمية لهؤلاء العلماء والممارسين وإلى خبراتهم العملية في هذا المجال. تعرف برنوطي [1] إدارة الموارد البشرية بأنها عملية الاهتمام بكل ما يتعلق

---

(1) برنوطي، سعاد نائف، **إدارة الموارد البشرية – إدارة الأفراد**، عمان، دار وائل للنشر والتوزيع، 2007، ص17.

بالموارد البشرية التي تحتاجها أية منظمة لتحقيق أهدافها، وهذا يشمل اقتناء هذه الموارد، والإشراف على استخدامها، وصيانتها والحفاظ عليها، وتوجيهها لتحقيق أهداف المنظمة وتطويرها.

ويشير ديسلر [2] إلى ان إدارة الموارد البشرية عبارة عن مجموعة من الممارسات والسياسات المطلوبة لتنفيذ مختلف الأنشطة المتعلقة بالنواحي البشرية التي تحتاج إليها الإدارة لممارسة وظائفها على أكمل وجه.

أما De Nisi and Griffin [3] فيعرفان إدارة الموارد البشرية بأنها مجموعة الأنشطة الادارية والمهام المتعلقة بتطوير القوى العاملة والحفاظ على قدرتها وتأهيلها بطرق تساهم في فعالية المنظمة.

كما ويعرف Aswathappa [4] إدارة الموارد البشرية بأنها وظيفة إدارية تساعد المدراء على استقطاب واختيار وتدريب وتطوير الأعضاء في المنظمة. وتهتم إدارة الموارد البشرية بالبعد الإنساني في المنظمات.

ان إدارة الموارد البشرية هي نشاطات يتم بموجبها الحصول على الأفراد اللازمين للمنظمة من حيث العدد والنوعية التي تخدم اغراضها، وترغبهم في البقاء بخدمتها، وجعلهم يبذلون أكبر قدر ممكن من طاقاتهم وجهودهم لتحقيق أهداف المنظمة. وفي سبيل ذلك تقوم المنظمة بتنمية قدراتهم وطاقاتهم ومساعدتهم في أن يقدموا أقصى انتاجهم كمجموعة عمل متعاونة. كما انها تبحث في توفير شروط عادلة للتوظيف، وظروف عمل مرضية للجميع. وهي تعمل على وضع القواعد السليمة لمعاملة العنصر البشري معاملة انسانية تحترم فيها مشاعره وتسانده في تحقيق آماله وتطلعاته، وفي تقديم يد العون له في حل مشاكله الخاصة والمتعلقة بالعمل. [5]

(2) ديسلر، جاري، **إدارة الموارد البشرية**، ترجمة محمد سيد أحمد عبد المتعال، ومراجعة عبد المحسن عبد المحسن جودة، الرياض، دار المريخ، 1430هـ ، 2009م ، ص ص 34-35 .

(3) De Nisi, Angelo, S. , and Ricky W. Griffin, **Human Resources Management, Boston**, Houghton Mifflin Company, 2001, p.4 .

(4) Aswathappa, K., **Human Resources and Personnel Management. Text and Cases**, 3rd Edition, New Delhi, Tata McGraw-Hill Publishing Company Limited 2002, p.4.

(5) www.Hrm-group.com/article76.html

وبناء عليه فانه يمكن القول بأن ادارة المـوارد البشـرية تقـوم بتخطيط احتياجـات المنظمـة مـن المـوارد البشرية وتوفيرها بالمؤهلات والخبرات المطلوبة وفي الوقت المناسب، بالإضافة إلى تدريبها وتحفيزها والمحافظة عليها.

قد يخلط البعض بين مصطلحي إدارة شؤون الموظفين Personnel Management وإدارة الموارد البشرية Human Resources Management ، الا ان هناك فروق أساسية بينهما، حيث أن وظائف إدارة الموارد البشرية تتضمن وظائف أخرى كالرعاية الصحية والرفاه والعلاقات الصناعية بالإضافة إلى الوظائف التقليدية لإدارة شـؤون الموظفين.

كما أن دور المسؤولين في إدارة شؤون الموظفين يتعلـق بتطبيـق إجـراءات محـددة، بينما في ظـل ادارة الموارد البشرية يتوسع دورهم ليشمل صياغة إستراتيجية الموارد البشرية وتنفيذها .

ويـذكر Beardwell and Claydon [6] أن العديد مـن الـذين يعتقـدون بوجـود هـذه الفـروق بـين المصطلحين، يرون بأن إدارة الموارد البشرية مفهوم متقدم على إدارة شؤون الموظفين. ان حكومة المملكـة المتحـدة قدمت مصطلح إدارة شؤون الموظفين على أنه غير مستعمل، من خلال ما ذكرته دائرة التوظيـف بـأن الكثـير مـن المنظمات تستبدل ممارسات شؤون الموظفين القديمة بسياسات جديدة في إدارة الموارد البشرية تركـز عـلى تطويـر مهارات وقدرات كل موظف. [7]

ويرجع الكبيسي [8] انتشار تسمية إدارة الموارد البشرية خلال عقد التسعينات مـن القـرن العشريـن إلى إبراز الموارد البشرية كطاقة وكمورد أساسي في المنظمات تفوق أهميته الموارد الماديـة والاقتصـادية التـي تـدخل في عملية الإنتاج. كما يوسع هذا المصطلح مضمون القوى العاملة بشمول طاقات بشرية أخرى بعد تأهيلها أو إعـادة تأهيلها وتشغيلها

(6) Beardwell, Julie and Tim Claydon, **Human Resource Management**, 5th Edition, Pearson Prentice-Hall, UK, 2007, p. 12.

(7) Employment Department, "People, Jobs and Opportunity", UK Government White Paper, 1992.

(8) الكبيسي، عامر خضير، **ادارة الموارد البشرية في الخدمة المدنية**، القاهرة: المنظمة العربية للتنمية الادارية، بحوث ودراسات، 2005، ص ص8 ، 9 .

ضمن القوى العاملة، والمقصود بذلك شريحة العاطلين عن العمل والمعوقين وغيرهم. ويضيف الكبيسي ان مصطلح الموارد البشرية يبرز كذلك أهميتها على المستوى القومي، وينبه الى ضرورة تحقيق التوازن في توزيع العمالة على مختلف القطاعات والمنظمات.

أما فيما يتعلق باستخدامات مصطلح إدارة الموارد البشرية فانه يمكن التنوية إلى أن المصطلح قد يشير إلى:

إدارة الموارد البشرية كأنشطة يتم ممارستها لأجل توفير الموارد البشرية وتطويرها والحفاظ عليها.

إدارة الموارد البشرية كوحدة إدارية تؤدي هذه الأنشطة كجزء من وظائف المنظمة.

إدارة الموارد البشرية كمهنة قائمة بذاتها، حيث هناك العديد من الجمعيات المهنية التي تجمع في عضويتها ممارسي الموارد البشرية.

إدارة الموارد البشرية كتخصص علمي، حيث ان هناك العديد من الجامعات التي تمنح شهادة البكالوريوس والماجستير والدكتوراه في الموارد البشرية.

إدارة الموارد البشرية كبرنامج تدريبي تنظمه وتنفذه الكثير من المعاهد المتخصصة ومراكز التدريب.

وتعتبر ادارة الموارد البشرية في المنظمة ذات أولوية كبيرة في تنشيط وتفعيل إدارة الجودة الشاملة إذ ان توفر المهارات والكفاءات البشرية وتدريبها وتطويرها وتحفيزها من أهم الركائز التي تساعد المنظمة في تحقيق أهدافها، كما أن تحقيق النجاح الهادف يستدعي كل الاهتمام والعناية اللازمة بالموارد البشرية بدءاً من عملية الاختيار والتعيين وتقييم الأداء وبرامج التدريب والتطوير وأساليب التحفيز، والمشاركة والتعاون وإظهار صورة العمل الجماعي بغرض تحقيق التحسن المستمر في الأداء.[9]

وفي معرض الكلام عن تعريف إدارة الموارد البشرية فانه ينبغي التمييز بين ثلاثة مفاهيم أساسية:

---

(9) خضير، كاظم حمود، **إدارة الجودة الشاملة**، ط3 ، عمان، دار المسيرة للنشر والتوزيع والطباعة، 2007، ص99.

1- **مفهوم العمل** [10] : يشير مصطلح العمل Job إلى مجموعة من الوظائف أو مجموعة من الواجبات والمسؤوليات التي تؤدي بواسطة مجموعة من الأفراد. ومعنى ذلك ان العمل يتضمن عدة وظائف ترتبط فيما بينها في صورة عدد من الواجبات والمسؤوليات، ويتضمن العمل وفق هذا المفهوم جانبين:

1. مجموعة من الوظائف تتضمن واجبات ومسؤوليات ومعارف متقاربة ومترابطة.
2. مجموعة من الواجبات والمسؤوليات التي قد يعهد بها إلى فرد واحد أو عدة أفراد.

2- **مفهوم الوظيفة** : الوظيفة Position هي عبارة عن مجموعة من الواجبات والمسؤوليات التي تحددها السلطة المختصة، وتتطلب فيمن يقوم بها توفر مؤهلات واشتراطات معينة. [11]

3- **مفهوم المهنة** : تتعلق المهنة Profession بمجموعة من القواعد والشروط والضوابط والمعايير، حيث تتطلب المهنة الاعداد والتعليم والتدريب الفني، كما أنها تتطلب معارف ومهارات محددة، ومن المهن المتعارف عليها التعليم والمحاسبة والهندسة والطب والإدارة.

أما من حيث أهمية إدارة الموارد البشرية فان نشاطات ادارة الموارد البشرية تعد ذات أهمية كبيرة للمنظمة حيث ان العنصر البشري هو الأهم ضمن عناصر الانتاج، ومن خلال ادارة الموارد البشرية يتم جذب واستقطاب العنصر البشري المؤهل وتدريبه وتحفيزه. ويذكر بلوط [12] في هذا المجال ان الأفراد العاملين في مختلف نشاطات المنظمة هم أهم الموارد، وبالتالي فمن واجب المنظمة ان تعمل على تزويدهم بكافة الوسائل التي تمكنهم من القيام بأعمالهم لما فيه مصلحتها ومصلحتهم.

(10) أبو بكر ، مصطفى محمود، **الموارد البشرية: مدخل تحقيق الميزة التنافسية**، الاسكندرية، الدار الجامعية: 2008.
(11) حجازي، محمد حافظ، **إدارة الموارد البشرية**، الطبعة الاولى، الاسكندرية، دار الوفاء لدنيا الطباعة، 2007، ص115 .
(12) بلوط، حسن إبراهيم، **إدارة الموارد البشرية من منظور استراتيجي**، بيروت، دار النهضة العربية، 2002، ص18.

على الرغم من وجود إدارة متخصصة في المنظمة لممارسـة نشـاطات ادارة المـوارد البشـرية الا أن كـل مـدير يقـوم بممارسة نشاطاً ذا علاقة بالعنصر البشري في المنظمة بشكل مباشر أو غـير مبـاشر . ومـن الأنشـطة الشـائعة التـي يمارسها أي مدير في المنظمة: المشاركة في اختيار موظفيه الجدد، وارشاد الموظفين وتوجيههم، وتـدريب المرؤوسـين بالنصح والارشاد والملاحظة، بالإضافة الى تقييم المرؤوسين.[13]

لقد أشارت الدراسـات والبحـوث في مجال الادارة إلى أهميـة المـوارد البشـرية وبالتـالي فعـلى المنظمـة الاهتمام بها ورعايتها نظراً لدورها في فاعلية أداء المنظمة ونجاحها في تحقيق أهدافها. بالإضافة إلى ذلك فان تكلفة العنصر البشري تشكل نسبة عالية نسبياً من التكاليف الكلية وخاصة في مجال المنظمات الخدمية.

وليس أدل على أهمية الموارد البشرية من اهتمام جوائز الجودة الشاملة العالمية وتضمينها هذه الموارد في معاييرها، ففي جائزة الملك عبد الله الثاني لتميز الأداء الحكومي والشفافية، كـان معيـار الأفـراد أحـد المعـايير الخمسة للجائزة: معيار القيادة، معيار الأفراد، معيار العمليات، معيار المعرفة، ومعيار المالية.

ويفحص معيار الأفراد جهود المؤسسة في بناء والمحافظة على بيئة عمل داعمة تشجع الأداء المتميز على المستويين الشخصي والمؤسسي، كما يُقيم مدى فاعلية المؤسسة في المجالات التالية:[14]

تطبيق سياسات توظيف عادلة وشفافة ونظام مكافآت لحفز الموظفين.

وضع خطط لتوفير العمالة الضرورية لمواجهة الطلب الحالي والمتوقع.

تنفيذ برامج تدريب وتطوير الموظفين بشكل يلبي الاحتياجات المؤسسية.

تصميم وتنفيذ برامج تعزز رضا الموظفين وتشجعهم على البقاء في أعمالهم.

ويوضح الشكل التالي معيار الأفراد كأحد المعايير الخمسة للجائزة.

---

(13) المرهضي، سنان غالب رضوان، **مبادئ إدارة الأعمال وتأسيس الاعمال الصغيرة**، صنعاء، مركز الأمين للنشر والتوزيع، 2006، ص267 .

(14) معايير جائزة الملك عبدالله الثاني لتميز الأداء الحكومي والشفافية، الأردن، www.kaa.jo .

الشكل رقم (1)
ثقافة التميز وأسس الممارسات ومعايير جائزة الملك عبد الله الثاني لتميز الاداء الحكومي والشفافية

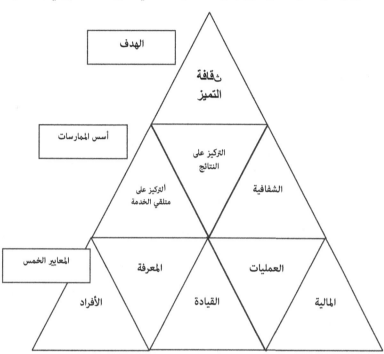

Source : www.kaa.jo

أما في جائزة بالدريج الوطنية للجودة والتي تأسست في الولايات المتحدة الأمريكيـة عـام 1987 بهـدف تعزيز التنافسية في المنظمات الامريكية، فقد كان معيار ادارة وتطوير الموارد البشرية أحد المعايير الرئيسة السبعة، ويوضح ذلك الشكل التالي:

الشكل رقم (2)
معايير جائزة بالدريج الوطنية للجودة

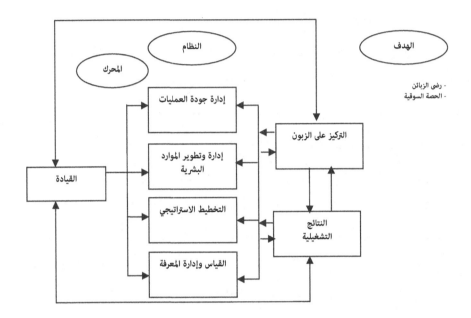

وفي المعيار المتعلق بادارة وتطوير الموارد البشرية ينبغي على المنظمة المتقدمة للجائزة ان تناقش وتقدم الدلائل على وجود نظم العمل، وتعليم وحفز الموظفين فيها، وكذلك رفاهية ورضى هؤلاء الموظفين. واما بالنسبة للجائزة الاوروبية للجودة European Foundation for Quality Model (EFQM) فيمثل معيار الأفراد معياراً رئيساً كأحد العناصر الممكنة في الجائزة.
كما ان نتائج الأفراد تحتل معياراً رئيساً في النتائج لأي منظمة من المنظمات التي تشترك في الجائزة.

ويوضح الشكل التالي الاطار العام لعناصر نموذج التميز EFQM

الشكل رقم (3)

عناصر نموذج التميز EFQM

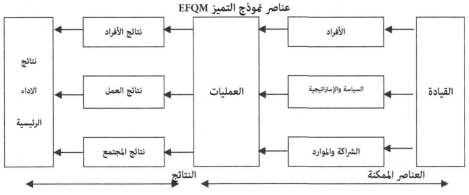

يناقش معيار الأفراد كيفية تخطيط الموارد البشرية وادارتها وتنميتها، بالإضافة إلى كيفية تحديد مستوى معرفة وكفاءة العاملين والعمل على تطويرهم والاحتفاظ بهم. كما يناقش المعيار كذلك كيفية تحقيق اندماج العاملين وتمكينهم وايجاد تفاعلاً جيداً بين العاملين والمنظمة، وكذلك كيفية مكافأة العاملين والاعتراف بانجازاتهم ورعايتهم.

تطور إدارة الموارد البشرية

لم تصل إدارة الموارد البشرية إلى مفهومها الحالي إلا بعد مرورها بسلسلة من الأحداث والتطورات البارزة. لقد كان للثورة الصناعية في القرن الثامن العشر أثرها في انتشار المصانع وتغيير طرق الانتاج حيث استتبع ذلك ظهور التكتلات العمالية والاتحادات المنظمة للدفاع عن مصالح العمال، وكذلك وجود مشكلات عمالية كثيرة مما تطلب ضرورة وجود ادارات معينة لحل هذه المشكلات ولتنظيم العلاقة بين اصحاب العمل والعاملين.

ومع بدايات القرن العشرين ظهرت مدرسة الادارة العلمية والتي يعتبر فردريك تايلور الاب الروحي لها، حيث اهتمت بالآلة اكثر من اهتمامها بالعنصر البشري، ونظرت الى الانسان نظرة بسيطة واعتبرته كائن اقتصادي أي يمكن التأثير على سلوكه من خلال الحوافز المادية. وقد قدم تايلور دراسة الحركة والزمن لأجل توفير الوقت وزيادة الانتاجية. بالاضافة إلى التأكيد على ضرورة التخصص في العمل.

كما ظهرت كذلك المدرسة البيروقراطية لماكس فيبر حيث اعتمدت على التخصص وتقسيم العمل والتسلسل الهرمي للسلطة وركزت على اختيار العاملين وفق معايير موضوعية وضرورة وجود قواعد وإجراءات واضحة.

وكرد فعل لمدرسة الادارة العلمية ظهرت حركة العلاقات الانسانية لتؤكد على العنصر البشري، حيث أجريت دراسات على العاملات في مصانع Western Electric بشيكاغو / ولاية إلينوي كان الهدف منها معرفة تأثير بعض المتغيرات المادية كالاضاءة والرطوبة وظروف العمل على انتاجية العامل. وقد اظهرت نتائج الدراسة وجود علاقة ضعيفة بين تلك العوامل والانتاجية، وفي نفس الوقت كشفت الدراسة عن نتائج أخرى تتعلق أهمها بدور الجماعات غير الرسمية في المنظمة في تحديد سلوك الفرد وان المنظمة هي كيان اجتماعي بالإضافة الى كونها نظام فني، بالإضافة إلى أنها كشفت وجود علاقة قوية بين الأسلوب الديمقراطي في الإدارة والإنتاجية. كما كشفت الدراسة عن أثر الحوافز المعنوية بالإضافة إلى الحوافز المادية في زيادة مستوى دافعية الفرد للعمل.

وقد مهدت حركة العلاقات الانسانية لظهور مدرسة العلوم السلوكية وعلم النفس وعلم النفس الاجتماعي وعلم النفس الصناعي وعلم الاجتماع وعلم الإنسان.

لقد نظر إتباع المدرسة السلوكية الى الفرد باعتباره اكثر تعقيداً من ان يكون كائن اقتصادي كما افترضت مدرسة الإدارة العلمية ومن ان يكون كائن اجتماعي كما رأت حركة العلاقات الإنسانية. فالمدرسة السلوكية تركز على دراسة طبيعة العمل نفسه الذي يقوم به الفرد والى أي مدى يلبي حاجة الفرد الى استغلال إمكاناته وقدراته ومهاراته.[15]

(15) حريم، حسين، **مبادئ الادارة الحديثة**، عمان: دار الحامد للنشر والتوزيع، 2006 ، ص ص63-64 .

وقد كان للاتجاهات والأساليب والمداخل الإدارية الحديثة كمدخل النظم والمدخل الكمي وأسلوب الإدارة بالأهداف، وفلسفة إدارة الجودة الشاملة الأثر الفعال في تعزيز مفهوم إدارة الموارد البشرية وجودة مخرجاتها.

وساعد على ظهور إدارة الموارد البشرية عدة عوامل من أهمها التطور الصناعي الذي ساعد على ظهور التنظيمات العمالية حيث بدأت تظهر المشكلات والصراعات بين الإدارة والموارد البشرية.

كما أن انتشار وسائل الاتصالات والانترنت أدى إلى زيادة وعي الموارد البشرية وارتفاع مستواها التعليمي والثقافي مما تطلب وجود متخصصين في إدارة الموارد البشرية للتعامل مع هذه المعطيات الجديدة. ومما عزز الحاجة الى وجود إدارة الموارد البشرية كذلك زيادة التدخل الحكومي وإصدار قوانين العمل المنظمة للعلاقة بين الإدارة والموظفين.

المهنية وإدارة الموارد البشرية

هناك طلب متنامي من قبل الكثير من المنظمات على توظيف متخصصين في ادارة الموارد البشرية، وهذه المنظمات على استعداد لدفع مرتبات عالية ومزايا كثيرة لهؤلاء المتخصصين. والسؤال الذي يتبادر إلى الذهن الآن: هل تعد إدارة الموارد البشرية مهنة Profession كالمحاماة والهندسة والمحاسبة؟

في الواقع يعتبر غالبية المفكرين والباحثين في إدارة الموارد البشرية انها مهنة قائمة بحد ذاتها حيث قد يعود ذلك الى عدة أسباب أهمها:

إدارة الموارد البشرية علم مستقل له أصوله ومبادؤه وقواعده، ويدرس في العديد من الجامعات كتخصص يمنح الدارس فيه شهادة البكالوريوس أو الماجستير أو الدكتوراه.

عمومية إدارة الموارد البشرية، فالمدير الناجح في ادارة الموارد البشرية في بنك يمكن ان ينجح كمدير لادارة الموارد البشرية في مستشفى أو في شركة تأمين بنفس القدرة والكفاءة التي يمتلكها.

إنشاء جمعيات مهنية لادارة الموارد البشرية والتي ينضم اليها الآلاف من العاملين في إدارة الموارد البشرية، حيث تضع الكثير منها شروطاً لعضويتها وتنشر مجلة دورية تتضمن ابحاثاً لأعضائها، وتعقد امتحانات محددة قبل منح شهادتها.

نشر دستور اخلاقي Code of Ethics لممارسي إدارة الموارد البشرية، حيث يتضمن هذا الدستور الأخلاقي المبادئ والقيم التي يجب إتباعها عند ممارسة نشاطات إدارة الموارد البشرية.

تنظيم إدارة الموارد البشرية

تعد ادارة الموارد البشرية من وظائف المنظمة إذ انها تقوم بدورها من خلال تقديم خدماتها المتعلقة باستقطاب وتوفير الموارد البشرية والإشراف على تدريبها وتأهيلها إلى مختلف وظائف المنظمة ودوائرها. وهناك عدة عوامل تؤثر في تحديد الوضع التنظيمي لإدارة الموارد البشرية أهمها:

1- حجم المنظمة: كلما زاد حجم المنظمة تطلب ذلك اعطاء أهمية أكبر لدور ادارة الموارد البشرية مما يؤدي إلى اتساع الادارة وتعدد نشاطاتها.

2- طبيعة العمل: يختلف تنظيم ادارة الموارد البشرية في منظمات الخدمات كالمصارف والفنادق والمطاعم وشركات الطيران عنه في المنظمات الانتاجية.

3- تنوع النشاطات: ان تنوع نشاطات المنظمة أو عدم تنوعها يفرض عليها التزامات باستحداث نشاطات جديدة داخل ادارة الموارد البشرية أو نشاطات داخل وظائف المنظمة الأخرى.

4- كثافة المورد البشري: تتباين المنظمات في استخدامها للعنصر البشري، وكلما ارتفع مستوى الاعتماد على عنصر العمل البشري بالنسبة للموارد الأخرى تطلب الأمر وجود قسم متخصص أو دائرة متخصصة في تخطيط المورد البشري وتحفيزه ومتابعة أدائه.

5- نظرة الادارة العليا إلى أهمية إدارة الموارد البشرية: فاذا كان هناك اهتمام أكبر من الادارة العليا ونظرة بتركيز أكبر على ادارة الموارد البشرية، يؤدي ذلك الى اعطاء دور اكبر لادارة الموارد البشرية.

6- مدى الانتشار الجغرافي للمنظمة: فالمنظمة التي تمتلك فروع عديدة داخل الدولة أو خارجها تحتاج إلى مواقع تنظيمية لادارة الموارد البشرية قد تختلف عن المنظمة التي ليس لديها فروع.

أما من حيث موقع ادارة الموارد البشرية في الهيكل التنظيمي فترتبط ادارة الموارد البشرية عادة بالادارة العليا ويتفرع عنها عدة ادارات أو أقسام فرعية متخصصة بكل نشاط من نشاطات ادارة الموارد البشرية.

ويوضح الشكل التالي مثالاً على موقع إدارة الموارد البشرية ضمن الهيكل التنظيمي:

الشكل رقم (4)

موقع إدارة الموارد البشرية ضمن هيكل تنظيمي لمنظمة متوسط الحجم

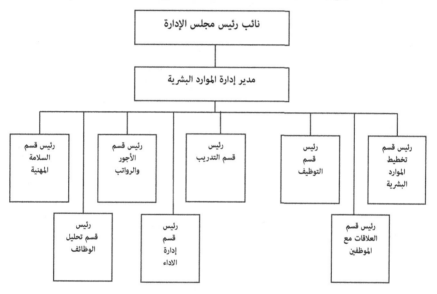

وتزداد الأقسام المذكورة في الشكل أعلاه أو تنقص تبعاً لوضع العوامل المؤثرة في تحديد الوضع التنظيمي المذكورة سابقاً.

فاذا نظرنا الى الهيكل التنظيمي التالي نجد ان هناك توسعاً اكبر في التخصصـات الاقسـام مـما يعـود الى زيادة حجم المنظمة أو اتساع عملياتها ونشاطاتها[16]:

الشكل رقم (5)

موقع إدارة الموارد البشرية ضمن هيكل تنظيمي لمنظمة كبيرة الحجم

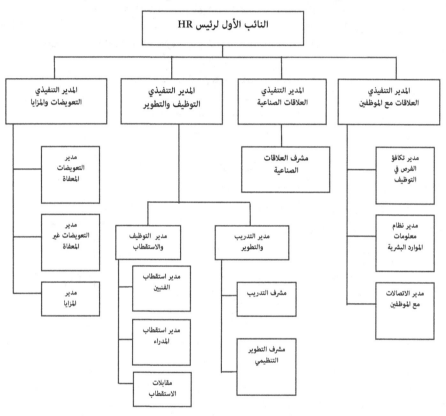

Source: Fisher, Cynthia D., Lyle F. Schoen Feldt, and James B. Shaw, **Human Resources Management**, 4th ed., USA, Houghton Mifflin Co., 1999, p. 41 بتصرف

---

(16) Fisher, Cynthia, D., Lyle F. Schoen Feldt and James B. Shaw, **Human Resources Management**, 4th Ed., USA, Houghton Mifflin Co., 1999, P. 41

ويذكر ديسلر [17] ان ادارة الموارد البشرية عموماً تقوم بثلاث وظائف أساسية تتمثل فيما يلي:

1- **الوظيفة التنفيذية A Line Function** : حيث يقوم مدير الموارد البشرية في البداية بممارسة الوظيفة التنفيذية من خلال التوجيه والاشراف على نشاطات الموظفين داخل دائرته. ومن ثم فهو يمارس سلطة تنفيذية على موظفي القسم. بالإضافة إلى ذلك فانه يمارس نوع من السلطة الضمنية Implied Authority والتي تتولد نتيجة الاتصال المباشر بين مدير الموارد البشرية والادارة العليا بالمنظمة وذلك فيما يتعلق بالموارد البشرية مثل عقد الاختبارات. ونتيجة لذلك فانه ينظر الى مديري الموارد البشرية على أن اقتراحاتهم تمثل أوامر عليا، ويجب على المشرفين تنفيذها.

2- **الوظيفة التنسيقية Coordinative Function** : إذ يعمل مديرو الموارد البشرية كمنسقين للنشاطات المتعلقة بالعنصر البشري. وعادة ما يشار إلى هذه النشاطات بأنها نوع من "الرقابة الوظيفية" والذي يتم من خلالها قيام مدير الموارد البشرية بتوفير المعلومات اللازمة للادارة العليا لتتأكد من خلالها من سلامة تنفيذ أهداف الموارد البشرية.

3- **وظيفة تنمية وتكوين الكفايات Staff Function** : تتضمن هذه الوظيفة تقديم النصح والمشورة للمديرين التنفيذيين فيما يخص نشاطات التعيين والتدريب وتقييم الأداء ومنح الأجور والمكافآت والترقيات وانهاء خدمات الموظفين. هذا بالاضافة الى ان هذه الوظيفة تتعلق بادارة بعض برامج المزايا والخدمات كالتأمين الصحي والتأمين ضد الحوادث، والاحالة للتقاعد والاجازات. ولذلك فان هذه الوظيفة تساعد المديرين التنفيذيين في سعيهم نحو الالتزام بالمساواة في إتاحة فرص التوظيف وبالتالي عدم مخالفة القوانين. كما تلعب دوراً هاماً في التعامل مع مشكلات العاملين وشكاواهم وتنمية علاقات عمل جيدة في المنظمة.

---

(17) ديسلر، جاري ، المرجع السابق، ص 38 .

تنعكس أهداف إدارة الموارد البشرية على نشاطاتها الرئيسة، حيث تسعى من خلال تنفيذ هـذه النشـاطات إلى الوصول لتحقيق الاهداف الموضوعة. ويذكر سالم [18] ان المهام الرئيسة المناطة بالموارد البشرية تختلـف مـن منظمة إلى أخرى، ويرجع ذلك لأسباب عديدة منها حجم النشاط وطبيعة عمل المنظمة والفكر السائد لدى الادارة العليا.

ويمكن تلخيص أهم نشاطات إدارة الموارد البشرية بما يلي:

1- التنبؤ باحتياجات المنظمة من الموارد البشرية للفترات القادمة ووضع الخطط اللازمة لذلك.

2- تحليل الوظائف في المنظمة وتصميمها، فلأجل تعيين الأفراد وفق أسس موضوعية فان ذلك يتطلـب وضع مواصفات لاداء الوظيفة وكذلك دراسة محتويات الوظيفة ووضع وصف وظيفي لها.

3- استقطاب واختيار وتوظيف الأفراد والمؤهلين لشغل الوظائف الشـاغرة، وتتضـمن عمليـة التوظيـف استقطاب المرشحين واختيار الأفضل مـنهم في ظل المـؤهلات المطلوبـة وطبيعـة الوظيفـة الشـاغرة، بالاضافة الى تعيين وتثبيت الذين تم اختيارهم. وتعتبر هذه الوظيفة من أهم وظائف المـوارد البشـرية حيث انه اذا تم توظيف الشخص الملائم والمؤهل فان ذلك يـنعكس عـلى اداء ذلك الشـخص وبالتـالي على أداء المنظمة.

4- تحديد الرواتب والأجور حيث ان للأجور دور هـام في اسـتقرار الموظف وتحفيـزه لبـذل المزيـد مـن الجهود فتحقيق العدالة في تحديد هيكل الأجور وظيفة أساسية لادارة الموارد البشرية.

5- تحديد حركة الموظفين عن طريق الترقية والنقل من دائرة الى أخرى أو من فرع إلى آخر، بالإضافة إلى تنفيذ الاجراءات المتعلقة بانتهاء خدمات العاملين سواء بالاستقالة أو الفصل من الخدمة أو الاحالة إلى التقاعد أو الضمان الاجتماعي.

---

(18) سالم، محمود يحيى، **الموارد البشرية: المعنى والتطبيق**، القاهرة، مكتبة مدبولي، 2008، ص14

6- تقييم أداء العاملين وسلوكهم بالاسترشاد بآراء رؤسائهم في العمل وتقارير تقييم الأداء التي يرفعونها الى إدارة الموارد البشرية، فعملية تقييم الاداء لها تأثير على زيادات الموظفين وترقيتهم ونقلهم الى دوائر أخرى أو حتى قد تؤثر العملية على انهاء خدماتهم.

7- التدريب والتطوير، حيث يتم التركيز على زيادة المعلومات ورفع مستوى المهارات المطلوبة لأداء الوظيفة. فالموظفين المؤهلين ينبغي رفع مستواهم من التأهيل والكفاءة لأسباب عديدة من أهمها ضرورة مواكبة التطور التكنولوجي في الأجهزة والمعدات وطرق العمل.

8- الصحة والسلامة المهنية، فالصحة والسلامة المهنية للموظفين تهم ادارة المنظمة بالدرجة الاولى وذلك يرجع لأسباب عديدة منها تخفيض عدد حوادث العمل والتي يترتب على زيادتها خسارة كبيرة في الأموال وربما في الأرواح. وبالتالي فعلى المنظمة توفير مكان العمل وظروف العمل المناسبة للموظفين وعليها ايضا القضاء على أية أخطار قد تواجه الموظفين اثناء العمل.

9- العلاقات مع الموظفين، حيث تتضمن إدارة الموارد البشرية نشاطات تتعلق بالتعامل مع موظفي المنظمة والعمل على تحسين العلاقات معهم، وكذلك تفعيل الاتصالات والتأكد من اتباع سياسة الباب المفتوح. كما يتضمن هذا النشاط إعداد وتوزيع كتب الموظفين الجدد وتوعية العاملين بالقوانين والأنظمة السائدة.

10- العلاقات الصناعية، فهناك منظمات في الدول المتقدمة تخضع الكثير من القضايا فيها الى شروط فرضتها عليها نقابة قوية. وفي هذه المنظمات تتغير مسؤوليات ادارة الموارد البشرية لتصبح ادارة العلاقة مع النقابة وتتغير بالتالي اهتماماتها. [19] وتدار العلاقات مع النقابة بنوع من المرونة حتى تتصف بالتعاون وتبادل الآراء حيث يتم إتباع أساليب عديدة منها المفاوضات الجماعية بهدف التوصل الى حلول مقبولة.

---

(19) برنوطي، سعاد نائف، المرجع السابق، ص 25 .

11- الاحتفاظ بسجلات وبيانات خاصة بالموظفين والوظائف مثل الشهادات العلمية وشهادات الخبرة العملية للموظفين، وكذلك الوصف الوظيفي، ومواصفات شاغل الوظيفة.

12- إجراء البحوث والدراسات في مجالات ادارة الموارد البشرية كمسوحات الأجور في سوق العمل، ودراسات الرضى الوظيفي للموظفين ومستوى روحهم المعنوية واتجاهاتهم وأسباب خروجهم من العمل بالمنظمة.

هذا ومن الضروري ان تقوم ادارة الموارد البشرية في أي منظمة بمتابعة القوانين الجديدة وتعديلات القوانين الحالية، والعمل على تطبيق ما جاء فيها وبما يتعلق بادارة الموارد البشرية. كما يتعين على ادارة الموارد البشرية مراجعة وتحديث وتطوير سياسات الموارد البشرية بما يتناسب مع التغيرات في البيئة الخارجية.

الاخلاقيات في العمل

تشير الاخلاقيات في العمل Ethics at Work الى مجموعة المبادئ التي تسيّر سلوك الفرد في المنظمة، فتحدد السلوك المقبول من السلوك غير المقبول.

ويشير Baccarani [20] الى الاخلاقيات في العمل فيقول بأنها تصف الاطار الذي يحدد السلوك الصحيح بالمقارنة مع السلوك الذي يعتبر غير صحيح. أما Dessler [21] فيعرف الاخلاقيات بانها مبادئ السلوك التي تتحكم بالفرد أو بالجماعة من حيث تحديد المعايير المستخدمة في اداء السلوك الصحيح.

هناك معضلة اخلاقية Ethical Dilemma تتعلق بتحديد ما هو السلوك الصحيح وما هو السلوك غير الصحيح. فقد يكون هناك سلوكاً معيناً يتصف بأنه قانوني، لكن في نفس الوقت يمكن ان ينظر اليه على أنه غير أخلاقي Illegal فانهاء خدمات موظف

---

(20) Baccarani, Clandio, "What Does Ethical Behavior Mean in Management Activities", **The TQM Journal**, Vol. 20, No. 2 , 2008, pp. 145-146 .

(21) Dessler, Gary, **Human Resource Management**, 11th Ed., USA, Pearson Prentice-Hall, 2008, p. 51.

استمرت خدمته في المنظمة لمدة أربعين عاماً مع إعطائه فترة إنذار لمدة أسبوعين أو شهر (حسب القانون) قد يعتبر عملاً غير أخلاقي على الرغم من أنه قانوني.

كما يمكن أن يكون السلوك غير قانوني وغير أخلاقي كالضغوطات التي يتعرض لها رجال البيع من مدرائهم لأجل زيادة ايرادات المبيعات مما يضطرهم الى الضغط الزائد على العملاء لأجل الشراء، أو حتى الى المبالغة في زيادة مبلغ الفاتورة بدون وجه حق، ولو بمبالغ قليلة.

وينبغي أن يهتم كافة الأطراف المعنية في المنظمة (العاملين، والعملاء، والموردين، وغيرهم) بالأمور الاخلاقية بالإضافة إلى اهتمامهم بالأمور القانونية. فكافة الأطراف المعنية يهمها الممارسات الاخلاقية للمنظمة وتركز على السلوك الاخلاقي فيها.

تبلورت دراسات الأخلاقيات بظهور المدرسة السلوكية إذ أكدت هذه المدرسة على ان الاطار العام لاخلاقيات الادارة يتكون بفعل عوامل ذاتية وخارجية. وعليه فان انسياق الفرد ضمن اخلاقية عمل معينة هو نتاج عملية اجتماعية وتكييف بيئي وفقاً للحاجات الاجتماعية والقيم والميول والمعتقدات الدينية والعقائدية والتجارب والمواقف المختلفة التي يمر بها، الى جانب تأكيد البعض على ان عملية التطبيع الاجتماعي تتم من خلال انسياق الفرد ضمن نمط معين من اخلاقيات العمل عندما يتلاءم ذلك النمط مع ذات الفرد من جهة والبيئة التي يعمل ويتفاعل معها من جهة أخرى. [22]

قد تختلف الاخلاقيات بين منظمة وأخرى وبين دولة وأخرى، فليس هناك حدوداً فاصلة Clearcut بين العمل الاخلاقي وغير الاخلاقي في بعض الجوانب، كالتسويق الاخضر والحفاظ على البيئة وغيرها. ان عدم الحفاظ على البيئة قد يعد خرقاً للقانون وسلوكاً غير أخلاقي في كثير من الدول، الا انه لا يعتبر كذلك في دول أخرى، وبالتالي فقد يقوم المساهمين في منظمة معينة بالضغط على ادارة المنظمة لاجل عدم الاستثمار في بلدان لا تحافظ على البيئة.

---

(22)   الدوري، زكريا مطلك، واحمد علي صالح، إدارة الأعمال الدولية: منظور سلوكي واستراتيجي، عمان، دار اليازوري العلمية للنشر والتوزيع، 2009 ، ص 433 .

أما فيما يتعلق بمصادر أخلاقيات المنظمة، فيمكن ايجازها فيما يلي: [23]

1- اخلاقيات المجتمع Societal Ethics

يعتبر الناس ان اخلاقيات المجتمع هي اخلاقياتهم الداخلية، فاخلاقيات المجتمع وعاداته وممارساته وأعرافه غير المكتوبة تؤثر في اخلاقيات الفرد والمنظمة.

2- اخلاقيات المهنة Professional Ethics

اخلاقيات المهنة هي القواعد والقيم الاخلاقية التي يستخدمها مجموعة من الأفراد لمراقبة كيفية ادائهم للمهام او استخدامهم للموارد. فالاخلاقيات الطبية تتحكم بالطريقة التي يتوقع من الاطباء والممرضات ان يمارسونها في أداء أعمالهم، حيث يتوقع من الأطباء ان يعملوا وفق مصلحة المريض، وليس وفق مصالحهم الشخصية.

3- اخلاقيات الفرد Individual Ethics

هي المعايير الشخصية التي يستخدمها الأفراد لاستمرار تفاعلهم مع الآخرين وتتبلور هذه الاخلاقيات نتيجة التنشئة الاجتماعية للفرد في بيئته ومع أصدقائه وفي الجامعة والعمل.

4- اخلاقيات المؤسسون الأوائل والادارة العليا

ان للمؤسسين الأوائل والإدارة العليا تأثيراً موجهاً لاخلاقيات العمل، ويعتقد Fraedrich وآخرون [24] ان ثقافة المنظمة واخلاقيات العمل في كثير من المنظمات تتأثر كثيراً بشخصيات وآراء المؤسسين والادارة العليا.

وتظهر أهمية اخلاقيات العمل وقيمه في عدة جوانب، ومن أهم هذه الجوانب عندما يجد الموظف نفسه محصوراً بين مصالحه الشخصية وواجباته الوظيفية، وعندما يتم تقديم المصالح الخاصة على المصالح العامة، أو عندما يستغل الموظف العام وظيفته لتحقيق مصالح شخصية. [25]

(23) Jones, Gareth, **Organizational Theory, Design and Change**, 5ᵗʰ Ed., USA, Pearson Prentice Hall, 2007 , pp. 46-47.

(24) Fraedrich, J., J. Cherry, J. King & C. Guo, "An Empirical Investigation of the Effects of Business Ethics Training. **Marketing Education Review**, 15 (3) 2005, pp. 27-35.

(25) حمادات، محمد حسن محمد، **قيم العمل والالتزام الوظيفي لدى المديرين والمعلمين في المدارس**، عمان، دار الحامد للنشر والتوزيع، 2006، ص35.

وفي معرض حديثنا عن الاخلاقيات في العمل فانه لا بد أن نعرج على موضوع ميثاق العمل الاخلاقي أو كما يسميه البعض الدستور الاخلاقي Code of Ethics والذي هو عبارة عن مستند يدون الإطار الاخلاقي الذي يتوقع من العاملين أو من أعضاء الجمعيات المهنية ان يعملوا على هداه وان يلتزموا به.

تقوم غالبية المنظمات والجمعيات المهنية والعلمية باصدار دستور اخلاقي لاعضاءها، وحتى نعطي القارئ فرصة للاطلاع على ذلك، نورد فيما يلي نصوص دستور اخلاقي لجمعية ادارة الموارد البشرية في Hutchinson Kansas[(26)]:

(26) www. hutchshrm.org/ethics.htm

جمعية ادارة الموارد البشرية
الدستور الأخلاقي

كعضو في جمعية ادارة الموارد البشرية فانني أتعهد بما يلي:

- العمل ضمن أفضل معايير السلوك المهني والشخصي.
- بذل الجهود لتطوير نفسي في مجال ادارة الموارد البشرية.
- دعم غايات الجمعية وأهدافها فيما يتعلق بتطوير مهنة ادارة الموارد البشرية.
- تشجيع المنظمة التي أعمل لديها على الاهتمام بالمساواة بين الموظفين ومعاملتهم بعدالة.
- بذل الجهود لجعل المنظمة التي أعمل لديها تحقق أرباحاً مالية ومن خلال دعم وتشجيع التوظيف الفعال.
- غرس الثقة في نفوس الموظفين والجمهور وذلك فيما يتعلق بسلوك ادارة المنظمة ونواياها.
- الولاء للمنظمة التي أعمل لديها والسعي لتحقيق أهدافها بشكل يتوافق مع المصلحة العامة.
- تأييد كافة القوانين والانظمة الداخلية المتعلقة بنشاطات المنظمة والالتزام بها.
- الامتناع عن استغلال المركز الوظيفي للحصول على امتيازات خاصة أو جني أي ربح أو فائدة شخصية من وراء ذلك.
- المحافظة على سرية المعلومات التي أحصل عليها.
- العمل على تحسين الفهم العام لدور ادارة الموارد البشرية.

Source: www. Hutchshrm. Org/ ethics. htm.

قد يجد المفكرين صعوبة في تحديد مواصفات السلوك الاخلاقي من غير الاخلاقي، وقد اجتهد العديد من هؤلاء المفكرين والدارسين لاخلاقيات العمل، ومنهم Velasquez [(27)] الذي اقترح خمسة مداخل أساسية لتحديد المعايير الاخلاقية في هذا المجال:

1- المدخل المنفعي The Utilitarian Approach

يؤكد بعض المتخصصين في مجال اخلاقيات العمل بأن العمل الاخلاقي هو ذلك العمل الذي يحقق المنفعة الأكبر والضرر الأقل للمتأثرين به من العملاء، والموظفين، والمساهمين، والمجتمع، والبيئة. وبالتالي فهذا المدخل يركز على النتائج بالدرجة الأولى.

2- مدخل الحقوق The Rights Approach

كما يؤكد متخصصون آخرون في اخلاقيات العمل بان العمل الاخلاقي هو ذلك العمل الذي يشكل حماية أكبر لحقوق المتأثرين بالعمل. ومن بين هذه الحقوق حق اختيار اسلوب الحياة والحق في الحصول على المعلومات الصادقة والحق في عدم تعرضه للايذاء والحق في تمتعه بالخصوصية اللازمة.

3- مدخل العدالة The Justice Approach

العمل الاخلاقي هو العمل الذي يعامل الجميع بعدالة، فالمنظمة تمنح رواتب أعلى للذين يبذلون جهوداً أكبر في المساهمة بتحقيق أهداف المنظمة.

4- المدخل العام الجيد The Comman Good Approach

يعتقد الفلاسفة اليونانيين بأن الحياة في المجتمع جيدة في حد ذاتها وبالتالي فان أعمالنا يجب أن تساهم في استمرار هذه الحياة الجيدة. ويقترح هذا المدخل باعتبار العلاقات المتداخلة في المجتمع أساساً للمنطق الاخلاقي، وبالتالي يهتم المدخل بالظروف التي تساهم في زيادة رفاهية كل فرد في هذا المجتمع، وقد يتضمن ذلك النظام القانوني، وأجهزة الشرطة، والدفاع المدني، والرعاية الصحية، ونظام التعليم العام.

---

(27) Velasquez, M., "A Framework for Thinking Ethically" **Issues in Ethics 1**(2), Winter 1998.

5- مدخل الفضيلة   The Virtue Approach

ينص المدخل القديم في الاخلاقيات على ضرورة تناسق الاعمال الاخلاقية مع الفضائل المثلى والتي تسعي إلى تطور البشرية، هذه الفضائل هي عبارة عن عادات وسلوكيات تمكننا من التصرف ضمن اطار من القيم. ومن أهم الأمثلة على الفضائل: الامانة، والشجاعة، والكرم، والصبر، والعدل، وضبط النفس.

أما من حيث دور إدارة الموارد البشرية في هذا المجال، فلا شك ان لادارة الموارد البشرية دوراً أساسياً في غرس ونشر الثقافة الاخلاقية في المنظمة وذلك من خلال عدة وسائل أهمها:

1- **الاختيار والتعيين:** تسعى عملية الاختيار والتعيين إلى تعيين الافراد المؤهلين الذين ينسجمون في اتجاهاتهم وقيمهم واخلاقياتهم مع قيم المنظمة واخلاقيات العمل فيها. وهناك العديد من الاختبارات التي تقيس اخلاقيات الفرد المتقدم للوظيفة كاختبارات الامانة والنزاهة.

2- **تدريب الموظفين:** تجابه الموظفين معضلات أخلاقية قد يجدون صعوبة في فهمها والتوصل إلى إجابات مقنعة بشأنها، وهناك الكثير من المنظمات التي تقدم دورات تدريبية ترفع من مهارات المشاركين في استخدام الاطار الاخلاقي (كالدستور الاخلاقي) في حل المشكلات بطرق اخلاقية. كما ان هناك الكثير من الجامعات تجعل الاخلاقيات أحد المواضيع التي تتضمنها دورة تطوير أداء أعضاء هيئة التدريس فيها.

3- **العدالة في معاملة الموظفين:** ضرورة وجود الدقة والموضوعية في عملية تقييم الأداء التي تعتمد عليها، في كثير من الأنظمة، الزيادات السنوية وفرص الترقية. بالإضافة إلى ذلك فمن الضروري وجود أنظمة التحفيز التي تكافئ السلوك الأخلاقي وتعاقب السلوك غير الأخلاقي.

وتقوم بعض المنظمات بتعيين ضابط أخلاق Ethics Officer مهمته المساهمة في نشر المبادئ الأخلاقية في المنظمة والعمل على توجيه الموظفين نحو السلوك الاخلاقي

في تعاملاتهم، بالاضافة إلى اجراء التحقيقات الضرورية في المخالفات الاخلاقية والسلوك غير الاخلاقي الذي يمارسه بعض الموظفين.

التحديات أمام ادارة الموارد البشرية

تواجه ادارة الموارد البشرية الكثير من التحديات وخاصة في ظل تطور أهداف وعمليات ادارة الموارد البشرية وتعقد عملياتها. ومن أهم تلك التحديات:

التطور التكنولوجي الذي استتبع اجراء تغييرات في الهياكل التنظيمية والبناء التنظيمي للمنظمات.

التنوع الثقافي والذي يعود إلى الفروقات المدركة بين العاملين من حيث العمر، والتخصص في العمل، والمهنة، والجنس وغير ذلك.

الظروف الاقتصادية السائدة من رواج أو كساد، واذا استعرضنا نتائج الازمة الاقتصادية العالمية، يمكن ان نعرف مدى تأثيرها على ادارة الموارد البشرية. وقد اعلنت بعض الشركات الكبيرة مثل جنرال موتورز عن نيتها إلغاء عشرة آلاف وظيفة خلال عام 2009، كما أعلنت شركة نيسان فيها تسريح ألفي عامل خلال الفترة المقبلة.

منح العاملين امتيازات لم تكن موجود سابقاً كالتأمين الصحي ورعاية الأطفال والمساعدات التعليمية، مما أثر على زيادة تكلفة العاملين.

نشر المعرفة والابتكار، وهو ما يتطلب ضرورة توزيع ونشر المعارف والأفكار المبتكرة بين الفروع المختلفة للمنظمة بغض النظر عن منشأها أو مصدرها.[28]

انتشار تطبيق ادارة الجودة الشاملة بعد منتصف القرن العشرين، وما صاحب ذلك من ظهور مفاهيم جديدة كاندماج العاملين، وتمكين العاملين، وأداء العمل الصحيح من المرة الأولى.

ضرورة وضع استراتيجية ادارة الموارد البشرية والتي تعد جزء لا يتجزأ من استراتيجية المنظمة.

(28) الدوري، زكريا مطلك، واحمد علي صالح، المرجع السابق، ص261 .

الازدياد المضطرد في أعداد العاملين في المنظمات نتيجة لكبر حجم المنظمات وبروز الشركات متعددة الجنسية.

تطور وسائل الاستقطاب والاختيار والتعيين، وخاصة بعد انتشار استخدام الانترنت في عقد الامتحانات وإجراء المقابلات.

ويجب ان لا يغيب عن بالنا تأثير المنافسة في العرض والطلب على الموارد البشرية في ادارة الموارد البشرية، وخاصة بعد زيادة اعداد الخريجين من مختلف التخصصات وارتفاع معدلات البطالة في كثير من الدول.

أسئلة للمناقشة

1- عرف إدارة الموارد البشرية مع الاشارة إلى استخدامات مصطلح ادارة الموارد البشرية.

2- حدد المقصود بما يلي:

مفهوم العمل

مفهوم الوظيفة

مفهوم المهنة

3- تكلم باسهاب عن أهمية ادارة الموارد البشرية مع الاستعانة بمعايير جوائز الجودة العالمية.

4- وضح هل يمكن اعتبار ادارة الموارد البشرية مهنة كباقي المهن.

5- صف أهم نشاطات إدارة الموارد البشرية.

6- تكلم عن ضرورة الالتزام بالاخلاقيات في العمل.

7- اشرح باسهاب مصادر أخلاقيات المنظمة.

8- تكلم عن ماهية المداخل الأساسية لتحديد المعايير الاخلاقية.

9- تواجه ادارة الموارد البشرية الكثير من التحديات. اشرح باسهاب هذه التحديات.

الفصل الثاني
التخطيط الاستراتيجي لإدارة الموارد البشرية
Strategic Human Resource Management

أولا: تخطيط الاحتياجات من الموارد البشرية

- ماهية وأهمية تخطيط الموارد البشرية.
- خطوات تخطيط الاحتياجات من الموارد البشرية.

ثانيا: التخطيط الاستراتيجي لإدارة الموارد البشرية

- مفهوم التخطيط الاستراتيجي لإدارة الموارد البشرية
- نماذج إستراتيجية لإدارة الموارد البشرية
- دور إدارة الموارد البشرية في الإستراتيجية العامة للمنظمة.
- خطوات بناء إستراتيجية إدارة الموارد البشرية.
- تقييم الأداء المتوازن في إدارة الموارد البشرية.
- الصعوبات التي تواجه التخطيط الاستراتيجي للموارد البشرية

الأهداف التعليمية للفصل

يتوقع من الطالب بعد دراسة الفصل الثاني أن يحقق الأهداف التعليمية المرجوة للفصل وذلك بـأن يكـون قادراً على:

- فهم عملية تحديد الاحتياجات من الموارد البشرية.
- دراسة عناصر البيئة الخارجية والبيئـة الداخليـة للمنظمـة وتحليـل نقـاط القـوة والضـعف في البيئـة الداخلية بالإضافة إلى تحليل الفرص والتهديدات (المخاطر) في البيئة الخارجية للمنظمة.
- دراسة عرض الموارد البشرية في السوق.
- مقارنة احتياجات الموارد البشرية مع المتوفر منها.
- وضع خطة إستراتيجية لإدارة الموارد البشرية.
- تصـميم نظـام لتقيـيم الأداء المتـوازن في المنظمـة يتضـمن عـلى الأقـل المنظـورات الأربعـة المتعلقـة بالمؤشرات المالية، ورضى العملاء، والعمليات الداخلية، والتعلم والنمو.

التخطيط الاستراتيجي لإدارة الموارد البشرية
Strategic Planning For Human Resource Management

تعد عملية تخطيط الموارد البشرية حلقة الوصل بين الإستراتيجية العامة للمنظمة ودور إدارة الموارد البشرية في المنظمة، حيث تبين الخطة الإستراتيجية لإدارة الموارد البشرية كيفية استقطاب الموارد البشرية وتوظيفها وتدريبها والحفاظ عليها.

ويذكر السالم [1] في هذا المجال أن تخطيط الموارد البشرية يقتضي وجود خطة إستراتيجية واضحة المعالم تتضمن عمليات أو نشاطات إدارية أخرى تمارسها إدارة الموارد البشرية كالتوظيف والتدريب وتطوير العاملين في المنظمة، وأن ذلك يتطلب جمع معلومات دقيقة وصادقة وكافية من أجل اتخاذ القرارات التي تضمن النجاح المتواصل للمنظمة، ومن جانب آخر، فإن عملية تخطيط الموارد البشرية تقع في إطار مفهوم تحليلي شامل للظروف البيئية المحيطة بالمنظمة وكذلك ظروف البيئة الداخلية.

وسوف يتم تناول موضوع التخطيط الاستراتيجي لإدارة الموارد البشرية من جانبين:

أولا: تخطيط الاحتياجات من الموارد البشرية
Human Resource Requirements Planning

- ماهية وأهمية تخطيط الموارد البشرية

تساعد عملية تخطيط الموارد البشرية على توظيف أفضل الكفاءات وعلى استخدام هذه الكفاءات بالشكل الأمثل.

يقصد بتحديد احتياجات المنظمة من الموارد البشرية التنبؤ باحتياجات المنظمة من الأفراد ووضع الخطط التي تؤدي إلى توفير العدد اللازم في الوقت المناسب وبالتكلفة الأقل.

---

(1) السالم، مؤيد سعيد، إدارة الموارد البشرية: مدخل استراتيجي تكاملي، الشارقة، مكتبة الجامعة، 2009، ص ص148-149.

ويذكر الهيتي ⁽²⁾ فيما يتعلق بتحديد الاحتياجات من الموارد البشرية بأنها عملية تتسم بما يلي:

1- عملية تنبؤ تقوم على تحليل احتياجات المنظمة الحالية والمستقبلية من الموارد البشرية.

2- يركز التنبؤ على توقع التغير في الاتجاهات البيئية العامة وبيئة الأعمال وأخذها بعين الاعتبار في تحديد الطلب على الموارد البشرية.

3- ترتبط عملية التخطيط في مجال الموارد البشرية بالتخطيط على المستوى العام للمنظمة ومستوى أعمالها، أي أن تشتق إستراتيجية الحصول على الموارد البشرية من الإستراتيجية العامة للمنظمة واستراتيجية الأعمال فيها.

4- اعتماد عملية التخطيط للموارد البشرية على المعلومات المتوفرة والتي يمكن توفيرها عن نقاط قوة وضعف المنظمة في مجال الموارد البشرية والفرص والتهديدات البيئية في سوق العمل.

5- تستهدف العملية توجيه المنظمة إلى أفضل الطرق للتعامل مع أهدافها البعيدة والقصيرة المدى، لهذا تتسم العملية بكونها إستراتيجية مستمرة أي أنها تحمل رسالة محددة تتمثل بالحصول على الكم والنوع المطلوبين من الموارد البشرية في الزمان والمكان المناسبين، كما أنها تتحدد بأهداف تتمثل بالحصول على قوة عمل فاعلة، وتعتمد بدائل التخطيط المتاحة والممكنة.

يعتمد تخطيط الموارد البشرية على عملية التقدير والتنبؤ، ومن الأهمية بمكان أن تعمل المنظمة على التنبؤ باحتياجاتها من الموارد البشرية على المدى الطويل، وأن تحدد أي مواصفات تتطلبها من المديرين الذين سيتم تعيينهم في المنظمة في المستقبل.

ويتعلق تخطيط الموارد البشرية أساساً بتحديد متطلبات إدارة الموارد البشرية في ظل العرض والطلب الآني والمستقبلي، فإذا توسعت أعمال المنظمة واحتاجت إلى زيادة الموارد البشرية المطلوبة لإنجازها، فإن ذلك يتطلب تحديد نوع وعدد الموارد البشرية

---

(2) الهيتي، خالد عبد الرحمن، إدارة الموارد البشرية: مدخل استراتيجي، عمان، دار وائل للنشر والتوزيع، 2005 ، ص ص 71-72.

المطلوبة، وبالتالي فإن نشاطات إدارة الموارد البشرية تعتمد على مدى توسع أو تراجع وضع المنظمة في المستقبل.

ويمكن تلخيص أهمية تخطيط الموارد البشرية بما يلي:(3)

1- يساعد على تحديد وتخطيط احتياجات المنظمة المستقبلية من حيث الكم والنوع.
2- يساهم في زيادة العائد على استثمارات المنظمة وتخفيض التكلفة عن طريق الاستفادة الأفضل من الموارد البشرية.
3- يساعد على تهيئة المنظمة لمواجهة التغيرات في البيئة الداخلية والخارجية.
4- يظهر نقاط القوة والضعف في نوعية وأداء العاملين مما يؤثر في نشاطات أخرى كالتدريب والتطوير.
5- إشباع وتحقيق رغبات وأهداف كل من المنظمة والأفراد.

خطوات تخطيط الاحتياجات من الموارد البشرية

Steps of Human Resources Requirements Planning

تتبع إدارة الموارد البشرية عدة خطوات عند قيامها بتخطيط احتياجات المنظمة من الموارد البشرية للفترات القادمة، ومن أهم هذه الخطوات:

1- دراسة البيئة الداخلية والخارجية.

أولاً: دراسة البيئة الداخلية

من الأهمية بمكان دراسة البيئة الداخلية ومعرفة تفاصيلها، وذلك لأنها تعتبر نقطة الانطلاق بالنسبة للمنظمة، وتؤثر في أداء المنظمة ونتائجها. وتتكون البيئة الداخلية من ثلاثة مجموعات من العناصر.

أ- **بيئة العمل المادية:** تتضمن بيئة العمل المادية درجة الإضاءة، ودرجة الحرارة والرطوبة، وتنظيم ساعات العمل، ونظافة المكان، ومعالجة الضجيج، وتنقية الأجواء الداخلية، وتنظيم ساعات العمل ووقت الاستراحة.

(3)www. Mesa 7a. com.

ب- **بيئة العمل الاجتماعية والنفسية:** وتشتمل على الروابط الاجتماعية والعلاقات الشخصية بـين الرؤسـاء والمرؤوسين وبين المرؤوسين بعضهم ببعض، كما أنها تشتمل على العلاقات بـين أعضـاء الفريق الواحـد، وكذلك العلاقات بين فرق العمل ببعضها.

جـ- **بيئة العمل التنظيمية:** تتضمن بيئة العمل التنظيمية كافة عناصر البيئة الداخليـة المتعلقـة بـالتنظيم، ومن أهمها:

خصائص المنظمة، وتشمل حجم المنظمة، وطبيعة منتجاتها، والمستويات الإدارية فيها، ونطاق الإشراف، ودرجة المركزية.

ثقافة المنظمة، تتحدد ثقافة المنظمة بداية من خلال مؤسسيها الأوائـل وإداراتها ونجاحاتهـا، وفي كـل منظمة قيم جوهرية ومعتقدات تسـاهم في تشـكيل ثقافتهـا، فشـركة IBM معروفة بارتفـاع مسـتوى الصيانة لديها ولذلك سميت IBM for Service، وفي شركة Tata يرفع شعار قم بتعيين أفضـل المـوظفين وأطلق حريتهم في العمل.

خصائص الوظيفة: تتعلق باستقلالية الوظيفة، ومدى تنوع مهامها، وأهميتها بالنسبة للوظائف الأخرى، بالإضافة إلى طبيعة الأعمال والمهام، ومدى تكرارها وإمكانية تنميتها.

الموارد المتاحة: يتم دراسة الموارد المتاحة للمنظمـة سـواء المـوارد الماديـة أو الماليـة، أو المعلوماتيـة، أو التكنولوجية.

ثانياً: دراسة البيئة الخارجية

تمارس إدارة الموارد البشرية نشاطاتها وتؤدي أدوارها في ظل بيئة متغيرة باستمرار حيث تؤثر تلك البيئة على عملية التخطيط الاستراتيجي لإدارة الموارد البشرية وعلى تنفيذ استراتيجياتها.

تقوم إدارة الموارد البشرية في هذه الخطوة بدراسة عوامل البيئة الخارجية التي تؤثر في عرض الموارد البشرية أو الطلب عليها، إن دراسة هذه العوامل وتحليل اتجاهاتها يساعد المنظمة في توفير احتياجاتها المستقبلية من هذه الموارد.

وهناك إجمالاً العديد من عوامل البيئة الخارجية التي تؤثر على المنظمة بهذا الصدد أهمها:

أ- العوامل الاقتصادية:

تمارس فترات الازدهار الاقتصادي والانكماش دوراً كبيراً في الطلب على الموارد البشرية، ففي فترات الازدهار الاقتصادي يزداد الطلب على السلع والخدمات وبالتالي على الموارد البشرية، أما في فترات الانكماش يقل الطلب على السلع والخدمات وبالتالي تسعى الكثير من المنظمات إلى تقليص أعداد الموارد البشرية لديها. كما يؤثر معدل النمو الاقتصادي على مستوى الفرص والتهديدات التي تواجهها المنظمة، فزيادة معدل النمو يؤدي إلى التوسع في إنفاق المستهلكين مما يقود إلى التوسع في الصناعات، أما معدل النمو المنخفض فيؤدي إلى تخفيض إنفاق المستهلكين، مما يقود إلى انخفاض الإنتاج في الصناعات المختلفة ويؤثر في العرض والطلب على الموارد البشرية.

ب- عوامل التطور التكنولوجي:

أن تطور التكنولوجيا له دور أساسي في تحديد حجم ونوع الموارد البشرية التي تحتاجها المنظمات، حيث تتجه المنظمات إلى استقطاب وتعيين الكفاءات البشرية التي تتقن التعامل مع الأجهزة والبرامج المتطورة.

وتستخدم المنظمات التكنولوجيا لزيادة فاعليتها ورفع قدرتها على مقابلة احتياجات عملائها، فكل إدارة ومنها إدارة الموارد البشرية مسؤولة عن بناء الكفاءات وتدريب الموظفين وتطوير قدراتهم لكي يتمكنوا من استخدام التكنولوجيا وإدامة الميزة التنافسية للمنظمة.

ج- العوامل الاجتماعية:

تؤثر العوامل الاجتماعية السائدة في أنماط سلوك العاملين والمدراء، بحيث يراعي هؤلاء العاملين والمدراء العادات والتقاليد والأعراف في المجتمع.

تتضمن العوامل الاجتماعية التقاليد والقيم واتجاهات المجتمع وتوقعات المجتمع للأعمال والأعراف الاجتماعية والتغيير الاجتماعي، هذه العوامل تولد فرص أو تهديدات لمنظمات الأعمال[4]، فكثير من المنظمات استفادت من وجود هذه الفرص أو استطاعت أن تتفادى أي تهديدات متوقعة نتيجة لتأثير العوامل الاجتماعية.

ويمتد أثر تلك العوامل إلى التأثير على سلوكيات العاملين والعلاقات الشخصية بينهم ونظرتهم للقيادات التنظيمية ورغبتهم في التطوير والابتكار، ويظهر أثر تلك المتغيرات بارزاً في الحالات التي تخالف فيها المنظمات التقاليد والعادات التي تحددها تلك المتغيرات الاجتماعية[5].

د- العوامل الديموغرافية

تؤدي زيادة أعداد السكان إلى ازدياد إنفاق المستهلكين على السلع والخدمات وبالتالي إلى ارتفاع الطلب على الموارد البشرية، وفي نفس الوقت فإن انخفاض أعداد السكان يؤدي إلى انخفاض إنفاق المستهلكين على السلع والخدمات مما يؤدي إلى انخفاض الطلب على الموارد البشرية.

تحتاج المنظمات إلى معرفة الخصائص الديموغرافية للسكان من حيث توزيعهم على فئات الأعمار، نسبة الذكور والإناث، والتحصيل العلمي، ومعدلات الولادة والوفيات، وحركة الانتقال من الريف إلى المدن.

هـ- العوامل السياسية والقانونية

يقصد بالعوامل السياسية تلك المتغيرات التي تمثل المناخ السياسي السائد في الدولة أو في المنطقة. فوجود الاستقرار السياسي والقانوني في أي دولة عامل مهم في الاستقرار الاقتصادي وبالتالي قد يوجد فرص أمام المنظمة يتوجب استغلالها وعدم إضاعتها.

---

(4) الدوري، زكريا مطلق، **الإدارة الاستراتيجية: مفاهيم وعمليات وحالات دراسية**، عمان، دار اليازوري العلمية، 2005، ص89.

(5) زايد، عادل محمد، **العدالة التنظيمية: المهمة القادمة لإدارة الموارد البشرية**، المنظمة العربية للعلوم الإدارية 2006، ص114.

إن فلسفة النظام الحاكم وأيديولوجيته السياسية والاقتصادية لها تأثيرها القوي في القرارات الإدارية المختلفة، ومن الواضح أن هناك علاقة وثيقة بين البيئة السياسية والقانونية والاجتماعية والثقافية، وكلما اتجهت الدولة نحو السيطرة على عناصر الإنتاج، ازداد تأثير الدولة في قرارات المنظمة، وكلما ابتعدت الدولة عن التأثير في ملكية عناصر الإنتاج، قلت تدخلات الحكومة وتأثير السياسة العامة على القرارات التي تتخذها المنظمة.[6]

و- المنافسة:

المقصود هنا المنافسة على استقطاب الموارد البشرية، فإذا تلقى أحد الأفراد عروض من أكثر من شركة، فإنه يختار العرض الأفضل بالنسبة إليه، وبالتالي على إدارة الموارد البشرية أن تعمل على مواجهة ذلك من خلال التخطيط الجيد وتحقيق ميزة تنافسية على المنظمات الأخرى.

ز- العملاء:

أن للعملاء أثر على وظائف إدارة الموارد البشرية، فالعملاء يطلبون دائماً منتجات عالية الجودة وبأقل ثمن ممكن، وهذا الأمر يتأثر بنوعية الموظفين ومؤهلاتهم وكفاءاتهم، فالجودة هي مسؤولية وواجب كل موظف بالمنظمة وبالتالي فإن على إدارة الموارد البشرية اختيار وتعيين الموظفين المؤهلين وتدريبهم وتطويرهم.

2- تحديد الطلب على الموارد البشرية:

تعتمد احتياجات المنظمة من الموارد البشرية أساساً على عاملين:
الأول يتعلق بالطلب على الموارد البشرية، والثاني يتعلق بعرض الموارد البشرية سواء في سوق العمل أو في المنظمة.

---

(6) العميان، محمود سلمان، **السلوك التنظيمي في منظمات الأعمال**، عمان، دار وائل للنشر والتوزيع، 2005، ص333.

ولتقدير الطلب على الموارد البشرية يتم إتباع ما يلي:

أ- **تحليل عبء العمل** (Work Analysis): تقوم طريقة تحديد عبء العمل على أساس تحديد حجم الإنتاج أو المبيعات المطلوب وتحويل ذلك إلى عدد ساعات مطلوبة لإنجاز العمل.

ويمكن التوصل إلى تحليل عبء العمل من خلال المعادلات التالية:

عدد الساعات المطلوب عملها شهريا = عدد الوحدات المطلوبة × الوقت المستغرق لانتاج الوحدة

حجم العمالة المطلوب = عدد الساعات المطلوب عملها شهريا

عدد ساعات العمل الشهرية

مثال: قررت إحدى شركات الألبسة إنتاج 10.000 بدله رجالية شهرياً مع العلم بأن البدلة الواحدة تستغرق عملية قصها وحياكتها وتجهيزها نصف ساعة، وأن ساعات العمل الشهرية 200 ساعة.

المطلوب تحديد حجم العمالة المطلوب.

الحل: عدد الساعات المطلوب عملها شهرياً=

$$10,000 \text{ بدله} \times \frac{1}{2} \text{ ساعة} = 5,000 \text{ ساعة}$$

$$\text{حجم العمالة المطلوب} = \frac{5,000 \text{ ساعة}}{200} = 25 \text{ عاملاً}$$

وحيث أن التخطيط يكون لفترة مستقبلية فإنه ينبغي أخذ عملية التنبؤ بالمبيعات أو بالإنتاج في الحسبان، ويتم استخدام العديد من الطرق في التنبؤ من أهمها:

− **تحليل السلاسل الزمنية / المتوسطات المتحركة**

Time Series / Moving Averages

السلسة الزمنية هي مجموعة من المشاهدات لمتغير معين ثم تسجيلها على فترات زمنية متتالية[7] حيث تهدف هذه العملية إلى وصف سلوك الظاهرة في الماضي بالإضافة إلى التنبؤ بماذا سوف يحدث للظاهرة في المستقبل.

(7) جودة، محفوظ، أساليب البحث العلمي في ميدان العلوم الإدارية، عمان، دار زهران للنشر والتوزيع، 2007، ص211.

وهناك عدة طرق لتحليل السلاسل الزمنية من أهمها طريقة المتوسطات المتحركة، حيث تقوم هذه الطريقة على أساس احتساب متوسط ثم الظاهرة لعدد محدد مسبقاً من السنوات (ثلاث سنوات مثلاً) وبالتالي يكون هذا المتوسط متغيراً من سنة إلى أخرى.

وبعد استخراج المتوسطات المتحركة للثلاث سنوات، فإنه يمكن رسم السلسة الزمنية ووصل النقاط الموضوعة على الرسم البياني، ومن ثم التنبؤ بالاتجاه العام من خلال مد الخط بنفس الاتجاه ليشمل سنوات قادمة.

- **تحليل الانحدار Regression Analysis**

يستخدم تحليل الانحدار لدراسة مدى تأثير متغير مستقل أو أكثر على متغير تابع بحيث نتمكن من التنبؤ بالمستقبل بالنسبة للمتغير التابع إذا علمت قيمة المتغير المستقبل. ومن أهم الأمثلة على ذلك التنبؤ بقيمة المبيعات لسنوات قادمة اعتماداً على معرفتنا بمستوى دخل الفرد المتوقع لهذه السنوات.

بالإضافة إلى ذلك فإنه يمكن التنبؤ بقيم ظاهرة معينة في حالة كون المتغير المستقل هو الزمن (السنوات) باستخدام طريقة المربعات الصغرى، حيث نستطيع أن نصل إلى معادلة الخط المستقيم من خلال المعادلة:

$$y = \alpha + \beta x$$

حيث y = المتغير التابع

α = قيمة ثابتة

β = درجة ميل خط الانحدار

x = المتغير المستقل (الزمن)

ولإيجاد كل من قيمة β نستخدم المعادلة الآتية:

$$\beta = \frac{\sum(X-\overline{X})(Y-\overline{Y})}{\sum(X-\overline{X})^2}$$

أما بالنسبة إلى قيمة α فيمكن استخراجها من المعادلة التالية:

$$\alpha = \overline{Y} - \beta\overline{X}$$

مثال: الجدول التالي يمثل مبيعات شركة خلال السنوات 2000-2008:

قيمة مبيعات الشركة

السنوات X	المبيعات Y
2000	200
2001	220
2002	250
2003	300
2004	310
2005	340
2006	370
2007	380
2008	420

المطلوب: تقدير قيمة المبيعات للأعوام 2009، 2010 باستخدام طريقة المربعات الصغرى.

الحل: الخطوة الأولى: يتم إعداد الجدول التالي للسنوات (x) وللمبيعات (y) بحيث يتم إعطاء الرقم (1) للسنة الأولى 2000، (2) للسنة الثانية 2001، وهكذا حتى يعطي الرقم (9)، للسنة الأخيرة 2008:

X	$(\overline{X}-X)$	$(\overline{X}-X)^2$	Y	$(\overline{Y}-Y)$	$(\overline{Y}-Y)(\overline{X}-X)$
1	-4	16	200	-110	440
2	-3	9	220	-90	270
3	-2	4	250	-60	120
4	-1	1	300	-10	10
5	صفر	صفر	310	صفر	صفر
6	1	1	340	30	30
7	2	4	370	60	120
8	3	9	380	70	210
9	4	16	420	110	440
المجموع 45	-	60	2790	-	1640
المتوسط الحسابي = $\overline{X}$ 5	-	-	$310=\overline{Y}$		

يبين الجدول أعلاه كيف تم استخراج $(\overline{X}-X)^2$ وكذلك $(\overline{X}-X)$ $(\overline{Y}-Y)$ وذلك تمهيداً للانتقال إلى الخطوات التالية:

الخطوة الثانية: ايجاد قيمة β بتطبيق المعادلة:

$$\beta = \frac{\sum(X-\overline{X})(Y-\overline{Y})}{\sum(X-\overline{X})^2}$$

$$\beta = \frac{1640}{60} = 27.333$$

الخطوة الثالثة: بعد أن عرفنا قيمة β يمكن استخراج قيمة α كما يلي:

$$\alpha = \overline{Y} - \beta \overline{X}$$

$$= 310 - (27.333 \times 5) = 173.335$$

الخطوة الرابعة: استخراج معادلة الخط المستقيم

$$Y = \alpha + \beta x$$

$$Y = 173.335 + 27.333X$$

الخطوة الخامسة: للتنبؤ بمبيعات سنة 2009 ، 2010 يتم اعطاء الرقم 10 لسنة 2009 والرقم 11 لسنة 2010:

$$Y\ 2009 = 173.335 + (27.333 \times 10)$$

= 447 تقريبا

$$Y\ 2010 = 173.335 + (27.333 \times 11)$$

= 474 تقريبا

يتضح مما سبق أنه يمكن استخدام معادلة الانحدار لأغراض التنبؤ للسنوات القادمة، وكلما استطاعت المنظمة الاعتماد على عدد أكبر من السنوات كلما كانت عملية التنبؤ أكثر دقة.

والآن بعد ان تم التنبؤ بمبيعات السنوات القادمة فإنه يمكن حساب الاحتياجات من الموارد البشرية لتلك السنوات وفق طريقة عبء العمل. وفي هذا المجال يتم استخدام العديد من الأدوات الاحصائية على رأسها مخطط الانتشار Scatter Diagram والذي يعطي فكرة او تصور عن العلاقة بين متغيرين كالمبيعات وعدد موظفي البيع.

مثال: فيما يلي المبيعات الفعلية لشركة معينة، بالإضافة إلى احتياجات الشركة من موظفي البيع وذلك لفترة الأربع سنوات الماضية.

عدد موظفي البيع Y	المبيعات X (الف دينار)	السنوات
130	600	2005
150	700	2007
170	800	2008
200	900	2009
?	1000	2010

المطلوب: تقدير عدد موظفي البيع لسنة 2010 اعتماداً على توقعات ادارة الشركة بأن المبيعات ستصل إلى مليون دينار ورسم مخطط الانتشار للعلاقة بين المتغيرين.

الحل: نتبع نفس الخطوات في المثال السابق حيث نبدأ بإعداد الجدول اللازم للمعادلات.

$(\overline{Y} - Y)(\overline{X} - X)$	$(\overline{Y} - Y)$	Y	$(\overline{X} - X)^2$	$(\overline{X} - X)$	X
4875	- 32.5	130	22500	-150	600
625	-12.5	150	2500	- 50	700
375	+ 7.5	170	2500	+ 50	800
3625	+ 37.5	200	22500	+ 150	900
11500		650	50000	-	المجموع3000
		$\overline{Y} = 162.5$			المتوسط الحسابي $\overline{X} = 750$

$$b = \frac{\sum (X - \overline{X})(Y - \overline{Y})}{\sum (X - \overline{X})^2} = \frac{11500}{5000} = 0.23$$

$$a = \overline{Y} - b\overline{X} = 162.5 - (0.23 \times 750)$$

$$= 162.5 - 172.5 = -10$$

وبناء عليه تصبح معادلة الانحدار كما يلي:

Y = a + bx

$$= [- 10] + [(0.23 \times 1000)] = 220$$

إذن فعدد موظفي البيع الذين ستحتاجهم الشركة عند وصول المبيعات إلى مليون دينار هو 220 موظفاً، ومن الجدير بالذكر ان إدارة الشركة ينبغي ان تأخذ بالاعتبار الاستعداد لتوظيف هذا العدد من موظفي البيع في السنة القادمة وفي حالة عدم توظيف العدد الكافي فإن الشركة تخسر جزء من مبيعاتها وحصتها السوقية. وباستخدام مخطط الانتشار سيظهر خط الملائمة الأفضل Best fit line كما يلي:

الشكل رقم (6)

مخطط الانتشار لمبيعات الشركة (الف دينار) وموظفي البيع

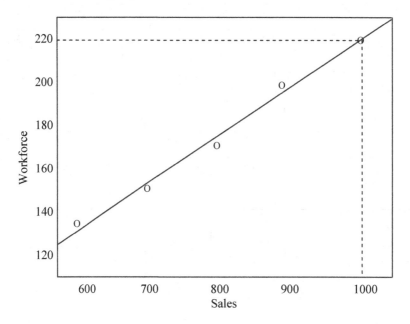

ان الطرق الإحصائية مثل مخطط الانتشار تفترض ان العلاقة ثابتة بين المبيعات وعدد موظفي البيع، وإذا تغيرت هذه العلاقة بشكل غير متوقع فإن معنى ذلك أن التوقعات المتعلقة بالمبيعات تصبح غير دقيقة.

ب- تحليل الوقت المتاح للعمل Work Free Analysis

تركز عملية تحليل قوة العمل على الوقت المتاح للموارد البشرية لاداء عملها بعد الأخذ بعـين الاعتبـار عدد أيام الاجازات المرضية وغير المرضية للموظف وفترات الاستراحة وأوقـات التـأخير عـن الـدوام. فالموظف لـن يستطيع ان يعمل يوميا لمدة 8 ساعات كاملة، كما ان الموظفين يختلفون في قدراتهم ومهاراتهم وكيفية تنظيـمهم لاوقاتهم.

3- دراسة عرض الموارد البشرية

يعتمد نجاح المنظمة إلى حد كبير على قدرتها على استخدام مواردها البشرية بالشكل الأمثل، ولأجـل ذلك فإن المنظمات في الوقت الحالي تعمل على تكوين قواعد بيانات Databases للموارد البشرـية العاملة لـديها حتى يمكن استرجاع المعلومات المطلوبة في أي وقت للمساعدة في اتخاذ القرار. ويطلق أحياناً على قواعد البيانـات المتعلقة بالموارد البشرية مخزون المهارات Skills Inventory حيـث يـتم الاحتفـاظ بكافة المعلومات المتعلقـة بمؤهلات الموظف وخبراته ومهاراته وقدراته والبرامج التدريبية التي شارك بها ومستوى أدائه.

ويذكر المصري [8] ان عناصر العرض في هذا المجال تشمل المصادر التالية:

1- نواتج (مخرجات) النظام التعليمي النظامي بمراحله ومستوياته وأنواعه المختلفة، ويشمل ذلك التعليم الأساسي والتعليم الثانوي والتعليم العالي.

2- نواتج التعليم غير النظامي.

---

(8) المصري، منذر، استراتيجية تنمية الموارد البشرية، **المركز الوطني لتنمية الموارد البشرية**، المملكة الأردنية الهاشمية.

3- نواتج التعليم والتدريب المهني والتقني، النظامي وغير النظامي، ويشمل ذلك التعليم الثانوي الشامل والتعليم الثانوي التطبيقي والتعليم التقني في كليات المجتمع والمعاهد المتوسطة، بالإضافة إلى برامج التدريب المهني غير النظامية المختلفة.

4- نواتج برامج التدريب في أثناء الخدمة لأغراض رفع الكفاءة وتحسين الأداء، أو الانتقال من عمل إلى عمل او الارتقاء الوظيفي أو غير ذلك.

5- المتسربون من المراحل الدراسية المختلفة.

6- العمالة الوافدة.

7- العمالة العائدة.

4- مقارنة الاحتياجات من الموارد البشرية مع المتوفر منها

بعد اجراء تحليل عبء العمل والوقت المتاح للعمل، وكذلك دراسة عرض الموارد البشرية، تتجه الجهود إلى دراسة احتياجات المنظمة من الموارد البشرية بعد مقارنتها مع ما هو متوفر منها في المنظمة، إضافة إلى الاخذ بالحسبان حركة الموارد البشرية من وإلى المنظمة (معدل دوران العمل) وخرائط الاحلال.

ويمكن احتساب معدل دوران العمل Labor Turnover من خلال قسمة عدد تاركي العمل بسبب الاستقالة أو الفصل من العمل أو الوفاة او الاحالة إلى التقاعد/ الضمان الاجتماعي خلال فترة معينة على متوسط عدد العاملين خلال نفس الفترة وضرب الناتج × 100 لكي نحول ذلك إلى نسبة مئوية.

فلو كان عدد تاركي الوظيفة في احدى الشركات خلال سنة معينة 50 موظفا، وكان عدد موظفي الشركة في بداية العام 950 موظفاً وفي نهايتها 1050 موظفا، فما هو معدل دوران العمل؟ يتم احتساب هذا المعدل من خلال تطبيق المعادلة التالية:

معدل دوران العمل = عدد تاركي الوظيفة خلال السنة
متوسط عدد العاملين خلال السنة

$$5\% = \frac{100 \times 50}{1000} = \frac{100 \times 50}{\dfrac{1050 + 950}{2}} =$$

أما فيما يتعلق بخرائط الاحلال Replacement Charts فهي تتضمن معلومات عن الافراد المرشحين لشغل وظائف أفراد آخرين في المستقبل وتشتمل هذه الخرائط عادة على معلومات عن الوظيفة المتوقع شغرها والفرد الـذي يشغرها حاليا، وكذلك الفرد المتوقع ان يخلفه في مكانه وخصائصه الشخصية وقدراته ومهاراته.

5- تحديد الفائض أو العجز من الموارد البشرية

بعد دراسة الظروف البيئية المحيطة والاطلاع علـى مشروعات المنظمة المسـتقبلية سـواء بالتوسـع في أعمالها أو باغلاق خط انتاجي أو الغاء منتج او غير ذلك، وبعد إجراء المقارنة بين احتياجـات المنظمـة مـن المـوارد البشرية والمتوفر منها، يصبح بالإمكان التوصل إلى نتائج محددة والتي قد تتخذ احد الأشكال التالية:

1- وجود فائض في الموارد البشرية

في حالة وجود فائض في العمالة فقد تلجأ المنظمـة إلى تخفيـض العمالـة Downsizing أو الغـاء العمـل الإضافي ان كان موجودا أو استخدام العمالة المؤقتة في حالة الحاجة بدلاً عن العمالة الدائمة.

2- وجود عجز في الموارد البشرية

عند وجود عجز في الموارد البشرية قد تلجأ المنظمة إلى استقطاب وتعيـين مـوظفين مـن الخـارج أو إلى زيادة العمل الإضافي، أو تحفيز العاملين او غير ذلك من الوسائل.

3- تساوي المعروض مع المطلوب من الموارد البشرية

في هذه الحالة فإن المنظمة لا تلجأ إلى الأساليب سالفة الذكر، لكنها ولأجل تحسين كفاءتها، تسـعى إلى دراسة مدى امكانية إعادة توزيع الموارد البشرية بحيث يتم وضع الرجل المناسب في المكان المناسب مما يؤدي إلى الاستخدام الأمثل للموارد البشرية.

ثانياً: التخطيط الاستراتيجي لإدارة الموارد البشرية

Strategic Human Resource Management

يرجع التخطيط لإدارة الموارد البشرية في أصوله إلى أدبيات تخطيط الموارد البشرية، حيـث تـم تطـويره من قبل عدد من المفكرين والممارسين في الإدارة، بهدف الوصول إلى كفاءة أعلى في توفير المـوارد البشـرية وتحقيـق الاستخدام الأمثل لها.

يركز التخطيط الاسـتراتيجي لإدارة المـوارد البشـرية علـى ربـط المـوارد البشـرية في المنظمـة بمتطلبـات الاستراتيجية العامة للمنظمة. لاجل تحسين مستويات الاداء وتفعيل تطبيق إدارة الجودة الشاملة في المنظمة.

ويرى المرسي [9] ان استراتيجية الموارد البشرية تتضمن دراسة نشاطات الموارد البشرية وتحليلها وربطهـا بغايات واستراتيجيات المنظمة، بحيث يصبح العنصر البشري أحد الركائز لتحقيق الميزة التنافسية وتحسين الأوضاع السوقية للمنظمة ونتائج اعمالها.

لقد بدأ الاهتمام في السنوات الاخيرة بالدور الاستراتيجي لإدارة المـوارد البشـرية في المنظمـة مـن خـلال ربط استراتيجية إدارة الموارد البشرية مع الاستراتيجية العامة للمنظمة، شـأنها في ذلك شـأن الاستراتيجيات الوظيفية الأخرى كالتسويق والانتاج والمالية.

مفهوم التخطيط الاستراتيجي لإدارة الموارد البشرية

يشير Policastro [10] إلى أن التخطيط الاستراتيجي يعبر عن الطريقـة المناسبة لوضع الاهـداف بعيـدة المدى، وتحديد توجهات المنظمة لتحقيق تلك الأهداف. أما بني حمدان [11] فيعرف التخطيط الاستراتيجي بأنه عبارة عن عملية نظامية لأجل تحديد كيفية انتقال المنظمة من الوضع الراهن إلى مستقبلها المرغوب.

وبالتالي فالتخطيط الاستراتيجي يمثل العملية المتعلقة بوضع الأهداف ومن ثم تحديد الطريق أو الطرق المناسبة للوصول إلى هذه الأهداف.

---

(9) المرسي، جمال الدين، **الإدارة الاستراتيجية للموارد البشرية**، الاسكندرية، الدار الجامعية، 2003، ص53.

(10) Policastro, Michael I., "Introduction to Strategic Planning" SBA, U.S. Small Business Administration, 2003, p.1.

(11) بني حمدان، خالد محمد، ووائل محمد صبحي ادريس، **الاستراتيجية والتخطيط الاستراتيجي: منهج معاصر**، عمان، دار اليازوري العلمية للنشر والتوزيع، 2007، ص15.

وحتى تتمكن الإدارة من تحقيق أهداف المنظمة بكفاءة وفعالية فإنه ينبغي ان يكون لديها الفكر الاستراتيجي والذي يؤمن بالتخطيط الاستراتيجي وبضرورة رسم المستقبل اعتماداً على وقائع الماضي وأحداث الحاضر.

يمكن النظر إلى التخطيط الاستراتيجي على اعتبار انه محتوى Content أو عملية Process. وفي هذا المجال يذكر Oregan and Ghobadian [12] أن اعتبار التخطيط الاستراتيجي على انه محتوى يرجع إلى العناصر الأساسية للمنظمة الاستراتيجية والتي تختلف من منظمة لأخرى. اما اعتباره كعملية فترجع إلى آلية بناء الخطة الاستراتيجية وتطبيقها اللاحق.

ويتضمن مفهوم المنحى الاستراتيجي لإدارة الموارد البشرية ستة عناصر أساسية [13]:

1- دراسة تأثير البيئة الخارجية

تمثل البيئة الخارجية فرصا أو مخاطر فيما يتعلق بالموارد البشرية في المنظمة حيث توفر العمالة أو الموارد البشرية المؤهلة والمطلوبة في سوق العمل، وقوانين العمل، والوضع الاقتصادي، والعوامل الديموغرافية، والتكنولوجيا. هذا الأمر قد يؤثر على قيام تلك الإدارة بمهامها في مجالات عديدة منها تخطيط الموارد البشرية والتوظيف والتدريب والتعويض والعلاقات مع الموظفين.

2- إدراك مدى تأثير المنافسة على المنظمة

تتنافس المنظمات في ظل المتغيرات البيئية المختلفة كالأوضاع الاقتصادية على العمالة الماهرة مثلما تتنافس على الأسواق والعملاء. وتلعب تلك المنافسة دوراً رئيسياً في

‎.

(12) O'Regan, N. and A. Ghobadian, "Formal Strategic Planning: The Key to Effective Business Process Management?", **Business Process Management Journal**, Vol 8, No. 5, pp. 416-429.

(13) درة، عبد الباري ابراهيم، وزهير نعيم الصباغ، **إدارة الموارد البشرية في القرن الحادي والعشرين: منحنى نظمي**، عمان، دار وائل للنشر والتوزيع، 2008، ص ص113-114، نقلا عن

Anthony, William et al, **Human Rsources Management: A Strategic Approach**, 3rd Ed., New York, Dryden Press, 1999, pp.14-16.

استقطاب والحفاظ على الموظفين وتحفيزهم مما يؤثر على إستراتيجية الموارد البشرية خاصة فيما يتعلق بالرواتب والمزايا الوظيفية والتدريب والنمو المهني للموظفين.

3- توفر النظرة بعيدة المدى

يتطلب وضع إستراتيجية الموارد البشرية ان يكون لدى الإدارة نظرة بعيدة المدى مرتبطة مع إستراتيجية المنظمة والتي تكون في الغالب بعيدة المدى.

4- التركيز على اتخاذ القرارات

تهتم إستراتيجية المنظمة بطاقات الموظفين وقدراتهم وبشكل متساوٍ، الأمر الذي قد يدفع بالمنظمة كوحدة متكاملة نحو تحقيق أهدافها ومواجهة المنافسة والتعامل مع المتغيرات البيئية المتعددة.

5- التكامل مع إستراتيجية المنظمة

ينبغي ان تتكامل إستراتيجية الموارد البشرية مع كل من الإستراتيجية العامة للمنظمة ومع الاستراتيجيات الوظيفية الأخرى، ويعكس هذا أهمية أن تلعب إدارة الموارد البشرية دوراً رئيسياً في صياغة إستراتيجية المنظمة وتحقيق أهدافها. وهذا يتطلب وجود قدرة لدى إدارة الموارد البشرية على توفير موارد بشرية مدربة ومؤهلة ومحفزة لتقديم أداء متميز.

فإذا كانت إستراتيجية المنظمة تتمثل في إستراتيجية النمو Growth عندئذ ستتأثر إستراتيجية إدارة الموارد البشرية من حيث التوظيف والرواتب والتدريب لتوفير موارد بشرية مؤهلة تتلاءم مع إستراتيجية النمو.

إذا كان الفكر التقليدي لإدارة الموارد البشرية يعتمد على استراتيجية الرقابة وتبني سياسة التأديب والعقاب والثواب، فإن الاستراتيجية البديلة التي يطرحها الفكر الاستراتيجي تنطلق من مفاهيم الولاء والالتزام وتدعو إلى التركيز على القيم الداعية إلى الابتكار والإبداع والتميز [14].

(14) باور، جوزيف، **فن الإدارة**، ترجمة أسعد أبو لبدة، عمان، دار البشير للطباعة والنشر، 1997، ص267.

وبناء عليه، فإن من الضروري ان تكون الإدارة العليا للمنظمة مؤمنة بالتفكير الاستراتيجي بكافة تفاصيله، فإدارة الموارد البشرية عليها القيام بمهام صعبة تتطلب وتتبنى جهداً كبيرين بالإضافة إلى مخصصات من الموازنة لأجل قيامها بوظائفها، وهذا بدوره يستدعي اتباع أسلوب التفكير الاستراتيجي ووضع الخطط الاستراتيجية للموارد البشرية.

ويلخص الدوري وصالح [15] مفهوم الفكر الاستراتيجي بما يلي:

1- أنه تفكير تركيبي Synthesis في الأصل.

2- أساس الفكر الاستراتيجي التوجه نحو المستقبل بالاستفادة من وقائع الماضي ومعطيات الحاضر.

3- انطلاقة نحو التعامل مع الأمور الكلية بمنظور اتساقي من الأعلى إلى الأسفل.

4- اعتماد الفكر الاستراتيجي على القدرات البشرية وخاصة الطاقات والقدرات العقلية.

لقد أصبحت المعرفة من القضايا التنافسية ذات التأثير المباشر على المنظمات التي تتعامل بالأفكار والعلاقات والاتصالات وتقدم الخدمات المالية والاستشارية وغيرها المدفوعة بعامل التكنولوجيا، وكما قد تكون هذه المعرفة من الأمور التنافسية المهمة غير المباشرة لجميع المنظمات التي تحاول ان تميز نفسها في أساليب خدمة العملاء، فمن الآن فصاعداً تكون المنظمة الناجحة هي التي تتميز بالمهارات العالية في استقطاب وجذب وتطوير وتدريب العاملين.... فالتحدي القادم الذي ستواجهه المنظمات هو مدى قدرتها على إيجاد رأس المال الفكري أي العاملين ذوي الموهبة والمهارات المتنوعة وبناءه والاستثمار فيه والمحافظة عليه. [16]

ويتسم الفكر الاستراتيجي في هذا المجال بتركيزه على أهمية العنصر البشري كرأس المال الفكري عن طريق وضع معايير للأداء، وكذلك الحرص على كون المنظمة منظمة التعلم، بالإضافة إلى اتباع السياسات اللازمة للاحتفاظ بالموارد البشرية المؤهلة.

---

(15) الدوري، زكريا، وأحمد علي صالح، الفكر الاستراتيجي وانعكاساته على نجاح منظمات الأعمال، عمان، دار اليازوري العلمية، 2009، ص30.

(16) العنزي، سعد علي وأحمد علي صالح، إدارة رأس المال الفكري في منظمات الأعمال، عمان، دار اليازوري العلمية، 2009، ص20.

نماذج إستراتيجية لإدارة الموارد البشرية

تسعى إدارة الموارد البشرية إلى تحقيق الفعالية في أدائها والتميز في نشاطاتها، وبالتالي فهناك العديد من النماذج لإستراتيجية إدارة الموارد البشرية والتي حاولت اكتشاف طبيعة العلاقة بين استراتيجية المنظمة وممارسات وسياسات الموارد البشرية. ومن أهم هذه النماذج:

1- نموذج التناسب الأفضل The Best Fit

يؤكد هذا النموذج على الربط بين الاستراتيجية العامة للمنظمة واستراتيجية إدارة الموارد البشرية من خلال تقدير مدى وجود تكامل عمودي Vertical Integration بين الاستراتيجية العامة للمنظمة ورؤية وأهداف وسياسات وممارسات إدارة الموارد البشرية فيها.

ويذكر Wright and Shell [17] بأن المنظمة تحقق كفاءة في الأداء بشكل أفضل عندما تصل إلى مرحلة التكامل العمودي في هذا المجال.

أما من ناحية التكامل الأفقي Horizontal Integration فيمكن الوصول إليه من خلال التناسب بين استراتيجيات الموارد البشرية نفسها كاستراتيجية التوظيف واستراتيجية التطوير واستراتيجية التعويضات.

2- نماذج دورة الحياة Lifecycle Models

حاول بعض الباحثين الربط بين تطور دورة حياة المنظمة او دورة حياة المنتج وسياسات وممارسات إدارة الموارد البشرية، ففي بداية حياة المنظمة قد تتبع إدارة الموارد البشرية سياسات مرنة في الاختيار والتعيين، أما في مرحلة النضوج فتتبع إدارة الموارد البشرية سياسات أخرى أقل مرونة من السابق، وقد تلجأ إلى أخذ تكلفة الموارد البشرية بعين الاعتبار في إقرار سياساتها، أما عند تراجع المنظمة وأعمال المنظمة فقد تلجأ إدارة الموارد البشرية إلى اتباع سياسة الرشد في انهاء عقود الموظفين والاستغناء عن خدماتهم.

---

(17) Wright, P. M and S.A. Snell, "Towards a Unifying Framework for Exploring Fit and Flexibility in a Strategic Human Resource Management", **Academy of Management Review**, 1998, 23, 4, pp. 756-772.

وفي هذا المجال يثير Boxall and Purcell [18] استفساراً حول كيفية ضمان ان الموارد البشرية يمكنها الاحتفاظ بالموظفين المؤهلين الذين تحتاجهم المنظمة لاستمرارها وقت الازدهار الاقتصادي؟

وفي الواقع فإن إدارة الموارد البشرية يُفترض أن تتحكم من خلال سياساتها وممارساتها التي تتبعها لتتناسب مع كل دورة حياة، في التكيف مع أي تطورات قد تحصل في البيئة الداخلية والخارجية.

3- النموذج المبني على الموارد The Resource - based Model

يركز النموذج على العلاقة بين موارد المنظمة وفي مقدمتها الموارد البشرية والقدرة على تحقيق الميزة التنافسية. فالموارد البشرية هي أهم موارد المنظمة وبالتالي ينبغي تمكين الموظفين وتحفيزهم على الأداء. واستخدام موارد المنظمة المتاحة بالشكل الأفضل.

يعمل النموذج على استغلال الكفاءات في المنظمة: الموارد والقدرات. فالموارد إما أن تكون ملموسة كالموارد البشرية والمالية والتكنولوجية واما ان تكون غير ملموسة كالماركة التجارية والسمعة. ومن ناحية أخرى فإننا نعني بالقدرات اجمالي المهارات التي تمتلكها المنظمة لتنسيق وإدارة الموارد بكفاءة.

يؤكد Barney and Wright [19] على دور جديد للموارد البشرية كشريك استراتيجي في بناء والمحافظة على الميزة التنافسية للمنظمة ويضيف الكاتبان بأن الموارد تساهم في بناء الميزة التنافسية للمنظمة والحفاظ عليها إذا كانت تتصف بما يلي:

1- ان تكون ذات قيمة Value: تستطيع الموارد البشرية إضافة قيمة للمنظمة من خلال اتباع طرق جديدة تؤدي إلى تخفيض التكاليف أو زيادة الايرادات.

---

(18) Boxall P. and J. Purcell, **Strategy and Human Resource Managemen**t, 2003, Hound mills, Palgrave Macmillan, p. 198.

(19) Barney, J. B. and P.M. Wright, "On Becoming a Strategic Partner: The Role of Human Resources in Gaining Competitive Advantge", **Human Resources Management**, 37, 1, 2007.

2- ان تكون نادرة Rarity : ينبغي على إدارة الموارد البشرية ان تهتم باستخدام الطاقات القصوى للموارد البشرية التي تتمتع بخصائص فريدة وذلك لأجل تحقيق الميزة التنافسية.

3- ان لا تكون سهلة التقليد Inimitability

فالمشكلة تتلخص في إمكانية التقليد من قبل المنظمات الأخرى والذي لا شك سوف يؤثر على الميزة التنافسية في هذا المجال.

4- التنظيم Organization

لضمان استمرار تأثير إدارة الموارد البشرية في الميزة التنافسية فإن المنظمة تحتاج إلى ان تكون الخصائص الثلاثة الأولى منظمة بشكل جيد Well Organized .

وبشكل عام فإن هذا النموذج المبني على الموارد ركز بشكل كبير على البيئة الداخلية للمنظمة كضمان لاستمرار الميزة التنافسية لها، إلا أنه أهمل كلية دور البيئة الخارجية للمنظمة في هذا المجال.

4- نموذج الممارسات الأفضل Best- Practice

يعتمد النموذج على تبني أفضل ممارسات إدارة الموارد البشرية التي أدت إلى نتائج افضل من حيث الأداء والجودة والكفاءة، حيث تجري المنظمة مقارنة معيارية Benchmarking مع الممارسات الأفضل وتحاول ان تتفوق على المنظمات التي تجري المقارنة معها، وهذا ما ينسجم مع مفهوم العالمية Universalism في التحسين المستمر للاداء.

لقد اتخذت نماذج الممارسات الأفضل عدة أشكال منها:

أ- تبني مجموعة ممارسات عالية في إدارة الموارد البشرية تم اثبات انها الأفضل عالميا.

ب- تبني مجموعة نماذج تعتمد على اندماج الموظفين Involvement وعلى الالتزام العالي High Commitment تجاه أهداف المنظمة.

ان تطبيق النماذج السابقة لاستراتيجية إدارة الموارد البشرية يؤدي في النهاية إلى تحسين مستوى أداء الموارد البشرية وتحقيق الميزة التنافسية للمنظمة مما ينتج عنه تحقيق رسالة المنظمة وأهدافها بكفاءة وفعالية.

دور إدارة الموارد البشرية في الإستراتيجية العامة للمنظمة

تشارك إدارة الموارد البشرية في صياغة الإستراتيجية العامة للمنظمة من خلال وضع إستراتيجيتها كإستراتيجية وظيفية كما سبق ان أسلفنا. وفي نفس الوقت فإن إدارة الموارد البشرية تكيّف نشاطاتها وممارساتها كالاختيار والتعيين والتدريب وأنظمة الحوافز بشكل يتناسب مع الإستراتيجية العامة للمنظمة.

وفي هذا الصدد، يقول ديسلر [20] ان دور إدارة الموارد البشرية في صياغة الإستراتيجية العامة للمنظمة وفي تنفيذها يتمثل فيما يلي:

1- دور الموارد البشرية في صياغة الإستراتيجية:

تتطلب صياغة الخطة الاستراتيجية العامة للمنظمة ضرورة تحديد وتحليل المواءمة بين نوعين من القوى وهما الفرص والتهديدات الخارجية من ناحية، ونقاط القوة والضعف الداخلية من ناحية أخرى. ويمكن ان تلعب إدارة الموارد البشرية دوراً في المسح البيئي Environmental Scanning والذي يمكن من خلاله تحديد وتحليل مختلف الفرص والتهديدات الخارجية ذات التأثير المحوري على نجاح المنظمة.

كما أنه يمكن ان تشارك الموارد البشرية في عملية صياغة استراتيجية المنظمة من خلال توفير المعلومات عن نقاط القوة ونقاط الضعف الداخلية (فرص التحسين) بالمنظمة.

2- دور الموارد البشرية في تنفيذ الاستراتيجية

يعد تنفيذ الاستراتيجية هو جوهر الدور الذي تلعبه استراتيجية الموارد البشرية فعلى سبيل المثال نجد أن استراتيجية التنافس لدى شركة Federal Express تتمثل في تمييز منتجاتها عما يقدمه المنافسون وذلك من خلال خدمة متميزة للعملاء وضمان التسليم في المواعيد المقررة. ونظراً لأن التكنولوجيا المتاحة لدى الشركة تتشابه مع تلك المتاحة لدى المنافسين، فإن الشركة تعتمد على القوى البشرية كميزة تنافسية لديها. ولا شك أن هذا يفرض ضغوطاً على عمليات الموارد البشرية بالشركة وعلى قدرتها على خلق قوة عمل أكثر التزاماً وموجهه على أساس العملاء في نفس الوقت. ومن ناحية أخرى فإن إدارة

---

(20) ديسلر، جاري، المرجع السابق، ص ص58-59.

الموارد البشرية تدعم تنفيذ الاستراتيجية حيث تدخل ضمن تنفيذ معظم استراتيجيات تخفيض الحجم Downsizing وإعادة الهكيلة Restructuring من خلال وضع الموظفين في الوظائف المناسبة ووضع خطط للأجور وتخفيض تكاليف الرعاية الصحية وتدريب الموظفين.

ويبين الشكل التالي كيفية ربط الخطة الاستراتيجية العامة للمنظمة بالخطط الأخرى:

الشكل رقم (7)

ربط الخطة الإستراتيجية العامة للمنظمة بالخطط الأخرى

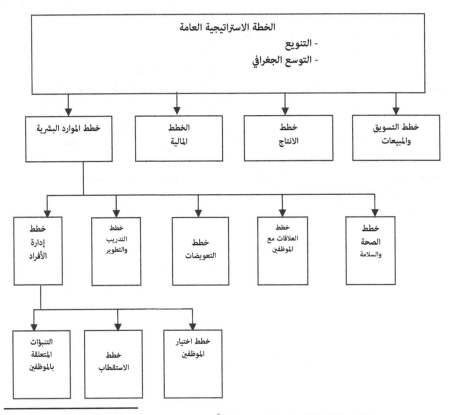

Source: Dessler, Gary, Human Resource Management, 11th Ed. Pearson Prentice Hall, 2008, p. 167.

من الشكل أعلاه يتضح أن هناك لكل دائرة أو مجموعة نشاطات رئيسة خطة إستراتيجية خاصة بها، حيث ترتبط هذه الخطط فيما بينها لتشكل الخطة الإستراتيجية العامة للمنظمة. ومن هنا يمكن إيجاد أن وظائف إدارة الموارد البشرية تعمل في خدمة الاستراتيجيات الوظيفية الأخرى وبالتالي في خدمة الإستراتيجية العامة للمنظمة في ظل التكامل والتوافق.

وينسجم هذا الاتجاه مع مفهوم التكامل الاستراتيجي Strategic Integration الذي يعتمد على أساس ان الإستراتيجية العامة للمنظمة تتوافق مع رسالتها، واستراتيجيات الهيكل التنظيمي تتوافق مع إستراتيجية المنظمة، وإستراتيجية الموارد البشرية كذلك تتوافق مع الإستراتيجية العامة للمنظمة وإستراتيجية الهيكل التنظيمي.

ويوضح إسماعيل [21] عملية التكامل الاستراتيجي بإعطاء مثال على ان أحدى الشركات قررت بناء إستراتيجية عامة تعمل من خلالها على تغيير منتجها الحالي إلى منتج جديد. وفي ظل هذه الإستراتيجية الجديدة قامت إدارة الموارد البشرية بوضع إستراتيجية تتكامل مع إستراتيجية الشركة، حيث تضمنت ما يلي:

1- توصيف وظائف جديدة، وتصميم أعمال جديدة تتماشيان مع المنتج الجديد.

2- تحديد الاحتياجات من الموارد البشرية مع تحديد الموارد البشرية القديمة التي سيتم الاستغناء عنها.

3- تصميم حملة استقطاب شاملة لتلبية حاجة الشركة الجديدة.

4- إعداد ووضع برامج تدريبية في مجال صناعة المنتج الجديد وذلك للموارد البشرية الجديدة، ومن سيبقى من الموارد البشرية القديمة.

5- تضمين برامج صحة وسلامة تتناسب مع المخاطر الجديدة التي قد تتعرض لها الموارد البشرية الجديدة.

وبناء على ما سبق، فإن نشاطات وأنظمة وممارسات إدارة الموارد البشرية يجب ان تتناسب وتنسجم مع الاستراتيجية العامة للمنظمة بكافة جوانبها.

---

(21) اسماعيل، محمد أحمد، "استراتيجية إدارة الموارد البشرية ودورها في انجاز استراتيجية المنظمة"، 2008، www. Hrdiscussion, com .

خطوات بناء استراتيجية إدارة الموارد البشرية

يمكن انجاز عملية بناء استراتيجية إدارة الموارد البشرية بخمسة خطوات أساسية يوضحها الشكل التالي:

الشكل رقم (8)

خطوات بناء إستراتيجية الموارد البشرية

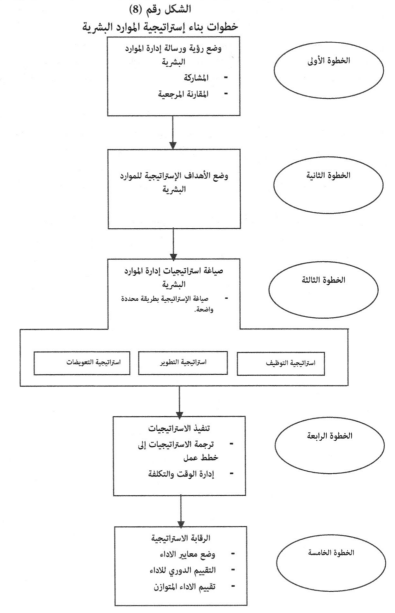

وفيما يلي تفصيلا لهذه الخطوات:

الخطوة الأولى: وضع رؤية ورسالة إدارة الموارد البشرية.

في هذه الخطوة يتم صياغة رؤية إدارة الموارد البشرية التي تعبر عن ما يتوقع ان تصل إليه الإدارة بعد عشر سنوات أو خمسة عشرة سنة، بحيث تثير طموح العاملين في المنظمة. أما رسالة إدارة الموارد البشرية فهي تمثل الغرض الذي وجدت الإدارة لأجله، أي مبرر وجودها.

وتعكس رسالة إدارة الموارد البشرية عادة فلسفة الإدارة وقيمها التي تؤمن بها، وتلتزم بمضامينها. ومن الأهمية بمكان ان تنسجم رؤية ورسالة إدارة الموارد البشرية مع رؤية ورسالة المنظمة.

ومن الجدير بالذكر ان كافة موظفي إدارة الموارد البشرية يجب ان يشاركوا في وضع الرؤية والرسالة. كما ان إدارة الموارد البشرية تجري عادة مقارنة مع رؤية ورسالة إدارة الموارد البشرية في المنظمات الأخرى. ومن الضروري تعميم رؤية إدارة الموارد البشرية ورسالتها على الموظفين في الإدارة.

الخطوة الثانية: وضع الأهداف الاستراتيجية لادارة الموارد البشرية

أهداف إدارة الموارد البشرية الاستراتيجية هي الغايات التي تسعى إدارة الموارد البشرية إلى تحقيقها وذلك عن طريق الاستخدام الأمثل للموارد المتاحة لها. وينبغي ان تتوفر في أي هدف يتم وضعه صفات أساسية خمسة (SMART) وهي الأحرف الأولى لهذه الصفات.

S = Specific محددة

M = Measurable قابلة للقياس

A = Achievable واقعية

R = Relevant تتعلق بالموضوع

T = Time bound خلال مدة محددة

ويذكر شارلز وجاريث جونز [22] ان المنظمات الساعية للربح تعمل وفق سلسلة هرمية من الأهداف، حيث يتبوأ عنصر تحقيق الأداء المتفوق قمة الأولويات، فالاهداف الرئيسة ينبغي ان تكون مدعمة بالعديد من الأهداف الثانوية.

يتجسد سر نجاح أي منظمة في طموحات إدارتها وموظفيها التي عادة ما تفوق الموارد والقدرات المتاحة لهم. وبالتالي فإن الهدف يجب ان يكون مصدر إلهام للإدارة والموظفين وأن يكون محفز لهم لبذل مزيد من الجهود في أعمالهم.

الخطوة الثالثة: صياغة استراتيجيات إدارة الموارد البشرية

عند صياغة استراتيجيات إدارة الموارد البشرية ينبغي معرفة الصفات التي يجب ان تتوفر في الموارد البشرية التي تحتاجها حتى تصل إلى الأهداف الاستراتيجية الموضوعة.

وبناء عليه تقوم إدارة الموارد البشرية بصياغة عدة استراتيجيات تتعلق بوظائفها التي تقدمها، ومن أهمها:

استراتيجيات الاستقطاب.

استراتيجيات الاختيار والتعيين.

استراتيجيات الاحتفاظ بالموارد البشرية.

استراتيجيات التدريب والتطوير.

استراتيجيات المسار الوظيفي.

استراتيجيات التعويضات.

استراتيجيات الصحة والسلامة.

الخطوة الرابعة: تنفيذ الاستراتيجيات

بعد صياغة استراتيجيات إدارة الموارد البشرية يجري إبلاغ المسؤولين عن تنفيذ هذه الاستراتيجيات بتفاصيلها حيث يتم إيصالها بالإضافة إلى إيصال الإستراتيجية العامة للمنظمة معها.

(22) جونز، شارلز، وجاريث جونز، **الإدارة الاستراتيجية، مدخل متكامل**، الجزء الأول، ترجمة رفاعي محمد رفاعي ومراجعة محمد سعيد احمد عبد المتعال، الرياض، دار المريخ للنشر، 2001، ص30.

لأجل تنفيذ الإستراتيجية فإن هناك حاجة إلى قيادة تكون مسؤولة عن التنفيذ بالإضافة إلى موارد بشرية تقوم بعملية التنفيذ كما ان عملية التنفيذ تحتاج إلى بناء تنظيمي مناسب وأنظمة مراقبة لأجل اكتشاف الأخطاء وتصحيحها وكذلك وضع الإجراءات الوقائية لمنع تكرار الأخطاء مستقبلاً.

من الضروري التأكد من إبلاغ الموظفين بانجازاتهم ومدى تحقيقهم للأهداف الموضوعة في الوقت المناسب.

الخطوة الخامسة : الرقابة الإستراتيجية

عملية الرقابة هي الخطوة الأخيرة حيث يتم التأكد من خلالها من ان الاستراتيجية قد تم تنفيذها وفق ما هو مخطط. وتغطي علمية الرقابة الأداء التشغيلي بالإضافة إلى الاداء المالي وغيره. وللرقابة الاستراتيجية عدة وسائل يمكن استخدامها من اهمها تقييم الاداء المتوازن Balanced Scorecard .

إن تقييم أي نظام رقابة استراتيجي فعال يتطلب القيام بالخطوات التالية:

1- مراجعة رؤية المنظمة ورسالتها واستراتيجياتها: الخطوة الاولى تكمن في دراسة الرؤية المستقبلية للمنظمة ومراجعة رسالتها واستراتيجيتها.

2- وضع معايير الأداء: تشير المعايير إلى الأهداف المطلوب تحقيقها. وقد تكون من هذه المعايير كمية او وصفية لمستوى جودة أو وقت أو تكلفة أو حجم انتاج.

3- قياس الأداء الفعلي: تحديد مستوى الانجاز الفعلي للأفراد أو الجماعات أو الوحدات الإدارية، وهذه الخطوة تتضمن تسجيل نتائج القياس.

4- مقارنة الأداء الفعلي بالمعايير الموضوعة: تهدف عملية المقارنة بين الأداء الفعلي والمعايير الموضوعة إلى تحديد مدى أو حجم الانحرافات عن تلك المعايير، حيث قد تكون هذه الانحرافات طبيعية أو أكثر من الحدود المسموح بها.

5- اتخاذ الإجراءات التصحيحية: يتم في الخطوة الأخيرة التحقيق في الانحرافات من حيث طبيعتها واسبابها ومكان ووقت حدوثها وحجمها، ثم اتخاذ الإجراءات التصحيحية الكفيلة بتعديل المسار. وتتضمن هذه الخطوة كذلك اتخاذ أية إجراءات وقائية من شأنها منع وقوع مثل هذه الانحرافات أو الأخطاء في المستقبل.

يعد تقويم الأداء عنصراً أساسياً للعملية الإدارية حيث يساهم في تقديم المعلومات التي تستخدم في مديات تحقيق أهداف المنظمة، وبالتالي التعرف على اتجاهات الأداء فيها سواء السابقة او اللاحقة لفعاليات المنظمة، وبما يمكنها من اتخاذ القرارات اللازمة لتحديد مسيرة المنظمة وأهدافها وبرامجها الاستراتيجية [23].

ومن الجدير بالذكر ان عملية الرقابة على الاستراتيجية قد تتضمن نوعا من الرقابة المتعلقة بتقييم بعض العوامل التي لم تؤخذ بالحسبان عند وضع الخطة الاستراتيجية وذلك بسبب مرور وقت ليس بالقصير بين وضع الخطة الاستراتيجية وتطبيقها وحدوث بعض التغيرات في البيئة الداخلية أو الخارجية خلال تلك الفترة.

ولكي تتمكن إدارة الموارد البشرية من معرفة مدى تنفيذ استراتيجياتها لا بد من وجود معايير واضحة لتقييم الأداء، فنجاح إدارة الموارد البشرية في تنفيذ استراتيجياتها يظهر من خلال مستويات الأداء العالية للموارد البشرية في المنظمة.

ونظراً لأهمية تقييم الأداء المتوازن في إدارة الموارد البشرية حيث أن التعلم والنمو يعد من اهم المحاور أو المنظورات Perspectives في بطاقة تقييم الاداء المتوازن، فإننا سنقوم بتناول هذا الموضوع بشكل منفصل.

تقييم الأداء المتوازن في إدارة الموارد البشرية HR Balanced Scorecard

يعد تقييم الأداء المتوازن من أهم أدوات الرقابة الإستراتيجية التي تسعى إلى تقييم مدى تحقيق المنظمة لأهدافها بالإضافة إلى سعيها إلى زيادة قدرة المنظمة على تغيير خياراتها الإستراتيجية تبعاً للتغيرات المستمرة التي تحدث في البيئة الداخلية والبيئة الخارجية.

يعتمد التطبيق الناجح للخطة الإستراتيجية على مدى فعالية نظم الرقابة الإستراتيجية [24] والتي تعد بمثابة قياس للأهداف الموضوعة وتزود المديرين بمعلومات

(23) الحسيني، فلاح حسن عداي، **الإدارة الاستراتيجية: مفاهيمها ومداخلها وعملياتها المعاصرة**، عمان، دار وائل للنشر والتوزيع، 2006، ص241.

(24) Atkinson, H, Strategy Implementation: A Role for the Balanced Scorecard, **Mangement Decision**. Vol 44. No. 10, 2006, pp. 1411-1460.

دقيقة عن أداء المنظمة. ويقتضي التطبيق الفعال للرقابة الاستراتيجية وضع مقاييس معينة لأداء المنظمة تسمح للإدارة بتقييم كفاءتها في تحقيق الموارد المتاحة واستخدامها بالشكل الأفضل. وهناك العديد من النظم المستخدمة في تقييم الأداء المؤسسي أهمها نظام قياس الأداء المتوازن.

لقد برز مفهوم نظام قياس الأداء المتوازن في دراسة نشرها Robert Kaplan وزميله David Norton في عام 1992 في مجلة Harvard Business Review حيث قام الباحثان بالتركيز على ربط الرقابة التشغيلية قصيرة الأجل برؤية واستراتيجية المنظمة.

يعرف Kaplan & Norton [25] بطاقة الأداء المتوازن بأنها إطار عملي يستخدم كمدخل لتحسين الأداء الحالي والمستقبلي وذلك من خلال دراسة عدد من المقاييس ضمن أربعة منظورات (المنظور المالي ومنظور العملاء ومنظور العمليات الداخلية ومنظور التعلم والنمو).

أما Horngren [26] فيعرف بطاقة الأداء المتوازن بأنها طريقة لتحويل رسالة المنظمة واستراتيجياتها إلى مقاييس أداء. وفي الواقع فإن أساس بطاقة القياس المتوازن يقوم على وضع مقاييس لكل منظور وإجراء عملية القياسات لأهداف مقارنة الأداء الفعلي بالأداء المخطط. ويؤكد نيلز وآخرون [27] على ضرورة النظر إلى نموذج بطاقة الأداء المتوازن على أنه أداة لترجمة رؤية واستراتيجية مجردة إلى مقاييس وأهداف محددة.

وقد اشارت دراسة قام بها Jusoh [28] إلى قصور النظم التقليدية لقياس الأداء بكونها تعتمد بصفة أساسية على المؤشرات المالية التي توفرها نظم المحاسبة التقليدية كالايرادات وربحية السهم والعائد على الاستثمار. ودعت إلى ضرورة تطوير نظم قياس

---

(25) Kaplan, Robert S. & David Norton, "The Balanced Scorecard: Measures that Drive Performance", **Harvard Business Review**, Jan-Feb 1992, pp.71-79.

(26) Horngren, C. et al, **Cost Accounting**, USA, Prentice Hall International 2000, p. 24.

(27) نيلز، جوران، وآخرون، **الأداء البشري الفعال لقياس الأداء المتوازن، أفكار عالمية معاصرة**، ترجمة أشرف عبد الرحمن توفيق، القاهرة، سلسلة إصدارات بميك، 2003 ص96.

(28) Jusoh, R. D., N. Ibrahim and Y. Zainnddin, "Assessing The Alignment Between Business Strategy and Use of Multiple Performance Measures Using Interaction Approach" **The Business. Review**, Combridge, 2006, 5(1), pp. 51-60.

الأداء لتشمل، بالإضافة إلى المؤشرات المالية، مؤشرات غير ماليـة عـن الجـودة ورضـاء العميـل والابتكـار وقدرات الموظفين وغيرها، باعتبارها مؤشرات عائدة للأداء في المستقبل.

إن قياس الأداء التقليدي يركز فقط على المعلومات المتعلقة بالنتائج المالية، وبالتالي فإن هذا النوع مـن القياس قاصر على تمثيل مجالات أخرى لها أهميتها في المنظمة، فاقتصار تقييم أداء المنظمـة علـى التحليـل المالي يؤدي إلى إعطاء صورة غير دقيقة عن وضع المنظمة ومستوى أدائها.

وقد ذكر يوسف [29] محددات استخدام التحليل المالي فقط في تقييم أداء المنظمة، حيـث كـان مـن أهمها: استناد التحليل المالي إلى القيم التاريخية، فجميع هذه القيم حددت لفترات سابقة في ظل ظروف اختلفت عن الواقع الحالي او المستقبلي، واعتماد التحليل علـى قـوائم ماليـة ذات قيم حـددت بأسـس وسياسـات معينـة، وتجاهل أثر العوامل الخارجية من منافسين ورضى العملاء وكذلك غياب البعد الاستراتيجي، فإسـتراتيجية العمـل للمنظمة، وتطلعاتها المستقبلية وانعكاسات ذلك على أداء المنظمة لا تظهر ضمن عناصر التحليـل المـالي التقليـدي مما يؤكد أهمية استخدام أساليب ونظم أكثر تقدما لقياس أداء المنظمة.

---

(29) يوسف، محمد محمود ، **البعد الاستراتيجي لتقييم الأداء المتوازن**، القاهرة، المنظمة العربية للتنمية الإدارية،(2005)، ص ص 86-88.

محاور تقييم الأداء المتوازن

لخص Kaplan و Norton [30] المنظورات الأربعة التي تعتمـد عليها بطاقة تقيـيم الأداء المتـوازن في الشكل التالي:

الشكل رقم (9)
المنظورات الأربعة لبطاقة تقييم الأداء المتوازن

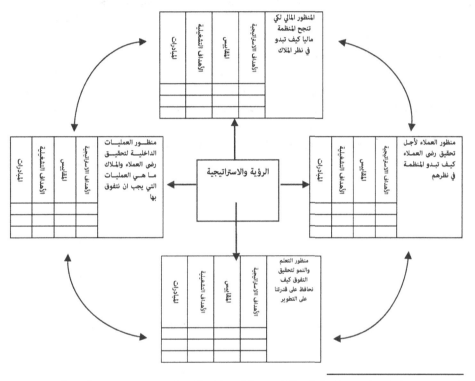

Source: Kaplan, Robert S. & Norton, David, P. **The Balanced Scorecard: Translating Strategy into Action**, Boston, MA: Harvard Business School Press,1996 , p.78.

---

(30) Kaplan, Robert S. & Norton, David, P. **The Balanced Scorecard: Translating Strategy into Action**, Boston, MA: Harvard Business School Press,1996 , p.78.

يتبين من الشكل رقم (9) أن هناك أربعة منظورات في تقييم الأداء المتوازن للمنظمة:

1- **المنظور المالي:** يشير المنظور المالي إلى متطلبات المالكين من عائد على رأس المال المستثمر من قبلهم ومستوى الدخل التشغيلي، وتخفيض التكاليف، والحصة السوقية، وقيمة الأصول، والتدفق النقدي.

2- **منظور العملاء:** يركز هذا المنظور على جميع الأنشطة والإجراءات التي تلبي حاجات العملاء، وتبدو هنا أهمية سرعة الاستجابة لطلبات العملاء وتلبية توقعاتهم مما ينعكس على العلاقة الجيدة مع العملاء. ومن اهم المقاييس المستخدمة في محور العملاء: عدد العملاء، ونسبة العملاء إلى العاملين، ومؤشر رضى العميل، ومعدل الشكاوي، واكتساب عملاء جدد.

3- **منظور العمليات الداخلية:** يعكس هذا المنظور العمليات الحرجة التي ينبغي أن تتفوق فيها المنظمة على غيرها من المنظمات، ومن أهم المقاييس المستخدمة عدد مرات التسليم في الموعد، وجودة المنتج، ووقت دورة الانتاج، والانتاجية، ودرجة استخدام الأصول.

4- **منظور التعلم والنمو:** يهدف هذا المنظور إلى الاستثمار في الموارد البشرية لأجل رفع مستوى أدائهم، ومن اهم المقاييس المستخدمة في منظور التعلم والنمو مصاريف البحث والتطوير، وعدد ساعات البحث والتطوير، ومصاريف التدريب، ومعدل عدد ساعات التدريب لكل موظف بالسنة.

اما فيما يتعلق بمكونات كل منظور من المنظورات التي تم ذكرها فكل منظور يتكون من:

1) الأهداف الاستراتيجية Objectives .

2) المقاييس Measures .

3) الأهداف التشغيلية Targets .

4) المبادرات Initiatives .

إن من الضروري ترجمة الاستراتيجية إلى خطط عمل، ويؤدي نظام بطاقات تقييم الأداء المتوازن هذه المهمة إذ انه يقوم بتحويل الاستراتيجية إلى منظومة متكاملة من الأهداف والمقاييس والمبادرات إلى أربعة منظورات رئيسة، كما أن من الضروري أن تقوم الإدارة بنشر وتعميم خطط العمل التفصيلية من حيث الموارد والمسؤولية عن التنفيذ وتواريخ التنفيذ المتوقعة.

وتتميز بطاقة تقييم الأداء المتوازن بالعديد من المزايا أهمها أنها تربط بين السبب والنتيجة من خلال الخريطة الاستراتيجية لتعكس كيفية تقوية هذه الروابط وتحديد طبيعتها، وكذلك فهي تقوم بترجمة رؤية واستراتيجية المنظمة إلى أهداف وخطط عمل تشغيلية وتوفر أساس جيد لاتخاذ القرارات فالمعلومات التي يوفرها النظام تساعد الإدارة في اتخاذ القرار المناسب، وتساعد على اكتشاف نقاط الضعف في اداء الدوائر المختلفة مما يساعد في معالجة القصور... [31]

وكما نعلم فإن طريقة عمل بطاقة تقييم الأداء المتوازن تكون بصفة تصاعدية حيث تؤثر جهود التعلم والنمو في جودة العمليات والخدمات مما يؤدي إلى جلب اكبر عدد من العملاء وبالتالي تحقيق النتائج المالية المرجوة [32].

ويوضح الشكل التالي الخريطة الاستراتيجية Strategy Map فيما يتعلق بالعلاقات السببية للمنظورات الأربعة:

(31) جمعة، احمد حلمي، وعارف، حسن صالح، وهلالي، محمد جمال، "منهج مقترح لتطبيق بطاقة الأداء المتوازن في الشركات الصغيرة في ظل اقتصاد مبني على المعرفة. المؤتمر العلمي السنوي الخامس، جامعة الزيتونة الأردنية، 2005.

(32) يحياوي، نعيمة، بطاقة الاداء المتوازن وسيلة فعالة للتقييم في المؤسسة، مجلة العلوم الاجتماعية والانسانية، جامعة باتنة بالجزائر، العدد 8، يونيو 2008، ص ص 21-52.

الشكل رقم (10)
الخريطة الاستراتيجية للعلاقات السببية

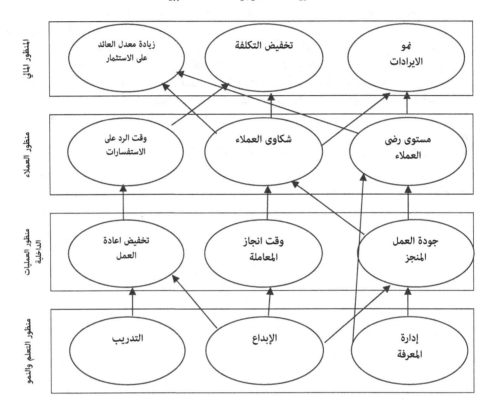

ويذكر Olve and Sjostrand [33] أن كثيرا من المنظمات في السويد قد أضافت منظوراً خامساً هو منظور الموارد البشرية الذي يعكس دور المعلمين في عمليات المنظمة وتطورها وكذلك في تحسين العلاقة مع العملاء وفي تحسين الأداء المالي. ويضيف الباحثان أن هناك بعض المنظمات التي تستخدم منظوراً آخر هو منظور البيئة أي بمعنى آخر تحقيق معايير البيئة وتلبية متطلبات المجتمع في الحفاظ على البيئة.

إن القضايا الأساسية التي يجب أن يصار لها أهمية خاصة هي رضى العاملين باعتبارهم أهم موارد المنظمة، وفي الحقيقة فإن أداء العاملين هو الذي يحدد كفاءة الأداء في المنظمة على مختلف المستويات. [34]

فرضى العملاء يعتمد على عدة عوامل من أهمها رضى العاملين إذ ان العلاقة طردية بين رضى العملاء ورضى العاملين، أي انه كلما ازداد مستوى الرضى الوظيفي فإن ذلك يؤدي إلى ارتفاع مستوى رضى العملاء.

وقد اقترح Gupta [35] نموذجا لبطاقة الاداء المتوازن المتعلقة بإدارة الموارد البشرية HR Balanced Scorecard يتكون مما يلي:

1- المنظور المالي / الموارد البشرية

يعتمد المنظور المالي للموارد البشرية على دراسة القيمة المالية المضافة التي إضافتها الموارد البشرية. هذا المنظور يقيس النتائج النهائية التي يتم التوصل إليها من خلال عدة مقاييس أهمها:

تكلفة الاستقطاب الخارجي.

عوائد التدريب.

إدارة التعويضات.

---

(33) Olve, N. & Sjostrand, G., **The Balanced Scorecard**, USA, John Wiley & Sons, 2002, p. 19.

(34) العامري، صالح، والغالبي، طاهر. بطاقة القياس المتوازن للأداء كنظام لتقييم أداء منشآت الأعمال في عصر المعلومات: نموذج مقترح للتطبيق في الجامعات الخاصة، **المجلة المصرية للدراسات التجارية، كلية التجارة**، جامعة المنصورة، المجلد (27) العدد (2)2003 ، ص ص 129-153.

(35) Gupta, S.C., **Advanced Human Resource Management**, New Delhi, Anc Book Pvt. Ltd., 2009, pp. 74-76.

تكاليف توجيه الموظفين.

2- منظور العميل / الموارد البشرية

يتضمن المنظور مقاييس عن صورة الموارد البشرية في أذهان موظفي المنظمة، ويغطي المنظور ما يلي:

درجة اهتمام الموظفين ومساهمتهم مع المنظمة في وضع الاهداف واتخاذ القرارات.

مدى الاحتفاظ بالموظفين Retention ، إذ ان ارتفاع معدل دوران العمل في المنظمة يعتبر مكلفا.

جدارة الموظفين، ودراسة الفجوة بين ما يتوفر من مهارات وما تحتاج إليه المنظمة من تلك المهارة، ففهم وتحليل الفجوة يمكن المنظمات من ان تخطط بشكل أفضل لعملية الاستقطاب والتدريب.

3- منظور التعلم والنمو / الموارد البشرية

يقيس المنظور مدى نجاح إدارة الموارد البشرية في تحقيق أهدافها الرئيسة المتعلقة بتوفير موارد بشرية مؤهلة من خلال تنمية العاملين وتدريبهم لتعزيز مهاراتهم. ومن اهم المقاييس التي يجب تحليلها:

برامج التدريب.

القيادة.

تطوير المهارات.

الدوافع.

4- منظور العمليات الداخلية/ الموارد البشرية

يقيس هذا المنظور نجاح الموارد البشرية في التميز في العمليات التشغيلية. ومن الامور الاساسية التي ينبغي دراستها:

مدى التزام الموارد البشرية بإرضاء العملاء الداخليين.

مستوى أداء الموارد البشرية في العمليات الأساسية: إدارة الرواتب، إدارة التقاعد، تغييرات برامج الرعاية الصحية، التجاوب مع الاستفسارات.

ولكي ينجح تطبيق نظام قياس الأداء المتوازن فإنه لا بد من توفر عدة مقومات أهمها دعم الإدارة العليا، فعندما يدرك العاملون في المنظمة بأن الإدارة العليا تدعم جهود تطبيق النظام فإن ذلك يساعد في التزام هؤلاء العاملين ويخفف من معارضتهم لتطبيق النظام. كما ان للحوافز المادية والمعنوية ولتحديد الأهداف بشكل واضح ودقيق دور في نجاح تطبيق النظام.

بالإضافة إلى ذلك ينبغي ان تركز الإدارة على عملية الاتصال والتأكد من فعاليتها فالنظام الجيد يحتاج إلى عقد اجتماعات بين فرق العمل وإجراء مناقشات لإقرار خطة العمل والمنظورات الرئيسة للمقاييس ولمتابعة تطبيق النظام.

الصعوبات التي تواجه التخطيط الاستراتيجي للموارد البشرية

قد تواجه عملية وضع وتنفيذ استراتيجية إدارة الموارد البشرية عدة عقبات من اهمها:

1- عدم اهتمام الادارة العليا، فقد ترى الإدارة العليا في المنظمة عدم الحاجة إلى صياغة استراتيجية لإدارة الموارد البشرية وذلك بسبب اعتقاد البعض بأن إدارة الموارد البشرية وظيفة إدارية مساندة لباقي وظائف المنظمة.

2- تركيز إدارة الموارد البشرية على التخطيط قصير الأجل بدون التفكير في التخطيط طويل الأجل، وهذا قد يعود إلى الاهتمام بالاحتياجات الآنية للموارد البشرية ودرجة توفرها ومدى وجود المهارات والقدرات المطلوبة.

3- قلة خبرة إدارة الموارد البشرية وموظفيها بالتخطيط الاستراتيجي للموارد البشرية وذلك بسبب حداثة الموضوع نسبيا وتعدد الخلفيات العلمية لإدارة الموارد البشرية.

4- عدم توفر المعلومات اللازمة للتخطيط الاستراتيجي للموارد البشرية في ظل عدم وجود نظام معلومات الموارد البشرية لدى الكثير من المنظمات.

5- ضيق الوقت فقد يحول انشغال مدير وموظفو إدارة الموارد البشرية بالأعمال اليومية لنشاطات إدارة الموارد البشرية من استقطاب وتوظيف وتدريب وتحفيز وغيرها، دون تخصيص وقت كاف لعملية التخطيط الاستراتيجي لإدارة الموارد البشرية.

أسئلة للمناقشة

1- حدد ماهية تخطيط الموارد البشرية وأهميتها.

2- لو طلب منك ان تجري تحليلاً رباعياً لإدارة الموارد البشرية. ما هي الخطوات التي يمكن ان تتبعها في هذا المجال.

3- وضح كيف يمكن تحديد الطلب على الموارد البشرية، مع إعطاء أمثلة على تحليل السلاسل الزمنية وتحليل الانحدار.

4- بين كيف يتم تحديد الفائض او العجز من الموارد البشرية للمنظمة.

5- هنالك عدة نماذج استراتيجية لإدارة الموارد البشرية. تكلم عن النموذج المبني على الموارد.

6- وضح دور إدارة الموارد البشرية في الاستراتيجية العامة للمنظمة.

7- اشرح بإيجاز خطوات بناء إستراتيجية إدارة الموارد البشرية في المنظمة.

8- بين مفهوم تقييم الأداء المتوازن كأحد أهم أدوات الرقابة الإستراتيجية.

9- هناك أربعة منظورات أساسية لبطاقات تقييم الأداء المتوازن. ما هو رأيك في إمكانية إضافة منظور خامس لهذا المنظورات، وما هو المنظور الذي تود إضافته.

10- بين أهم الصعوبات التي يمكن ان تواجه عملية التخطيط الاستراتيجي للموارد البشرية.

الفصل الثالث
تصميم وتحليل الوظيفة

Job Design and Analysis

أولاً: تصميم الوظيفة

- ماهية تصميم الوظيفة
- العوامل المؤثرة في نجاح تصميم الوظيفة.
- مداخل تصميم الوظائف.

ثانياً: تحليل الوظيفة

- تحليل الوظيفة كأداة من أدوات إدارة الموارد البشرية.
- العوامل المؤثرة في إجراءات تحليل الوظيفة.
- طرق جمع المعلومات.
- خطوات تحليل الوظيفة.
- مشكلات تحليل الوظيفة.
- زيادة فاعلية تحليل الوظائف.

الأهداف التعليمية للفصل

يتوقع من الطالب بعد دراسة الفصل الثالث أن يحقق الأهداف التعليمية المرجوة، وذلك بـأن يكـون قادراً على :

- تحديد الابعاد الأساسية لبطاقة وصف الوظيفة والمواصفات وشاغلها.
- التمييز بين نطاق الوظيفة وعمقها عند مناقشة مضمون الوظيفة.
- فهم المداخل الحديثة في تصميم العمل والتي تتضمن فرق العمل، وساعات العمل المرنة، واندماج العاملين.
- استخدام طرق جمع المعلومات لاهداف تحليل الوظيفة بطريقة مثمرة.
- بيان الخطوات الأساسية في عملية تحليل الوظيفة.

الفصل الثالث
تصميم وتحليل الوظيفة
Job Design and Analysis

تعد عمليتي تصميم وتحليل الوظيفة من المهام الأساسية التي تقوم بها إدارة الموارد البشرية في المنظمة، حيث تهدف عملية تصميم الوظيفة إلى تحديد مضمون العمل ومستواه ونطاقه، بينما تهدف عملية تحليل الوظيفة إلى تحديد ما تتضمنه الوظيفة من واجبات ومسؤوليات وما يجب ان يتوفر في شاغل الوظيفة من مؤهلات ومهارات وخبرات.

أولاً: تصميم الوظيفة
ماهية تصميم الوظيفة

ان الوظيفة والموظف هما الركنان الأساسيان في العملية الإدارية، وبناء عليه فالمطلوب تحقيق التوازن والانسجام بين الموظف والوظيفة وتصميم الوظيفة بالشكل الذي يتناسب مع احتياجات شاغلها. مما يلعب دورا هاما في فعالية المنظمة.

وتتضمن عملية تصميم العمل تحديد عدة جوانب أهمها: [1]

1- مضمون الوظيفة Job Content : أي الأنشطة والواجبات التي تتطلبها الوظيفة، وقد تكون الوظيفة مفصلة تشمل كل جزئية أو قد تكون عامة غير محددة. ويتضمن مضمون العمل جانبين أساسيين:

أ- نطاق الوظيفة Job Scope الذي يشير إلى مدى تنوع المهام والواجبات المختلفة التي يقوم بها شاغل الوظيفة، فالوظيفة التي تتضمن واجبات قليلة ومحددة تحتوي على نطاق ضيق ومحدود، ويعتبر العمل روتينيا نمطيا.

---

(1) حريم، حسين، السلوك التنظيمي، سلوك الأفراد والجماعات في منظمات الاعمال، عمان، دار الحامد، 2004، ص ص 305-306: عن Gibson, James L. John Ivancevich and James Donnely, Jr. , **Organizations Behavior and Processes,** Boston, Mass.: Irwin, 1994, pp. 470-472.

ب- عمق الوظيفة Job Depth : ويعني مدى الحرية والاجتهاد او التصرف المسموح لشاغل الوظيفة لتقرير واجبات الوظيفة وطرق ادائها والرقابة عليها.

2- علاقات العمل Relationships : وتشير إلى طبيعة ومدى قوة العلاقات بين الفرد وشاغل الوظيفة والأفراد الآخرين داخل المنظمة وخارجها.

إن عملية تصميم العمل تتعلق بتحديد مهام الوظيفة وكيفية تأديتها من قبل شاغر الوظيفة، بالإضافة إلى ربط الوظيفة المعنية بالوظائف الأخرى. وعند القيام بعملية تصميم العمل فلا بد من الأخذ بعين الاعتبار درجة التكنولوجيا المستخدمة في العمل والتي قد تؤدي إلى إلغاء وظائف معينة أو إحداث وظائف جديدة، كما أنها تؤدي إلى تغيير الكثير من واجبات الوظائف في المنظمة.

وتحتاج عملية التوفيق بين متطلبات الوظيفة ومن سيقوم بشغلها إلى الكثير من الجهود. ويمكن التفرقة في مجال التوفيق هذا بين أسلوبين أساسيين على النحو التالي: [2]

1- ملائمة الوظيفة للأفراد Fitting Jobs to People

يمكن للمنظمة تعديل أو تكييف الوظيفة لكي تلائم الأفراد المتاحة للعمل: ففي السنوات الأخيرة حدث تقدم ملحوظ في تعديل أو إعادة تصميم بعض الوظائف لتناسب فاقدي النظر أو المقعدين بصفة عامة بالإضافة إلى ذلك قد يتم التعديل في ساعات العمل للمتزوجات.

2- ملائمة الأفراد للوظيفة Fitting People to Jobs

تركز معظم جهود الاختيار في مدى ملائمة الأفراد المتقدمين لوظائف معينة. ويتم ذلك عن طريق السماح للفرد ان يقيم الوظيفة بعد توضيح الصعوبات التي يمكن ان يواجهها في العمل والتي تسبب مجالات للإحباط. ويمكن ذلك الأسلوب من تفادي التوقعات غير الواقعية للفرد عن الوظيفة. ومن ثم تخفيض معدلات ترك الخدمة.

---

(2) الصحن، محمد فريد، ونهال فريد مصطفى، **أساسيات الأعمال**، الاسكندرية، المكتب الجامعي الحديث، 2006، ص ص 248-249.

العوامل المؤثرة في نجاح تصميم الوظيفة

يقسم عقيلي العوامل المؤثرة في نجاح تصميم الوظيفة إلى ثلاثة مجموعات[3]:

1- فيما يتعلق بالأهداف

تتحدد واجبات الوظيفة على ضوء أهدافها، حيث تعطي أهداف الوظيفة رؤية واضحة لشاغلها لما يجب تحقيقه. ويجب ان يعمل تحديد الأهداف على:

أ- بيان مدى أهمية الوظيفة.

ب- بيان سبب وجود الوظيفة.

ج- بيان علاقة الوظيفة مع الوظائف الأخرى.

د- أن تكون أهداف الوظيفة نابعة من أهداف المنظمة.

2- فيما يتعلق بواجبات الوظيفة

عند تحديد واجبات الوظيفة لا بد من مراعاة عنصر ـ الدقة والوضوح، وعدم الازدواجية، لأن ذلك يساعد عملية تحليل الوظيفة على تفصيلها وتحديد مواصفات شاغليها بوضوح، واختيار الفرد المناسب في المكان المناسب. وبشكل عام يمكن القول أن تحديد واجبات الوظيفة يجب ان يعمل على توضيح ما هو المطلوب أداؤه من الفرد شاغل الوظيفة لأجل تحقيق أهدافها.

3- فيما يتعلق بخصائص الوظيفة

أ- ان يعمل التصميم على ان يوفر للوظيفة وبالتالي لشاغلها الإحساس بالأهمية والاعتزاز بالنفس. وهذه الأهمية ستكون متفاوتة من وظيفة لأخرى.

ب- أن يوفر التصميم عنصر التحدي في العمل، أي ان تعمل أهداف وواجبات الوظيفة على إثارة الحماس في نفس شاغلها للعمل.

ج- ان يعمل تصميم العمل على توفير الاحساس بالمسؤولية لدى شاغل الوظيفة تجاه عمله ونفسه.

د- ان يعمل تصميم العمل على إتاحة الفرصة لشاغل الوظيفة لأن يستخدم مهارات متنوعة تسهم في تحقيق أهداف العمل.

---

(3) عقيلي، عمر وصفي، **إدارة القوى العاملة**، عمان، دار زهران للنشر والتوزيع، 1996، ص ص 51-52.

هـ- ان يعمل تصميم العمل على توفير درجة من الاستقلالية في أداء واجبات الوظيفة.

و- ان يعمل التصميم على توفير الإحساس بالإنجاز لدى الفرد، عن طريق جعله مسؤولا عن إنتاج وحدة عمل كاملة أو جزئية كاملة من العمل، وجعل إنتاجيته ملموسة ويمكن تحديدها إن سمحت طبيعة العمل بذلك.

مداخل تصميم الوظائف

هناك مداخل عديدة لتصميم الوظائف أهمها:

1- المدخل العلمي الآلي Mechanic Design

يعتمد هذا المدخل على تصميم العمل في مدرسة الإدارة العلمية التي تجسدت فلسفتها بالتخصص وتقسيم العمل، حيث ادى التخصص الدقيق إلى تجزئة العمل الواحد إلى مهام محددة مما استتبع أداء هذه المهام الصغيرة لأن يكون متكرراً ومملاً. وقد كان الهدف من هذا المدخل زيادة الانتاجية، واتقان العمل وسرعة إنجازه، وكذلك وضع معايير أداء واقعية للعمل.

إلا انه تكشفت عن هذا المدخل مشاكل وعيوب أساسية كان من أهمها شعور العاملين بالملل والسأم نتيجة مسؤولية كل فرد عن أداء جزئية صغيرة في العمل، مما يشعرهم كذلك بعدم أهمية العمل الذي يقومون به. ولهذه المشاعر آثار غير إيجابية على التمارض والتغيب عن العمل وإضاعة الوقت وارتفاع معدلات الحوادث في العمل.

2- مدخل تبسيط العمل Job Simplification

يتضمن هذا المدخل تشكيل لجان متخصصة لدراسة الوظائف المختلفة والعمل قدر الإمكان على إلغاء الإجراءات غير الضرورية وإدماج الإجراءات المتشابهة في كل عملية، مما يوفر الوقت والجهد على الموظف نفسه وينعكس ايجابيا على فعالية الأداء.

وعلى إدارة المنظمة ان تولي اهتمامها بشرح فوائد تبسيط العمل على الموظف وعوائدها على العملاء وبالتالي على المنظمة مما يخلق مناخاً ايجابياً لحسن سير الاعمال وسرعة تطبيق توصيات اللجان المكلفة بتبسيط الإجراءات.

3- التدوير الوظيفي Job Rotation

يقترح مدخل التدوير الوظيفي زيادة تنويع المهام والواجبات التـي يؤديها الموظـف وذلـك مـن خـلال تنقل الموظف من عمل إلى آخر سواء في نفس الدائرة أو من دائرة إلى أخرى، في نفس الفرع او من فـرع إلى آخـر، ان الهدف من هذا المدخل تخفيض حالات الشعور بالضجر والروتين، إلا انه لا يحقق الهدف منه في حـالات كثـيرة وخاصة إذا كان التنقل ضمن مجموعة من نفس الأعمال الروتينية، حيـث يسـتمر الموظف في معاناتـه إذ لم يجـر التغيير في جوهر مهام العمل، ولكنه حدث فقط في مكان العمل او في تغيير المشرف الذي يرفع تقاريره إليـه أو في العلاقات مع زملائه.

4- توسيع العمل Job Enlargement

تتم عملية توسيع العمل من خلال إضافة بعض الواجبات أو المهام الوظيفية إلى وظيفة معينة، ويسمى هذا المدخل بالتوسع الأفقي فالتغيير الأساسي هو ان العامل أصبح مسؤولا عن أداء مهام أكثر مـن ذي قبـل حيـث ان الاضافة تمت في أعمال من نفس المستوى والأهمية للوظيفة الحاليـة. ولـذلك، فمـن المتوقع ان يسـتمر شعـور الموظف بالإرهاق والملل والضجر مما لا يوفر له مناخاً مشجعاً على الابتكار والابداع.

5- إثراء العمل Job Enrichment

يركز هذا المدخل على إثراء العمل من خلال تصميم الوظيفة لكي تتضـمن إضافة واجبات أخـرى مـن مستوى أعلى بحيث تتطلب معرفة أكثر ومهارات أدق، حيث يمكن مثلا إضافة مهام تتعلـق بالتخطيط والتقيـيم كان يؤديها المشرف الإداري إلى وظيفة أخرى أقل في المستوى الإداري، أي ان التوسع في هذه الحالة يكون عموديـاً وليس افقياً. وهذا المدخل من المفترض ان يوفر مناخ عمل أفضل للموظف يحفزه على الأداء الأفضل.

6- مداخل حديثة في تصميم العمل

هناك الكثير من المداخل التي فرضت نفسها حديثاً في مجال تصميم العمل من أهمها:

أ- العمل الجماعي Team work :

يعتمد هذا المدخل على تشكيل فرق العمل بينما تعتمد كل المداخل السابقة على العمل الفردي، ووفقاً لهذا المدخل يتم تشكيل فريق عمل لتحقيق أهداف محددة في ضوء مهام معينة مطلوب أدائها من الفريق.

هذا المدخل يتيح فرص كبيرة لكل عضو في الفريق ان يستفيد من التفاعل مع الآخرين وان يكتسب مهارات جديدة. وقد توكل إلى فريق العمل صلاحيات كاملة كالفرق المسيرة ذاتيا Self-managed Teams أو قد يمنح صلاحيات محدودة واستقلالية جزئية Semi- autonomous Teams .

ب- ساعات العمل المرنة Flexible Working Hours

يعطى الموظف حرية في الحضور إلى الدوام والانتهاء منه بشرط اكمال عدد الساعات المطلوبة منه بالمنظمة. وابرز مثال على ذلك ما تفعله شركة (محرك البحث) Google حيث تعطي الحرية لموظفيها ان يختاروا ساعات الدوام التي تناسبهم.

ج- اندماج العاملين Employee Involvement

ان من الضروري توفير المناخ المناسب للعاملين بحيث يكون لديهم تأثيراً في عملية اتخاذ القرار، فاندماج العاملين ليس هدفاً بحد ذاته بل هو أداة لترسيخ مساهمة العاملين في كافة الأمور الإدارية بالمنظمة. وتذهب إدارة الجودة الشاملة إلى استخدام مصطلح اندماج العاملين بدلا من المصطلح الذي كان يستخدم سابقا مشاركة العاملين "Employee Participation" حيث ان كلمة الاندماج أكثر عمقا وشمولية من مجرد المشاركة.

تكمن مهمة إدارة المنظمة في هذا المجال بتشجيع العاملين على ممارسة دوراً أكثر فعالية في الأعمال التي يقومون بها، ويعتبر اندماج العاملين بهذا المعنى احد أساليب الحفز لهؤلاء العاملين، بحيث يؤدي إلى رفع روحهم المعنوية حيث يدركون مدى أهميتهم في المنظمة ومدى احترام الإدارة لآرائهم. [4]

---

(4) جودة، محفوظ، **إدارة الجودة الشاملة: مفاهيم وتطبيقات**، عمان، دار وائل للنشر والتوزيع، 2006، ص135.

وفي النهاية فإنه قد يثار تساؤلا عن تصميم العمل، هل ينفذ لمرة واحدة أو لعدة مرات؟ ومـن الاجابـة عـلى هـذا التساؤل تتلخص في أن تصميم العمل او الوظيفة لا بد وأن ينفذ عند تأسيس المنظمة دائما. إلا أنـه قـد تسـتدعي الضرورة إجراء إعادة تصميم لبعض الوظائف تبعاً لما تقتضيه مصلحة العمـل. وبهـذا الخصـوص فإنـه لا بـد مـن الإشارة إلى إعادة هندسة العمليات الإدارية Re-engineering والتي تتضمن عملية إعادة تصميم جذريـة وإعـادة تنفيذ العمليات في المنظمة وفق أسس جديدة مما ينعكس على تصميم العمل والوظائف.

ثانياً: تحليل الوظيفة:

تحليل الوظيفة كأداة من أدوات إدارة الموارد البشرية:

تتضمن عملية تحليل الوظيفة القيام بجمع المعلومات المتعلقة بكل وظيفة مـن أجـل الإلمـام بوصـف الوظيفة ومتطلباتها بالإضافة إلى معرفة مواصفاتها وخصائصها.

فتحليل الوظيفة يؤدي في النهاية إلى وضع الرجل المناسب في المكان المناسـب، وكـذلك شـغل الوظيفـة المناسبة بالموظف المناسب، وبالتالي فهو يساعد في التوصل إلى عدم وجود تداخل Overlapping بين الوظائف التي تم تحليلها، بالإضافة إلى التأكد من ان تلك الوظائف هي التي تحتاج إليها المنظمة فعلا.

وتعد عملية تحليل الوظائف أداة رئيسية من ادوات إدارة الموارد البشر-ية، حيـث انهـا تعتـبر الأسـاس الذي يعتمد عليه كل من وصف الوظيفة Job Description ومواصفات شاغل الوظيفة Job Specifications اللذان يؤثران بدورهما في العديد من نشاطات الموارد البشرية. ويوضح الشكل التالي ذلك:

الشكل رقم (11)
تحليل الوظيفة كأداة من أدوات
إدارة الموارد البشرية

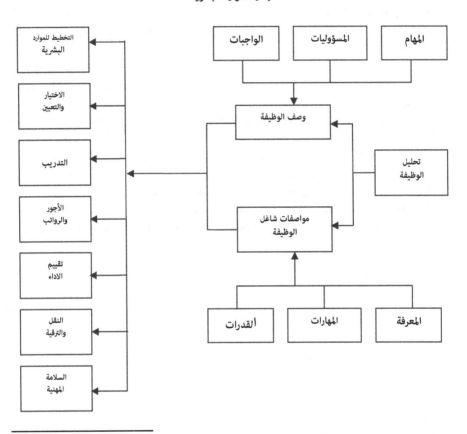

Source: Mondy, R. Wayne and Robert M. Noe, Human Resource Management, 9th Ed., N.J., Pearson Prentice Hall, 2005, p. 87.

يوضح الشكل أعلاه ماهية تأثير تحليل العمل على العديد من نشاطات الموارد البشرية من خلال
وصف الوظيفة ومواصفات شاغل الوظيفة، كما يلي:

1- التخطيط للموارد البشرية: بشكل عام فإنه من المستحيل تحديد احتياجات المنظمة من الموارد البشرية بدون تحليل الوظائف، فتحليل الوظائف يتم اولا ثم بعد ذلك يتم تخطيط الاحتياجات من الموارد البشرية.

2- الاختيار والتعيين: تعتمد إجراءات الاختيار والتعيين على نتائج المعلومات التي تقدمها عملية تحليل الوظيفة.

3- التدريب: عند تصميم خطة البرامج التدريبية لاجل زيادة معارف العاملين ورفع مهاراتهم لا بـد مـن التعرف على مواصفات الوظيفة.

4- الاجور والرواتب: تستخدم نتائج تحليل الوظيفة كذلك في تحديد انظمة الأجور والرواتب.

5- تقييم الاداء: تعتمد عملية تحليل الوظيفة الأساس الذي تبنى عليه معايير تقويم أداء الأفراد في المنظمات.

6- النقل والترقية: ان البيانات المتوفرة في كشوفات تحليل الوظائف تساعد الإدارة في تحديد مدى ملاءمـة الأفراد المقترح ملفهم للنقل او الترقية. ويذكر الصيرفي [5] ان التحليل يضـمن سـلامة قـرارات الترقية حيـث تحصـل المنظمة على بيانات عن أعباء الوظيفة المطلوب الترقية إليهـا، وثـم مقارنتهـا بجوانـب التقـدم الـذي أحرزه شاغلو الوظائف المطلوبة.

7- السلامة المهنية: تعد المعلومـات الموجـودة في تحليـل الوظيفـة هامـة فـيما يتعلـق بتحديـد مواضـع المخـاطر وضرورات السلامة والصحة المهنية، وفي كثير من الوظائف يحتاج شـاغل الوظيفـة إلى معرفة مخـاطر تلـك الوظيفة حتى يتمكن من أداء عمله بشكل بعيد عن المخاطر.

---

(5) الصيرفي، محمد، إدارة الموارد البشرية: المفاهيم والمبادئ، الجزء الأول، عمان، دار المناهج للنشر والتوزيع، 2003، ص75.

العوامل المؤثرة في إجراءات تحليل الوظيفة

تتوقف إجراءات التحليل على عدة عوامل أهمها: [6]

1- السبب من إجراء تحليل للوظائف وطريقة استخدام نتائجه، فلا شك أن طريقة استخدام هـذه النتـائج تحـدد نوع وكمية المعلومات المطلوب جمعها عن كل وظيفة.

2- درجة مهارة خبير التحليل، فطبيعي يتوقف نجاح برنامج التحليل على درجة نجاح الخبير في أداء مهمته. لـذلك يجب اختياره بدقة وأن تحدد المنظمة ما إذا كانت ستختاره من بين موظفي المنظمة أو تعهد بالمهمة كلهـا إلى أحد الخبراء الخارجيين. ومن المرغوب فيه دائما أن يتمتـع محلـل الوظـائف بـبعض المميـزات الشخصـية والذهنية حتى يستطيع تأدية عمله بنجاح.

أ- المميزات الشخصية وتشمل: مقدرة على التفاهم مع الغير، مقدرة على مقابلة الغير والتحدث معهـم بلباقـة، أن يتمتع بمظهر جذاب، وبميزة الصبر، وأن يميل إلى مصادقة الناس.

ب- المميزات الذهنية وتشمل: مقدرة على التحليل وتفسير الحقائق، مقدرة على التخطيط والتنظيم، مقـدرة عـلى فهم الكلمات واستخدامها في الأوجه الصحيحة، مقدرة على التعبير عما يجول في خاطره بأسلوب واضح.

3- عدد الأفراد الذين يقومون بالتحليل نفسه، والواقع أنه لا يوجد مقياس قاطع يمكن الاعتماد عليه لتحديد عدد المحللين اللازمين للعملية، ولكن يتوقف العدد المطلوب على عدة اعتبارات اهمها: عدد المقابلات الشخصـية المطلوب عملها، الوقت المحدد للانتهاء من عملية التحليل، طبيعة وعدد الوظائف المطلوب دراسـتها، طـول المقابلة نفسها. وليس هناك طريقة معينة يمكن بواسطتها تحديد المدة اللازمـة لكـل مقابلـة وذلـك بسـبب تغير طبيعة الوظيفة واختلاف مقدرة المحلل أو المقابل.

4- نوع الأفراد الذين سيسمح لهم بإعطـاء البيانـات والمعلومـات المطلوبـة، فيفضـل الـبعض الالتجـاء إلى العـمال مباشرة اعتقاداً منهم بامكان الحصول على معلومات أكثر في هذا

(6) حسن، عادل، **إدارة الافراد والعلاقات الانسانية**، الاسكندرية، مؤسسة شباب الجامعة 1998، ص ص 140-141.

الشأن، في حين يفضل البعض الآخر الاتصال بالمشرفين على أساس أن درايتهم باختصاص كـل وظيفـة في الأقسام التي يشرفون عليها أدق وأغزر من دراية العمال. ولا شك أن الالتجاء إلى كل من العامل والموظف أو المشرف ستمكن المحلل من الحصول على معلومات أكثر وعلى درجة أكبر من الدقة.
فالمعلومات التي يدلي بها احدهم تكمل المعلومات التي يدلي بها الآخر.

5- درجة تحضير أذهان الأفراد الذين يقع عليهم الاختيار لاعطاء البيانات المطلوبـة فـلا بـد مـن أن يشرح لهـم بوسائل الأعلام المختلفة – كالاجتماعات والنـدوات والمحـاضرات والنشرات والكتيبـات ولوحـة الاعلانـات – المقصود بدورهم في عملية التحليل وماهية المعلومات المطلوبة منهم وسبب إلتجاء الشركة لهـم ودرجة أهمية عملية التحليل بالنسبة لتقييم الوظائف.

طرق جمع المعلومات

يجب ان ينصب الاهتمام الاساسي في عملية جمع المعلومات على دقة المعلومات وحـداثتها، ومـن انهـا تمثل نشاطات العمل الفعلية [7].

هناك العديد من طرق جمع المعلومات اللازمة لتحليل الوظائف منها:

1- الملاحظة Observation:

المقصود بالملاحظة هو محاولة جمع المعلومات من خلال ملاحظة سلوك الأفراد المطلوب ملاحظتهم.

وهناك نوعين:

أ- الملاحظة باستخدام الحواس حيث يقوم الفرد باستخدام حواسـه كـالنظر أو السـمع اثنـاء الملاحظـة ثـم يقـوم بتسجيل ملاحظاته كما رآها او سمعها. إلا أن المشكلة تكمن في احتمال ارتكاب بعض الاخطاء أثناء تسـجيل الملاحظات والتي قد تعود إلى اختلاف الملاحظين في فهمهم لسلوك معين بسبب اختلاف شخصياتهم.

---

(7) Fisher, Cynthia D., Lyle F. Schoes Feldt, and James B. Shaw, **Human Resources Management**, USA, Houghton Mifflin, 1999, p.181.

ب- الملاحظة باستخدام الأجهزة (الملاحظة الآلية): وتستخدم في هذا النوع من الملاحظـات أجهـزة وأدوات معينـة مثل الكاميرات والفيديو والتي تستخدمها الكثير من محلات السوبر ماركت او المنظمات الخدمية التي تقدم خدمات إلى عملائها، لتراقب سلوك موظفيها تجاه العملاء.

2- المقابلة Interview

المقابلة هي تفاعل لفظي بين شخصين أو اكثر من خلال حوار كلامي ويكون هذا التفاعـل اللفظـي إمـا وجها لوجهه أو من خلال وسائل أخرى كالهاتف والاقمار الصناعية. وتمر إجراءات المقابلة بالخطوات التالية:

1- تحديد عدد أفراد العينة الذين سوف تجري معهم المقابلة.

2- تحديد صفات الأفراد الذين ستجري معهم المقابلة من حيث السن، المركز الـوظيفي، مستوى الـدخل، طبيعـة المهنة، وغير ذلك من الصفات التي يحددها مجرى المقابلة وفقا لطبيعة المقابلة.

3- تحديد أسماء الأفراد أو الشركات الذين ينطبق عليهم التحديد السابق وأماكن تواجـداهم أو عنـاوينهم وأرقـام هواتفهم وغير ذلك من المعلومات الضرورية.

4- الإتصال بالأشخاص المعنيين الذين ستجري معهم المقابلة لتحديد المواعيد المقترحة للقائهم ومدة المقابلة.

5- الإعداد للمقابلة من حيث وضع الأسئلة وتحديد المواضيع التي سيتم التحدث عنها ومناقشتها.

6- التحضير المسبق للأدوات المستخدمة في المقابلة مثل أجهزة التسجيل أو التصوير أو غير ذلك من الأدوات.

7- تدريب جامعي المعلومات الذين سيجرون المقابلة على إجراءات المقابلة وكيفية التحضير لها وإجراءها من أجل الخروج بأفضل النتائج والحصول على المعلومات المراد جمعها.

وعند قيام جامع المعلومات بإجراء المقابلة فإنه لا بد من مراعاة إيجاد جـو ودي في البدايـة، ومحاولـة عدم فرض وجهة نظر يجري المقابلة مع ترك الشخص الجاري مقابلته ليعبر عن رأيه بالكامل.

3- الاستبانة   Questionnain : الاستبانة هي وسيلة لجمع المعلومات من المبحوثين من خلال احتواءها على مجموعة من الأسئلة او العبارات المصاغة لقياس متغيرات معينة.

وعند صياغة الاستبانة فإنه ينبغي مراعاة ان تكون العبارات واضحة ومحددة بالإضافة إلى عدم تضـمين أكثر من معلومة في العبارة الواحدة.

وتستخدم الاستبانة عادة عندما يكون أفراد العينة المختارة كبيراً حيث يساعد ذلك على انجـاز العمـل المطلوب في فترة قصيرة.

4- قائمة الاسئلة والمقابلة

تعد طريقة قائمة الاسئلة والمقابلة حاصل جمع بين طريقة المقابلة وكذلك الاستبانة. تتم هذه الطريقـة على أساس قيام الذي يتولى عملية التحليل باعداد استمارة استبانة تتضمن مجموعة عبارات توزع علـى المبحـوثين المعنيين ومن ثم اجراء الزيارات الميدانية لهؤلاء المبحوثين من أجل الحصول على مزيد من المعلومات.

5- سجل الوقائع اليومية

يحتفظ الموظف بمقتضى هذه الطريقة بمفكرة يومية يسجل عليها ما يؤديه من نشـاطات في كـل يـوم، وكذلك يقوم بتسجيل الوقت الذي يقضيه على كل نشاط من تلك النشاطات، وهذه الطريقة تزود محلل الوظيفة بمعلومات تفصيلية ودقيقة عن الوظيفة بشكل عام.

ويتم تجميع المعلومات اللازمة لتحليل الوظيفة من خلال نماذج استبانة تستوفي بياناتها بمعرفة الموظف شاغل الوظيفة و/أو بمعرفة الرئيس المباشر. وفيما يلي المعلومات التي تتضمنها الاستبانة:

1- مسمى الوظيفة.

2- القسم / الدائرة التي تتبع الوظيفة إليها.

3- الفئة الوظيفية.
4- المهام الرئيسية.
5- الرئيس المباشر.
6- نطاق الإشراف.
7- تفاصيل المهام:

مهام يومية متكررة	مهام دورية (شهرية/سنوية)	مهام نادرة	اجمالي المهام
....	....	....	....

8- السلطة المخولة لشاغل الوظيفية في اعتماد اعمال المرؤوسين:
- الاعتماد النهائي لأعمال محددة..........................
- التوصية باعتماد اعمال للرئيس المباشر...........................

9- الاتصالات:

جهة الاتصال	الهدف منه	تكرار الاتصال

10- الاعباء:

أعباء كتابية	اعباء حسابية	أعباء فنية	أعباء إدارية

111- المسؤولية

مسؤولية عن حفظ الملفات	مسؤولية مالية	مسؤولية عن آلات وأدوات
- ملفات الموظفين	– أموال نقدية	- ما هي الادوات المستخدمة
- ملفات الجودة	– شيكات	- ما هي درجة تعقيدها
- ملفات العمليات	– أصول	- المهارة المطلوبة لتشغيلها
		- الصيانة المطلوبة

12- ظروف العمل التي تتعرض لها في العمل
- المجهود البدني والمجهود الذهني.............................
- الإضاءة والتهوية ....
- الحرارة والرطوبة...
- المخاطر..

13- المؤهلات العلمية (الحد الأدنى):
- التعلم...............................
- الدراسة المهنية........................
- الخبرات العملية........................

اسم شاغل الوظيفة.............................. **توقيع شاغل الوظيفة**..............**التاريخ:**..............

ملاحظات الرئيس المباشر..

....

اسم الرئيس المباشر.............................. **توقيع الرئيس المباشر**.............. **التاريخ:**..............

هناك العديد من الخطوط الإرشادية التي لا بد من اتباعها فيما يتعلق بتحليل الوظائف أهمها: [8]

(8) صالح، محمد فالح، **إدارة الموارد البشرية**، عمان، دار الحامد للنشر والتوزيع، 2004، ص ص 39 – 37.

1- أن الحقائق والمعلومات التي يراد الحصول عليها يجب ان تتعلق بالوظيفة ذاتها لا بالفرد الـذي سيشـغل تلك الوظيفة.

2- ان يتم تحليل الوظيفة كما هي في الواقع القائم في المنظمة لا كما يراد لها ان تكون في المستقبل.

3- ان المعلومات المراد الحصول عليها يجب ان تبين كيف ان الوظيفة المبحوثة تختلـف عـن الوظـائف الأخـرى في المنظمة.

4- ان المعلومات المستوفاة يجب ان تكون وافية من أجل أن توجد صورة واضحة عن مهمات الوظيفة.

5- ان المعلومات المتعلقة بمهمات ومتطلبات كل وظيفة يجب ان تكون متناسقة مع مهمات ومتطلبات الوظائف الأخرى في المنظمة، وبالتالي فإنه:

أ- يجب تحليل كل مهمة وواجب داخل الوظيفة للتأكد من مدى أهمية كل منها لأداء وتنفيذ الوظيفة.

ب- مقارنة مهمات كل وظيفة بمهمات الوظائف الأخرى لضمان التوزيع العـادل في المهـمات بـين الوظـائف، وقد تؤدي عملية المقارنة إلى تحويل بعض المهمات من وظيفة إلى أخرى.

ج- جمع الوظائف المتساوية في الصعوبة والمتشابهة في الأعمال ما أمكن الجمع، ضمن وظيفة واحدة.

6- التأكد من صحة المعلومات المستقاة ودقتها، ومن انها تمثل الواجبات الفعلية التي يتم تنفيذها.

7- تحديد الوقت والمجهود الفكري والبدني اللازم لأنهاء العمل داخل الوظيفة مع اعتبار ظروف العمـل المحيطـة بها من حرارة ورطوبة وضوضاء.

8- وضع الحد الأدنى من الكفاءات العلمية والعملية المطلوبة لكل وظيفة.

خطوات تحليل الوظيفة

تمر عملية تحليل الوظيفة بخطوات متعددة كما يلي:

1- الحصول على معلومات مبدئية تتعلق بطبيعة عمل المنظمة وهيكلها التنظيمي والعلاقات بين الوحدات الإدارية فيها.

2- تحديد الوظائف المفروض ان تخضع للتحليل

هناك أنواع متعددة من الوظائف: إدارية، وفنية وغيرها، فهل سيشمل التحليل كافة هذه الوظائف. الجواب على هذا السؤال يتعلق بسؤال آخر: هل المنظمة أجرت تحليلاً للوظائف سابقا ام لا. فإذا كانت عملية تحليل الوظائف التي تجريها المنظمة هي المرة الاولى فإن التحليل لا بد ان يشمل كافة وظائف المنظمة.

أما إذا كانت المنظمة قد أجرت تحليل للوظائف قبل ذلك، فإن التحليل يجري على الوظائف الجديدة وليس القديمة، إلا إذا كانت العملية تتعلق بإعادة التحليل، فقد يجري التحليل على كل الوظائف أو بعضها.

3- شرح أبعاد تحليل الوظيفة

من الضروري ان يتم شرح أبعاد تحليل الوظيفة لكافة العاملين والتأكيد على ضرورة تعاونهم مع جامعي المعلومات ومحللي الوظائف مما ينعكس ايجابياً على دقة المعلومات المجمعة وبالتالي دقة عملية التحليل.

4- تحديد طريقة جمع المعلومات

يتم في هذه الخطوة تحديد طريقة جمع المعلومات، هل هي من خلال الملاحظة أو المقابلة أو الاستبانة، او من خلال قائمة الاسئلة والمقابلة.

5- جمع المعلومات المطلوبة

تستهدف هذه الخطوة القيام بالجمع الفعلي للمعلومات المطلوبة من حيث نشاطات الوظائف وظروف العمل والمهارات المطلوبة لاداء العمل.

6- مراجعة وتصنيف المعلومات

تتم عملية مراجعة وتصنيف المعلومات بالتنسيق مع الموظف نفسه وكذلك رئيسه في العمل. وقد تجري هنالك بعض التعديلات الضرورية إذا تطلب الأمر ذلك.

كما يتم تفريغ المعلومات المجمعة في جداول معينة لمقارنة اجابات الموظفين الذين يحتلون نفس الوظيفة وتحليلها. فإذا كان هناك خمسة موظفين بوظيفة مدخل بيانات فإنه يتم تلخيص اجاباتهم بجدول واحد يتضمن المؤهلات والمهام والمسؤوليات وظروف العمل وغير ذلك من المعلومات المطلوبة.

7- استخلاص وصف الوظيفة ومواصفات شاغلها

في الخطوة الاخيرة يتم إعداد وصف للوظيفة Job Description والذي يلخص مهام الوظيفة وواجباتها ومسؤولياتها. بالإضافة إلى ظروف العمل ومستوى الامان الوظيفي. كما يتم كذلك في نفس الخطوة تحديد مواصفات شاغل الوظيفة Job Specification والذي يلخص الحد الادنى من المؤهلات المطلوبة والمهارات التي يجب توفرها في شاغل الوظيفة.

وبعد الانتهاء من تحليل الوظيفة، يقوم المحلل باستخراج البطاقتين التاليين:

1- الوصف الوظيفي.

2- مواصفات شاغل الوظيفة.

اما فيما يتعلق بالوصف الوظيفي فتشمل المعلومات المتعلقة بمسمى الوظيفة وموقعها التنظيمي، المهام والمسؤوليات الرئيسة لشاغل الوظيفة، معايير الاداء المستهدفة، ظروف العمل والمخاطر المحتملة، نطاق الإشراف، الرئيس المباشر، بالإضافة إلى الأجهزة والمعدات المستخدمة.

قد تختلف تفصيلات أو مستوى تحليل الوظيفة من تحليل تفصيلي بدرجة كبيرة، كما هو موجود في دراسات الوقت والحركة إلى أقل تفصيلا كاجراء تحليل للوظائف على أساس الواجبات بشكل عام. وبالتالي فإن مستوى التحليل يؤثر على طبيعة البيانات المجمعة[9].

---

(9) Aswathappa, K., **Human Resources and Personnel Management, Text and Cases**, 3rd Edition, New Delhi, Tata Mc Graw-Hill Publishing Company Limited, 2002, p84.

كانت المنظمات تسهب سابقا في وصف المهام والمسؤوليات الوظيفية مما كان يعطي بعض الموظفين المتقاعسين عذراً في عدم أداء أية أعمال لم يتم ذكرها في الوصف الوظيفي This is not my Job .

وتفاديا لذلك لجأت معظم المنظمات إلى وضع وصف مختصر ـ للمهام والمسؤوليات، بل أن بعض المنظمات أصبحت تضيف جملة "وأية مهام أخرى تتعلق بطبيعة العمل" إلى المهام المذكورة.

وفيما يلي نورد أهم المعلومات التي يتضمنها نموذج وصف الوظيفة:

الشكل رقم (12)
نموذج وصف وظيفة

مسمى الوظيفة: محاسب	**رمز الوظيفة:** F /A/146
قسم /دائرة: Accounting	**الفئة الوظيفية:**.................
المسؤول المباشر: رئيس المحاسبة	**نطاق الإشراف:** ....

ملخص المهام: تطبيق مبادئ المحاسبة لتحليل المعلومات المالية، وتحضير قوائم الأرباح والخسائر، واستخدام إجراءات الرقابة المحاسبية المناسبة.

المهام الأساسية
- اعداد قائمة الأرباح والخسائر.
- مراجعة نموذج قسائم المعلومات الخاصة بالذمم الدائنة لدائرة ضريبة الدخل.
- تحليل المعلومات المالية وادخال القيود اليومية.
- المشاركة في لجان الجرد التي تشكل سنويا.
- التأكد من تطبيق اجراءات ومعايير المحاسبة الدولية المتعارف عليها.
- مراجعة الموازنة السنوية من حيث دقتها وشموليتها.
- تدقيق نفقات الشركة والفواتير المرفقة بالإضافة إلى تدقيق قيود الرواتب.
- اعداد سندات صرف الشيكات ومتابعة تسليمها.
- تجهيز التسويات البنكية.
- الاجتماع بمدققي الحسابات الداخليين والخارجيين والرد على استفساراتهم.
- أية مهام أخرى تتعلق بطبيعة وظيفته.

المؤهلات والمهارات المطلوبة
* بكالوريوس في المحاسبة.
* إجادة اللغتين العربية والانجليزية.
* خبرة لا تقل عن خمس سنوات في وظيفة مماثلة.
* القدرة على الاتصال الفعال مع الآخرين.
* القدرة على العمل تحت الضغوط.
* المعرفة ببرامج الكمبيوتر الجاهزة في المحاسبة.

ظروف العمل: يؤدى العمل في بيئة مكتبية، قد تتطلب المهام العمل اثناء اجازة نهاية الاسبوع او العمل بعد انتهاء ساعات الدوام الرسمية عند الحاجة.

أما بخصوص مواصفات شاغل الوظيفة فهي تشمل المعلومات الخاصة بالحد الأدنى الـذي يجـب تـوفره في شاغل الوظيفة من مؤهلات وخبرات وقدرات وصفات ومهارات (اتصالية، العمل كفريق، القيادية، التخطـيط، إدارة الوقت وغيرها).

وكثيراً ما يتم اضافة مواصفات شاغل الوظيفة إلى الوصف الـوظيفي وخاصة عنـد اسـتخدام الوصـف الوظيفي لأغراض معينة كحالات الاستقطاب والاختيار والتعيين.

وتكتب العبارات المتعلقة بالمهام في الوصف الوظيفي بشكل مختصرـ وواضح ومفهوم، بحيث تكون مرتبـة حسـب الاهميـة وعـلى ان تبـدأ إمـا بأفعـال (يـدير، يشرـف، يسـاعد...) أو بالمصـدر (إدارة، الإشراف عـلى، مساعدة...) مع تجنب استخدام الضمائر (هو، هي، هم...). وذلك لأن الأمر يتعلق بشـاغل الوظيفة بغـض النظـر عن اسمه وعنوانه.

وتنشط الكثير من الجهات في تجميع اكبر عدد ممكن من الوصف الوظيفي لالاف الوظائف ونشرها في معاجم او كتيبات ومن أهم هذه المعاجم The Dictionary of Occupational Titles والذي كانت تصدره مكتبـة الكونجرس، حيث يحتوي على وصف وظيفي لعشرات الآلاف من الوظائف.

أما الان فقد تصور محتويات هذا المعجم من خلال الموقع الالكتروني www.online.onetcenter.org.

وبالإضافة إلى الوصف الوظيفي ومسميات الوظائف تعرض معلومات مفصلة عـن الرواتـب، والمسـتوى التعليمي، والنمو الوظيفي، والمهارات اللازمة. وهذا الموقع الجديد يتضمن الوظائف المعيارية والوظـائف الأخرى المتعلقة بها.[10]

---

(10) Marilyn, Rosenthal "O Net Dictionary of Occupational Titles 2001-2002" **Library Journal**, October 1, 2002, pp.65-71.

مشكلات تحليل الوظيفة

ان اتباع المنهجية العلمية في تحليل الوظيفة لا يعني بالضرورة عدم وجـود أخطـاء في العمليـة، فبعض الأمور في عملية التحليل تخضع للتقديرالشخصي والإدراك الحسي وخاصة عند القيام بجمع المعلومات.

ويذكر عبد الباقي ومسلم [11] بأن هناك اعتقاد لدى البعض بأن تحليل الوظائف قد يشوه احيانا، فـلا يمكن ان يتفق اثنان على رؤية نفس الموقف بنفس الطريقة تماما. ولهذا فإن قيام العنصر البشري بالتحليل يقتضي قبول فكرة وجود بعض الأخطاء المسموح بها. بالإضافة إلى ذلك فإن كثيرا مـن الوظائف تتغير عـبر الـزمن، هـذه التغيرات التي تحدث بسبب تغيرات في مستوى مهارة وخبرة شاغل الوظيفة، أو في طرق أداء الوظيفة، او التغير في المهارات والأجهزة. ولهذا فمن الضروري مراجعة الوصف الوظيفي دورياً لضمان تحديثه بطريقة دقيقة وصحيحة لمحتوى الوظائف المعنية.

أما من حيث تفاصيل الاخطاء الشائعة في إعداد الوصف الـوظيفي فيـذكر ابـو شـيخة [12] العديد مـن هذه الاخطاء كما يلي:

1- عدم التمييز بين وصف مهام الوحدات الإدارية ووصف الوظائف.

2- التفصيل الكبير في وصف واجبات ومسؤوليات الوظيفة، وتعداد الواجبـات الصغيرة وغير الهادفة في بنـود متعددة.

3- عدم اتباع الترتيب المنطقي في عرض الواجبات والمسؤوليات، والخلط بـين الواجبـات الرئيسـة اليوميـة المتكررة والدورية والطارئة والموسمية.

4- استخدام القاب أو تسميات وظيفية من غير ضوابط معينة او من غير تحديد واضح.

5- إيجاد وظائف لمجرد تقليد الآخرين او لأنها موجودة بموجب العرف والعـادة، إذ ان كثـيرا مـا تجد بعـض المنظمات نفسها تحتفظ بوظيفة مستقلة لكل من الحـارس، والبـواب، والمراسـل، والسـائق، ومـوزع القهـوة والشاي، وعامل الهاتف مثلا، متجاهلة توافر وسائل تقنية قد تقوم مقامها أحيانا، وذلك بحجة ان وجودهـا يبرز أهمية

---

(11) عبد الباقي، صلاح الدين، وعلي عبد الهادي مسلم، وراوية حسن، **إدارة الموارد البشرية**، الاسكندرية، المكتب الجامعي الحديث، 2007، ص151.
(12) أبو شيخة، نادر أحمد، **إدارة الموارد البشرية**، عمان، دار صفاء للنشر والتوزيع، 2009، ص ص 92-93.

المنظمة ومراعاتها للتقاليد. وقد تلجأ بعض المنظمات كذلك إلى إشغال وظائف عالية التكلفة، كوظائف المستشارين والممثلين، قبل أن تبدأ المنظمة أعمالها أو يصبح لدى المنظمة عمل يملأ وقت كل منهم.

6- ايجاد وظائف فخرية او الابقاء عليها، كأن يكون لكل من أفراد المستوى الإداري الواحد مدير مكتب أو سكرتير خاص أو موظف خاص بالاستقبال، على الرغم من أنه لو أجري تحليل الوظيفة بالشكل الصحيح لامكن الجمع بين هذه الوظائف، أو أمكن الاستغناء عنها أو عن بعضها.

7- وجود وظائف تقوم على أساس واجبات مؤقتة او موسمية.

8- إيجاد وظيفة خاصة لكل مجموعة واجبات دون مراعاة الحجم الكافي من واجبات ومسؤوليات الوظيفة، مثل ايجاد وظيفة منفصلة لكل من الطباعة وتشغيل البدالة والتصوير رغم تكرار هذه الواجبات بشكل متقطع خلال ساعات الدوام الرسمي. علما بأنه يمكن ان تشكل جميعها واجبات وظيفة واحدة يؤديها شخص واحد.

زيادة فاعلية تحليل الوظائف

قد يقوم القسم المختص في 11إدارة الموارد البشرية بتنفيذ خطوات تحليل الوظيفة وفق تسلسلها المنطقي، وقد يصل ذلك القسم إلى تحليل جيد للوظائف ويحقق إلى حد كبير الهدف المرجو من هذه العملية. إلا أنه وعلى الرغم من ذلك فقد تصل عملية تحليل الوظائف إلى نتائج أدق وأفضل إذا تم اتباع ما يلي:

1- توخي الدقة اثناء عملية الحصول على المعلومات في الوقت المناسب بغض النظر عن الطريقة المستخدمة لجمع المعلومات والتي تم تناولها في الجزء السابق من هذا الفصل.

2- دراسة كافة البنود المتعلقة بالوظيفة وبظروف العمل وكذلك بالشروط الدنيا الواجب توفرها في شاغل الوظيفة.

3- توفر التخصص والخبرة فيمن يقوم بعملية التحليل وعدم الاعتماد على من ليس لديهم الخبرة اللازمة في هذا المجال.

4- ضرورة مشاركة مدير الدائرة أو الموظفين الذين لهم علاقة بالوظيفة التي يجري تحليلها عند إجراء عملية التحليل.

5- مراجعة وتحديث الوصف الوظيفي ومواصفات شاغل الوظيفة بصفة دورية مما يعكس التغيرات التي تطرأ على المنظمة والتكنولوجيا المستخدمة في المنظمة.

6- ضرورة إجراء المقارنة المرجعية Benchmarking مع تحليلات الوظائف في المنظمات المنافسة أو في المنظمات الرائدة في مجال العمل.

إن عملية تحليل الوظائف ليست روتينية تطبق فيها الخطوات بشكل تلقائي، بل هي عملية تحليلية تتطلب التفكير والابداع والربط والمقارنة بين الوظائف المختلفة في دوائر المنظمة. قد تكون إجراءات التحليل واحدة، إلا أن مشاكل عملية التحليل وتحدياتها تختلف من تحليل وظيفة إلى تحليل وظيفة أخرى.

اسئلة للمناقشة

1- عرف المقصود بتصميم الوظيفة.

2- فرق بين ملاءمة الوظيفة للفرد، وملاءمة الفرد للوظيفة.

3- تكلم عن أهم العوامل المؤثرة في نجاح تصميم الوظيفة.

4- هناك عدة مداخل لتصميم الوظائف. اشرح التدوير الوظيفي كأحد أهم هذه المداخل.

5- ما المقصود باندماج العاملين في المنظمة.

6- حدد العوامل التي تؤثر في اجراءات تحليل الوظيفة.

7- اشرح بإسهاب طرق جمع المعلومات اللازمة لتحليل الوظائف، مع بيان مزايا وعيوب كل منها.

8- ما هو الوصف الوظيفي، وما هي مكوناته.

9- يوجد مشكلات تعترض عملية تحليل الوظيفة، اذكر هذه المشكلات.

10- وضح كيف يمكن زيادة فاعلية تحليل الوظائف.

الفصل الرابع
التوظيف

Staffing

أولاً: الاستقطاب

- ماهية الاستقطاب
- خطوات عملية الاستقطاب.
- مصادر الاستقطاب.
- السيرة الذاتية
- تقييم جهود الاستقطاب.

ثانياً: الاختيار

- أهداف عملية الاختيار.
- خطوات عملية الاختيار.
- موضوعية الاختبارات.

ثالثاً: التعيين

- ماهية التعيين.
- خطوات عملية التعيين.
- توجيه الموظف الجديد.
- التكيف الاجتماعي.
- التنوع الثقافي للموظفين.

الأهداف التعليمية للفصل

يتوقع من الطالب بعد دراسة الفصل الرابع ان يحقق الاهداف التعليمية المرجوة للفصل وذلك بـأن يكون قادرا على:

- تحديد أهمية الاستقطاب في عملية التوظيف.
- الربط بين التخطيط الاستراتيجي لإدارة المـوارد البشريـة وتحليـل وتصـميم الوظيفـة مـع عمليـة التوظيف.
- تقييم جهود عملية الاستقطاب من كافة الجوانب.
- الحكم على موضوعية الاختبارات وجودتها.
- إدراك عملية توجيه الموظف الجديد.
- معرفة كيفية التكيـف الاجتماعـي للموظـف الجديـد والمتعلـق بالنشـاطات الهادفـة إلى اسـتقرار الموظف.

الفصل الرابع
التوظيف
Staffing

الهدف الرئيسي من إدارة الموارد البشرية توفير الأفراد ذوي المؤهلات المناسبة ووضع الرجل المناسب في المكان المناسب. وللوصول إلى هذا الهدف فإنه يتم توفير تلك الاحتياجات من الموارد البشرية عن طريق التوظيف الذي ينفذ من خلال ثلاث عمليات أساسية: الاستقطاب، والاختيار، وكذلك التعيين.

ويذكر حجازي [1] في هذا المجال أن عملية الاختيار والتعيين تستهدف التأكد من صلاحية المرشح لشغل الوظيفة الشاغرة، بحيث لا تقل أو تزيد مهاراته عن المستوى المطلوب من ناحية، وحتى تكون لمهاراته قابلية التناسق مع المسار الوظيفي من ناحية أخرى. إن عمليات التوظيف السيئة ستظهر بسرعة حيث انها من المحتمل ان تؤدي إلى رفع نسبة معدل دوران العمل وإلى أداء ردئ وتخفيض التحفيز [2].

أولاً: الاستقطاب Recruitment

ماهية الاستقطاب

يتعلق جوهر عملية الاستقطاب بجذب أكبر عدد ممكن من الأفراد المؤهلين وتشجيعهم على تقديم طلبات للعمل في المنظمة، لإتاحة الفرصة للمنظمة لاختيار وتعيين الأفراد الأكثر كفاءة. واثناء عملية الاستقطاب تسعى كل من المنظمة والفرد إلى تحقيق أهدافه، حيث تسعى المنظمة إلى جذب الأفراد المؤهلين فقط للعمل في المنظمة، وفي نفس الوقت يسعى الفرد إلى تحقيق أهدافه الشخصية من حيث إثبات كفاءته للعمل مستقبلا في

(1) حجازي، محمد حافظ، **إدارة الموارد البشرية**، الطبعة الأولى، الاسكندرية، دار الوفا الدنيا للطباعة والنشر، 2007، ص144.

(2) كشواي، باري، **إدارة الموارد البشرية**، ترجمة دار الفاروق، القاهرة، دار الفاروق، 2006، ص180.

المنظمة وتحقيق رغباته في العمل ضمن تخصصه ومحاولة الحصول فيما بعد على أفضل شروط للتعيين من حيث الراتب والامتيازات الأخرى.

ترجع أهمية الاستقطاب إلى حاجة المنظمة إلى معرفة وتقدير امكانية سد احتياجاتها من الموارد البشرية وقت الحاجة، بالإضافة إلى السعي لزيادة عدد المتقدمين الاكفاء للعمل بالمنظمة مما يعطيها بدائل أكثر لاختيار الأفضل من بينهم، كما ان عملية الاستقطاب تساهم في تعيين العاملين المؤهلين مما يؤدي إلى توفير في نفقات التدريب وزيادة الاستقرار الوظيفي.

للمنظمة دوراً ترغيباً في الاستقطاب والذي يهدف إلى جذب عدد من الأفراد المؤهلين من ذوي الكفاءة لشغل كل وظيفة من الوظائف الشاغرة. وهناك ثلاث وسائل تستخدم للجذب إلى المنظمة هي(3) :

أ- انظمة التعويضات:

تؤثر المرتبات التي يحصل عليها الفرد في بداية تعيينه وتكرار الحصول على الزيادة في الأجور والحوافز وطبيعة المزايا المادية للمنظمة في عدد الأفراد الذين يتم الحصول عليهم من خلال عملية الاستقطاب فمثلا المنظمة التي تدفع أجور منخفضة في بداية التعيين تجد صعوبة شديدة في استقطاب الأفراد ذوي الكفاءة والمهارات العالية عكس الحالة بالنسبة للمنظمة التي تدفع أجور عالية في بداية التعيين.

ب- الفرص المتاحة للمستقبل المهني والوظيفي:

ان المنظمات التي تتمتع بسمعة جيدة في تقديم وتوفير فرص التطوير المهني والوظيفي للفرد يكون لها فرصة أكبر في جذب وعاء أكبر من المرشحين للعمل والمؤهلين من ذوي المهارة والكفاءة العالية ويساعد في تقديم المنظمة كفرص التطور الوظيفي للأفراد او التطوير الإداري على جذب أفضل العناصر إلى المنظمة أما بالنسبة للأفراد الحاليين فهو يساعد على تنمية شعور لدى الأفراد باهتمام المنظمة ومستقبلهم المهني.

(3) www. Boxeradv. Com/ vb/show thread. Php?

جـ- السمعة التنظيمية:

إن سمعة المنظمة بصفة عامة او الانطباع الذهني عن المنظمة تستخدم كوسيلة لجذب الأفراد المحتملين وهناك بعض العوامل التي تؤثر في سمعة المنظمة منها طريقة معاملة الأفراد وطبيعة وجودة منتجاتها وخدماتها ومشاركتها في الأنشطة الاجتماعية والمحلية.

ويذكر Aswathappa إلى ان الخطوة الأولى في عملية الاستقطاب هي التخطيط، ويتضمن التخطيط ترجمة الوظائف الشاغرة المحتملة والمعلومات عن طبيعة هذه الوظائف إلى مجموعة من الأهداف التي تحدد عدد ونوع طالبي الوظيفة الذين سيتم الاتصال بهم. [4]

وفي معرض كلامنا عن الاختيار فلا بد أن نعرج على موضوع هام يتعلق بتكافؤ فرص العمل Equal Employee Opportunity . وقد صدر في هذا المجال قانون الحقوق المدنية لعام 1964 الذي حرم على أي منظمة ان تقوم بالتمييز بين الموظفين لديها سواء على أساس الجنس أو اللون أو الجنسية او الديانة. وفي عام 1972 تم إصدار قانون Equal Employment Opportunity Commission الذي انبثقت عنه لجنة المساواة في الفرص الوظيفية والتي تتكون من خمسة أعضاء. وقد تسبب إنشاء هذه اللجنة في دعم قدرات الحكومة الفيدرالية في الولايات المتحدة على تنفيذ قانون المساواة في المعاملة الوظيفية، حيث تمارس اللجنة عملها من خلال تلقي شكاوى الأفراد الذين وقع عليهم ظلم معين، وعندما تتأكد من وجود سبب منطقي وراء تلك الشكاوى، فإنها تسعى إلى إزالة كافة صور التمييز في المعاملة بين الأفراد من خلال التوفيق بين الطرفين – العامل وصاحب العمل – فإذا فشلت هذه الجهود للتوفيق بين الطرفين فإن لدى اللجنة السلطة الكافية لتقديم المدعى عليه مباشرة للمحكمة وتنفيذ القانون [5].

(4) Aswathappa, K., **Human Resource and Personnel Management: Text and cases**, 3rd Edition, New Delhi, Tata MaGraw- Hill Publishing Company Limited, 2002, p.117.

(5) ديسلر، جاري، **إدارة الموارد البشرية**، ترجمة محمد سيد احمد عبد المتعال ومراجعة عبد المحسن عبد المحسن جودة، الرياض، دار المريخ للنشر، 2009، ص73.

وكان قد صدر في كثير من الدول ومنها الولايات المتحدة الامريكية عدة قوانين تتعلق بالمساواة في الأجور وعدم التمييز بين الأفراد على أساس السن، أو بسبب الحمل، ومنع التمييز بين العاملين ذوي الاحتياجات الخاصة وغيرهم من العاملين الاصحاء.

ويمكن اثبات واقعة التمييز من خلال وسائل عديدة من اهمها المقارنة بين معدلات رفض / اختيار طلبات التعيين للذين ينتمون إلى مجموعة الأقليات Minorities ومعدلات رفض / اختيار طلبات التعيين للذين ينتمون إلى الأكثرية Majority. كما يمكن اثبات واقعة التمييز من خلال اثبات استخدام شروط معينة للتعيين من شأنها ان تستثني البعض كاشتراط الا يقل طول المتقدم لشغل الوظيفة عن حد معين، مما يترتب عليه استبعاد العديد من مجموعة أقليات معينة.

خطوات عملية الاستقطاب

تمر عملية الاستقطاب بخطوات محددة يمكن توضيحها بالشكل التالي:

الشكل رقم (13)
خطوات عملية الاستقطاب

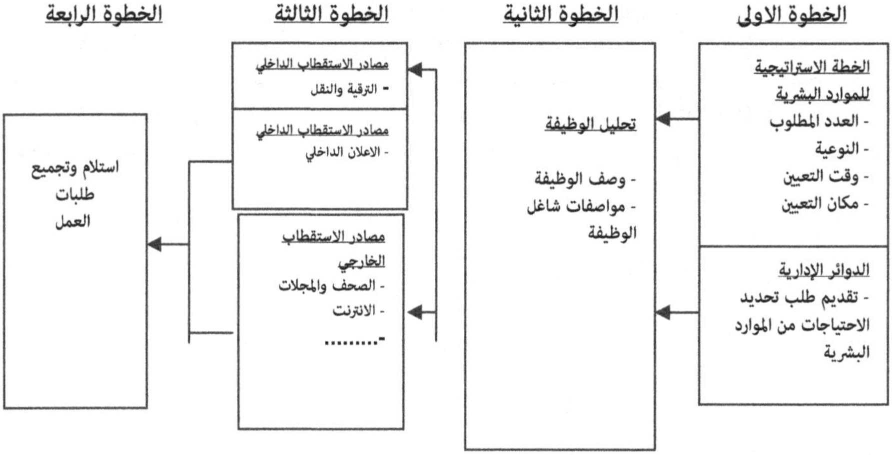

الخطوة الرابعة	الخطوة الثالثة	الخطوة الثانية	الخطوة الاولى
استلام وتجميع طلبات العمل	مصادر الاستقطاب الداخلي - الترقية والنقل مصادر الاستقطاب الداخلي - الاعلان الداخلي مصادر الاستقطاب الخارجي - الصحف والمجلات - الانترنت -	تحليل الوظيفة - وصف الوظيفة - مواصفات شاغل الوظيفة	الخطة الاستراتيجية للموارد البشرية - العدد المطلوب - النوعية - وقت التعيين - مكان التعيين الدوائر الإدارية - تقديم طلب تحديد الاحتياجات من الموارد البشرية

يبين الشكل أعلاه مراحل عملية الاستقطاب كما يلي:

الخطوة الأولى: تبدأ العملية بمراجعة صياغة الخطة الاستراتيجية للموارد البشرية والتي توضح العدد المطلوب والنوعية المطلوبة. بالإضافة إلى مكان التعيين (في أي دائرة أو فرع) وكذلك وقت التعيين المطلوب والذي سيحدد لنا وقت البدء بعملية الجذب الفعلي للموارد البشرية.

وفي بعض المنظمات التي ليس لديها خطط استراتيجية تبدأ العملية بتقدير الاحتياجات من الموارد البشرية من خلال تعبئة نموذج خاص بذلك من قبل الدائرة الطالبة/ المستخدمة User Department وتقديمه إلى إدارة الموارد البشرية.

الخطوة الثانية: إجراء التحليل الوظيفي والاطلاع على مخرجاته من وصف الوظيفة وكذلك مواصفات شاغل الوظيفة وذلك فيما يتعلق بالوظائف المطلوبة.

الخطوة الثالثة: دراسة الوضع من قبل إدارة الموارد البشرية وتحديد مصادر الحصول على احتياجات المنظمة من الموارد البشرية والتي إما ان تكون مصادر داخلية أو مصادر خارجية. وفي هذه المرحلة ينبغي مراعاة تحديد الفئة التي ستوجه إليها جهود الاستقطاب فمثلا:

- توجه الاعلانات الداخلية إلى المسؤولين فقط إذا كانت الوظيفة الشاغرة ناظر Superintendent أو مدير Manager أو مشرف Supervisor.

- توجه الاعلانات الداخلية إلى المهندسين إذا كانت الوظيفة الإشرافية الشاغرة في دائرة الهندسة.

- توجه الإعلانات الخارجية إلى مجلة نقابة الاطباء إذا كانت الفئة المستهدفة من الإعلان هم أطباء.

الخطوة الرابعة: استلام طلبات المتقدمين للعمل سواء باليد أو من خلال البريد العادي أو الالكتروني. وتتضمن طلبات التوظيف التي تكون على شكل نموذج محدد يملأه المتقدم بخط يده أو من خلال الانترنت. ويرفق مع الطلب صورة المتقدم الشخصية والمستندات الرسمية المطلوبة كصورة عن جواز السفر

او البطاقة المدنية وصور عن الشهادات الدراسية وشهادات الخبرة ورسائل التعريف من معرفين، إضافة إلى التعهد بصحة المعلومات المقدمة. وفي حالة التقدم بطلب من خلال الانترنت فإنه يمكن استخدام Scanners لارفاق المستندات أعلاه كما أنه يمكن استخدام التوقيع الالكتروني للتعهد بصحة المعلومات المقدمة.

مصادر الاستقطاب

تنقسم مصادر الاستقطاب إلى مجموعتين رئيسيتين هما:

أ- مصادر الاستقطاب الداخلية

تأتي مصادر الاستقطاب الداخلية من خلال ما يلي:

1- الترقية Promotion

الترقية هي نقل الموظف من وظيفة محددة إلى وظيفة أخرى ذات مستوى إداري أعلى حيث الصلاحيات أكثر أهمية والمسؤولية أعلى وأشمل. وينبغي التأكيد في هذا الخصوص على ضرورة وجود معايير موضوعية وتوافر أسس عادلة للترقية. وسيتم تناول هذا الموضوع بالتفصيل في الفصل الثامن من هذا الكتاب.

2- النقل Transfer

النقل هو عملية نقل الموظف من وظيفة محددة إلى وظيفة أخرى بنفس المستوى الإداري سواء في نفس الوحدة الإدارية أو في وحدة إدارية أخرى، في نفس الفرع أو في فرع آخر للمنظمة. كما وسيتم تناول موضوع النقل بالتفصيل في الفصل الثامن من هذا الكتاب.

3- الاعلان الداخلي:

قد يكون من المفيد أحياناً نشر حاجة المنظمة إلى وظائف محددة في لوحات الاعلانات الداخلية أو من خلال رسائل داخلية إلى مدراء الدوائر فيها تعلن عن حاجتها إلى من يشغل هذه الوظائف. وللجوء إلى مصادر الاستقطاب الداخلية مزايا أهمها:

1- معرفة الموظف بمنتجات المنظمة وعملائها.

2- وجود معلومات مؤكدة لدى إدارة الموارد البشرية عن اداء المتقدم للوظيفة وسجلات حضوره ونقاط القوة والضعف لديه [6].

3- معرفة الموظف بموظفين آخرين في المنظمة مما يسهل التنسيق وعمل الفريق.

4- رفع معنويات الموظفين من خلال فتح مجال الترقية أمامهم.

5- يوفر تكاليف وجهد الإعلان وإجراء الاختبارات والاختيار وتعريف الموظف الجديد بالمنظمة ومنتجاتها.

ولكن في نفس الوقت هناك مآخذ على هذه المصادر من أهمها احتمال وجود صراع بين الموظفين المرشحين لشغل الوظيفة الجديدة ذات المستوى الأعلى بالإضافة إلى عدم إعطاء الفرصة لإضافة دماء جديدة وخريجين جدد للعمل في المنظمة. وبمعنى آخر قد يؤدي التعيين من الداخل Promotion from within إلى جمود الأفكار وإعاقة الابتكار والإبداع.

ب- مصادر الاستقطاب الخارجية

تتمثل مصادر الاستقطاب الخارجية فيما يلي:

1- الإعلان من خلال الصحف والمجلات المحلية والعربية والأجنبية.

2- الإعلان من خلال الانترنت سواء عن طريق الموقع الالكتروني للمنظمة او عن طريق مواقع متخصصة لاعلانات الشواغر.

3- وكالات التوظيف والتي تتلخص رسالتها في لعب دور الوساطة بين المنظمة والراغبين في ايجاد عمل، وتكون هذه الوكالات إما حكومية تقدم خدماتها مجانا أو خاصة تقدم خدماتها بمقابل محدد متفق عليه.

4- النقابات العمالية، حيث تشترط بعض النقابات العمالية الا تتم أية عملية توظيف لاعضائها إلا من خلالها. حتى ان هناك عدداً محدداً من النقابات تساعد في توظيف أعضائها ومستعدة لدفع جزء من راتبه لفترة محددة عند توظيفه.

(6) حريم، حسين، وشفيق حداد، ونظام سويدان، وظاهر كلالدة، ومحفوظ جودة، أساسيات الإدارة، عمان، دار الحامد للنشر والتوزيع، 1998، ص ص 246-247.

5- الجامعات والمعاهد المتخصصة، فكثيراً ما تأتي وفود للشركات الكبيرة وتجري مقابلات مع المتوقع تخرجهم والمتميزين في نتائجهم وذلك بهدف استقطابهم.

6- أقرباء ومعارف الموظفين حيث قد يتم الاتصال بهم في حالة عدم توفر العدد المطلوب من المرشحين للعمل.

7- معارض التوظيف Job Fairs : ابتدأت في الآونة الاخيرة الكثير من المنظمات بإقامة أو الاشتراك في معارض التوظيف حيث تعطي ممثلوا إدارة الموارد البشرية على أرض الواقع فرصة للطلاب وغيرهم أن يتقدموا ويعبئوا طلبات للتوظيف. وقد تقيم بعض الجامعات أحياناً معارض توظيف في حرمها الجامعي وتدعو إليه عدة منظمات معروفة وذلك لتسهيل ايجاد فرص العمل لخريجها.

8- مؤسسات البحث عن مدراء تنفيذيين

إن استخدام مؤسسات البحث عن مدراء تنفيذيين Executive Search Firms هي طريقة معروفة لاستقطاب الإدارة العليا. ويسمى الموظفين في هذه المؤسسات الذين يقومون باستقطاب هؤلاء المدراء بمصطلح Headhunters . وبالتالي فإن المنظمة التي تحتاج إلى مدراء مؤهلين في الإدارة العليا يمكنها اللجوء إلى هذه المؤسسات وان توضح لها ما هي الصفات التي ترغب بتوفرها في المدراء المطلوبين. [7]

بدائل الاستقطاب والتعيين

تكلمنا في الجزء السابق عن مصادر الاستقطاب التي تلجأ إليها المنظمة للحصول على حاجاتها من الموارد البشرية. ولكن في نفس الوقت هنالك بدائل للاستقطاب والتعيين قد تلجأ إليها الإدارة لأجل تلبية حاجات دوائرها إذا كانت تلك الحاجة لفترة قصيرة.

---

(7) De Nisi, Angelo S., and Ricky W. Griffen, **Human Resource Management**, Houghton Mifflin Company, 2001, p.180.

ومن اهم هذه البدائل:

1- العمل الإضافي Overtime :

يعد العمل الإضافي أحد الأساليب المستخدمة كثيراً لتلبية حاجة المنظمة إلى جهود إضافية في العمل. وهذا الأسلوب يصلح لحاجة العمل المؤقتة لجهد إضافي كفترة إعداد الميزانيات السنوية في نهاية السنة وفترة التحول من نظام إلى آخر في العمل. إلا أنه يجب الحذر من مبالغة البعض في موضوع العمل الإضافي والعمل لساعات إضافية بشكل أكبر من الحاجة الفعلية وذلك لأجل تنفيع بعض الموظفين وتوفير دخل إضافي لهم وليس لأجل مصلحة العمل.

2- العمالة المؤقتة Temporary Workers

يمكن للمنظمة استخدام عمالة مؤقتة لتلبية احتياجاتها المؤقتة من الموارد البشرية وذلك وفقا لتقدير الإدارة. ومن مزايا هذا الأسلوب الحصول على عمالة بتكلفة أقل سواء من ناحية الأجور أو من ناحية المزايا والامتيازات الأخرى. إلا ان من أهم مساوئ هذا الأسلوب عدم وجود الانتماء والالتزام المؤسسي لدى العمالة المؤقتة مما يؤثر على مدى إخلاصها في العمل.

3- تأجير العمالة Employee Leasing

يعتمد هذا الأسلوب على تأجير العمالة التي تحتاجها من مكتب لتأجير العمالة مقابل مبلغ معين تدفعه له المنظمة. وينتشر استخدام هذا الأسلوب عند الحاجة إلى عمالة مؤقتة لاداء أعمال محددة كأعمال النظافة وأعمال الصيانة وغيرها من الأعمال المشابهة.

وعلى الرغم من ان تكلفة الحصول على العمالة بهذا الأسلوب قد تكون مرتفعة لان مكاتب تأجير العمالة تضيف نسبة مئوية معينة لارباحها، إلا ان العمالة في هذه الحالة تكون متخصصة ومتدربة وجاهزة للعمل.

4- عاملين بوقت جزئي Part-time Workers

المقصود بالعمالة بوقت جزئي هو الاتفاق مع عاملين يتوقع ان تكون مجموع ساعات عملهم في الأسبوع أقل من مجموع ساعات عمل الآخرين (40 ساعة عمل في

دول معينة كالولايات المتحدة الأمريكية، 48 ساعة عمل في الأسبوع في دول أخرى كالدول العربية).

من اهم المزايا لهذا الأسلوب بالنسبة للمنظمة قلة تكلفة العمالة وعدم تغطيتها بالامتيازات الأخرى التي يتمتع بها الموظفين العاديين في المنظمة. بالإضافة إلى المرونة في خدماتهم فعندما تحتاجهم المنظمة يمكن استدعاؤهم لتلبية احتياجاتها حسب جداول العمل لديها. وهذا الأسلوب يستخدم بكثرة في مجالات عمل المطاعم في مواسم معينة وخاصة في الوظائف العادية كالنادلون وموظفي الخدمات وموظفي المطبخ وغير ذلك. ويفضل بعض الطلبة في الاجازات الصيفية العمل لمدة 15-20 ساعة اسبوعيا لكسب إيراد إضافي لهم.(8)

5- المتعاقدين/ المستشارين المستقلين Independent Contractors

قد تقوم المنظمة باستخدام المستشارين المستقلين Freelancers لانجاز بعض الأعمال التي يمكن ان يعمل عليها المستشارين في منازلهم وان يقدموها في الوقت المحدد إلى المنظمة مقابل مبلغ مالي متفق عليه مسبقا. وقد ساعد كثيرا في هذا المجال تقدم وسائل الاتصال والانترنت ووفر كثيرا من الجهد والوقت لكلا الطرفين.

السيرة الذاتية Curriculum Vitae (C.V.) / Resume

يجدر الإشارة أثناء مناقشة هذا الفصل إلى موضوع السيرة الذاتية التي يقدمها المتقدم للوظيفة حيث لا بد ان نتعرض إلى محتوياتها وتفاصيلها. ينبغي ان يجهز كل فرد سيرته الذاتية سواء كان عاطلا عن العمل يبحث عن وظيفة أو مستقراً في عمله يسعى إلى الترقية أو يرغب في النقل من وظيفة إلى أخرى.

وهناك العديد من أشكال ونماذج السيرة الذاتية، ولكن جميع هذه الأشكال والنماذج تحتوي نفس المعلومات تقريبا كما يلي:

المعلومات الشخصية Personal Information : الاسم، العنوان، الهاتف الثابت، الهاتف النقال، البريد الالكتروني.

(8) De Nisi, Angelo S. and Ricky W. Griffen, Op.cit, p. 187.

الهدف الوظيفي لصاحب السيرة Job Objective : اختيارية، وتكون عادة ما بين 2-4 سطور حيث انها تعطي فكرة عن نوع العمل الذي يرغب صاحب السيرة ان يعمل فيه. تستخدم عادة من قبل الخريجين الجدد أو الذين يرغبون في تغيير مسارهم الوظيفي.

المؤهلات العلمية Education : الشهادة الجامعية، التخصص، اسم الجامعة وبلد التخرج، ثم سنة التخرج، ويفضل ان يكون الترتيب من الشهادة الأعلى إلى الادنى أي من الاحدث إلى الأقدم في تاريخ الحصول عليها.

الخبرة العملية Working Experience : مسمى الوظيفة، اسم الشركة، فترة العمل، ويمكن اضافة وصف مختصر لمهام العمل، يفضل البدء في الوظيفة الاخيرة / الحالية ثم الانتقال إلى الوظيفة الاقدم وهكذا.

الانجازات Important Accomplishments : البعض يضعها في بداية السيرة الذاتية لجذب انتباه القارئ ويضع فيها ملخص Summary لأهم الانجازات والتطور المهني الذي حققه. والبعض يعتبرها اختيارية خاصة إذا كانت السيرة الذاتية قصيرة ومختصرة.

عضوية الشرف Honors : إيراد صفة العضوية في الجمعيات المهنية والعلمية وغيرها، بالإضافة إلى وضع سنة الحصول على العضوية.

معلومات أخرى Other Information : قد تعتبر معظم الدول ايراد المعلومات الخاصة بالعمر (سنة الميلاد) والحالة الاجتماعية (أعزب/ متزوج) والجنس (ذكر/ انثى) ضرورية لاعطاء القارئ فكرة عن صاحب السيرة الذاتية، إلا انك لا تحتاج إلى ايراد هذه المعلومات في بعض الدول كأمريكا وكندا.

البرامج التدريبية Training Programs : يتم إيراد عنوان البرنامج التدريبي ومدته والجهة المنفذة ومكان انعقاد البرنامج.

المهارات Skills : لا بد من كتابة المهارات التي يتمتع بها صاحب السيرة الذاتية والتي قد تميزه عن البعض. وقد يندرج تحت هذا البند مهارات

الحاسوب Computer Skills مثل MS Office, Access وغيرها بالإضافة إلى مهارات الاتصال ومهارات التحليل وحل المشكلات واتخاذ القرار.

الهوايات / الاهتمامات Hobbies/ Interests : يمكن ان تضيف على السيرة الذاتية الهوايات التي ترغب بممارستها أو اهتماماتك الشخصية، إلا ان ذلك يعد اختيارياً خاصا إذا كانت السيرة الذاتية طويلة فلا ينصح بكتابتها.

المراجع References: عادة يتم كتابة جملة تفيد بأن المراجع متوفرة عند الطلب References are available upon request . ويفضل عدم كتابة المراجع بالتفصيل إلا إذا طلبت الجهة المقدم لها السيرة الذاتية ذلك صراحة.

وفي النهاية فإنه يجب مراعاة ان تكون السيرة الذاتية مختصرة قدر الإمكان بحيث تجذب انتباه القارئ بسرعة، وإلا فإن فرص الاهتمام بها واختيارها للمقابلة من بين عشرات او مئات السير الذاتية تتضاءل. ولذلك يفضل وضع المؤهلات والخبرات وما يهم القارئ الاطلاع عليه في بداية السيرة الذاتية، لا الأمور الشخصية والهوايات والاهتمامات.

تقييم جهود الاستقطاب

لتقييم الجهود المبذولة من قبل إدارة الموارد البشرية فيما يتعلق بالاستقطاب هناك العديد من الوسائل المستخدمة في هذا المجال أهمها:

1- معدل المتقدمين للوظيفة

يمكن احتساب عدد المتقدمين لكل وظيفة من خلال طريقة العد وهذه الطريقة جيدة، إلا أن الطريقة الأكثر استخداماً هي احتساب معدل المتقدمين للوظائف بشكل عام ويجري احتساب المعدل من خلال المعادلة التالية:

معدل المتقدمين للوظيفة = <u>مجموع المتقدمين لكافة الوظائف خلال السنة</u>

عدد الوظائف المعلن عنها خلال السنة

فإذا كان عدد المتقدمين لكافة الوظائف في إحدى المنظمات 2,000 متقدم خلال عام 2008 وبفرض ان عدد الوظائف الشاغرة خلال نفس الفترة كان 250 وظيفة فإن:

معدل المتقدمين للوظيفة = $\frac{2000}{250}$ = 8 للوظيفة الواحدة.

ويمكن اجراء نوع من المقارنة المرجعية لهذا المعدل مع معدل مستهدف محدد مسبقا أو مع معدلات السنوات السابقة. كما يمكن اجراء المقارنة المرجعية مع معدلات موازية لشركات منافسة أخرى أو مع شركات رائدة.

2- نوعية المتقدمين

قد تركز المنظمة على نوعية المتقدمين ومؤهلاتهم وقدراتهم وليس على عددهم ومعدلاتهم. وترتكز هذه الطريقة على أنه كلما استطاعت المنظمة جذب عدد اكبر من المؤهلين والمميزين للتقدم للوظيفة كلما كان الوضع أفضل وكلما كانت جهود الاستقطاب أكثر جدوى.

3- تكلفة جهود الاستقطاب

يمكن للمنظمة ان تقوم بحساب تكلفة عملية الاستقطاب وتقسيمها على عدد الوظائف المعلن عنها لكي تصل إلى متوسط تكلفة الاستقطاب لكل وظيفة شاغرة معلن عنها. كما ويمكن بنفس الطريقة احتساب متوسط تكلفة الاستقطاب للوظائف الإدارية على حدة وللوظائف الانتاجية على حدة وللوظائف البيعية على حدة.

4- معدل الوقت المستغرق للاستقطاب

احد اهم معايير تقييم جهود الاستقطاب وفعاليته هي معدل الوقت المستغرق لجهود الاستقطاب ابتداء من الاعلان وانتهاء بتجميع طلبات العمل وتحويلها إلى المرحلة التالية وهي مرحلة الاختيار.

ويمكن اجراء المقارنة المرجعية لهذا المعدل مع معدل مستهدف متفق عليه مسبقا، فإذا كان المعدل الفعلي أكبر من المعدل المتفق عليه فإن ذلك يعني ان هناك إهداراً للوقت وعدم ترشيد للموارد المتاحة، وأنه ينبغي اتخاذ الإجراءات التصحيحية المناسبة.

ثانياً: الاختيار Selection

أهداف عملية الاختيار

تهدف عملية الاختيار إلى انتقاء الموظف الأكثر كفاءة لشغل الوظيفة المعلن عنها بعيداً عن المحسوبية والواسطة ومحاباة الأقارب Nepotism ، واتباع مبادئ العدالة والمساواة وتكافؤ فرص العمل Equal Employee Opportunities (EEO) أمام الجميع. ان لعملية الاختيار أهمية كبيرة إذ انها ينبغي ان تعمل على مقابلة مؤهلات الأفراد ومهاراتهم وقدراتهم مع تحليل الوظيفة والوصف الوظيفي ومواصفات الوظيفة. وبذلك فوظيفة الاختيار السليم تساهم بوضع الرجل المناسب في المكان المناسب مما ينعكس على أداء الفرد وأداء المنظمة في المستقبل.

ان اختيار الفرد غير السليم ووضعه في غير الوظيفة التي تناسبه قد يؤدي إلى عدم قيام الفرد بواجباته بالشكل المطلوب وهذا بدوره يؤدي إلى ازدياد معدلات التغيب عن العمل وزيادة الاخطاء ويرفع من معدلات دوران العمل في المنظمة.

خطوات عملية الاختيار

ان الاختيار لا يعني فقط إجراء الاختبارات وعمل المقابلات وعلى الرغم من أهمية هاتين الخطوتين إلا ان هناك خطوات أخرى تتضمنها عملية الاختيار يوضحها الشكل التالي:

الشكل رقم (14)

خطوات عملية الاختيار

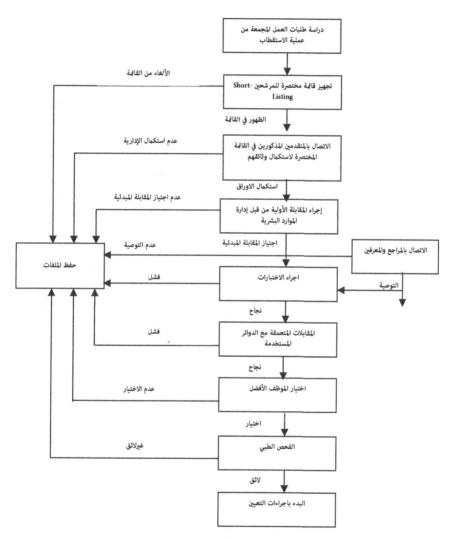

وفيما يلي سنتناول هذه الخطوات بشيء من التفصيل:

1- دراسة طلبات العمل المجمعة من عملية الاستقطاب

في هذه الخطوة يتم استلام طلبات العمل التي جمعت من خلال عملية الاستقطاب وتصنيفها ودراستها دراسة مبدئية بعد وضعها في قائمة موحدة تشمل تفاصيل المتقدمين للوظيفة من حيث المؤهلات والخبرة والمهارات وغيرها.

2- تجهيز قائمة مختصرة Short – Listing للمرشحين.

من خلال استعراض القائمة الموحدة التي أعدت في الخطوة السابقة يتم استخراج قائمة مختصرة تشمل المرشحين الأكثر ملاءمة للوظيفة بعد استبعاد من لا ينطبق عليهم الحد الادنى من الشروط الواجب توفرها في شاغل الوظيفة والذين تحول طلباتهم في هذه الحالة إلى حفظ الملفات.

3- الاتصال بالمتقدمين المذكورين في القائمة المختصرة لاستكمال وثائقهم:

يجري مراجعة أوراق وثائق كافة الاسماء المذكورة في القائمة المختصرة للتأكد من تقديم الوثائق المطلوبة، ومن ثم القيام بالاتصال بالمتقدمين غير المستوفين لأوراقهم ووثائقهم من أجل استكمالها.

ولهذا السبب فإن الغالبية العظمى من المنظمات لا تكتفي بالسيرة الذاتية للمتقدم ولكنها تصر على تعبئة نموذج طلب التعيين والتي تتضمن كافة المعلومات المطلوبة والوثائق الثبوتية اللازمة لارفاقها مع الطلب.

4- إجراء المقابلة الأولية من قبل إدارة الموارد البشرية Preliminary Interview

يتم في هذه الخطوة إجراء المقابلة الأولية من قبل إدارة الموارد البشرية وذلك للتأكد من كثير من الأمور التي لا يمكن معرفتها من خلال طلب التعيين ولا من خلال السيرة الذاتية كالمظهر العام والشخصية والمنطق في إيراد الأفكار وترتيبها. وتعد بعض المنظمات نماذج لاجراء هذه المقابلة واعطاء درجات لكل عنصر من عناصر التقييم لمساعدتها في اتخاذ قرار باسماء الذين يمكنهم استكمال اجراءات الاختيار.

وأما الذين يفشلون في المقابلة الأولية فتحول طلباتهم إلى حفظ الملفات.

5- الاتصال بالمراجع والمعرفين References

تجري إدارة الموارد البشرية اتصالا بالمعرفين الذين كان مقدموا الطلبات قد ارفقوا اسمائهم وعناوينهم في طلب التعيين وذلك للاستفسار عن وضع مقدم الطلب. كما تجري الإدارة اتصالا بالشركات الموظفة التي سبق لمقدم الطلب ان عمل معها وذلك للتأكد من سيرة مقدم الطلب وسلوكه وادائه.

6- إجراء الاختبارات

تعد الاختبارات أداة هامة من الأدوات المستخدمة في عملية الاختبار، حيث توجد عدة أنواع من الاختبارات التي يمكن اجراؤها للمساعدة في اختيار المتقدمين للوظيفة الانسب، ومن هذه الاختبارات:

أ- اختبارات الذكاء Intelligence Tests

تهدف اختبارات الذكاء إلى تحديد مستوى ذكاء المرشح للوظيفة Intellingence Quotient (IQ) ومقارنته مع المستوى المفروض توفره فيمن يشغل الوظيفة. فكثيرا من الوظائف العالية تتطلب مستوى معين من الذكاء وأكثر من المستوى العادي أو المتوسط العام للذكاء. وتوجه للمرشح للوظيفة اسئلة وعبارات تتعلق بالمقدرة العقلية والذاكرة والملاحظة والتحليل.

ب- اختبارات الانجاز Achievement Tests

تجري هذه الاختبارات لمعرفة قدرة المرشح للوظيفة على أداء العمل والتنبؤ بمستوى قيامه بمهام واجباته التي سيكلف بها، وذلك من خلال قياس ما تعلمه الفرد من معلومات وما اتقنه من مهارات. ومن أهم الأمثلة على هذا النوع من الاختبار اختبارات الطباعة وعدد الاخطاء.

ج- اختبارات الاستعداد Aptitude Tests

تقيس اختبارات الاستعداد مدى جاهزية الفرد للتعلم بصفة عامة مما ينعكس على قابليته للتعلم فيما يتعلق بواجبات الوظيفة. يطلب من المتقدمين لهذه الامكانات توضيح بعض الأفكار حسب فهمهم وفي المواضيع التي تحتاجها مهن معينة في البرمجة والهندسة الميكانيكية وغيرها.

د- اختبارات الشخصية Personality Tests

تقيس اختبارات الشخصية شخصية المتقدم من ناحية مدى انطوائه أو انفتاحه عن المجتمع والبيئة التي يعيش فيها، بالإضافة إلى ذلك تقيس درجة الاستقرار العاطفي للمتقدم ومدى استعداده للتوافق مع الآخرين. وتساعد اختبارات الشخصية في فهم مَنْ مِنَ المتقدمين يمكن ان ينجح في وظيفة معينة، فالفرد المنفتح على الآخرين يمكن ان يقوم ببناء علاقات طيبة مع العملاء وبالتالي يمكنه النجاح في وظائف البيع أو العلاقات العامة.

هـ- اختبارات الاهتمامات Interests Tests

تكشف اختبارات الاهتمامات عن ميول وتطلعات الأفراد حيث أن الهدف منها قياس مدى إمكانية انسجام الفرد في وظيفة معينة، إذ أنه من الأفضل ان يعمل الفرد في نفس مجال اهتماماته وميوله في السيرة الذاتية عند صياغتها أملا في أخذ هذه الاهتمامات والميول بعين الاعتبار. وهناك الكثير من الاختبارات في هذا المجال من أهمها اختبار الميول المهنية لمينيسوتا Minnesota Vocational Interest Inventories المعروف عالميا.

7- المقابلات المتعمقة مع الدوائر

تعد المقابلات وسيلة هامة تهدف إلى التنبؤ بمستوى أداء الفرد في الوظيفة التي من المتوقع ان يشغلها بالاعتماد على إجاباته على عدد من الأسئلة وكذلك على ردود فعله والسلوك الظاهري المصاحب لردود الفعل.

وعلى الرغم من أهمية المقابلة إلا ان بعض الناقدين يقولون ان المقابلة لا تستطيع التنبؤ بالاداء في المستقبل.

فالذين يجرون المقابلة يكونون رأيهم عن المتقدمين للوظيفة في الدقائق الأربع الأولى من المقابلة. [9]

---

(9) Mc Court Willy: "Recrutiment, Selection and Equal Opportunities" In Global Human Resource Management, UK, Edward Elgar, 2003, p.184.

أما من حيث تصنيفات المقابلات فيمكن ايجازها فيما يلي:

أ- المقابلة الموجهة وغير الموجهة

تتصف المقابلة الموجهة Sturctured بميزتين: التخطيط المسبق والتأني للمقابلة، وكذلك التأكد من انتقاء اعضاء الفريق الذي سيجري المقابلة بشكل جيد. ووفق هذا النوع من المقابلات يحدد التخطيط المسبق لمجري المقابلة الخطوط العريضة أو الاطار العام للمقابلة، وفي نفس الوقت تترك له حرية القاء الاسئلة ضمن السياق العام المحدد.

اما في المقابلة غير الموجهة فمجري المقابلة لا يلتزم بنمط محدد من الأسئلة ولكنه يعطى المرونة لتوجيه الاسئلة التي يراها ضرورية للحكم على صلاحية المتقدم للوظيفة.

ب- مقابلة الضغوط والمقابلة الودية

تعد مقابلة الضغوط Stress Interview نوعية خاصة من المقابلات التي تجري للحكم على كفاءة المتقدمين لشغل وظيفة معينة، وبمقتضى هذه المقابلة يتم توجيه مجموعة من الأسئلة بطريقة استفزازية للمتقدمين، وتستهدف مقابلة الضغوط بصفة أساسية للحكم على درجة حساسية المتقدم للوظيفة والتعرف على مستوى الضغوط لديه.

بالإضافة إلى ذلك فإن طالب الوظيفة يأخذ الوضع الدفاعي في ظل مقابلة الضغوط بسبب تعرضه للعديد من الأسئلة التي قد تثير أعصابه من قبل المقابل. وعادة ما يبدأ المقابل في استفزاز طالب الوظيفة من خلال تلمس نقاط الضعف في تاريخه الوظيفي السابق ومحاولة ابرازها له، ثم يطلب المقابل منه محاولة الاحتفاظ بهدوء أعصابه. وفي حالة تغير ملامح وجه طالب الوظيفة وظهور علامات الغضب والاستياء عليه من الأسئلة الاستفزازية، فإنه قد ينظر إلى ذلك على أنه اقل قدرة على مقاومة الضغوط في العمل[10].

أما من حيث المقابلة الودية فهي تلك المقابلة التي تجري في جو ودي، حيث يحرص الشخص مجري المقابلة على توفير الظروف المريحة أثناء المقابلة وعدم توجيه أية اسئلة استفزازية أو مثيرة للأعصاب.

(10) ديسلر، جاري، المرجع السابق، ص234.

جـ- المقابلة الفردية والجماعية

المقابلة الفردية هي تلك التي تجري بين الطرف المقابل وبين متقدم واحد للوظيفة، فأغلبية المقابلات في مجال الاختيار تتم على أساس المقابلات الفردية. أما المقابلة الجماعية Panel Interviews فهي المقابلة التي يجريها المتقدمين للوظيفة مع مجموعة من مجريي المقابلة في ذات الوقت، حيث يمكن تقديم مشكلة معينة أو حالة دراسية قد تكون افتراضية أو من واقع الحياة العملية ويطلب من المتقدمين حلها، وهنا يتم الأخذ بآراء المتقدمين للوظيفة ومن الذي يبادر في تقديم الحلول المنطقية.

ومن أهم مزايا المقابلة الجماعية أنها تؤدي إلى توفير الوقت، إلا أن من عيوبها عدم إتاحة الفرصة الكاملة لكل متقدم للوظيفة بأن يأخذ فرصته الحقيقية ويعبر عن رأيه بمطلق الحرية.

وعلى الرغم من ان المقابلة لها دور أساسي في اتخاذ القرار المناسب فيما يتعلق بالاختيار. إلا ان هناك بعض المشكلات التي قد يواجهها مجموعة المقابلين عند اجراءهم للمقابلات أهمها:

اختلاف فريق المقابلة على الأهمية النسبية لعناصر تقييم المقابلة وعادة ما تجد اختلافات بين اعضاء الفريق في وجهات نظرهم في أي المرشحين هو الأفضل.

الكثير من مجري المقابلات يعتمدون في جزء كبير من حكمهم وقرارهم الاختيار على حدسهم وتخمينهم.

الاحكام السريعة التي يتوصل إليها معظم مجرو المقابلات حيث يتم اتخاذ قرار الاختيار في فترة قصيرة من بداية المقابلة.

احتمال تأثير مجري المقابلة على طريقة تفكير وأسلوب عرض المتقدم للوظيفة، وخاصة في الاتصالات غير اللفظية كالاشارات وحركات اليد والوجه.

عدم اطلاع المتقدمين للوظيفة على الوصف الوظيفي لها وعدم معرفتهم بالواجبات والمهام والمسؤوليات للوظيفة.

ولاجل زيادة فعالية المقابلة وتنفيذها بموضوعية وحيادية كاملة وللتوصل إلى القرار السليم للاختيار يجب تصميم المقابلة وتنفيذها بالتركيز على ما يلي:

- الإعداد المسبق للمقابلة من حيث الاطلاع على الوصف الوظيفي ومواصفات شاغل الوظيفة لأجل التركيز على الاسئلة المرتبطة بمهام الوظيفة بالإضافة إلى الاطلاع على السيرة الذاتية للمتقدمين للوظيفة بالتفصيل.
- اتباع النمطية في توجيه الاسئلة مما يؤدي إلى زيادة الموضوعية وتقليل احتمالات التحيز.
- استخدام قياس مكون من عناصر محددة وبأوزان متفق عليها لاجراء عملية التقييم بشكل موضوعي.
- توفير جو ودي في بداية المقابلة كالترحيب بالمتقدم وبدء النقاش بأمور عامة كحالة الطقس وذلك لبث نوع من الطمأنينة والهدوء في نفس المتقدم للوظيفة.
- إيفاء المقابلة حقها من حيث الوقت مع تحديد الوقت اللازم لاجراءها مسبقا بدون إطالتها بشكل غير مبرر أو تقصيرها بشكل مخل بأركانها الأساسية.

وعند انتهاء المقابلات من الأفضل عقد اجتماع سريع لأعضاء الفريق لمراجعة ملاحظاتهم حول تلك المقابلات، وذلك قبل نسيان كثيرا من المعلومات والملاحظات التي في أذهان اعضاء الفريق.

8- اختيار الموظف الأفضل

بعد استكمال إجراءات المقابلات وتنفيذها مع كافة المتقدمين للوظيفة وبعد استعراض نتائج الاختبارات المقدمة منهم، يستطيع مجري المقابلة أو أعضاء فريق المقابلة ان يقارن بين نتائج الاختبارات والمقابلات وبين تحليل الوظيفة الشاغرة ومن ثم التوصل إلى اختيار الانسب من بين هؤلاء المتقدمين.

9- إجراء الفحص الطبي Physical Examination

يطلب من المتقدم الذي تم اختياره ان يقوم بمراجعة احدى المستشفيات المعتمدة أو أحد الاطباء المتعمدين لدى المنظمة لأجل الكشف عليه والتأكد من أنه يتمتع بصحة

جيدة وأنه قادر على أداء وظيفته المرتقبة ولائق صحياً. واما الشخص الذي تكون نتيجة الكشف الطبي أنه غير لائق صحيا فتحول وثائقه إلى حفظ الملفات بالمنظمة.

10- البدء باجراءات التعيين

بعد تقديم نتائج الفحص الطبي وثبوت ان المتقدم للوظيفة لائق صحياً يقوم قسم التوظيف بإدارة الموارد البشرية بالبدء بتجهيز عرض الوظيفة متضمنا اسم الشخص الذي تم اختياره ومسمى الوظيفة بالإضافة إلى شروط العقد وخاصة الراتب والامتيازات الأخرى.

موضوعية الاختبارات وجودتها

يمكن الحكم على موضوعية الاختبارات وجودتها من خلال ما يلي:

1- **الثبات أو الموثوقية Reliability** : المقصود بالثبات قدرة الاختبار على التوصل إلى نفس النتائج إذا استخدم الاختبار أكثر من مرة. وبمعنى آخر فإنه إذا تم اعادة اختبار المتقدم الذي تم تأهيله للتعيين لمرة ثانية في وقت قريب وبنفس الظروف فإنه سيحقق النتيجة ذاتها تقريبا. وبالتالي فالثبات يكشف درجة الثقة في أداة الاختبار. وتستخدم طرق عديدة في استخراج معامل الثبات من اهمها معامل كرونباخ الفا Cronbach Alpha وإذا بلغت قيمة معامل كرونباخ ألفا 60% فأكثر فإن ذلك يدل على ان الاداة تتمتع بالثبات أو الموثوقية [11].

2- الصدق Validity

يقيس الصدق قدرة الأداة (الاختبار) على قياس ما هو مطلوب قياسه. فإذا قامت إدارة الموارد البشرية بإجراء اختبار المهارات البيعية كمقياس لقدرة المتقدم لوظيفة محاسب، فإن هذا الاختبار لا يمتلك القدرة على التنبؤ بنجاح الشخص في أداء عمله كمحاسب بعد اختياره لشغل الوظيفة.

يركز الصدق على الربط بين نتائج الاختبار (والتي كانت سببا في اختيار المتقدم للوظيفة وتعيينه) وبين مدى نجاح الموظف في أداء واجبات وظيفته. فإذا كانت قيمة

(11) Sekaran, Uma, **Research Methods for Business: A Skill Building Approach**, 4th Ed., New York, John Wiley and sons, 2003, p. 287.

معامل الارتباط كبيرة فإن ذلك يدل على صدق أداة الاختبار، أما إذا كانت قيمة معامل الارتباط قليلة فيشير ذلك إلى عدم صدق أداة الاختبار. ويمكن استخدام معامل ارتباط بيرسون Pearson في هذا المجال لأن الربط هو بين قيم وقيم أخرى.

3- اختبار سبيرمان Spearman

يمكن التأكد من قوة ارتباط نتائج المقابلات الشخصية مع نتائج الاختبارات من خلال حساب معامل ارتباط سبيرمان Spearman للرتب والذي يجري مقارنات بين ترتيبات كل من المقابلة والاختبار من خلال تطبيق المعادلة التالية:

$$\text{معامل ارتباط سبيرمان} = 1 - \frac{6 \sum d^2}{n(n^2 - 1)}$$

حيث $\sum d^2$ = مجموع مربع الفروقات بين نتائج المقابلة والاختبار.

n = عدد أفراد العينة.

مثال:

افترض ان نتائج المقابلة والاختبارات المعقودة لستة أفراد تقدموا لشغل إحدى الوظائف كانت كما يلي:

ترتيب نتائج الاختبار	ترتيب نتائج المقابلة	الرقم
الأول	الأول	1
الثاني	الثاني	2
الرابع	الثالث	3
الخامس	الرابع	4
الثالث	الخامس	5
السادس	السادس	6

المطلوب: حساب معامل ارتباط سبيرمان للرتب ومدى وجود علاقة بين نتائج المقابلة ونتائج الاختبار.

الحل:

ترتيب نتائج المقابلة	ترتيب نتائج الاختبار	الفروقات (d)	مربع الفروقات (d^2)
1	1	صفر	صفر
2	2	صفر	صفر
3	4	1-	1
4	5	1-	1
5	3	2	4
6	6	صفر	صفر
المجموع		صفر	6

$$= 1 - \frac{6\sum d^2}{n(n^2-1)} = 1 - \frac{6 \times 6}{6 \times 35}$$

$$= 1 - \frac{36}{210} = 1 - 0.171$$

$$= 0.829$$

وبناء عليه يمكن الاستنتاج ان هناك ارتباطا موجبا قويا بين نتائج المقابلة ونتائج الاختبار.

4- منحنى خاصية التشغيل

يستخدم منحنى خاصية التشغيل أو كما يسميه البعض منحنى خاصية تشغيل الطرف المستقبل Receiver Operating Characteristic (ROC) Curve كوسيلة فعالة في تقييم جودة قرارات الاختيار. تقوم فكرة هذا المنحنى على أساس الاختبارات الثنائية Binary Tests حيث تكون نتائج تلك الاختبارات قبل التعيين إما إيجابية Positive (مرشح حصل على درجات عالية) أو سلبية Negative (مرشح نجح في الاختبار وحصل على درجات متدنية).

أما نتائج الاداء الفعلي لفترة التجربة فهي إما أن تكون حقيقية True (مستوى اداء الموظف في الوضع الفعلي مرتفعا أي ان صفة القرار المستخدم كان صحيحا) أو ان تكون خاطئة False (مستوى أداء الموظف في الوضع الفعلي منخفضا) أي ان صفة القرار المتخذ سابقا كان خاطئا).

ويوضح الجدول التالي تلك الاحتمالات: احتمالات نتائج الاختبارات ونتائج الاداء الفعلي.

الجدول رقم (1)
احتمالات نتائج الاختبارات والأداء الفعلي

المجموع	الوضع الفعلي/ الحقيقي True Condition Status		نتائج الاختبارات
	خاطئ/غير صحيح False	حقيقي/صحيح True	Exam Results
....	خاطئ وسلبي FP	حقيقي إيجابي TP	مرشح حصل على درجات عالية ايجابي Positive
....	حقيقي سلبي TN	خاطئ سلبي FN	مرشح حصل على علامات متدنية سلبي Negative
....	....	....	المجموع

تبين من الجدول أعلاه ان هناك اربعة احتمالات في حالة كون النتائج ثنائية:

1- **قرارات اختيار ايجابية واداء حقيقي TP** : تعبر عن قرارات اختيار لمرشحين ذوو درجات عالية أدت إلى مستوى أداء عال (تصنيف صحيح True Classification).

2- **قرارات اختيار سلبية وأداء حقيقي TN** : تعبر عن قرارات اختيار لمرشحين ذوو درجات متدنية أدت إلى مستوى أداء منخفض (تصنيف صحيح True Classification).

3- **قرارات اختيار ايجابية واداء غير حقيقي FP:** قرارات اختيار لمرشحين ذوو درجات متدنية أدت إلى مستوى أداء عالي (تصنيف غير صحيح False Classification)

4- **قرارات اختيار سلبية وأداء غير حقيقي FN:** وتعبر عن قرارات اختيار لمرشحين حصلوا على درجات عالية أدت إلى مستوى منخفض من الأداء (تصنيف غير صحيح False Classification).

لا يوجد هناك اختبار تتمتع نتائجه بالكمال في كل الأوقات، فالخطأ قد يرجع إلى أخطاء بشرية أو أخطاء في أداة الاختيار (الاختبار) أو أخطاء العينة إذا كانت هناك عينة مأخوذة من مجتمع معين.

ويبين الشكل التالي نتائج الفحص التشخيصي فيما يتعلق بالاحتمالات الأربعة.

الشكل رقم (15)

نتائج الفحص التشخيصي Diagnostic Test Result

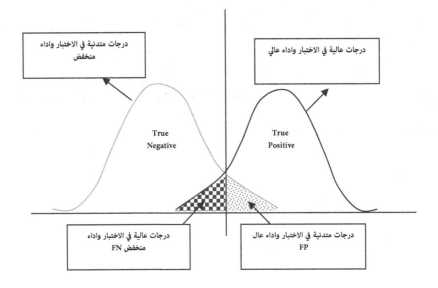

وبالتالي فإنه يمكن التنبؤ باحتمالية ان تكون نتائج الاختبار دقيقة أم لا، أي هل هي ستساهم في توقع أداء الموظف أم لا. ولاستيعاب الموضوع بشكل أفضل نقوم باعطاء المثال المرقم التالي:

مثال: قام 100 فرد باداء اختبارات التعيين خلال شهر معين، حيث وجد بعد وصول تقارير الاداء ان هناك 80% منهم كان اداؤهم مرتفعا و ال 20% الباقون اداؤهم منخفضا. وفيما يلي جدولا ذو عمودين x سطرين ليمثل نتائج الاختبارات والاداء (الارقام افتراضية وتم تبسيط الارقام لاغراض التسهيل)

الجدول رقم (2)

جدول النتائج لمنحنى خاصية التشغيل

المجموع	الوضع الفعلي الحقيقي		نتائج الاختبارات
	False	True	
75	2 FP	73 TP	درجات عالية Positive
25	18 TN	7 FN	درجات متدنية Negative
100	20	80	المجموع

يمكن حل هذا المثال باستخدام احد البرامج الاحصائية الجاهزة أو باستخدام معادلات رياضية. ويوضح الشكل التالي نتائج هذا المثال بالرسم البياني:

الشكل رقم (16)
منحنى خصائص التشغيل

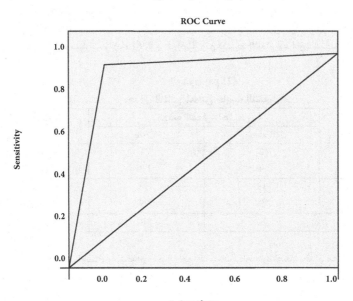

يبين الجدول رقم (2) الاحصاءات التي يمكن استخراجها من خلال استخدام المعادلات الرياضية وهي:

[12]

1- المعدل الحقيقي الايجابي Sensitivity :

احتمال وجود درجات عالية في الاختبار واداء عال (TP) بالنسبة إلى من حصلوا على درجات عالية في الاختبار واداء عال بالإضافة إلى من حصلوا على درجات متدنية في الاختبار وكان اداؤهم منخفضا.

$$\text{Sensitivity} = \frac{TP}{TP + FN} = \frac{73}{73 + 7}$$
$$= \frac{73}{80} = 0.912$$

(12) جودة – محفوظ أحمد، التحليل الاحصائي باستخدام SPSS الجزء الأول، عمان، دار وائل للطباعة والنشر، 2008.

2- المعدل الحقيقي السلبي Specificity

احتمال وجود درجات متدنية في الاختبار واداء منخفض (TN) بالنسبة إلى من حصلوا على درجات متدنية في الاختبار، واداء منخفض بالإضافة إلى من حصلوا على درجات عالية في الاختبار واداء متدني.

$$\text{Specificity} = \frac{TN}{TN + FP} = \frac{18}{18 + 2}$$

$$= \frac{18}{20} = 0.90$$

وبناء عليه يمكن استخراج 1- Specifity كما يلي:

1- Specifity = 1- 0.90 = 0.10

وذلك انعكاساً لما هو موضح بالرسم. وبالتالي فإن نقطة الالتقاء بين محور X (Sensitivity) ومحور (1- specifity) Y هي عند التقاء 0.912 للمحورX ، 0.100 للمحور Y.

3- دقة النتائج Accuracy

تمثل دقة النتائج نسبة الذين كانت درجات اختبارتهم عالية واداؤهم عال (TP) بالإضافة إلى الذين كانت درجات اختباراتهم متدنية واداؤهم متدن (TN) إلى مجموع كافة الموظفين الخاضعين للتجربة.

$$\text{Accuracy} = \frac{TP + TN}{TP + TN + FP + FN}$$

$$= \frac{73 + 18}{100} = \frac{91}{100} = 0.91$$

وبمعنى آخر فقد كانت نسبة 91% تقريبا من القرارات صائبة وتصنيفها صحيحا. وهذه النسبة تمثل المساحة تحت المنحنى Area Under the Curve أما المساحة الباقية وهي مكمل الواحد صحيح (9%) فهي تمثل القرارات غير الصحيحة.

ثالثاً: التعيين Placement

ماهية التعيين

يعد التعيين هو نتاج عمليتي الاستقطاب والاختيار وهو المكمل لهما في عملية التوظيف، فبعد استقطاب الاكفاء والاختيار الانسب من المتقدمين للوظيفة تأتي عملية ضم المتقدم الذي تم اختياره إلى أعضاء المنظمة.

ان من أساسيات التعيين ان يتم وضع الرجل المناسب في المكان المناسب وان يكون هناك تناسبا بين مؤهلات الفرد ومواصفات شاغل الوظيفة وفي هذه الحالة يمكن التنبؤ بأداء الموظف القادم إذا احسن تدريبه وتحفيزه للعمل.

خطوات عملية التعيين

تتضمن عملية التعيين الخطوات الموضحة في الشكل التالي:

الشكل رقم (17)

خطوات عملية التعيين

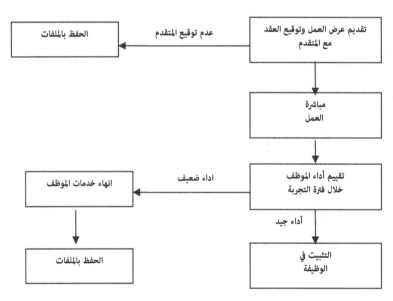

وفيما يلي شرحا لهذه الخطوات بالتفصيل:

1- تقديم عرض العمل وتوقيع العقد

يتم تقديم عرض العمل وشروطه إلى المتقدمين للعمل الذين اجتازوا الاختبارات وحققوا نتائج جيدة في المقابلات وتم اختيارهم للوظيفة.

ويتضمن عقد العمل عادة البنود التالية:

اسم الشركة واسم الموظف وعناوينهما.

تاريخ الاتفاق وتاريخ بدء سريان العقد.

مسمى الوظيفة ورقمها.

التزامات الموظف/ واجبات الوظيفة.

الدرجة والراتب والعلاوات والامتيازات الأخرى.

المستحقات من الإجازات السنوية أو حتى نهاية العقد.

مدة العقد.

فترة التجربة التي يحق لكل طرف خلالها ان يبلغ الطرف الآخر إنهاء العقد بدون إنذار.

أحكام القانون المطبقة في حالة وجود خلاف بين الطرفين.

وهناك العديد من التشريعات العمالية التي تنظم العلاقة بين الموظف وصاحب العمل في مختلف المجالات.

فقانون العمل في أي دولة ينظم العلاقة بين الموظف وصاحب العمل من حيث عدة أمور كعقد العمل والنقابات العمالية.

ان عقد العمل قد يكون على أحد شكلين:

أ- عقد عمل محدد المدة: يستمر العمل بهذا العقد حتى انتهاء المدة المحددة فيه. وإذا قام صاحب العمل بانهاء عقد العمل قبل انتهاء المدة المحددة فإنه يحق للعامل استيفاء كافة حقوقه حتى انتهاء المدة المتبقية من العقد.

ب- عقد عمل غير محدد المدة: يعتبر العامل المعين بموجب هذا العقد مستمرا بعمله إلى ان تنتهي خدمته، وإذا رغب احد الطرفين في انهاء عقد العمل فيتوجب عليه اشعار الطرف الآخر خطيا قبل مدة محددة في القانون.

أما من حيث تنظيم العمل فيفرض القانون على إدارة المنظمة ان تضع نظاماً داخلياً يوضح فيه اوقات الدوام وفترات الراحة وقائمة الجزاءات كما يحدد القانون الحد الأعلى لساعات العمل الاسبوعية والتي تصل 48 ساعة عمل في معظم قوانين العمل، وقد يصل الحد الأعلى إلى 40 ساعة في بعض الدول المتقدمة، ويحدد القانون كذلك الحد الأدنى لحق العاملين في الإجازة السنوية على ان تكون بأجر كامل.

وفيما يتعلق بنقابات العمل فتعطي معظم القوانين للعاملين الحق في تأسيس نقابة خاصة بهم، كما تحظر القوانين على صاحب العمل ان يشترط للتعيين عدم انتساب العامل لنقابة العمال، او ان يقوم بفصله بسبب انتسابه للنقابة.

2- مباشرة العمل

بعد توقيع عقد التوظيف يكون الموظف ملزماً بمباشرة العمل في التاريخ المحدد في العقد، حيث يرفع الرئيس المباشر تقريرا بتاريخ مباشرة العمل في نفس اليوم الذي بدأ فيه الموظف الجديد دوامه في المنظمة، وإذا لم يباشر الموظف الجديد عمله لفترة محدودة في قانون العمل فإنه يعتبر مستنكفا عن العمل ويتم الغاء عقد التوظيف.

3- تقييم الموظف خلال فترة التجربة

وفقا لشروط التعاقد يتم تعيين الموظف الجديد وخضوعه لفترة تجربة محددة في العقد بحيث لا تتعدى هذه الفترة تلك المحددة في قانون العمل والتي عادة لا تتجاوز مائة يوم. وخلال فترة التجربة يقوم الرئيس المباشر في العمل بمراقبة الموظف الجديد عن كثب وتقييم ادائه وتعاونه مع زملائه وانضباطه في تنفيذ التعليمات، حيث يرفع قبل انتهاء فترة التجربة تقرير مفصل عن ذلك كما يتضمن التقرير توصية الرئيس المباشر بتثبيت الموظف الجديد أو انهاء عقد عمله.

4- التثبيت في الوظيفة

بعد انقضاء الفترة التجريبية للموظف بنجاح، وبعد تقديم رئيسه المباشر تقريره وتوصيته بتثبيت الموظف الجديد، يثبت الموظف في وظيفته ويستمر في عمله حتى نهاية الفترة المتفق عليها في العقد. ان من حق المنظمة وفقا للعقد المبرم بينها وبين الموظف الجديد ان تنهي عمله في فترة التجربة بسبب عدم اجتيازه الفترة بنجاح وعدم اثبات كفاءته في العمل.

توجيه الموظف الجديد Orientation :

الهدف الأساسي من توجيه الموظف الجديد هو جعل الموظف يبدأ عمله بدون ان يشعر بالاغتراب في بيئته الجديدة. وفي الواقع قد يشعر الموظفين الجدد بتوتر وقلق عند دخول المنظمة وقد يتساءلون عن كيفية انسجامهم مع الزملاء الجدد.

إلا ان عملية تقديمهم إلى زملائهم وتنفيذ برامج التوجيه تخفف من القلق وعدم التأكد للموظف الجديد. تقوم معظم المنظمات في اليوم الأول من مباشرة الموظف لعمله بتزويده بكتيب الموظفين الجدد والذي يشرح له بإيجاز أهداف المنظمة وسياساتها واجراءاتها وتقسيماتها الإدارية من حيث توزيعات الدوائر والاقسام واسماء المديرين. كما يشرح الكتيب حقوق الموظف من انظمة الرواتب والاجازات والترقية والحوافز والتقاعد والتأمين الصحي وواجباته من حيث الدوام وتنفيذ التعليمات والتعاون مع زملاءه. كما قد يشمل الكتيب بعض التفاصيل عن مواقف السيارات المتاحة للموظفين وموقعها، والأمن والسلامة، والكافتيريا، ونادي الموظفين وغير ذلك من الأمور الأخرى.

وتلجأ بعض المنظمات الكبيرة إلى اتباع ما يسمى بنظام الرعاية Sponser System حيث يتولى احد الموظفين القدماء (إما من نفس الدائرة التي سينتسب إليها الموظف الجديد أو موظف متخصص في إدارة الموارد البشرية) برعاية الموظف الجديد ومرافقته لمدة محددة في بداية أيام عمله بهدف حماية الموظف الجديد من أي مؤثرات سلبية في بيئة العمل ومساعدته في تكوين صداقات مع زملائه.

ومع ان عملية التوجيه للموظف الجديد تختلف من مشروع إلى آخر، إلا ان هذا الاختلاف ليس شاسعا. ففي كثير من الحالات قد تبدأ عملية التوجيه بقيام ممثل عن إدارة

الموارد البشرية باصطحاب الموظف الجديد إلى مكان عمله وتقديمه إلى رئيسه المباشر الذي يقوم بتعريف هذا الموظف إلى مكان عمله وتوضيح محتويات العمل له وكثيرا ما تكون هذه الخطوة هي الأساس الذي يقرر نجاح الموظف الجديد أو فشله. [13]

وتلجأ المنظمات عادة إلى تصميم برنامج لتوجيه الموظف الجديد قد يستمر ليوم واحد او اكثر، وقد يكون مرة واحدة أو على عدة مرات متقاربة، بحيث يتضمن ما يلي:

استقبال الموظف الجديد والترحيب به.

تعريف الموظف الجديد بمهام وظيفته ودور دائرته ورسالة المنظمة.

سياسات المنظمة وتعليمات الإدارة.

انظمة التعويضات والفوائد.

قانون الضمان الاجتماعي.

ثقافة المنظمة السائدة.

معايير تقييم الاداء.

الهيكل التنظيمي للمنظمة والدائرة التي يتبع لها الموظف.

تعليمات الدوام والإجازات والاذونات.

وقد يكون ضمن فعاليات البرنامج اصطحاب الموظف الجديد في زيارة لدوائر المنظمة وأقسامها ومواقعها. وكذلك تعريفه إلى رئيسه في العمل وإلى زملائه الذين سيبدأ العمل معهم.

وقد يكون تنفيذ برنامج توجيه الموظف الجديد على أساس فردي Individual حيث يعطي برنامج التوجيه إلى كل موظف جديد على حدة إذ يشعر الموظف باهتمام اكبر عندما يتم توجيه البرنامج إليه شخصيا، لكن هذا الأساس الفردي لا يعطي فرصة للموظف الجديد ان يشارك الموظفين الجدد الآخرين همومهم واوضاعهم.

كما قد يكون تنفيذ البرنامج على أساس جماعي Collective خاصة في المنظمات الكبيرة حيث يكون لديها اعداداً كبيرة من الموظفين الجدد، وهنا يوفر هذا

---

(13) المغربي، كامل محمد، الإدارة: الاصالة، المبادئ والاسس، ووظائف المنشأة، عمان، دار الفكر للنشر والتوزيع، 2009، ص425.

الأساس الوقت المستغرق لتنفيذ البرنامج مقارنة بإجراءه لكل موظف على حدة، إلا ان الاهتمام بكل موظف يكون أقل حيث يوجه البرنامج إلى عدة أفراد.

وبعد فترة يتم تقييم البرنامج من قبل الموظفين الجدد المشاركين فيه من خلال توزيع استبانة مصممة لهذا الغرض، كما ويمكن عقد جلسات نقاشية بين الأفراد الجدد لتقييم البرنامج. ويهدف هذا التقييم إلى اكتشاف أي نقاط ضعف في البرنامج بهدف تحسينها وإجراء التعديلات المناسبة لاثراءه وزيادة فعاليته.

التكيف الاجتماعي

هناك موضوع آخر مرتبط بتوجيه الموظف هو موضوع التكيف الاجتماعي Socialization للموظف الجديد والمتعلق بالنشاطات الهادفة إلى استقرار الموظف وانسجامه مع قيم العمل ومع زملائه.

وتذكر عباس وعلي [14] في هذا المجال بأن الموظف الجديد يصل إلى العمل حاملا معه مجموعة من القيم والعادات والاتجاهات والتصورات التي قد تنقل إلى المعمل والمنظمة. وفي واقع الحال وقبل الوصول للعمل والمنظمة ومنذ مرحلة الاختيار تبدأ عملية التكيف من خلال تعريف الفرد بالعمل والمنظمة وتعريفه بما هو متوقع منه في عمله وسلوكه.

إضافة إلى ذلك فإن الفرد الذي يكيف نفسه في مرحلة الاختيار ليرى المسؤولين عن العملية الوجه الجديد له يمكن ان تعرف منذ تلك اللحظة قابليته للتكيف، ويستطيع القائمين على الاختيار تقدير درجات تكيف الفرد. أما المرحلة الثانية للتكيف فتحصل بعد دخول العمل ومواجهة الفرد لمقارنات بين واقع العمل بما يتضمن من قواعد وزملاء ومدراء ورؤساء مع تصوراته. فعندما تكون هناك فجوة بين التصورات المسبقة والواقع لا بد ان تكشف هذه الفجوة، وأن يوضع مثل هذا الفرد في برنامج للتكيف المناسب ومن ثم الوصول إلى الخطوة الاخيرة وهي التغيير، وهذه الخطوة تمثل التكامل في عملية تكيف

---

(14) عباس، سهيلة محمد، وعلي حسين علي، **إدارة الموارد البشرية**، الطبعة الثالثة، عمان، دار وائل للنشر والتوزيع، 2007، ص ص 98-99.

الأفراد لجعلهم راغبين في العمل والمنظمة، بحيث يتقبلون قيم وضوابط العمل والزملاء، ويكونوا بنفس الوقت مقبولين من الجميع.

ويقسم السالم عملية التأقلم (التكيف) الاجتماعي إلى ثلاثة مراحل: [15]

1- مرحلة ما قبل الوصول Pre-arrival Stage

يأتي الفرد إلى العمل حاملاً معه مجموعة من القيم التنظيمية والاتجاهات والتوقعات حول الوظيفة التي سيؤديها والمنظمة التي سيعمل فيها. ويساهم في إعداد او تشكيل هذه التوقعات كل من البرامج التدريبية، والجامعات. وكذلك في مرحلتي الاستقطاب والاختيار اللتان يزود الفرد خلالهما ببعض المعلومات عن المنظمة. ولا بد من الإشارة إلى أنه يجب ان تحرص إدارة الموارد البشرية على تزويد الموظف الجديد بمعلومات دقيقة وذلك لأن حجب الحقائق عن الموظف في هذه المرحلة قد يزيد من معدلات دوران العمل خلال الفترة الأولى للالتحاق بالوظيفة.

2- مرحلة المواجهة Encounter Stage

تبدأ هذه المرحلة مع دخول الفرد إلى المنظمة بقصد العمل، حيث تبرز أمامه اشكالية المقارنة بين توقعاته عن العمل وعن الزملاء والمشرفين والمنظمة بصورة عامة وبين حقيقة الأمور التي يراها على أرض الواقع. فإذا كانت توقعاته صحيحة فإن المواجهة تؤكد الادراكات المسبقة لهذه الأمور.

لكن المشكلة ان حالة التطابق الكبير غير موجودة على أرض الواقع. وعندما تختل التوقعات عن الواقع بشكل كبير لا بد من رعاية الموظف لغرض تقريب توقعاته مع القيم والمعايير التنظيمية السائدة. وتستطيع إدارة الموارد البشرية الحد من فجوة التوقعات من خلال ممارستها الموضوعية لعملية الاختيار وتزويد الموظف الجديد بمعلومات حقيقية عن وضع المنظمة.

---

(15) السالم، مؤيد سعيد، إدارة الموارد البشرية: مدخل استراتيجي تكاملي، الطبعة الاولى، عمان، إثراء للنشر والتوزيع، 2009، ص ص 202-203.

3- مرحلة الاستقرار Metamorphosis Stage

في هذه المرحلة يقوم الفرد بإجراء بعض التعديلات على سلوكه وتوقعاته السابقة فيما يتعلق بالعمل والمنظمة والمشرف والزملاء وغيرهم بهدف التكيف مع معايير بيئة العمل الجديدة والقيام بالدور المطلوب منه. وتتم عملية تكيف الموظف الجديد عندما يبدأ بالشعور بالراحة في المنظمة، وفي عمله مع زملائه، ويتفهم ويشاطر الآخرين القيم والعادات التنظيمية السائدة، بالإضافة إلى تفهمه لنظام المنظمة وما هي الممارسات المقبولة وغير المقبولة، وكيفية تقييمه والمعايير التي ستستخدم لقياس وتقييم عمله.

ويوضح الشكل التالي هذه العملية:

الشكل رقم (18)

نموذج مراحل عملية التكيف الاجتماعي

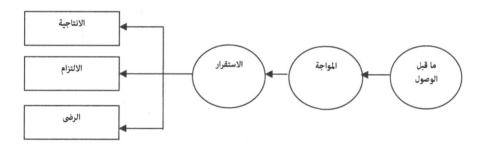

المصدر: السالم، مؤيد سعيد، إدارة الموارد البشرية: مدخل استراتيجي تكاملي، عمان، إثراء للنشر والتوزيع، 2009.

يلاحظ من الشكل أعلاه أن عملية التكيف بكافة مراحلها تعمل على شعور الموظف الجديد بالانسجام مع زملائه والراحة في عمله، وبالتالي فهي تؤثر في:

1- الانتاجية Productivity

يؤثر استقرار عملية التكيف الاجتماعي على رفع مستوى اداء الفرد وبالتالي زيادة انتاجيته وخاصة في ظل انسجام الفرد مع زملائه.

2- الالتزام Commitment

لا يمكن ان يشعر الموظف الجديد بالالتزام التنظيمي الحقيقي إلا إذا وصل إلى المرحلة الاخيرة من مراحل عملية التكيف الاجتماعي، ألا وهي مرحلة الاستقرار.

3- الرضى Satisfaction

تقبل الموظف الجديد للقيم التنظيمية والاعراف السائدة في المنظمة وعلاقته الجيدة مع رؤسائه وزملائه ويشكلون بعدا رئيسيا من أبعاد الرضى الوظيفي.

ان عملية التكيف الاجتماعي للموظفين الجدد تعمل على فهم المسار الصحيح لعملهم مما يؤثر في تخفيض حالات القلق والخوف من المجهول الناتجة عن انضمامهم إلى المنظمة والعمل مع زملاء جدد في ظل ضوابط عمل قد تكون جديدة بالنسبة إليهم.

التنوع الثقافي للموظفين
أ- ثقافة المنظمة

تلعب ثقافة المنظمة دوراً هاماً في التأثير على سلوك الفرد وذلك من خلال تركيزها على قيم ومعتقدات ترغب الإدارة في ترسيخها في أذهانهم لصالح العمل كالاهتمام بالعملاء والعمل الجماعي واحترام الوقت والتفاني في العمل.

يصف ابو بكر [16] الثقافة التنظيمية بأنها مجموعة القيم والمعتقدات التي تشكل منهج تفكير أعضاء المنظمة وإدراكاتهم، ومن ثم تؤثر على أسلوب ملاحظاتهم وتفسيرهم للأشياء داخل المنظمة وخارجها مما ينعكس على سلوك الأفراد وممارسات الإدارة وأسلوبها المتبع لأجل تحقيق رسالة المنظمة.

ويعرف Jones [17] الثقافة التنظيمية بأنها مجموعة من القيم والمعايير المشتركة التي تحكم تفاعلات أعضاء المنظمة مع بعضهم وكذلك مع الناس خارج المنظمة. وأما

---

(16) أبو بكر، مصطفى محمود "ثقافة المنظمة والاتجاهات الإدارية ومقومات تفعيل اتفاقية الكويز بالتطبيق على شركات ومصانع منطقة الاسكندرية الكبرى" **المجلة العربية للتجارة والتمويل**، جامعة طنطا، المجلد الثاني، العدد الأول، 2006، ص ص 95-139.

(17) Jones, Gareth R. **Organizational Theory, Design, and Change**, 5th Ed., New Jersey, Pearson Prentice – Hall Inc., 2007, p. 177.

Moorhed and Griffen [18] فيعرفان الثقافة التنظيمية بأنها مجموعة القيم المشتركة التي تمكن العاملين في المنظمة من ان يميزوا بين الأعمال الصحيحة والأعمال غير الصحيحة. فالثقافة التنظيمية إذن تتضمن مجموعة من القيم والمعتقدات التي يتشارك بها أعضاء المنظمة والتي تؤثر على سلوكهم وتصرفاتهم وتحكم معايير السلوك لتحدد ما هو السلوك المقبول وما هو السلوك المرفوض. بالإضافة إلى ذلك فالثقافة تساعد على التنبؤ بسلوك الفرد من المنظمة، كما أنها تعزز قواعد التعاون والتماسك بين أعضاء المنظمة فوجود ثقافة واحدة يوحد مفاهيم أعضاء المنظمة ووجهات نظرهم.

أما بالنسبة لوظائف الثقافة فيمكن القول بأن لها وظيفتين اساسيتين [19] :

1- **إحداث التكامل الداخلي**، إذ تساهم الثقافة في التنظيم الداخلي للمنظمة من خلال تأسيس نظام العمل الجماعي وطرق الاتصال الداخلي وبيان السلوك المقبول وغير المقبول.

2- **التكيف الخارجي مع البيئة**، حيث تساعد الثقافة التنظيمية في وصول المنظمة إلى تحقيق أهدافها من خلال آليات التعامل مع البيئة الخارجية كالعملاء والتجاوب مع احتياجاتهم وتوقعاتهم وأيضا المنافسين وطرق التعامل معهم.

ويمكن تصنيف ثقافة المنظمة إلى عدة أشكال من السمات أهمها:

أ- السمات المتعلقة بشمولية الثقافة:

1- **الثقافة السائدة**: وهي الثقافة التي يشترك فيها معظم أعضاء المنظمة وتوجه سلوكهم، حيث يكون انتشارها بينهم على نطاق واسع.

2- **الثقافة الفرعية**: هي الثقافة التي يشترك فيها مجموعات صغيرة من العاملين، قد تكون على مستوى دوائر المنظمة وقد تكون على مستوى المجموعات المهنية كالمهندسين والمحاسبين.

(18) Moorhead, George and Ricky Griffen, Organizational Behavior, 5th Ed., USA: Houghton Mifflin Company, 2000, p. 17.

(19) Daft, Richard and Raymond A. Noe, Organizational Behavior, Harcourt Inc., 2001, P.589.

وهنا يأتي دور التنوع الثقافي للموظفين حيث يحمل كل موظف الثقافة الفرعية المتعلقة بالفئة التي ينتمي إليها، إلا ان هذه الثقافات الفرعية يجب ان تعمل في ظل الاطار العام لثقافة المنظمة أي الثقافة السائدة.

ب- السمات المتعلقة بمدى قوة الثقافة:

1- **الثقافة القوية:** المقصود بثقافة المنظمة ان تكون تلك الثقافة شاملة وممثلة لقيم غالبية أعضاء المنظمة. وتوجد الثقافة القوية عندما يكون هنالك اتفاق كبير وتمسك شديد من قبل أغلبية أعضاء المنظمة بالقيم والمعتقدات السائدة. ويمكن الحكم على مدى قوة الثقافة من خلال تقييم درجة ثبات القيم والمعتقدات ومدى تطابقها مع بعضها، بالإضافة إلى درجة انسجامها مع قيم الشخص ومعتقداته. كما ان بقاء الثقافة القوية يستمر لأجل طويل في معظم الحالات.

2- **الثقافة الضعيفة:** يكون هناك اتفاقا قليلا وتمسك أقل من اعضاء المنظمة على القيم والمعتقدات المشتركة، وتوصف ثقافة المنظمة بأنها ضعيفة عند عدم اعتناقها بقوة من قبل أعضاء المنظمة وعندما لا تحظى بالقبول الواسع، وعلى الرغم من اهمية هذا النوع من الثقافة التنظيمية إلا أن لها اثرا ضئيلا على أداء المنظمة وفعاليتها.

ج- السمات المتعلقة بأنماط الثقافة:

قام Handy بتقسيم أنماط الثقافة التنظيمية إلى ما يلي [20]

1- **ثقافة النفوذ/ القوة:** تتركز القوة في أشخاص محددين والذين يتخذون القرارات ويعملون على إيجاد مواقف يجب على الآخرين تنفيذها.

2- **ثقافة الدور:** يتردد غالبا بأنها تشبه البيروقراطية في شكلها الحقيقي، ويحتل التفاعل مكانه بين التخصصات الوظيفية من خلال الوصف الوظيفي والإجراءات والقواعد والنظم. إن الوصف الوظيفي يعتبر أكثر اهمية من المهارات والقدرات للمنتمين لهذه الثقافة، كما أن الأداء الذي يتعدى إدراك الدور ليس مطلوبا ولا يتم التشجيع عليه. وهذه الثقافة تتلاءم مع المنظمات التي تتسم بالاستقرار وليس بالتغيير الدائم.

---

(20) توفيق، عبد الرحمن، **الجودة الشاملة: الدليل المتكامل**، القاهرة: سلسلة إصدارات بميك، 2003، ص ص 107-110.

3- **ثقافة المهمة:** تعتبر هذه الثقافة من الخصائص التي تتسم بها المنظمات التي تكون مهتمة جدا بأنشطة البحوث والتطوير، حيث تكون هذه المنظمات أكثر ديناميكية، كما انها تكون معرضة باستمرار للتغيير وتضطر إلى إيجاد فرق وظيفية مؤقتة لمواجهة احتياجاتها المستقبلية.

4- **ثقافة الفرد:** تعتبر هذه الثقافة بمثابة خاصية مميزة لنموذج الإدارة الواعي، حيث نجد الأفراد داخل الهيكل التنظيمي يحددون بشكل جماعي الطريق الذي سوف تسير عليه المنظمة، فإذا كان هناك هيكل رسمي، فإنه يميل لخدمة احتياجات الأفراد داخل الهيكل. ويلاحظ ان المنظمات التي تتبع هذه الثقافة ترفض الهرمية الرسمية لإنجاز الأشياء، ولكنها توجد فقط لغرض وحيد وهو تلبية احتياجات الأعضاء.

ان لشخصية ومعتقدات مؤسسي المنظمة وإدارتها العليا دوراً كبيراً في تأسيس ثقافة المنظمة.

وللمحافظة على ثقافة المنظمة فإن هناك ثلاثة عوامل تلعب دوراً هاماً[21].

1- **الإدارة العليا:** ان ردود فعل الإدارة العليا تعد عاملاً مؤثرا في ثقافة المنظمة من خلال القرارات التي تتخذها. فإلى أي مدى تلتزم المنظمة بالسلوك المنتظم من خلال استخدام لغة واحدة وعبارات وطقوس مشتركة. وكذلك المعايير السلوكية التي تتضمن التوجهات حول العمل وفلسفة الإدارة العليا في كيفية معاملة الموظفين وسياسة الإدارة حول تنفيذ القواعد والانظمة والتعليمات.

2- **اختيار العاملين:** تلعب عملية جذب العاملين وتعيينهم دوراً كبيراً في المحافظة على ثقافة المنظمة، والهدف من عملية الاختيار هو تحديد واستخدام الأفراد الذين لديهم المعرفة والخبرات والقدرات لتأدية مهام العمل في المنظمة بنجاح.

3- **المخالطة الاجتماعية:** عند اختيار عناصر جديدة في المنظمة فإن هذه العناصر لا تعرف ثقافة المنظمة، وبالتالي يقع على عاتق الإدارة أن توجه الموظفين الجدد وتعرفهم على الأفراد العاملين وعلى ثقافة المنظمة السائدة.

(21) العميان، محمود سليمان، **السلوك التنظيمي في منظمات الأعمال**، عمان، دار وائل للنشر والتوزيع، 2002، ص ص 319- 320.

اما من حيث أبعاد الثقافة التنظيمية فيختلف العلماء والباحثين في تحديد هذه الابعاد، ومن اهمها: الهيكل التنظيمي، ومدى الثبات والاستقرار، والاتصالات، واندماج العاملين، وطريقة استجابة العاملين للتغيرات في البيئة.

ولا يغيب عن بالنا ان هناك وسائل عديدة لنشر ثقافة المنظمة بين العاملين كالاجتماعات والتعليمات والنشرات، ولوحات الحائط، والقصص والروايات، والطقوس والشعائر، ومجلة المنظمة، والموقع الالكتروني للمنظمة.

ب- التنوع الثقافي Diversity

يرجع Dobbos التنوع الثقافي للعاملين إلى الفروقات المدركة بين الموظفين من حيث العمر، والتخصص في العمل، والمهنة، والجنس، وبلد الأصل، ونمط الحياة، وخبرة الوظيفة بالمنظمة، والمركز الوظيفي [22]. وتتضمن إدارة التنوع الاعتراف بوجود تلك العوامل لأجل تشجيع وتطوير قوة العمل المتنوعة على الأداء الأفضل وتحفيزها لبذل جهود اكبر بما يفضي إلى الاستخدام الأمثل لطاقاتها.

وتركز إدارة التنوع دائما على إيجاد ثقافة داعمة يؤدي جميع العاملين فيها عملهم بفعالية [23]. فبعض الشركات مثل IBM ركزت على وجود تنوع ثقافي بين موظفي دائرة المبيعات لديها حيث تمكنت من تحفيزهم بالشكل الصحيح مما أدى إلى زيادة حجم مبيعاتها. ويذكر رمضان وآخرون [24] أن ازدياد تنوع القوى العاملة أصبح من التحديات المعاصرة للإدارة، حيث ازدادت الحاجة إلى تخصص الموارد البشرية بعد تعقيد العمليات الانتاجية وترابطها، وازدياد نسبة العمالة الوافدة سواء إقليميا أو دوليا.

(22) Dobbs, Matti F. "Managing Diversity: Lessons from the Private Sector", **Public Personnel Management**., 25, Sept. 1996. pp. 351-355.

(23) C.W. Von Bergen, Barlow Soper and Teresa Foster, "Unintended Negative Effects of Diversity Management, **Public Personnal Management,** 31 (Summer 2002) , 239 – 251.

(24) رمضان، زياد، وأميمة الدهان، ومحسن مخامرة، وفؤاد الشيخ سالم، **المفاهيم الإدارية الحديثة**، الطبعة السابعة، عمان، مركز الكتب الأردني، 2003، ص31.

كما ازدادت نسبة التحاق النساء بالعمل، وازداد العمر المتوقع للفرد العامل. ومن شأن هذه العوامل ان تمثل تحديا للإدارة للتعامل مع الفئات المختلفة من حيث امكاناتها وطموحاتها وطرق تحفيزها وادائها.

عوائد التنوع:

هناك عوائد عديدة للتنوع الثقافي أهمها: [25]

أ- تطوير الأفراد العاملين والمنظمة وهذا يعني ارتفاع الروح المعنوية حيث يشعر الأفراد بقيمتهم في المنظمة التي يعملون فيها، وهذا يؤدي على وجود علاقات أفضل حيث يعكس الأفراد مهارات جديدة ويفهمون ويقبلون الثقافات الأخرى. وتصبح قضية تطوير مهارات العاملين وقضية التنوع القضية الأساسية في الخطوط التنفيذية في قاعدة التعليم.

ب- ان المنظمات التي تكون قادرة على علاج مشكلات النساء والاقليات تستطيع تعيين أفضل المواطنين، وذلك من خلال الحصول على أفضل العناصر البشرية في سوق العمل. والاحتفاظ بهذه العمالة يعني تأهيلهم وتدريبهم من أجل المستقبل.

جـ- ان نجاح التفاعل بين العملاء والسوق هو العائد الثالث من التنوع، حيث أن تمثيل وتنوع قوة العمل تمكن المنظمات من الفهم الأفضل لحاجات عملائها.

د- تتوقع المنظمات تعزيز التكيف والإبداع وذلك من تنوع قوة العمل، وأوضحت البحوث تنوع الجماعات يتجه إلى ان يكون اكثر ابداعا من الجماعات العرقية الاحادية، حيث ان الافراد في التنوع تتوافر لهم خلفية من وجهات نظر مختلفة لحل المشكلات.

---

(25) جاد الرب، سيد محمد، **إدارة الموارد البشرية**، موضوعات وبحوث مختلفة، مطبعة العشري، قناة السويس، 2005، ص ص275-276.

مكونات التنوع الثقافي

يشمل التنوع الثقافي عدة مكونات منها:

1- ازدياد مساهمة المرأة في العمل

هناك عدة عوامل ساعدت على زيادة مساهمة المرأة في العمل من اهمها اضطرار المرأة المتزوجة إلى العمل لمساعدة زوجها في تلبية احتياجات اسرتها، والحاجة لرفع نسبة استخدام الموارد البشرية في المجتمع فالمرأة تشكل نصف هذا المجتمع، بالإضافة إلى تمتع الكثير من النساء بمهارات عالية في مجالات كثيرة. وبناء عليه، فإن من مهام الإدارة الناجحة في التنوع الثقافي رفع القدرة على جذب المرأة العاملة والاحتفاظ بها في العمل.

2- الجنسية

تستخدم المنظمات وخاصة المنظمات الكبيرة العديد من العاملين من جنسيات مختلفة، وبالتالي فالعديد من هؤلاء يتكون له ثقافتين: ثقافة رئيسية هي ثقافة المنظمة، وثقافة فرعية تتعلق بالجنسية التي يتمتع بها هو ومجموعته.

3- العمر

يوجد فئات عمرية عديدة في أي منظمة من المنظمات وهناك عدد لا بأس به يعمل فوق سن الستين أو الخامسة والستين. ومن المعلوم انه كلما زاد عمر الفرد كلما اختلفت احتياجاته ورغباته.

4- ذوي الاحتياجات الخاصة

هناك واحد من كل خمسة من البالغين في الولايات المتحدة الاميركية لم يحصل على الثانوية، وأكثر من 70% من ذوي الاحتياجات الخاصة الذين تتراوح أعمارهم بين 18-55 سنة عاطلين عن العمل. [26]

---

(26) Schettler, Joel, "Equal Access to All: **Training Issue** 39, Jan. 2002, pp. 44-48.

5- التخصص في العمل

في كثير من المنظمات هناك متخصصين في أعمالهم كالمحاسبين والمهندسين والاداريين والاطباء وغيرهم. هؤلاء أيضا قد تتشكل لديهم ثقافتين: ثقافة رئيسية هي ثقافة المنظمة، وثقافة فرعية تنم عن ثقافة المجموعة التي ينتمي إليها.

ولكي تنجح إدارة المنظمة في مهامها بفعالية، فإن عليها إيجاد مناخ عمل يعتقد بوجود تنوعات ثقافية مختلفة والتعامل معهم على هذا الأساس، وكذلك عليها ضرورة زيادة وعي العاملين معها بكيفية تعاملهم مع الثقافات الأخرى في المنظمة.

معوقات التواصل الثقافي فيما بين العاملين

يعد التواصل بين العاملين متنوعي الثقافات من أهم اسباب نجاح المنظمة في تحقيق أهدافها. إلا ان هناك العديد من المعوقات أمام هذا التواصل من اهمها[27]:

1- **التنوع اللغوي:** ان التواصل بين البشر ربما يتم بصورة أفضل نسبيا إذا كان المتواصلون يستخدمون نفس اللغة أو يتقاسمون نفس القيم الثقافية.

2- **تنوع التواصل غير اللفظي:** على الرغم من امكانية وجود بعض التشابهات بين الثقافات المختلفة بهذا الخصوص، إلا ان هناك تباينات كثيرة عادة، تعيق عملية التواصل وتحقيق الفهم المشترك.

3- **تنوع الأعراف والمسلمات الاجتماعية:** إن وجود التباينات بين الثقافات في الأعراف والمسلمات الاجتماعية كالاختلاف في الالتزام بالحضور في الوقت المحدد والحرص على إدارة الوقت وغيرها قد تعيق من عمليات التواصل بين عناصر العمل متعددة الثقافات.

4- **مشاكل الادراك:** تؤدي مشاكل الادراك إلى امكانية وجود اختلافات في فهم وتفسير الواقع، فكل فرد ينظر إلى الواقع بطريقة معينة مما يساهم في عدم وجود فهم مشترك.

---

(27) جودة، عبد الناصر محمد علي، **إدارة التنوع الثقافي في الموارد البشرية، المنظمة العربية للتنمية الادارية**، بحوث ودراسات، 2005، ص ص 176-183.

وعلى الرغم من هذه المعوقات إلا ان هناك العديد من القوانين التي تهدف إلى تخفيض التمييز بين المتقدمين للوظائف عند التوظيف، وكذلك هناك العديد من المنظمات التي تطبق خطوات أخرى في هذا المجال.

يقترح Dessler ما يسمى Diversity Managment Program كما يلي: (28)

1- **توفير قيادة قوية**: قيادة مقتنعة بحاجة المنظمة إلى قوة العمل المتنوعة.

2- **تقييم الوضع**: يبدأ البرنامج عادة بتقييم الوضع الحالي بالنسبة للتنوع. ما هو الهدف الذي نسعى للوصول إليه فيما تتعلق بالتنوع. ما هي درجة الاحتفاظ بالعاملين متنوعي الثقافة وما هي مسوحات اتجاهاتهم.(29)

3- **اعطاء دورات تدريبية في التنوع**: بافتراض ان التقييم ينتج عنه ان المنظمة بحاجة إلى التنوع الثقافي، فإن الحاجة هنا تدعو إلى تدريب وتعليم كل ما يتعلق بهذا البرنامج.(30)

4- **تغيير الثقافة وأنظمة الإدارة**: تحتاج الإدارة إلى تعديل ثقافة المنظمة في هذا المجال بالإضافة إلى حاجتها إلى تغيير الأنظمة الإدارية.

5- **تقييم البرنامج**: وذلك من عدة جوانب كمدى التحسن في اتجاهات الموظفين نحو التنوع الثقافي.

تظهر الثقافات المختلفة أنماطاً متنوعة من طريقة تعاملها مع المشاكل كالطرح التنظيمي، وضغوط العمل، وإدارة الوقت. وعلى الرغم من وجود تنوع في ثقافات العاملين وتأثير منظومة القيم الشخصية لديهم على القرارات التي يتخذونها والسلوك الذي يسلكونه، إلا ان لثقافة المنظمة دوراً كبيراً في تحديد هذه القرارات ووضع الإطار العام للسلوك. وعلى الإدارة ان تستقطب الاقليات وتعمل على دعمهم والاحتفاظ بخدماتهم، كما أن عليها أن تعمل رفع مهاراتهم والاستفادة من خبراتهم.

---

(28) Dessler, Gary, **Human Resource Management,** 11th Ed., USA Pearson Prentice-Hall, 2008.

(29) Digh, Patricia, Creatirg a New Balance Sheet: The Need for Better Diversity Metrics", **Mosaics Society for Human Resource Management**, October, 1999, Pp.1-6.

(30) Grossman Robert,"Is Divertity Working"**? The Magazine**, March 2000, p p. 47-50.

أسئلة للمناقشة

1- وضح من وجهة نظرك ما المقصود بالاستقطاب.

2- بين كيف تبدأ عملية استقطاب المؤهلين وكيف تنتهي.

3- هناك نوعين من مصادر الاستقطاب: مصادر داخلية، ومصادر خارجية، ناقش المصادر الداخلية للاستقطاب مع توضيح مزاياها وعيوبها.

4- افترض انك تقوم بتقديم طلب للعمل إلى إحدى المنظمات، حاول كتابة سيرتك الذاتية موضحا فيها كل المعلومات التي تعتقد أنها ضرورية.

5- معدل المتقدمين للوظيفة هو أحد الوسائل المستخدمة لتقييم جهود الاستقطاب. وضح ذلك.

6- اشرح بإيجاز خطوات عملية الاختيار للموارد البشرية.

7- قارن بين اختبارات الذكاء واختبارات الانجاز، واعط امثلة على كل منهما.

8- يعتبر اختبار سبيرمان أحد أهم الاختبارات التي تستخدم لمعرفة موضوعية هذه الاختبارات وجودتها. علق على هذه العبارة.

9- اذكر خطوات عملية التعيين كمرحلة من مراحل التوظيف.

10- بين كيف يمكن وضع برنامج لتوجيه الموظف الجديد.

11- تعاني احدى المنظمات من اختلاف ثقافات الموظفين فيها. بصفتك خبيراً في إدارة الموارد البشرية، اقترح برامج تراها مفيدة لإدارة هذا التنوع الثقافي.

الفصل الخامس
التدريب

Training

- مفهوم وأهمية التدريب
- العملية التدريبية في مفهوم النظم.
- أساليب التدريب وأنواعه.
- مراحل العملية التدريبية.
- خطة التدريب العامة.
- تنظيم البرنامج التدريبي.
- تنفيذ البرنامج التدريبي.
- تقييم البرنامج التدريبي.
- منظمة التعلم

الأهداف التعليمية للفصل

يتوقع من الطالب بعد دراسة الفصل الخامس ان يحقق الأهداف التعليمية المرجوة للفصل وأن يكـون قادراً على:

— تحديد مفهوم التدريب.
— توضيح كيفية تحديد الاحتياجات التدريبية من خلال الوسائل العلمية.
— توضيح العملية التدريبية في مفهوم النظم.
— تحديد مراحل العملية التدريبية من البداية إلى النهاية.
— تصميم برنامج تدريبي ومعرفة كيفية تنفيذ عملية التقييم لهذا البرنامج التدريبي.
— تحديد مفهوم منظمة التعلم وأساسيات بنائها

الفصل الخامس
التدريب والتطوير

مفهوم التدريب وأهمية

إن عملية اختيار الأفراد وتعيينهم في الوظائف التي تتناسب مع مؤهلاتهم وخبراتهم وتتلاءم مع تطلعاتهم، ليست نهاية المطاف، بل ينبغي على ادارة الموارد البشرية متابعة أداء هؤلاء الموظفين وإعدادهم وتدريبهم وتطويرهم، وبذلك فإن التدريب يجد اهتماما كبيرا من إدارة المنظمة باعتباره وسيلة فعالة لزيادة قدرة الموظفين على العمل بكفاءة أعلى.

ومن الجدير بالذكر ان عملية التدريب لا تقتصر على الموظفين الجدد الذين تم توظيفهم حديثا، لكنها تشمل بالإضافة إلى ذلك الموظفين القدامى، كما ان عملية التدريب ليست مقتصرة على مستويات إدارية معينة، بل تشمل كافة المستويات الإدارية بما في ذلك مستوى الإدارة العليا.

ان هناك تسارع كبير في التطورات التكنولوجية من ناحية الإجهزة والمعدات وكذلك من ناحية الأساليب في الإدارة والانتاج والعمليات والمبيعات وغيرها، وبناء عليه تسعى المنظمة إلى تدريب وتطوير أداء من يتطلب عمله مواكبة هذه التطورات.

يرى بوسنينة والفارس [1] ان التدريب هو تلك العملية المنظمة والمستمرة التي تهدف إلى تزويد وإكساب الفرد معارف وقدرات ومهارات جديدة، او تغيير وجهات النظر والأفكار، والأسس السابقة لدى الأفراد بما ينسجم مع التغيرات التي تحدث في بيئة العمل وخاصة في الجوانب التكنولوجية والتنظيمية. وبذلك فإن التدريب يهدف إلى تعميق المعرفة المتخصصة لدى الفرد لانجاز عمل أو عدة أعمال معينة أو أداء وظيفة ما.

(1) بوسنينة، الصديق، منصور، وسليمان الفارسي، **الموارد البشرية: أهميتها، تنظيمها، مسئوليتها، مهامها**، طرابلس، الجماهيرية العربية الليبية، أكاديمية الدراسات العليا، 2003، ص201.

ولا تقتصر أهداف التدريب على تطوير قدرات الأفراد العاملين وتنمية مهاراتهم في الأداء، وانما تمتد لتشمل تطوير الجوانب السلوكية لديهم في علاقاتهم مع جماعة العمل في المنظمة، ومع فئات المتعاملين معها في البيئة المحيطة.

أما جودة وآخرون [2] فيعرفون التدريب بأنه عبارة عن جهد مخطط ومنظم هادف إلى إكساب المشاركين معارف جديدة (أو إنعاش معارف قديمة) ومهارات جديدة، وتغير أو بناء اتجاهات جديدة لدى المشارك في البرنامج التدريبي.

ويعرف كذلك رضا [3] التدريب بأنه مجموعة النشاطات التي تهدف إلى تحسين المعارف والقدرات المهنية مع الأخذ في الاعتبار دائما إمكانية تطبيقها في العمل.

يتضح من التعريفات السابقة ان التدريب عبارة عن جهود يتم تخطيطها بشكل مسبق تهدف إلى رفع كفاءة الفرد عن طريق زيادة معارفه وتنمية مهاراته وتغيير اتجاهاته وذلك حتى يتمكن من أداء عمله بالمستوى المطلوب من الكفاءة.

يتضمن مفهوم التدريب مجموعة من العناصر الأساسية أهمها:

1- التدريب هو جهود مخططة: إن التدريب ليس عملا عشوائيا ارتجاليا لكنه يقوم على أساس خطط موضوعة وتفكير مسبق حتى يمكن المنظمة من مراجعة أولوياتها للتدريب.
2- التدريب عملية مستمرة: ينبغي وضع خطة التدريب وتخصيص موازنة له، وخاصة في المدى القصير، فالتدريب مستمر، وذلك حتى تتمكن المنظمة من مواجهة التغيرات التي تأخذ موقعها سواء في وسائل العمل أو ظروف السوق والمنافسة أو في التكنولوجيا أو غير ذلك.
3- التدريب ليس غاية في حد ذاته، لكنه وسيلة لتحقيق غاية. والغاية هنا هي تحسين أداء الفرد من خلال زيادة معارفه وتنمية مهاراته الفنية أو الادراكية او الاتصالية او التحليلية، بالإضافة إلى تغيير اتجاهاته وسلوكه.

(2) جودة، محفوظ، وحسن الزعبي، وياسر المنصور، **منظمات الأعمال: المفاهيم والوظائف**، عمان، دار وائل للنشر والتوزيع، 2004، ص174.
(3) رضا، اكرم، **برنامج تدريب المدربين**، الطبعة الأولى، القاهرة، دار التوزيع والنشر الإسلامية، 1424هـ 2003م، ص15.

4- يعتبر النشاط التدريبي أحد الأنشطة الرئيسة التي تمارسها إدارة الموارد البشرية. فالحاجة للتدريب تفرض نفسها حينما يكون هناك فجوة بين المعارف والمهارات الحالية للموظف وبين المعارف والمهارات التي تتطلبها الوظيفة.

وعلى الرغم من أهمية التدريب بالنسبة لأي منظمة، إلا أن بعض المديرين ينظرون إلى التدريب على انه نشاط غير منتج ويحاولون اختصار النفقات المتعلقة به إلى أقل حد ممكن.

ان تكلفة تدريب الموظفين ليست قليلة، فكثيرا من الشركات تنفق ملايين الدولارات سنويا على تدريب موظفيها، لكن إدارة هذه الشركات تعتبر نفقات التدريب كاستثمار في العنصر الإنساني.

يمكن الاستدلال على مدى أهمية التدريب باستعراض الفوائد التي يمكن تحقيقها، والتي من اهمها:

1- ارتفاع انتاجية الموظف المتدرب نتيجة لزيادة معارفه وتنمية مهاراته وصقل قدراته.

2- تخفيض معدلات الاخطاء التي ترتكب اثناء العمل مما يؤدي إلى اتقان العمل وبالتالي إلى رفع مستوى رضا العملاء.

3- رفع الروح المعنوية للعاملين نتيجة رفع مهاراتهم وقدراتهم للوصول إلى المستوى المطلوب لاداء وظائفهم مما يؤدي إلى تخفيض معدل دوران العمل ومعدلات التغيب عن العمل.

4- تحسين الثقة بين الرئيس والمرؤوس وكذلك توثيق العلاقات بينهم.

5- زيادة قدرة الموظفين على تبادل الآراء والمعلومات مع باقي المشاركين في الدورات التدريبية.

6- المساهمة في إشعار الموظف بالاستقرار الوظيفي نتيجة اعتقاده بأهميته في العمل وبأن المنظمة تستثمر في العنصر الإنساني لابقاءه والحفاظ عليه.

7- تخفيض حجم الإشراف الإداري فالموظف المتدرب يتقن عمله بشكل أكبر.

8- الاقلال من معدل حوادث العمل عند مساهمة التدريب في زيادة معارف الفرد على مواجهة اخطار العمل.

9- تغيير اتجاهات الأفراد نحو عملهم ومنظمتهم بشكل ايجابي.

10- تحسين قدرات المشارك على حل مشكلات العمل وفق الاسس العلمية.

11- المساهمة في نجاح تطبيق مفهوم تمكين الموظفين.

ان هناك العديد من الأمور الواجب مراعاتها عند التخطيط لأي برنامج تدريبي، من أهمها:

1- وجود الدافع، أي وجود حاجة لدى المتدرب تلزمه لحضور البرنامج التدريبي، فالدافع يعتبر المحرك الأساسي لسلوك الفرد.

2- تشجيع اسلوب المشاركة في التحليل والعرض اثناء الدورة التدريبية. إذ انه ينبغي على المدرب ان يكون ديمقراطيا في طرحه للمواضيع وان يشجع الحاضرين على ابداء آرائهم واقتراحاتهم.

3- ضرورة مراعاة الفروق الفردية بين قدرات ومهارات ومستويات فهم المتدربين، وهذه الفروق الفردية قد تعود إلى ظروف التنشئة الاجتماعية او تعدد الخلفيات الثقافية أو غير ذلك.

4- تصميم البرامج التدريبية على أساس تحديد الاحتياجات التدريبية وليس على أساس العلاقات الشخصية.

5- استخدام المساعدات السمعية والبصرية كلما أمكن ذلك، وهناك الكثير من هذه المساعدات التي تهدف إلى زيادة فاعلية التدريب.

6- قياس حجم التقدم الذي تحقق نتيجة التدريب، وكذلك من الضروري إحاطة المتدربين علما بمدى التقدم الذي حققوه أثناء تنفيذ عملية التدريب.

7- تطبيق ما تم تزويد المشاركين به اثناء البرنامج التدريبي في حياتهم التعليمية، أو بمعنى آخر الاستفادة العملية من مضمون البرنامج التدريبي.

العملية التدريبية في مفهوم النظم

يعتبر النظام System كمجموعة من الأجزاء والمكونات المترابطة والتي تكون مرتبة بشكل علمي دقيق وتؤدي وظيفة محددة. فالأجزاء بحد ذاتها ليست هامة، لكن المهم هو علاقاتها التبادلية والاعتمادية المتفاعلة مع بعضها البعض.

وبالتالي فإن نظرية النظم تهتم بدراسة الصورة الشاملة بدلا من التركيز على دراسة الأجزاء المكونة لها، كما انها تبين العلاقات المتبادلة فيما بين هذه الاجزاء والمكونات. وبذلك فإن النظام يتميز بعدة صفات من اهمها:

1- وجود تفاعل بين أعضاء النظام أو أجزائه بغض النظر عن الشكل الذي يتخذه هذا التفاعل.

2- لا بد ان تكون عملية التفاعل بشكل منظم وعملي وليس بشكل عشوائي.

3- يتأثر النظام بالبيئة الخارجية التي يعيش فيها كما أنه يؤثر بها.

4- ان للاتصالات وتبادل المعلومات بين أعضاء النظام أهمية كبيرة.

يتكون النظام اجمالا من عناصر أساسية تشمل المدخلات والأنشطة والمخرجات بالإضافة إلى البيئة والتغذية الراجعة. فالمنظمة يمكن تمثيلها كنظام يتكون من هذه العناصر وبنفس الوقت تعتبر نظام فرعي Sub System من نظام أشمل وأعم هو المجتمع، ونظام التدريب يمكن تمثيله كذلك كنظام كلي وبنفس الوقت يعتبر نظام فرعي بالنسبة لنظام آخر أعم وأشمل هو المنظمة، حيث يتكون هذا النظام الفرعي من مدخلات وأنشطة ومخرجات وبيئة خارجية وتغذية راجعة.

ويوضح الشكل رقم (19) التدريب كنظام مفتوح

الشكل رقم (19)
التدريب كنظام مفتوح

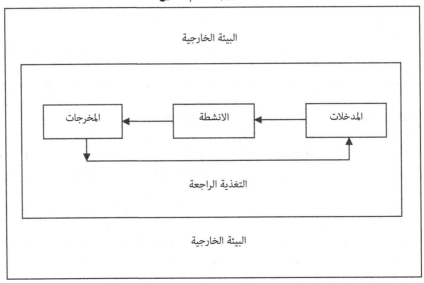

من الشكل الموضح أعلاه يمكن تحديد العناصر الأساسية لنظام التدريب كما يلي:

1- **المدخلات:** يختلف نوع المدخلات من نظام إلى آخر اعتمادا على طبيعة العمل. فقد تكون المدخلات بالنسبة إلى مشروع صناعي مواد خام بينما الطلاب هم المدخلات بالنسبة إلى الجامعات والمرضى بالنسبة إلى المستشفيات. وتتكون المدخلات اجمالا من عناصر مادية وبشرية ومعنوية وقانونية وتكنولوجية ومعلوماتية. وفي نظام التدريب، فإن هذه المدخلات تتمثل في:

- **مدخلات بشرية:** المدربون، المتدربون، الإداريون.
- **مدخلات مادية:** النفقات المالية التي تنفقها دائرة التدريب.
- **مدخلات معنوية:** ثقافة المنظمة بما فيها من فلسفة وقيم وعادات واتجاهات تتعلق بالتدريب.
- **مدخلات قانونية:** القوانين والانظمة والتعليمات الصادرة.
- **مدخلات تكنولوجية:** طرق وأساليب العمل، الأجهزة والمعدات الحديثة.

- **مدخلات معلوماتية**: سجلات المنظمة وتقاريرها عن مستويات الاداء والانتاجية ومعدلات الغياب ودوران العمل، المواد التدريبية.

2- **الانشطة**: تختص الانشطة بهذا المعنى بعملية تحويل المدخلات إلى مخرجات. وبالتالي تشمل الأنشطة هنا عملية تحديد الاحتياجات التدريبية، عملية وضع الاهداف، تصميم البرامج وتنفيذها، بالإضافة إلى عملية التقييم.

3- **المخرجات**: تتمثل المخرجات لنظام التدريب في النتائج التي تصدر عن النظام وهي التي تتعلق بالأفراد المتدربين من حيث زيادة المعلومات والمهارات وتحسين الاتجاهات لديهم، زيادة الانتاجية، بالإضافة إلى النتائج المتعلقة بالمنافع العامة التي تعود على المجتمع ككل.

4- **البيئة**: ونقصد بها بيئة النظام سواء البيئة الداخلية أو الخارجية. وتتمثل بيئة النظام في جوانب كثيرة منها حاجات الافراد العاملين في عملية تحديد الاحتياجات التدريبية ونظام التدريب.

5- **التغذية الراجعة**: تتمثل التغذية الراجعة في معلومات مهمة عن النتائج التي يحققها النظام، ومن ثم تساعد على تقييم نظام التدريب.

ان مفهوم النظم من خلال دراسته الشاملة للنظام يوفر حلول أفضل لمشكلات التدريب مما لو تمت دراسة كل جزء من النظام بشكل منفصل، والنظرة الشاملة لكل مكونات نظام التدريب في المنظمة يؤثر بشكل كبير في فاعلية عملية التدريب.

أساليب التدريب وأنواعه
اساليب التدريب

هناك العديد من أساليب التدريب يمكن اجمالها في مجموعتين رئيسيتين:

أ- **التدريب في موقع العمل** On-The- Job Training

يتميز التدريب في موقع العمل بفعاليته حيث أنه يتم في بيئة العمل نفسها ويكون زملاء المتدرب والمشرفون عليه هم أنفسهم زملاءه والمشرفون عليه عند التدريب. كما أنه قد يؤدي إلى الاقتصاد في النفقات حيث أنه لا يتطلب مساحات مخصصة للتدريب ولا

يحتاج إلى أدوات أو اجهزة خاصة. ومن حيث المآخذ، فيؤخذ على التدريب في موقع العمل احتمال اقتراف المتدرب اخطاء قد تنعكس آثارها سلبيا على انتاجية المنظمة، بالإضافة إلى أنه قد يتم التعامل بعدم جدية من قبل المشرف على التدريب في حالة ازدياد ضغوط العمل عليه.

ومن أهم أساليب التدريب التي تستخدم في هذه المجموعة:

1- التلمذة الصناعية Apprenticeship

تسمى احيانا بالتدريب المهني ويعتمد هذا الأسلوب على تجهيز الفرد واعداده للعمل في مهنة محددة عن طريق تعليمه نظريا وعمليا لفترة مؤقتة من خلال تحديد موظف قديم مؤهل لتدريبه ثم الحاقه بأحد المصانع للتدرب على القيام باعباء نفس المهنة التي سيعمل بها. ومن الضروري أن يكون هناك تعاون وثقة متبادلة فيما بين المدرب والمتدرب. يتم استخدام هذا الاسلوب كثيرا في الوظائف الحرفية حيث قد تستغرق عملية التدريب لمدة طويلة نسبيا قد تتعدى أكثر من عام.

2- تعليمات العمل Job Instructions

يتم هذا الأسلوب عن طريق اعطاء تعليمات وارشادات مكتوبة إلى المتدرب عليه اتباعها وتنفيذها. تكون مهمة المتدرب شرح التعليمات والإرشادات والإشراف على تطبيقها. يقوم المدرب بمتابعة أداء المتدرب ومدى تنفيذه للتعليمات كما يقوم بتوجيهه في حالة وجود أي أخطاء في التنفيذ.

3- التحويل الجزئي للخبرات Transitory Experiences

عندما يتقرر ترقية موظف من وظيفة معينة إلى وظيفة أعلى، فإنه قد يتولى القيام بأداء جزء من مهمات الوظيفة التي سيرقى إليها قبل إجراء عملية الترقية بالإضافة إلى قيامه بأداء مهمات وظيفته الحالية. ولأجل ذلك فإن هذا الأسلوب يعرف أيضا باسم اسلوب اعداد البديل Understudy.

أن أهم خصائص هذا النوع من البرامج هو انه يعطي المجال للمتدرب لأن يتدرب على مهمات الوظيفة الأعلى بشكل تدريجي تمهيداً للقيام باداء كافة أعمال الوظيفة التي سيرقى إليها.

4- التدوير الوظيفي Job Rotation

تم استعراض موضوع تدوير الوظيفي والذي يعنى انتقال العاملون من وظيفة إلى أخرى في الدائرة نفسها او في دائرة أخرى، وذلك في الفصل الأسبق المتعلق بتصميم الوظائف وتحليلها.

تساهم عملية التدوير الوظيفي في تعريف الموظف على علاقة عمله بالأعمال الأخرى لاجل تكوين صورة شاملة ومتكاملة عن اعمال المنظمة. إلا أن من أهم الانتقادات لهذا الأسلوب أنه اذا كان التنقل ضمن مجموعة من نفس الأعمال القديمة. فإن الموظفين يستمروا في معاناتهم من الملل والضجر لعدة وظائف بدلا من وظيفة واحدة.[4]

ب- التدريب خارج موقع العمل Off-the-job Training

تلجأ المنظمات إلى اتباع هذا النوع من التدريب بإرسال موظفيها للتدرب في أماكن خارج مواقع أعمالهم في حالات عدم توفر الامكانيات التدريبية الضرورية للتدريب داخل المنظمة لاداء مهمة التدريب على الوجه الأكمل. ويتم تدريب الموظف في مراكز مخصصة للتدريب سواء داخل المنظمة أو خارجها أو في مراكز تدريبية في الجامعات والمعاهد المتخصصة.

ومن أهم مزايا التدريب خارج موقع العمل ان التدريب لا ينتج عنه أي تباطؤ أو تأخير في العملية الانتاجية بالإضافة إلى تفرغ المتدرب لتلقي التدريب على الأقل أثناء اوقات التدريب دون التعرض لضغوطات العمل ومتطلباته. إلا ان هذا النوع من التدريب يعتبر عالي التكلفة إذ أنه يحتاج إلى معدات وأجهزة معينة ومساحات مخصصة وكذلك إلى متخصصين على درجة كبيرة من المهارة والكفاءة.

ويمكن تلخيص أهم أساليب التدريب في هذه المجموعة بما يلي:

1- المحاضرات Lectures

يتمثل هذا الأسلوب باعطاء المعلومات وسيرها باتجاه واحد One way communication من المحاضر إلى الحاضرين والذين لا توجد لديهم مجالات واسعة

(4) جودة، محفوظ أحمد، إدارة التغيير وتحسين مناخ العمل، **دورة تدريبية**، معهد الإدارة الأردني، عمان، 13-1998/6/18.

للمناقشة. وبهذا فدور المتدرب هو الحضور والاستماع فقط، بينما يكون المحاضر مسؤولا عن تحضير المادة وإلقاءها واستخدام الوسائل الايضاحية وغير ذلك. من مزايا المحاضرة انخفاض التكاليف المخصصة لها بسبب امكانية نقل المعلومات إلى عدد كبير من المستمعين في نفس الوقت. إلا انه وفقا لهذا الاسلوب يصعب الحصول على التغذية الراجعة Feedback او التفاعل Interaction بين المحاضر والمستمعين وذلك لكون الاتصال في هذا المجال هو من جانب واحد. مما يدعو ايضا إلى الممل والضجر من جانب المستمعين.

إلا ان من أهم عيوب المحاضرات انها تتناول العموميات من المواضيع وكذلك انها لا تعطي فرصاً كثيرة للمشاركة والمناقشة الجماعية.

2- المؤتمرات Conferences

المؤتمر عبارة عن اجتماع يشترك فيه عدد من الأفراد المتخصصين لدراسة موضوع محدد له أهمية خاصة لدى المشتركين في المؤتمر. وبالتالي فهو حلقة نقاشية لبحث موضوع محدد سلفا ابعاده وجوانبه ونطاقه.

المشتركين في المؤتمرات يلعبون دورا ايجابيا في التفاعل والمناقشة حيث يتوجب ان يكون المشترك على مستوى معين من التعليم والخبرة مما يمكنه من الاشتراك برأيه. وبالتالي فإن اسلوب المؤتمرات يعتبر أفضل من المحاضرات فيما يتعلق بدرجة التفاعل والمناقشة.

3- دراسة الحالات Case Studies

يعرض المدرب حسب هذا الأسلوب حالة معينة عبارة عن موقف أو مشكلة او قضية محددة، على مجموعة من المتدربين ويطلب منهم مناقشتها وتحليلها والتوصل إلى حل بشأنها. ويعتبر هذا الأسلوب تدريبا ذهنيا للمتدربين حيث يشاركوا في عملية تبادل وجهات نظرهم وآرائهم، بهدف الوصول إلى بدائل لحل المشكلة ثم اختيار البديل الأفضل.

ومن خلال مدربين يتمتعون بالكفاءة ووجود حالات جيدة فإن اسلوب دراسة الحالات يعتبر أداة فعالة لتحسين عملية اتخاذ القرارات الرشيدة. (5)

ويتميز هذا الأسلوب بأنه يجعل المتدرب يدرك بأن هناك أكثر من حل للمشكلة إلا ان ذلك يأخذ وقتا طويلا نسبيا لاختيار الحالة وتحليلها ودراستها ومناقشتها بدلا من اعطاء الجواب له مباشرة وبدون أي مجهود.

4- تمثيل الأدوار Role Playing

يتضمن هذا الأسلوب تكون مواقف عملية وواقعية يقوم فيها عدد من المتدربين بتكوين فرق حسب عدد الأشخاص الذين تحتاجهم الحالة وحسب توجيه المدرب يطلب من الذين يمثل سلوك حقيقي في موقف مصطنع كما لو كان يعيشه في الحياة الفعلية(6).

يمكن الحصول على أفضل النتائج اذا تخيل المتدربون كما لو أنهم كانوا في مواقف واقعية. فبعد تعريف المشكلة وتحديد ابعادها يقوم المدرب بتوزيع الادوار على المشتركين ويطلب منهم تمثيل الموقف. وفي النهاية يطلب المدرب من كل فرد ابداء رأيه في الطريقة التي تصرف بها زميله واقتراح ما هو التصرف المفروض أن يكون قد قام به. ان دور المدرب هنا هو دور ارشادي وتوجيهي.

ويهدف تمثيل الادوار بالدرجة الأولى إلى تحسين المهارات الاتصالية والعلاقات الانسانية من خلال تفهم الفرد لتصرفاته وتصرفات الاخرين والتعرف على اخطائه التي وقع فيها اثناء ادائه للدور المطلوب تمثيله عن طريق تقييم الآخرين.

5- المباريات الإدارية Management Games

هي عبارة عن تهيئة مناخ اصطناعي ووضع تدريبي مشابه لبيئة العمل الحقيقية، فمثلا قد يطلب من المتدربين اتخاذ القرارات بخصوص مستويات المخزون أو تسعير السلعة، ويتم تقسيم المشتركين إلى مجموعتين متنافستين أو اكثر، ويتم اتخاذ القرارات بناء على معلومات محددة سلفا عن ظروف عمل الشركة التي يمثلونها.

---

(5) Kenneth N. Wexley, and Gary P. Latham, **Developing and Traning Human Resources in Organizations**, ILL: Scott, Foresman, 1990, p. 193.

(6) العزاوي، نجم، **التدريب الاداري**، عمان، دار اليازوري لعملية للنشر والتوزيع، 2006، ص131.

ومن خلال هذا الأسلوب يحصل المتدرب على تغذية راجعة فورية توضح له مدى كفاءة ردود فعله واستجاباته من خلال الاستعانة بالحاسب الآلي. ويفيد اسلوب المباريات الإدارية في عملية تدريب المديرين على التفكير المنظم وتنمية مهاراتهم في تحليل المشاكل واتخاذ القرارات السليمة، وسرعة التفكير في مواجهة الظروف المتغيرة.

6- اسلوب الايضاح العملي Demonstration

يقصد بهذا الأسلوب التدريب بالملاحظة والعرض التوضيحي، حيث انه بمقتضى ذلك يقوم المدرب بأداء عمل معين أمام المتدربين مع شرح نظري وعملي لكافة خطوات العمل، مع السماح للمتدربين بالاستفسار والمناقشة. بعد ذلك يقوم كل متدرب بأداء العمل بنفسه تحت أشراف المدرب بينما يقوم باقي المتدربين بملاحظته وابداء ملاحظاتهم بشأن كيفية اداء العمل.

ويتميز هذا الأسلوب بأنه يثبت المعلومات لدى المتدرب بدرجة أعمق من الأساليب النظرية الأخرى، وذلك لأن المتدربين يطبقون ما شاهدوه بشكل عملي.

7- الندوات أو حلقات البحث Seminars

وفقا لهذا الأسلوب يشترك مجموعة من المتخصصين في موضوع معين محدد سلفا، حيث يقوم كل مشترك بطرق جانب معين من الموضوع امام مجموعة من الافراد، الذين تتاح امام كل منهم فرصة مشاركة المتخصصين في النقاش ومعالجة الأفكار التي تطرح في الندوة. لذلك يشارك في الندوة عادة اعضاء ممن يكون لديهم خبرات واسعة في مجال موضوع الندوة. وتمتاز الندوات بأنها تساعد المتدربين على استخدام أساليب ومبادئ البحث العلمي مما يمكنهم من توسيع قاعدة معارفهم، وكذلك فإن هذا الأسلوب يسمح بالدراسة المتعمقة لموضوع الندوة والوصول إلى توصيات متفق عليها في نهاية الندوة، إلا ان الندوة لا توفر عادة لكل عنصر الوقت الكافي ليناقش آرائه بالتفصيل في نطاق الوقت المحدد.

8- تدريب الحساسية Sensitivity Training

يعتمد هذا الأسلوب على استماع كل متدرب إلى آراء المتدربين الآخرين وملاحظاتهم عن سلوكه وتصرفاته بكل صراحة وبدون مجاملة.

ويتم تقويم سلوك وآراء المتدربين بعضهم ببعض نتيجة احتكاكهم وتفاعلهم خلال فترة محددة. وبالتالي فليس هنالك مادة تدريبية محددة يقوم المدرب باعطائها للمتدربين، حيث تترك الحرية للمتدربين في تحديد المادة التدريبية من خلال مناقشاتهم الصريحة.

ويتم استخدام هذا الأسلوب في التدريب على العلاقات بين الناس، وزيادة حساسية الفرد نحو سلوك الآخرين وردود فعله وتصرفاته بالنسبة لهم. وهذا الأسلوب على الرغم من تنمية معارفهم الفرد بسلوك الآخرين والانفتاح على آرائهم، إلا انه قد يصطدم بعقبات اثناء تنفيذه بسبب عدم المكاشفة الكاملة بين المتدربين.

انواع التدريب

هناك تصنيفات مختلفة للتدريب حسب الأهداف المتوخاة منه، ووفقا للمعيار الذي يتخذ اساسا للتنصيف.

ويمكن تقسيم التدريب اجمالا إلى عدة أنواع من حيث مضمونه من أهمها:

1- توجيه الموظف الجديد Orientation

سبق ان اوضحنا في الفصل السابق المتعلق بالاختيار والتعيين عملية توجيه الموظف الجديد والتي اعتبرناها خطوة من خطوات التعيين.

ويوضع مضمون التوجيه ليغطي المعلومات الأساسية عن المنظمة ورسالتها وسياساتها وهيكلها التنظيمي، بالإضافة إلى توضيح لحقوق الموظف وواجباته وسلم الرواتب والدرجات والخدمات المقدمة للعاملين، إلى غير ذلك من الأمور التي تهم الموظف الجديد في بداية عمله بالمنظمة.

2- التدريب التخصصي: Specialized Training

هذا النوع من التدريب هدفه تعويض القصور في المعارف والمهارات لدى العاملين المتعلقة بطبيعة اعمالهم، ورفع كفاءة العاملين في أدائهم لتلك الأعمال.

3- التدريب الإداري Management Training

يشمل هذا النوع من التدريب زيادة المهارات الإدارية لدى الفرد من تحليل المشاكل واتخاذ القرارات الإدارية وزيادة القدرة على التفكير الخلاق. كما يشمل بالإضافة إلى ذلك المهارات الاتصالية والقيادة والإشراف والتحفيز والتخطيط والتنظيم.

4- التدريب المهني: Vocational Training

يقوم بهذا النوع من التدريب عادة مراكز متخصصة في هذا المجال، حيث تقوم هذه المراكز على مهن محددة حسب الحاجة، وفي نهاية البرنامج التدريبي توزع الشهادات على المتدربين الذين اشتركوا واجتازوا البرنامج.

ويوجد أنواع أخرى للتدريب من حيث المضمون في مجالات مختلفة من الوظائف، فهناك التدريب في مجال الجودة والتدريب في مجال الحاسوب وبرامجه، كما ان هناك برامج للتدريب في مجال التسويق والمحاسبة والمالية وغيرها.

مراحل العملية التدريبية

تمر العملية التدريبية بأربعة مراحل هي مرحلة وضع خطة التدريب العامة، ومرحلة تصميم البرنامج التدريبي ومرحلة التنفيذ، ومرحلة التقييم ومتابعة نتائج التدريب (انظر الشكل رقم20)

هذه المراحل لا بد ان تمر بالتتابع الزمني المذكور، فالتصميم أولا ثم التنظيم ثم التنفيذ ثم التقويم والمتابعة، حيث لا يعقل ان تبدأ عملية التنفيذ بدون ان تسبقها عملية التقييم، أو ان تبدأ عملية التقويم قبل عملية التصميم، إلا أنه يمكن للمخطط ان يستفيد عن طريق التغذية الراجعة من نتائج القيام بعملية الرقابة في تعديل خططه وتطويرها بحيث تكون أكثر دقة وأقرب إلى الواقع.

الشكل رقم (20)
مراحل العملية التدريبية

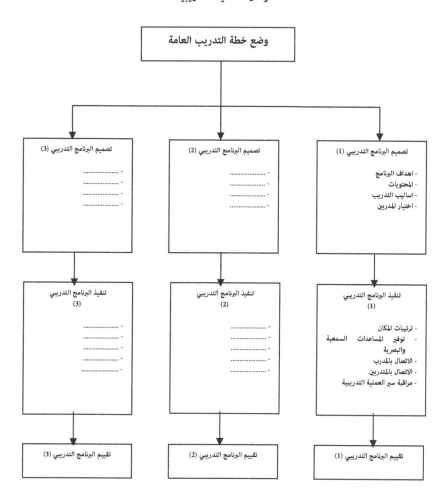

يبين الشكل أعلاه مراحل العملية التدريبية والتي تظهر كما يلي:

المرحلة الاولى: وضع خطة التدريب العامة

تتوقف فاعلية التدريب على مدى قدرة إدارة الموارد البشرية على تخطيط العملية التدريبية بنجاح، فبالتخطيط الجيد والتنفيذ الملتزم تستطيع المنظمة أن تصل إلى مستوى الاستخدام الأمثل للموارد البشرية المتاحة. وتحصل المنظمة على فوائد كثيرة من خلال اهتمامها بصياغة خطة التدريب ووضعها موضع التنفيذ، فالخطة تحدد الإطار العام الذي تسير على هداه عملية التصميم والتنفيذ للبرامج التدريبية.

ولا بد من الإشارة إلى ضرورة توفر القناعة لدى اعضاء الإدارة العليا بوضع التدريب احدى أهم اولوياتها وان تؤمن بأهمية التخطيط له والحاقه بموازنة المنظمة. علما بأن كافة انظمة الجودة تركز على ضرورة توفر خطة عامة للتدريب مع متابعة مدى التقيد بتنفيذها وحصر الانحرافات عنها واتخاذ الاجراءات التصحيحية ان وجدت اية انحرافات. هذا وينبغي ان تتم دراسة خطة التدريب بين فترة وأخرى بهدف التأكد من تنفيذ البرامج وعقدها وفق ما هو مخطط.

ان عملية تحديد الاحتياجات التدريبية هي الاساس الذي يعتمد عليه وضع خطة التدريب العامة للمنظمة، فعملية تحديد الاحتياجات التدريبية هي الخطوة الاولى في مرحلة التخطيط اذ انها بمثابة التشخيص والتحليل للمشاكل قبل إقرار وسائل حلها. ان الحاجة للتدريب تعني وجود فرق حالي أو في المستقبل بين وضع قائم وبين وضع مأمول الوصول إليه فيما يتعلق بأداء الفرد أو اداء المنظمة. وسوف يقوم الباحث في الأجزاء التالية بمناقشة مفهوم الاحتياجات التدريبية وكذلك سوف يتناول بالتفصيل عملية جمع المعلومات عن الاحتياجات التدريبية بالإضافة إلى طرق تحديد الاحتياجات التدريبية.

وباختصار فإن المقصود بالاحتياجات التدريبية هي التغيرات المطلوب احداثها في معرفة أو مهارات او اتجاهات الموظفين، حيث يكمن ذلك في وجود مجموعة من الموظفين في حاجة إلى تدريب لاسباب ترجع إلى عدم قدرتها على الوفاء بمتطلبات الوظيفة الحالية والمستقبلية من مهارات ومعارف وسلوك. وبالتالي ينبغي تحديد هذه الاحتياجات بدقة، لأن عدم تحديدها كذلك يؤدي إلى وضع برامج تدريبية وصرف أموال وبذل جهود بدون تحقيق الفائدة المرجوة.

أما عن موقع عملية تحديد الاحتياجات التدريبية كجزء من عملية التدريب فإنه يمكن تصويره كما في الشكل التالي:

الشكل رقم (21)
تحديد الاحتياجات التدريبية وعملية التدريب

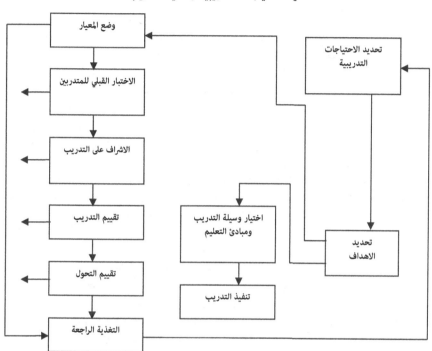

ان تحديد الاحتياجات التدريبية هو جوهر العملية التدريبية [7]. وبالتالي فإن اول خطوة في وضع خطة التدريب العامة هي تحديد الاحتياجات التدريبية، حيث ان التدريب يتحقق أهدافه إذا تم تصميم البرامج التدريبية لكي تلاءم الاحتياجات التي تم تحديدها.

(7) Wayne F. Cascio, **Managing Human Resources: Productivity, Quality of Work life, Profits,** 3rd Ed., Singapore: Mc Graw – Hill Inc., 1992, p.236.

خطوات تحديد الاحتياجات التدريبية

قبل البدء في مناقشة خطوات تحديد الاحتياجات التدريبية لا بد من التأكيد أولا ان لكل منظمة مداخلها الخاصة في عملية تحديد الاحتياجات، وذلك تبعا لطبيعة أعمال المنظمة وأهدافها وبيئتها.

وبشكل اجمالي يمكن القول بأن خطوات تحديد الاحتياجات التدريبية تشمل:

1- التحضير لعملية التقدير من حيث تحديد اعضاء المنظمة الذين سيتأثرون وستوجه إليهم الأسئلة والاستبانات لضمان تعاونهم. بالإضافة إلى ذلك ينبغي ان يعرف القائم على عملية التحديد نطاق التحديد وأهدافه وآخر فترة لتسليم التقرير ولمن سوف يقدم التقرير.

2- جمع المعلومات ودراسة الظروف الداخلية وكذلك المحيطة بالمنظمة فيما يتعلق بالتنظيم الاداري للمنظمة والاهداف والسياسات والامكانات المادية ومواطن القوة والضعف بالنسبة للموظفين.

ويمكن جمع المعلومات من خلال قوائم الاستبانة والملاحظة والمقابلة والاختبارات ونتائج تقييم الاداء بالاضافة إلى قوائم الاحتياجات التدريبية حيث يطلب من كل موظف وضع إشارة (X) امام المجالات التي يرى انه بحاجة إلى تدريب فيها، وبذلك يقوم الموظف بتحديد احتياجاته التدريبية بنفسه.

3- تلخيص مؤشرات التدريب والتي تمثل نواحي القصور في الاداء والمواقف التي تتضمن متغيرات جديدة وتحتاج إلى تدريب.

ويتم تحديد مؤشرات التدريب من خلال ما يلي:

أ- **تحليل مؤشرات التنظيم**: نعني بتحليل التنظيم فحص الجوانب التنظيمية والإدارية بهدف تحديد المواقع التي تحتاج إلى جهود تدريبية ونوع التدريب اللازم لها. وتتمثل عملية تحليل التنظيم في عدة مجالات أهمها دراسة مدى الكفاءة في استخدام الموارد المتاحة والذي قد يعود تدنيها إلى ضعف مهارات الافراد وقدراتهم. كما تتضمن كذلك في مجال تحليل المناخ التنظيمي والتي تمثل انظمة الاجور والترقية والسلامة المهنية والاستقرار الوظيفي والعلاقة مع الآخرين، بالإضافة على انها تتضمن تحليل

تطبيق المبادئ التنظيمية ومدى وجود مشاكل في التطبيق كتداخل الاختصاصات وعدم تفويض الصلاحيات وسوء توزيع العمل وعدم التقيد بالتسلسل الإداري.

ب- **تحليل مؤشرات الوظيفة:** ان تحليل مؤشرات الوظيفة يتضمن إجراء تحليل متعمق لاحتياجات الوظيفة والمشاكل المحيطة بها، وكذلك دراسة تفصيلية للواجبات والمهمات بالإضافة إلى تحليل المعارف والمهارات المفترض توفرها في شاغل الوظيفة ومعايير قياس كفاءة الاداء لشاغل الوظيفة.

جـ- **تحليل مؤشرات الموظف:** يتضمن تحليل الموظف تحليل كافة المؤشرات التي تعكس ما هو متوفر لديه من معارف ومهارات بغرض التعرف على نواحي الضعف فيها.

وفي هذا التحليل يتم التركيز على الفرد وليس على الوظيفة حيث ان الهدف الأساسي من التحليل هو التوصل إلى أي حد يتقن الموظف عمله وهل يحتاج إلى تدريب او لا يحتاج إلى تدريب. ويمكن اللجوء في هذا المجال إلى تحليل الخصائص الشخصية للفرد او تحليل مواصفات شاغل الوظيفة أو تحليل سلوك الفرد، بالإضافة إلى تحليل نموذج تقييم الاداء والذي يحدد نقاط القوة ونقاط الضعف في أداء الموظف خلال الفترة الماضية.

د- تحليل مؤشرات العمل الجماعي

عند إجراء تحليل مؤشرات العمل الجماعي فإنه ينبغي دراسة أهداف الجماعة ومعاييرها ومدى تماسكها ومدى ممارسة أعضاءها لروح الفريق وكذلك أسلوب الاتصال المستخدم فيما بينهم. ان الاحتياجات التدريبية يمكن ان تشمل تعريف الفرد بأهداف الجماعات وكيفية تعاضد أعضائها وتجنب الصراعات التنظيمية بينهم، بالإضافة إلى تشجيع روح الفريق واحترام الرأي الآخر والاستفادة من أفكار وخبرات الآخرين.

4- اقرار الاهمية النسبية لكل مجال من مجالات القصور في الاداء وتحديد اولويات التدريبية وفقا للامكانات المتاحة.

5- تحديد الاحتياجات التدريبية المطلوبة من حيث عدد الاشخاص اللازم تدريبهم ونوع التدريب اللازم بالإضافة إلى تحديد فترات التدريب.

وتتضمن خطة التدريب العامة عادة جدولا يبين فيه ما يلي:

1- عناوين البرامج التدريبية:

بناء على تقدير الاحتياجات التدريبية فإنه يمكن اعداد جدول بأسماء أو عناوين البرامج التدريبية التي ستعقد خلال العام القادم.

2- اسماء المشاركين في كل برنامج

كما تتضمن الخطة أسماء المشاركين في كل برنامج تدريبي من البرامج التي تم ذكرها في البند أعلاه. والمقصود بالمشاركين، هؤلاء المتوقع حضورهم والذين يفترض بهم ان يحضروا برنامج محدد للاستفادة منه.

3- اسماء منسقي البرامج التدريبية

لكل دورة منسق يهتم بأمورها ومسؤول عن متابعة كافة الأمور المتعلقة بتنفيذها سواء من حيث مكان الانعقاد أو وقت الانعقاد أو المادة التدريبية او الاتصال بالمدربين وكذلك المتدربين والتأكد من وجود المساعدات السمعية والبصرية.

4- تحديد مكان التدريب:

قد يكون مكان التدريب داخل المنظمة او خارجها. وبشكل عام فإن تحديد المكان الملائم للبرنامج التدريبي يعتمد على عدة عوامل أهمها:

أ- عدد المتدربين: فكلما كان عدد المتدربين كبيرا كانت الحاجة اكبر إلى قاعات واسعة، وبالتالي قد لا تكون هذه المساحات المطلوبة متوفرة داخل المنظمة.

ب- مدى توفر الامكانات المالية لدى المنظمة، فاستئجار قاعات خارجية للتدريب يكلف أكثر ويحتاج إلى مخصصات أكبر.

ج- مدى توفر الامكانات البشرية والمادية الاخرى لدى المنظمة من حيث المدربين والمساعدات السمعية والبصرية وغيرها.

5- تحديد وقت البرنامج التدريبي ومدته: فأوقات البرنامج التدريبي تختلف من برنامج لآخر على ضوء ضغوط العمل، وطبيعة المنهاج التدريبي، ووقت المدربين وكذلك قد تختلف مدة كل برنامج تدريبي (عدد الساعات التدريبية) من برنامج إلى آخر وفقا لاهداف التدريب ومحتويات المادة التدريبية.

6- موازنة البرامج

تعد موازنة البرامج من العوامل المهمة في أي برنامج تدريبي، والمعايير الخاصة بالتكاليف لا تعتبر عاملا منفصلا عن بقية العوامل الأخرى فيما يتعلق بالبرنامج التدريبي، حيث ان فترة البرنامج والامكانات المالية والأفراد (مدربون ومتدربين) وما شابه ذلك يترتب عليه تكلفة. لذا من الضروري على مصمم البرنامج التدريبي ان يضع في اعتباره عند وضع خطة كاملة لتنفيذ البرنامج التدريبي التكلفة المالية ورصد مبلغ محدد بعد احتساب قيم الايرادات والمصروفات، أي وضع موازنة يطلق عليها موازنة البرنامج التدريبي ⁽⁸⁾.

من الضروري عند وضع خطة التدريب ان يكون هناك مبالغ مرصودة لكل البرامج التدريبية على شكل موازنة ينبغي صرفها كلها وعدم السعي للتوفير لان ذلك سيكون على حساب التدريب.

وهناك عدة معدلات مالية يمكن استخدامها لحساب الأمور المتعلقة بتكاليف التدريب من اهمها:

أ- نصيب الموظف من موازنة التدريب = إجمالي موازنة التدريب

متوسط عدد العاملين

ويمكن التمييز في هذه المعادلة بين نصيب الموظف من الموازنة المخصصة للتدريب وبين نصيب الموظف من مصاريف التدريب الفعلية.

(8) العزاوي، نجم، **جودة التدريب الاداري ومتطلبات المواصفة الدولية الايزو 10015** ، عمان، دار اليازوري العلمية للنشر والتوزيع، 2009، ص193.

ب- نسبة تكلفة التدريب من إجمالي التكاليف في الموازنة = إجمالي موازنة التدريب × 100

إجمالي التكاليف حسب الموازنة

ويمكن هنا أيضا وبنفس المنطق السابق استخراج النسبة المتعلقة بتكلفة التدريب الفعلية إلى إجمالي التكاليف الفعلية.

وتزاد الاستفادة من هذه المعدلات من خلال إجراء المقارنة المرجعية بين التكلفة الفعلية والموازنة التقديرية، كما يمكن أجراؤها من خلال المقارنة مع منظمات منافسة أو منظمة رائدة.

المرحلة الثانية: تصميم البرامج التدريبية

تتضمن هذه المرحلة ما يلي:

1- تحديد الأهداف التدريبية

الاهداف التدريبية لكل برنامج هي النتائج التي ترغب المنظمة في الوصول إليها حيث يتم تصميمها وإقرارها مقدما. وترتبط هذه الأهداف بالاحتياجات التدريبية التي تم تقييمها وتحديدها مسبقاً.

ان اهداف التدريب يمكن تقسيمها إلى اربعة مجموعات.

1- أهداف تتعلق بالمعلومات والمهارات: لأجل المحافظة على معدلات الكفاءة وتحسين مستويات الاداء عن طريق تزويد المتدرب بالمعارف والمهارات والقدرات الضرورية.

2- اهداف سلوكية مرتبطة باتجاهات المتدرب وجعلها إيجابية.

3- أهداف حل المشاكل: تتضمن العمل على حل المشاكل عن طريق تزويد المتدرب بالوسائل التي تساعد على حل هذه المشاكل.

4- أهداف ابداعية: تنطوي على السعي لاحداث تغيير في النمط التقليدي للاداء.

ويراعى عند وضع الاهداف التدريبية ان تكون هذه الأهداف عملية أي ممكن الوصول إليها، كما يراعى أيضا ان تكون قابلة للتقييم أي يمكن قياسها، وان تنسجم مع سياسات المنظمة ونابعة منها.

وتعد عملية كتابة أهداف البرنامج التدريبي عملية تقديرية يقوم فيها أشخاص مؤهلون بفحص المهام الحيوية ومقياس الأداء الوظيفي قبل صياغة الأهداف، وتعتمد فاعلية عملية التدريب إلى حد كثير على كفاءة اخصائي التدريب في اختيار وكتابة أهداف جيدة.(9)

---

(9) تريس، وليم، **تصميم نظم التدريب والتطوير**، ترجمة سعد احمد الجبالي، مراجعة عبد المحسن بن فالح اللحيد، السعودية، معهد الإدارة العامة، مركز البحوث، 1425هـ 2004م، ص301.

أما من حيث أسلوب كتابة اهداف البرنامج التدريبي، فقد يستخدم الأسلوب الانشائي على شكل جمل وعبارات في فقرة أو اكثر، وقد يستخدم اسلوب النقاط والترقيم. وفيما يلي مثالاً لاحد البرامج التدريبية من حيث الأهداف والفئة المستهدفة والمحتويات وعدد الساعات.

البرنامج التدريبي
التدقيق الداخلي للجودة

أهداف البرنامج:

- التعريف بنظام إدارة الجودة ومتطلبات النظام

تعزيز مهارات المشاركين في تخطيط التدقيق وتنفيذه.

تطوير قدرات المشاركين في ضبط عدم المطابقة مع المواطنين.

تحسين مهارات المشاركين في رفع تقارير التدقيق، ومتابعتها.

الفئة المستهدفة: ممثلو الإدارة ومسئولوا الجودة بالإضافة إلى الموظفين المشاركين في التدقيق الداخلي في الشركة.

المحتويات:

مفهوم وأهمية النظام.

التحسين المستمر ونظام إدارة الجودة.

اساليب ضبط الجودة.

مبادئ التدقيق الداخلي للجودة وأنواعه.

تخطيط التدقيق الداخلي للجودة وتنفيذه.

مراجعة المستندات والسجلات.

حالات عدم مطابقة المواصفات.

تقارير نتائج التدقيق ومتابعتها.

تطبيقات عملية.

عدد الساعات: 20 ساعة تدريبية.

2- محتويات البرامج

تعد محتويات البرامج ذات أهمية قصوى في أي برنامج تدريبي، والمقصود بها المواضيع التي سيتم التدريب عليها والتي تحدد في ضوء الاحتياجات التدريبية، وبالتالي فهي تتضمن كل ما سيتم تحضيره من مواضيع المادة التدريبية من مادة مطبوعة بأسلوب إنشائي، أو موضوعة على شرائح في برنامج Powerpoint أو على شكل مقالات وبحوث.

3- تحديد أساليب التدريب

سبق ان تكلمنا عن أساليب التدريب وأفردنا لها جزءا خاصا في هذا الفصل وذلك نظراً لأهميتها ودورها الفعال في نجاح البرنامج التدريبي. في هذه الخطوة يتم تحديد أساليب التدريب المناسبة لكل برنامج من البرامج التدريبية. ويعتمد أسلوب التدريب المناسب على عدة عوامل أهمها الهدف الذي يسعى التدريب إلى تحقيقه، فالبرامج التي تهدف إلى تحسين المهارات الفنية تتطلب أساليب تدريب قد تختلف عن الأساليب التي تتبع في البرامج التي تهدف إلى تعديل الاتجاهات. كما ان للمستوى الوظيفي دورا في تحديد اسلوب التدريب المناسب فالاساليب التي تناسب تدريب المديرين قد لا تنسجم مع البرامج التي تقدم للموظفين الآخرين.

4- اختيار المدربين

من اهم عوامل نجاح البرنامج التدريبي في الوصول إلى الأهداف المتوخاة من طرحه هو المدرب الذي يقع عليه الدور الأساسي في إيصال المعلومات وفهمها. وعلى الرغم من أهمية المدربين في نجاح البرنامج، إلا أنه وكما يذكر توفيق [10] قد تحد الموازنة المخصصة، من النجاح في هذا الخصوص وذلك لاقتصار بعض المنظمات عملية اختيار المدربين على موظفيها بما في ذلك مدير التدريب، ومدير الموارد البشرية، وكبار المديرين، حيث لا يوجد مخصصات مالية لتعيين مدربين من الخارج. وإذا سمحت الموازنة باختيار مدربين من الخارج عند عدم توفر الخبرة الداخلية المطلوبة فإن اختيار المدربين الخارجيين يتطلب نوعا من الحرص والعناية.

---

(10) توفيق عبد الرحمن، **التدريب الفعال**، القاهرة، مركز الخبرات المهنية للإدارة، (بميك)، 2004، ص28.

وغني عن القول بأن المدرب الكفؤ لا بد أن تتوفر فيه صفات شخصية تميزه عن غيره كالذكاء الفطري وسرعة البديهة، والقدرة على التعبير، ووضوح مخارج الحروف، والثقة بالنفس، والقدرة على نقل المعلومات وعلى التعامل مع الآخرين بصدر رحب، والاستعداد لتقبل أفكار ووجهات نظر الآخرين. وبالإضافة إلى هذه الصفات الشخصية للمدرب الكفؤ، فإنه ينبغي ان يتصف المدرب بسعة الاطلاع والكفاءة التخصصية وأن يقوم بالتحضير والإعداد جيدا للبرنامج التدريبي.

المرحلة الثالثة: تنفيذ البرنامج التدريبي

في هذه المرحلة يقع الدور الرئيسي على عاتق منسق كل برنامج من البرامج التدريبية، فهو الذي يكون مسؤولا بشكل مباشر عن عملية التنفيذ، وتتضمن هذه المرحلة النشاطات التالية:

1- ترتيبات المكان:

يجري منسق البرنامج الاتصالات اللازمة لحجز قاعة التدريب سواء داخل المنظمة أو خارجها مراعيا المساحة المطلوبة وفق عدد المشاركين وأساليب التدريب المستخدمة. ويجب الإشارة هنا إلى ضرورة اتصال المنسق بالجهات المعنية سواء في المنظمة أو خارجها لأجل تأمين وصول الضيافة والمرطبات في موعدها اثناء عقد البرنامج التدريبي.

2- توفير مساعدات الايضاح السمعية والبصرية

من الضروري التأكد من وجود مساعدات الايضاح السمعية والبصرية والتأكد من صلاحيتها للاستعمال. ان للمساعدات دور جيد في هذا المجال، إذ انها تساعد على عرض الموضوع بشكل أكثر وضوحا، كما أنها تشجع على التركيز والمشاركة الفعالة بالنسبة للمتدربين، بالإضافة إلى أنها تتصف بالتشويق والإثارة. ويذكر ويلز [11] بأن اكثر المساعدات شيوعا هي عرض الشرائح الشفافة من خلال البروجكتور (جهاز عرض

---

(11) ويلز، مايك، **إدارة عملية التدريب: وضع المبادئ موضع التنفيذ**، ترجمة محسن ابراهيم الدسوقي، مراجعة حنان بـن عبـد الـرحيم الاحمـدي، السعودية، معهد الادارة العامة، 1426هـ 2005م، ص144.

الشرائح) والمسجلات السمعية ومسجلات الفيديو، كاميرات الفيديو، اجهزة الحاسب الآلي، وعرض الأفلام.

3- الاتصال بالمدربين:

يقوم منسق البرنامج بالاتصال بالمدربين وابلاغهم بالتفاصيل المتعلقة بالبرامج التدريبية، من حيث وقت بدء البرنامج وانتهاءه ومواعيد الاستراحات اثناء عقد البرنامج، كما يقوم المسنق بإجراء الاتصالات اللازمة للاطمئنان إلى حضور المدربين في مكان التدريب في الوقت المحدد.

4- الاتصال بالمتدربين

من الضروري الاتصال بالمتدربين قبل فترة كافية لابلاغهم او تذكيرهم بتفاصيل البرنامج واوقاته، وذلك لأجل ضمان وصولهم في الوقت المحدد لبدء البرنامج. وكثيراً ما كان يحدث ان يحضر بعض المتدربين في اليوم الثاني للبرنامج التدريبي بحجة انه لم يتم تبليغه إلا متأخرا.

5- مراقبة سير العملية التدريبية

تشمل عملية مراقبة سير العملية التدريبية ما يلي:

1- افتتاح البرنامج في بداية البرنامج التدريبي وتقديم المدرب من خلال استعراض موجز لسيرته الذاتية أمام المتدربين.

2- توزيع المادة التدريبية على المشاركين في البرنامج والتأكد من حصول كل متدرب على النسخ المطلوبة.

3- الاهتمام بكشف الحضور والغياب للتأكد من حضور كل متدرب إلى البرنامج التدريبي.

4- تجهيز استمارات تقويم البرنامج وتوزيعها على المشاركين وجمعها منهم بعد تعبئتها ثم تفريغها في جداول خاصة وتحليلها .

5- توزيع الشهادات على المتدربين.

6- كتابة التقرير النهائي عن سير العملية التدريبية فيما يتعلق بالبرنامج التدريبي الذي تم تنفيذه.

المرحلة الرابعة: تقييم البرنامج التدريبي

تعتقد كثيرا من المنظمات أنها بوضعها خطة جيدة للتدريب فإن إجراء عملية المتابعة والتقييم غير ضرورية. إن عملية متابعة وتقييم العمل التدريبي مسألة ضرورية بغض النظر عن جودة الخطة الموضوعية فالتقييم لأي نشاط إداري أساسيا، اذ انه يعمل على التأكد من ان ما تحقق فعلا مطابق لما هو مخطط أساسيا.

ويمكن تعريف تقويم التدريب بأنه عبارة عن قياس مدى فاعلية التدريبي بالإضافة إلى قياس حجم التغيير الذي أحدثه التدريب او المتدربين ومعرفتهم وسلوكهم.

ويذكر عقيلي [12] بأن هناك عدة عوامل تلعب دوراً مؤثراً في نجاح برامج التدريب وأهمها:

التركيز على تعليم المتدربين أشياء جديدة تخدم أعمالهم الحالية والمستقبلية.

التأكد من استيعاب المتدربين لما تعلموه في البرنامج.

التركيز على التعلم التجريبي أي اتاحة الفرصة للمتدرب ان يمارس ما يتعلمه بنفسه لترسيخ المعلومات لديه.

التأكد من صحة تطبيق المتدربين لما تعلموه وذلك على أرض الواقع أي في أعمالهم التي يمارسونها.

اطلاع المتدرب على الاخطاء التي وقع فيها اثناء تدريبه وتنميته، وما هي الأسباب التي أدت إلى وقوعها وكيفية معالجتها.

تبني مدخل التعلم المسرع أو المعجل Accelerated Learning الذي يسعى إلى توفير الجو والمناخ التعليمي المادي والمعنوي، ليتسنى للمتدربين الاستفادة مما يتعلمونه في البرنامج بأقصى فاعلية وسهولة وسرعة، ويشمل هذا الجو على الجوانب المتعلقة بتوافر جو تعليمي هادئ ومريح، والمعاملة الحسنة للمتدربين والثناء والاطراء عليهم وتشجيعهم على التعلم، وتخفيض التوتر والضغط على المتدربين وتوفير الإرشاد التعليمي لمساعدة المتدربين في حل

(12) عقيلي، عمر وصفي، **إدارة الموارد البشرية المعاصرة: بعد استراتيجي**، عمان، دار وائل للنشر والتوزيع، 2009، ص ص 475-476.

مشاكلهم أثناء تنفيذ البرنامج، وجعل عملية التعلم مشوقة ومسلية، بالإضافة إلى استخدام وسائل تعليمية وتقنية حديثة.

ان فعالية أي برنامج تدريبي تزداد بلا شك مع وجود اهداف واضحة للبرنامج التدريبي ومع وجود الربط والانسجام بين مواضيع البرنامج التدريبي ومتطلبات الوظيفة الفعلية التي يؤديها المتدرب. وهناك ثمة نماذج متعددة تصنع العناصر الرئيسية لعملية تقييم الفعالية في هذا المجال، من اهمها النموذج المعروف باسم نموذج Kirk Patrick والذي يحدد أربعة عناصر لتقويم فعالية في البرامج التدريبية[13]:

1- ردود الفعل: ويقصد به ردود فعل المشاركين في البرنامج أي درجة رضى المتدربين في هذا المجال عن المادة التدريبية، والمدرب، وموضوع البرنامج، وطرق التدريب، وقاعات التدريب، والمساعدات البصرية والسمعية. وقد يتم معرفة آراء المشاركين في البرنامج من خلال ملاحظة المتدربين للمشتركين في الدورة التدريبية، أو من خلال المقابلة الشخصية مع المتدربين، أو عن طريق تجهيز نموذج استبيان للحصول على ردود فعل المشتركين.

2- التعلم: أي قياس ما استوعبه المشتركون في البرنامج التدريبي من المعرفة والمهارات والاتجاهات.

3- السلوك: ويقصد به قياس التغير الذي حدث في سلوك الفرد أثناء العمل نتيجة لاشتراكه في البرنامج التدريبي، وهذا النوع من المقياس يمثل مقارنة لسلوك الفرد قبل التدريب وبعده. وينبغي إجراء هذه المقارنة بعد انتهاء التدريب بفترة معقولة حتى تتمكن من إجراء المقارنة الجدية بين السلوك قبل التدريب وبعده.

4- النتائج: وتقاس آثار التدريب بما أحدثه برامج التدريب من آثار على نتائج المنظمة كمعدل دوران العمل، والانتاجية، وحجم المبيعات، والربحية، ومعدلات الغياب، والتأخير ومعدلات الشكاوي وغيرها.

---

(13) Donald L. Kirk Patrick, "Four Steps to Measuring Training Effectiveness", **Personnel Administrator,** 28 (11), (Nov. 1983), pp. 19-25.

ان فعالية التدريب هي محصلة لتفاعل انشطة التدريب، ولتكامل جهود التدريب مع بعضها البعض، وبالتالي فإن فعالية التدريب يمكن قياسها من خلال تحليل ومتابعة كافة مراحل العملية التدريبية ابتداء من تخطيط التدريب ومرورا بتنفيذ التدريب ثم انتهاء بتأثير التدريب على معارف ومهارات واتجاهات المتدربين.

وقد تكون عملية التقويم قبل البدء بتنفيذ البرنامج التدريبي كالتأكد من تحديد الاحتياجات التدريبية بدقة أو اثناء التنفيذ كتقييم متزامن مع التنفيذ أو بعد انتهاء البرنامج التدريبي، حيث يحاول منسق البرنامج ان يتابع سلوك المتدربين ومدى تأثير البرنامج التدريبي على سلوكهم وأدائهم .

وفيما يتعلق بالمدرب فيذكر ديمكوسكي وآخرون [14] ان هناك سمات أساسية يجب توفرها في المدربين ذوو الخبرة في تقييم الوضع الحالي للمتدرب منها انه يعي كيف يوجد أحساسا بوجود علاقة حميمة بينه وبين المتدربين، وانه لا يجب ان يتسرع بل يأخذ وقته في فهم الوضع على حقيقته من منظور المتدرب.

واجمالا فإن هناك اساليب عديدة يمكن استخدامها لاجراء عملية التقويم في هذا المجال. فالكثير من المسؤولين عن التدريب يقومون بتوزيع استمارات الاستبيان في نهاية الدورة التدريبية ويطلب من كل متدرب تعبئة استمارته بالإجابة على اسئلة محددة تغطي عناصر معينة مثل شخصية المدرب، مدى إلمامه بالموضوع، قدرته على نقل المعلومات وإيصالها إلى المتدربين، مواعيد التدريب، مكان التدريب، المساعدات السمعية والبصرية، وقت البرنامج، والمنهاج التدريبي.

وقد يستخدم اسلوب اجراء الاختبارات البعدية أي بعد انتهاء البرنامج للكشف عن مدى استيعاب المتدربين واستفادتهم من البرنامج. كما وانه قد يستخدم اسلوب إجراء مقارنة بين نتائج أداء المجموعة التي تلقت التدريب قبل تعرضها للتدريب مع نتائج اعمالها بعد التدريب، أو باجراء مقارنة بين نتائج اعمال أداء مجموعتين: المجموعة

---

(14) ديمكوسكي، سابين، دينونا ألدريدج، وإيان هانتر، **الخطوات السبع للتدريب الفعال**، ترجمة خالد العامري، القاهرة، دار الفاروق للاستشارات الثقافية، 2009، ص128.

الأولى لا تخضع للتدريب وتسمى المجموعة الضابطة، والمجموعة الثانية تخضع للتدريب وتسمى المجموعة التجريبية.

وهناك مقاييس أخرى يمكن الاعتماد عليها فيما يتعلق بتقييم البرنامج التدريبي كمعدلات الاداء ومعدلات الغياب والتأخير ومعدلات دوران العمل ونسب الحوادث، والتي يتم مقارنتها مع المعدلات القابلة لها قبل وبعد عمل البرنامج التدريبي لاقرار مدى فعالية البرنامج.

على الرغم من اهمية عملية التقييم إلا ان هناك العديد من الصعوبات التي يمكن ان تواجهها العملية من اهمها:

1- نتائج عملية التدريب لا يمكن تمييزها إلا بعد فترة ليست قصيرة وذلك لأنها تتعلق بالسلوك الإنساني.

2- احتمال وجود التحيز الشخصي لبعض المسؤولين عن التقييم فعملية التقييم يجب ان تكون موضوعية وبعيدة عن التأثر بالعلاقات الشخصية.

3- قد تتعلق عملية التقييم بقياس نتائج غير ملموسة مثل الرضى الوظيفي والانتماء المؤسسي.

4- عدم اهتمام الإدارة بالتقييم ونظرتها المحدودة إليها.

5- قلة خبرة بعض العاملين في دائرة التدريب في إجراءات ومقاييس التقييم.

6- صعوبة ضبط كافة المتغيرات، فقد يكون هنالك أكثر من متغير واحد يؤثر على المتغير التابع. فالفروقات بين معدلات الاداء لمجموعة من العاملين قبل وبعد التدريب قد ترجع إلى عوامل أخرى خارجية كزيادة في الرواتب أو تحسين اسلوب القيادة.

7- النظر إلى عملية التقييم على أنها تهدف إلى تصيد الاخطاء.

8- احتمال وجود فروقات فردية بين المتدربين في المؤهلات العلمية والخبرات ومستويات الذكاء وغير ذلك من العوامل وبغض النظر عن هذه الصعوبات، إلا انه ينبغي القيام بعملية التقييم وذلك بهدف التأكد من درجة قدرة محتويات البرنامج

التدريبي المتلقاة على زيادة معارف وتحسين مهارات وقدرات المتدربين بحيث تتناسب مع احتياجات الفرد والمنظمة.

منظمة التعلم Learning Organization

تعمل إدارة منظمة التعلم على بذل الجهود المتواصلة والمستمرة في تعليم الموارد البشرية فيها والسعي نحو تقاسم المعرفة، وذلك في سبيل تحسين جودة منتجاتها وتحقيق رضى العملاء لديها.

لقد كان هناك اهتماما متسارعاً في الاونة الاخيرة بالمنظمة المتعلمة من قبل العديد من العلماء والمفكرين وذلك لأهمية هذا الموضوع ولفاعليته في عملية تحسين مستوى الأداء في المنظمة.

يعرف الحواجرة [15] منظمة التعلم بأنها المنظمة التي تلبي الشروط التي تميزها عن غيرها من المنظمات التقليدية من حيث القيادة التعليمية، والهيكلة التعليمية، وتمكين العاملين من المشاركة، وتسمح بإتاحة الفرص لتبادل المعرفة والمعلومات والثقافة التنظيمية المتكيفة.

أما Moilanen [16] فيعرفها بأنها عبارة عن منظمة يتم ادارتها بوعي حيث يتم تضمين عملية التعلم في رؤية المنظمة وقيمها وأهدافها.

وتسعى منظمة التعلم دائما إلى كسر الحواجز الهيكلية أمام العملية التعليمية، وإلى بناء هيكل تنظيمي يسهل عملية التعلم.

فالمنظمة المتعلمة إذن هي تلك المنظمة التي تشجع العاملين لديها، سواء على المستوى الفردي أو الجماعي، على زيادة معارفهم وتعزيز قدراتهم لأجل رفع طاقاتها (طاقات المنظمة) على تحقيق رسالتها.

---

(15) الحواجرة. كامل محمد، "مدى امكانية تطبق مفهوم المنظمة المتعلمة في الجامعات الأردنية الخاصة من وجهة نظر أعضاء هيئة التدريس: دراسة استطلاعية"، **المؤتمر العلمي الدولي السنوي الثامن**، جامعة الزيتونة الأردنية.

(16) Moilanen, R., "Diagnostic Tools for Learning Organizations", **The Learning Organization**, 8 (1), 2001, pp. 6-20.

ويذكر العلي وآخرون [17] ان المنظمة المتعلمة هي تلك التي تطور قدراتها على التكيف والتغيير باستمرار من خلال تطوير سلسلة التفكير والتفاعل مع التغيير وتتمتع بالخصائص التالية:

1- يشعر العاملون فيها بأنهم يقدمون عملا مهما لصالحهم ولصالح المنظمة والعالم.

2- كل فرد فيها معني بطريقة أو بأخرى بالنمو والتقدم وتحسين قدراته الابداعية.

3- عمل الأفراد بمجموعهم أفضل من عملهم منفصلين (التركيز على فرق العمل).

4- تعتمد المنظمة على قاعدة المعرفة من خلال تخزينها للمعارف وخاصة الضمنية منها.

5- تستمد الرؤية المشتركة من المستويات الإدارية جميعها.

6- العاملون مدعوون للتعلم عما يجري في كل المستويات الإدارية بحيث يشعر الفرد فيها بالحرية بعيدا عن افتراضات وتحيز الآخرين.

7- يعامل كل فرد الآخر كزميل في إطار من الاحترام والثقة.

8- تشجيع الابداع والتجربة وتحمل المخاطر بدون خوف.

وتستدعي عملية انشاء المنظمة المتعلمة بذل جهود مستمرة ومخططة وتعزيزها من خلال رؤية المنظمة وقيمها وذلك من أجل تمكين المنظمة من إحداث التغييرات الملائمة في المنظمة بهدف التجاوب مع التغيرات في البيئة الخارجية.

ان عملية التحول من المنظمات التقليدية إلى منظمات التعلم تقتضي ان تكون ثقافة المنظمة مرنة ومتكيفة مع البيئة الخارجية حيث ان منظمات التعلم تعمل على كسر الحواجز وسرعة التجاوب مع البيئة الخارجية. أما فيما يتعلق بالهيكل التنظيمي لمنظمة التعلم فيناسبها الهيكل التنظيمي المنبسط Flat حيث ان هذا النوع من التنظيم يجعل عملية التنسيق أسهل ويلغي الحواجز بين المستويات الإدارية مما يساعد على نشر المعرفة وتقاسمها.

---

(17) العلي، عبد الستار، وعامر ابراهيم قنديلجي، وغسان العمري، **المدخل إلى إدارة المعرفة**، الطبعة الاولى، عمان، دار المسيرة للنشر والتوزيع والطباعة، 2006، ص334.

ولأن عملية التعلم التنظيمي تعتبر عاملا أو عنصرا من عناصر البناء التنظيمي، الذي لا يستطيع ان ينفرد بعملية التطوير والتغيير بسبب تفاعله مع بقية الجذور التنظيمية، فقد تطلب ذلك إعداد سياسات للتطوير الشامل والمتكامل.

ولتحقيق هذه الخطوات وغيرها فقد تطلب ذلك من المنظمة إعادة التفكير في جميع الأنظمة والإجراءات والسلوك التنظيمي للوصول إلى التكامل الذي يدعم سير تلك العمليات بشكل أكثر فعالية، ومن هنا بدأ الاهتمام ببناء المنظمة المتعلمة التي هي عبارة عن هيكل وأنظمة وسياسات وإجراءات وسلوك وأهداف، من الواجب النظر إليها بنظرة شمولية، تهدف إلى غرس ثقافة التعلم والتفكير والتحليل وصناعة القرار بشكل جماعي، كما تهدف إلى الاستفادة من القدرات المعرفية والذهنية المختزنة لدى الأفراد في عمليات المنظمة لتحقيق الاستجابة الملائمة للتغيرات المختلفة [18].

ومن الضروري ان يكون هناك رؤية مشتركة فيما يتعلق بالحاجة إلى التعلم وتقاسم المعرفة وتبادلها مع الآخرين، حيث ان الجماعات هي الوحدة الأساسية في عملية التعلم. وبالتالي فإن التزام الموظفين برؤية المنظمة المتعلمة يعد عاملا اساسيا في نجاح المنظمة في مهامها وفي تحقيق رسالتها.

أما بالنسبة لأساسيات بناء المنظمة المتعلمة فقد اوجزها بني هاني[19] بخمسة اساسيات:

أولا: القوى المحركة

وتمثل القاعدة الأساسية في بناء المنظمات المتعلمة، والتي تتطلب ان توفر المنظمات كل الظروف التي تساعد المورد البشري فيها على تعلم ما هو مفيد لتحقيق غايات المنظمة، وان تسعى المنظمة نحو الاستفادة من الخبرة التي يحملها الموظفون كانطلاقة في بناء هذه القاعدة.

---

(18) الفاعوري، رفعت، وبراء بكار، "ادارة الابداع في المنظمات المتعلمة: دراسة ميدانية لشركة موبايلكم الأردنية، **ابحاث اليرموك**، سلسلة العلوم الانسانية الاجتماعية، 2004، ص ص 2237-2279.

(19) بني هاني، جهاد صياح، "أساسيات بناء المنظمة المتعلمة في الشركات الصناعية الأردنية، دراسة ميدانية على شركات صناعة البرمجيات في الأردن"، **المجلة الأردنية في إدارة الأعمال**، المجلد 3، العدد 4، 2007، ص ص 463-483.

ثانيا: إيجاد الغرض

إن توفر القاعدة الأساسية للتعلم يدفع الموظفين نحو البحث الذاتي عن تحقيق مقاصد المنظمة وذلك عن طريق فهمهم وادراكهم لقيم المنظمة واستراتيجيتها، ويعد مكسبا للمنظمة التي يسعى الموظفون فيها نحو ايجاد غرض المنظمة فيندفعون لانجاز أعمالهم عن طريق تعلم أشياء جديدة.

ثالثا: الاستفهام

بناء على القوى المحركة لعملية التعلم والتي تدفع الموظفين نحو البحث عن غرض المنظمة، حيث يأخذ الموظفون بالتحرك في كل الاتجاهات عبر الوسائل المختلفة للاتصال وذلك بغية الاستطلاع والاستفهام عن أوضاع المنظمة سواء الداخلية أم الخارجية، وهذا يؤدي بدوره إلى توسيع مدارك الموظفين ويزيد تفهمهم للأعمال المطلوبة منهم مما يسهل عليهم عمليات الانجاز وابتكار الطرق الكفيلة بتسهيل انجاز تلك العمليات.

رابعا: التمكين

ان زيادة إدراك الموظفين لرؤية ورسالة المنظمة وما ينبثق عنها من أهداف واستراتيجيات، وإن اندفاعهم نحو تعلم مهارات وقدرات جديدة، يتطلب من المنظمة ان تتصف بالمرونة وان تمنح الموظفين درجة أكبر من الاستقلالية والمشاركة في اتخاذ القرارات عن طريق تفويض الصلاحيات وتبني مفهوم تنظيم الفريق، مما يتطلب من كل عضو في داخل المنظمة أن يشارك في اتخاذ القرار الذي يخدم المصلحة العامة للمنظمة.

خامسا: التقويم

تستطيع المنظمة ان تتفوق وتحقق المكاسب المطلوبة من النجاح إذا استطاعت تقويم اعمالها باستمرار والاستفادة من التغذية الراجعة للتخلص من الاخطاء على المدى القصير، وتحويل التراكم المعرفي إلى وسائل وطرق تستطيع المنظمة من خلالها وضع معايير للنجاح وتقييم نتائج الاعمال، وهذا يحفز الموظفين على التعرف على المشكلات التي تواجهها المنظمة ضمن بيئتها الداخلية أو الخارجية والعمل على حلها عن طريق التواصل المستمر مع الإدارة العليا في المنظمة من خلال عقد الاجتماعات وتبادل المعلومات والمعرفة.

ان نجاح أي منظمة يعتمد إلى حد كبير على مدى قدرتها على التعلم التنظيمي ومدى تمكنها من تبادل المعلومات ونشرها في المنظمة مما يؤثر على رفع طاقات التعلم لدى اعضاء المنظمة وينعكس على الابداع وخدمة العملاء وجودة المنتجات.

ولا يعد التدريب عملية مؤقتة، بل هو مستمر مع استمرار وجود المنظمة وبقائها، وذلك لأن البيئة الخارجية تتغير باستمرار، ولا يمكن التعامل والتجاوب معها إلا من خلال موارد بشرية مؤهلة ومتعملة وبالتالي قادرة على احداث التغيير المطلوب.

اسئلة للمناقشة

1- وضع مفهوم التدريب وأهميته بالنسبة للعاملين وكذلك بالنسبة للمنظمة.

2- اعط امثلة على مدخلات التدريب ونشاطاته ومخرجاته كعناصر أساسية في النظام.

3- قارن بين اسلوب المحاضرات واسلوب المؤتمرات كأساليب تدريب خارج العمل.

4- ما المقصود بأسلوب تمثيل الأدوار وما هو الهدف منه.

5- تكلم باسهاب عن عملية تصميم البرنامج التدريبي.

6- قمت بتنفيذ برنامجا تدريبياً عن إدارة الجودة الشاملة، وضح كيف يتم تقييم هذا البرنامج التدريبي.

7- بين خطوات تحديد الاحتياجات التدريبية للعاملين.

8- هناك عدة عوامل تلعب دورا مؤثرا في نجاح برنامج التدريب، اشرح بايجاز.

9- عرف منظمة التعلم واذكر ما هي خصائصها.

10- يوجد أساسيات لعملية بناء المنظمة المتعلمة، ناقش أهم هذه الأساسيات.

الفصل السادس
التعويضات

Compensations

- مفهوم التعويضات
- مكونات التعويضات
  - التعويضات المالية
  - التعويضات غير المالية
- تقييم الوظائف.
- تصميم هيكل الأجور والرواتب.

الأهداف التعليمية للفصل

يتوقع من الطالب بعد دراسة الفصل السادس ان يحقق الأهداف التعليمية المرجوة للفصل وأن يكـون قادراً على:

- فهم مبدأ العدالة ومبدأ المساواة ومبدأ الكفاية عند تحديد الأجور والرواتب.
- التمييز بين التعويضات المالية بما فيها المباشرة وغير المباشرة والتعويضات غير المالية.
- مناقشة الأهداف الأساسية للحوافز في المنظمات.
- تحديد مفهوم الضمان الاجتماعي والتأمين الصحي كتعويضات مالية غير مباشرة.
- فهم المقصود بتقييم الوظائف.
- تصميم هيكل للأجور والرواتب في المنظمات.

الفصل السادس
التعويضات

مفهوم التعويضات

يعد عقد التعيين بمثابة اتفاق بين المنظمة والموظف على ان يقوم الموظف بالتزاماته المذكورة في العقد فيما يتعلق بأداء المهام الموكلة إليه والتقيد بمواعيد العمل والمحافظة على ممتلكات المنظمة، وبالمقابل تقوم المنظمة بدفع تعويضات مالية ومزايا أخرى محددة في العقد.

ويشير مصطلح التعويضات إلى إجمالي إيرادات الموظف والتي قد تكون على شكل مكافآت مالية ومزايا. ويمكن تصوير التعويضات على أنها [1]:

1- نظام مكآفات لتحفيز الموظفين على الأداء.

2- أداة تستخدم من قبل المنظمة لغرس القيم والثقافة وتشجيع السلوك الجيد.

3- أداة تمكن المنظمات من تحقيق أهدافها.

تعد تعويضات الموارد البشرية من أهم العناصر المؤثرة في جذب واستقطاب الموارد البشرية، بالإضافة إلى الحفاظ عليها ومنع تسربها إلى خارج المنظمة. فطالما ان التعويضات لم تؤد دورها في الحفاظ على الموظفين فإن كثيرا منهم لن يقبل بالاستمرار في العمل في المنظمة وسيبقى دائما آملا في العمل خارج المنظمة Externalist وينتظر الفرصة للعمل في أي منظمة أخرى تقدم له تعويضات أكثر.

وعند تحديد الرواتب والأجور فإنه ينبغي مراعاة ما يلي:

1- المساواة Equity

المقصود بالمساواة هو تساوي الاجور والرواتب للوظائف المتشابهة Equal Pay for Equal Work وهناك قوانين ظهرت في عدة دول استهدفت القضاء على التمييز في

---

(1) Gupta, S.C. Advanced Human Resource Mangement Strategic Perspective, New Delhi, Anc Books Pvt. Ltd. 2009, p.239.

الأجور والرواتب بين الموظفين الذين يعملون بوظائف متشابهة ويبذلون نفس الجهود ويتحملون نفس المسؤوليات من اهمها قانون المساواة في الأجر لعام Equal Pay Act 1963 الذي صدر في الولايات المتحدة الأمريكية. ولا يعد اجمالا عدم تساوي الراتب خرقا لهذا المبدأ إذا كان هذا الفرق راجعا إلى اختلاف مدة العمل في الوظيفة أو اختلاف المهارات والقدرات.

ويقسم Gomcz- Mejia وآخرون [2] المساواة إلى نوعين:

- **المساواة الداخلية** Internal Equity وهي تشير إلى المساواة المدركة لهيكل الرواتب داخل المنظمة.
- **المساواة الخارجية** External Equity والتي تشير إلى الشعور بالمساواة (المدركة) للتعويضات المدفوعة للعاملين في المنظمة بالمقارنة مع التعويضات المدفوعة للعاملين في المنظمات الأخرى لنفس الوظائف.

وفي كثير من الاحيان قد تدخل هناك عوامل كثيرة تؤثر على المساواة الخارجية بالنسبة لوظائف محددة كطبيعة العمل ودرجة المخاطرة فيه وظروفه وحجم المنظمة وغير ذلك.

وتذكر Jackson وآخرون [3] أن التعويضات لنفس الوظائف قد تختلف من دولة إلى أخرى، وقد تختلف التعويضات لنفس الوظائف كذلك بين صناعة وأخرى، فالمحاسب الذي يعمل في مؤسسة للخدمات المالية يتوقع ان يحصل على تعويضات أكبر من محاسب يعمل في متاجر التجزئة أو أحد المستشفيات.

2- العدالة Justice

تشير العدالة إلى شعور الموظين بأنه يتم معاملتهم بانصاف فيما يتعلق بالتعويضات. وهناك جوانب كثيرة يغطيها هذا المفهوم مثل مقارنة الرواتب التي يتقاضاها الموظفين مع الجهد المبذول، ومقارنة الراتب الذي يتقاضاه الموظف مع راتب زميله الذي

---

(2) Gomez – Mejia, Luis R., David B. Balkin, and Robert L. Cardy, **Managing Human Resources**, New Jersey, Prentice Hall, 2001. p. 325.

(3) Jackson,Susan E., Ranall S. Schuler, and Steve Werner, **Managing Human Resources**, Australia, South Werstern, 2009, p. 364.

يكون بنفس التخصص ونفس الخبرة ونفس المستوى العلمي. بالإضافة إلى مقارنة الراتب الذي يتقاضاه الموظف مع راتب الموظفين الذي هم في نفس تخصصه وخبرته ومستواه العلمي الذي يعملون في المنظمات الأخرى.

ان المساواة بالنسبة لبعض المجتمعات قد لا تعني العدالة، ففي اليابان التي تنتشر فيها ثقافة العمل الجماعي فإن العدالة هي في المساواة بين الرواتب، أما في دول أخرى كالولايات المتحدة الامريكية فإن العدالة تعني تحديد الراتب حسب الجهد المبذول.

3- الكفاية Sufficiency

ينبغي أن تكفي الرواتب والاجور الموظفين لأن يعيشوا حياة كريمة بدون الحاجة إلى الآخرين. فالرواتب والأجور يجب ان تكون كافية لكي يحافظ الموظف على مستوى معيشة معقول وأن يحافظ على الوفاء بالالتزامات تجاه عائلته والمعالين من قبله.

مكونات التعويضات

يمكن التمييز بين منظورين اساسيين لمكونات التعويضات هما: المنظور التقليدي والمنظور المعاصر.

أما من ناحية المنظور التقليدي فيشير إلى ان التعويضات تشمل التعويضات المالية فقط بجزئيها المباشر الذي يرتبط استلامه بالعمل بشكل مباشر، وغير المباشر (الامتيازات Emplyee Benefits) الذي لا ترتبط الاستفادة منه، بشكل مباشر في العمل المقدم مثل الضمان الاجتماعي وتعويضات البطالة والرعاية الصحية.

أما المنظور المعاصر فهو يتضمن بالإضافة إلى التعويضات المالية بجزئيها المباشر وغير المباشر، تعويضات غير مالية كفرص الترقية وظروف العمل والشعور بالاستقلالية وأسلوب العمل المرن Flexitime .

ويوضح الجدول التالي هذه المكونات:

الجدول رقم (3)
مكونات التعويضات

مالية		غير مالية
مباشرة	**غير مباشرة (الامتيازات)**	
الاجور والرواتب الحوافز المالية	الضمان الاجتماعي التأمين الصحي السكن المجاني أقساط المدارس او الجامعات المشاركة بالارباح منح اسهم مجانية للموظف	تنوع مهام العمل الاستقلالية في العمل ظروف العمل العمل المرن + العمل الاسبوعي المكثف

يبين الجدول أعلاه بأن تعويضات الموظفين تتضمن وفق المنظور المعاصر جوانب مالية (المباشرة وغير المباشرة) وجوانب غير مالية (بخصوص الوظيفة وبيئة العمل). وفيما يلي شرحاً موجزاً لهذه المكونات:

أولا: التعويضات المالية:

أ- التعويضات المالية المباشرة:

1- **الأجور والرواتب**: تتضمن الاجور والرواتب كل ما يتقاضاه الموظف من مبالغ نقدية مقابل الجهد الذي يبذله في عمله سواء كانت أجور يومية أو أسبوعية أو شهرية أو غير ذلك.

ويسعى نظام الأجور والرواتب إلى تحقيق أهداف المنظمة في الحفاظ على العاملين وتحفيزهم [4] .

ويذكر أبو شيخة [5] في هذا المجال أن كتاب الإدارة يستخدمون

(4) عبد الباقي، صلاح الدين، وعلي عبد الهادي مسلم، وراوية حسن، **إدارة الموارد البشرية**، الاسكندرية، المكتب الجامعي الحديث، 2007، ص284.

(5) أبوشيخة، نادر أحمد، **إدارة الموارد البشرية: إطار نظري وحالات عملية**، عمان، دار صفاء للنشر والتوزيع، 2009، ص ص171-172.

مصطلحي "الأجور" و "الرواتب" للتمييز بين فئات العاملين في المنظمة، إذ يستخدم مصطلح الأجر Wage للدلالة على العاملين الذي يتقاضون أجورهم على أساس الساعة أو اليوم أو الأسبوع، ويشغلون عادة مواقع في قاعدة الهرم التنظيمي للمنظمة Blue-Collar (اصحاب الياقة الزرقاء). في حين يستخدم مصطلح الراتب Salary للدلالة على العاملين الذين يتقاضون أجورهم على أساس شهري، وتصرف لهم شهريا في الغالب وبشكل ثابت، لا يتغير بعدد الساعات التي يعملونها فعليا. ويقع هؤلاء في المستويات الإدارية العليا والوسطى ويشغلون مراكز إدارية وفنية مهمة في المنظمة White-Collar (أصحاب الياقة البيضاء). إلا أن هذا التمييز قد اختفى تقريبا واصبح اللفظان مترادفين. وان كل منهما هو مقابل لقيمة الوظيفة التي يشغلها الفرد في المنظمة.

ويفرق Torrington and Hall بين الأجور والرواتب من خلال الجدول التالي والذي يبين أهم هذه الفروق:

الجدول رقم (4)

أهم الفروق بين الاجور والرواتب

الاجور	الرواتب
- تحسب على أساس الساعة	- تحسب على اساس سنوي.
- تدفع اسبوعيا.	- تدفع شهريا.
- تدفع نقدا	- تدفع من خلال تحويل بنكي.
- لا يوجد امتيازات	- لها تقاعد مهني.
- لا يوجد مصاريف عامة ونثرية.	- هناك مصاريف عامة ونثرية.
- لا تخصص سيارات من الشركة للموظف.	- قد تخصص سيارات من الشركة للموظف.

Source: Torrington, Derek and Laura **Hall, Human Resource Mangement**, 4th ed., USA, Prentice Hall, 2000, p. 591.

وهناك إجمالا تصنيفات مختلفة للرواتب وفقا للهدف من التصنيف وحسب استخداماته، فهناك الراتب الأساسي الذي يحسب للفرد عند بداية تعيينه في المنظمة ضمن سلم الرواتب المعتمد، وهناك الراتب الاجمالي الذي يشتمل على الراتب الأساسي بالإضافة إلى ما يستحقه الموظف من علاوات وبدلات ومكافآت أخرى.

أما الراتب الصافي فهو عبارة عن الراتب الاجمالي مخصوما منه ما يستحق على الموظف من التزامات مالية مثل أقساط الضمان الاجتماعي والتأمين الصحي.

أن وضع نظام عادل للاجور يساهم بدرجة كبيرة في الاحتفاظ بالعاملين وعدم تسربهم إلى منظمات أخرى، كما يحفزهم للعمل بروح عالية. وهناك عوامل كثيرة تتحكم في تحديد الأجور من اهمها:

1- **العوامل الاقتصادية:** أثناء ظروف الرواج يزيد الطلب على المنتجات وتنتعش الأسواق، وبالتالي تزداد الحاجة إلى تعيين عاملين ويؤثر ذلك على تحديد أجورهم.

2- **مستوى المعيشة:** تتأثر الأجور كذلك بمعدلات التضخم والتي بدورها تؤثر على القوة الشرائية لما يستلمه العاملون من رواتب مما يجعل رفع الرواتب وفق معدلات التضخم عملية ضرورية للمحافظة على المستوى المعيشي للعاملين.

3- **مستوى اداء العاملين:** يعد مستوى أداء العاملين محدداً أساسياً في تحديد الراتب، إذ انه من الطبيعي أن يتقاضى العامل الذي يبذل جهدا أكبر من غيره الذي يبذل جهوداً أقل.

4- **الخبرة العملية:** فكلما قضى العامل فترة أطول في العمل كلما اكتسب خبرات أكثر وبالتالي استحق أجور وعلاوات أكبر.

5- **طبيعة العمل:** أن لطبيعة الوظيفة والجهد المبذول فيها وظروف العمل ومستوى المخاطر التي يتعرض لها العامل دوراً محدداً في الأجر الذي يتقاضاه.

6- **المركز الوظيفي:** كلما ارتفع مستوى المركز الوظيفي كلما ادى ذلك إلى رفع الرواتب المخصصة وذلك لارتفاع المستوى الإداري وزيادة أهمية القرارات المتخذة وارتفاع حجم المسؤولية الملقاة على عاتق شاغل الوظيفة.

7- **المؤهلات العلمية:** في كثير من المنظمات فإن الرواتب تعتمد بدرجة معينة على المؤهل العلمي الذي حصل عليه طالب الوظيفة، إلا أنه في منظمات أخرى فإن الراتب يعتمد على تحليل وتقييم الوظيفة مع التأكيد على الحد الأدنى من الشروط والمؤهلات التي يفترض توفرها في طالب الوظيفة.

8- التشريعات العمالية

قد تعمد الحكومات في معظم الدول إلى تحديد الحد الادنى من الأجور الذي يجب ان يُدفع إلى العاملين وهذا الحد الادنى من الاجور قد يتغير من وقت إلى آخر حسب مستوى المعيشة.

9- ظروف المنافسة

تعد ظروف المنافسة من أكثر العوامل تأثيرا في عملية تحديد الأجور فقد تضطر المنظمة إلى منح رواتب عالية لأجل المحافظة على الموظفين وحمايتهم من التسرب والانتقال إلى منظمات أخرى.

ويعتبر Noe وآخرون [6] ان الراتب له أهمية كبيرة بالنسبة لطالبي الوظيفة. وبالتالي فالمنظمات لديها ميزة تنافسية إذا قامت باتباع استراتيجية قيادة السوق في الدفع Lead-the-market pay للموظفين، أي بمعنى آخر إذا كانت رواتبها أكثر من رواتب المنظمات الأخرى في السوق.

10- القدرة المالية للمنظمة

تؤثر القدرة المالية للمنظمة على مدى استعدادها لدفع الأجور وبالتالي فإن المنظمة الناجحة يكون لديها قدرة أكبر من المنظمة المتعثرة على دفع الأجور والرواتب.

---

(6) Noe, Raymond A., John R. Hollenback, Barry Gerhart, and Patrick M. Wright, **Human Resource Management**, Boston, Irwin, 2004, p.150.

11- النقابات العمالية

هناك تأثير خارجي على برامج تعويضات العاملين يتمثل في النقابات العمالية، هذا النوع من التأثير يوجد ويؤثر على كافة العاملين سواء أولئك المنتسبين إلى النقابة أو غير المنتسبين لها. [7]

2- الحوافز المالية

تقوم المنظمات بالإضافة إلى رواتب الموظفين بصرف حوافز مالية إضافية تقديرا لجهودهم وسعيا لإثارة الدافعية للعمل لديهم. وهناك إجمالا حوافز فردية Individual Incentives تدفع للفرد على أساس بذله جهودا استثنائية في العمل، كما ان هناك حوافز جماعية Group Incentives يمكن ان تدفع لفرق العمل إما على أساس متساوي أو وفقا لأسس معينة معتمدة كأن يدفع لرئيس الفريق نسبة مئوية قد تختلف عن أعضاء الفريق.

وتمثل الأهداف الأساسية للحوافز بما يلي:

1- رفع مدى دراية الموظفين بالأهداف الأساسية للمنظمة والتشجيع على التركيز بصورة أكبر على الأهداف.

2- التعرف على مساهمات الأفراد في نجاح المنظمة.

3- تمكين الأفراد من المشاركة في تحقيق نجاحات.

4- الربط بين التعويض والاداء المؤسسي. [8]

وهناك اجمالا نظامين يمكن اعتمادهما في عملية تحفيز العاملين أصحاب الياقة الزرقاء الذين يشغلون مواقع في قاعدة الهرم التنظيمي للمنظمة.

أ- نظام الأجر بالانتاج / القطعة

يعتمد الأجر وفق هذا النظام على أساس عدد القطع المنتجة أو المباعة أو المنجزة، حيث يتصف هذا النظام بتحديد قيمة نقدية تدفع للفرد عن كل قطعة ينتجها. ويستند تحديد معدل أجر القطعة على دراسات وتقييمات موضوعية للوقت المستغرق في

(7) Ivancevich, John, M., **Human Resource Mangement** 8th Ed., Boston, Irwin, 2001, p.296.

(8) كشواي، باري، **إدارة الموارد البشرية**، ترجمة دار الفاروق، القاهرة، 2006، ص59.

انتاج القطعة الواحدة. وإجمالا قد يتم احتساب أجر القطعة بدون ضمان حد أدنى أساسي للأجر، وقد يتم احتساب الأجر مع ضمان حد أدنى ثابت للأجر حيث يتم احتساب الحد الأدنى للأجر سواء أنتج أو لم ينتج بالإضافة إلى أجور لكل قطعة ينتجها فوق الحد الأدنى المفروض انتاجه. فمثلا يدفع له 10 دنانير كحد أدنى مقابل 5 قطع سواء انتجها أم لا. أما إذا قام بانتاج أكثر من 5 قطع يدفع له مبلغ محدد عن كل قطعة ينتجها فوق هذا الحد الأدنى.

ويستخدم نظام الأجر بالقطعة في الحالات التالية: (9)

إذا كانت كمية الانتاج يمكن تحديدها.

إمكانية تحديد مدى مساهمة الفرد في الانتاج.

إذا كانت كمية الانتاج أهم من جودته.

عند وجود صعوبة في وضع نظام دقيق لضبط ومراقبة الانتاج.

عدم وجود عطلات /توقفات في العمل.

وعلى الرغم من أن هذا النظام قد يكون أكثر عدالة من وجهة نظر العاملين لأن كل فرد يجني ثمار جهوده، إلا أنه يكافئ المجدّين فقط، بالإضافة إلى أنه قد يدفع العاملين إلى بذل جهود مستحيلة لأجل تحصيل أجور أكثر، مما قد يعرضهم لأخطار كثيرة.

ب- نظام الوقت المعياري

وفق هذا النظام فإن العامل يتقاضى الحافز عن الساعات الزائدة عن عدد الساعات المعيارية. ويتبع هذا النظام طريقة الأجر المدفوع مع ضمان حد أدنى للأجر حتى لو كانت عدد الساعات المشتغلة أقل من العدد المحدد للساعات المعيارية.

مثال: عدد الوحدات المعيارية المفروض انتاجها 10 وحدات في الساعة

الأجر في الساعة 4 دينار.

ساعات العمل اليومي 8 ساعات

الوحدات المنتجة فعلا 120 وحدة في اليوم

(9) عقيلي، عمر وصفي، **إدارة الموارد البشرية: بعد استراتيجي**، عمان، دار وائل للنشر والتوزيع، 2009، ص508.

المطلوب: احتساب أجر العامل المذكور

الحل: ساعات العمل المعادلة للانتاج الفعلي = <u>عدد الوحدات المنتجة فعلا</u>

عدد الوحدات المعيارية في الساعة

$= \dfrac{120}{10} = 12$ ساعة عمل.

نسبة الزيادة في معدل الانتاج = <u>عدد الوحدات الزائدة المنتجة</u> $\times 100$

عدد الوحدات المعيارية الأساس

$= \dfrac{4 \text{ ساعات} \times 10 \text{ وحدات معيارية}}{8 \text{ ساعات} \times 10 \text{ وحدات معيارية}} = \dfrac{40}{80} = 50\%$

الزيادة في الأجر = الأجر في الساعة × عدد ساعات العمل في اليوم × نسبة الزيادة

$= 4$ دينار $\times 8$ ساعات $\times 50\% = 106$ دينار

اجمالي الأجر اليومي=(الأجر في الساعة×عدد ساعات العمل في اليوم)+الزيادة في الأجر

$= (4 \times 8) + (16)$

$= 48$ دينار

ويتميز هذا النظام بسهولة الربط المباشر بين جهد العاملين والحوافز التي يحصلون عليها من المنظمة، إلا أنها قد تؤدي في نفس الوقت إلى ارهاق العاملين ومحاولتهم بذل أكثر من طاقاتهم في العمل بسبب شعورهم بهذا الربط المباشر.

أما من حيث الوسائل المستخدمة في تحفيز الموظفين من ذوي الياقة البيضاء فهي تشمل عدة أشكال من أهمها المكافآت السنوية Bonus والتي تدفع للموظفين الذين يؤدون أعمالا متميزة تستحق التقدير.

وتبالغ بعض المنظمات في تقدير المكافآت السنوية التي تدفع لمدرائها، فعلى سبيل المثال قامت شركة Enron المعروفة قبل انهيارها بفترة بسيطة بتوزيع ما مجموعه 80 مليون دولار على مدرائها كمكافآت سنوية كما قامت العديد من البنوك والمؤسسات الأخرى بدفع مبالغ كبيرة كمكافآت مالية لمدرائها وذلك قبل حلول الأزمة المالية العالمية الاخيرة.

ومن المعروف أن هناك توجهات حديثة بعد الازمة المالية العالمية نحو عدم المبالغة في تقديرات المكافآت المالية للمدراء.

ب- **التعويضات المالية غير المباشرة:** تتضمن التعويضات المالية غير المباشرة والتي تسمى أحياناً مزايا وظيفية خدمات تقدم للعاملين تغطي إما بالكامل من قبل المنظمة أو يدفع الموظف جزءاً من تكلفتها. وهذه التعويضات تحقق نسبة عالية من مزايا الموظفين تصل إلى حوالي 40% من إجمالي تعويضات الموظف. [10] ومن أهم الأمثلة على التعويضات المالية غير المباشرة:

1- الضمان الاجتماعي

تقوم فكرة الضمان الاجتماعي Social Security على تكافل أفراد المجتمع مع بعضهم لأجل توفير حياة كريمة عند وصول الفرد إلى سن الشيخوخة وعدم تمكنه من العمل أو عند مواجهة ظروف طارئة كالبطالة المؤقتة أو العجز عن العمل أو الوفاة.

يشرف على أعمال الضمان الاجتماعي مؤسسة أو هيئة مستقلة ماليا وإدارياً عن أي جهات أخرى، حيث تتكون مصادر التمويل فيها من اشتراكات يدفعها العاملون الخاضعون للضمان وتحدد بنسبة مئوية من أجورهم ورواتبهم بالإضافة إلى أقساط تدفعها المنظمة التي يعمل بها هؤلاء العاملون. وتحدد عادة بضعف الاشتراكات التي تخصم من أجور ورواتب العاملين فيها. كما يضاف إلى مصادر التمويل ريع استثمار الأموال المتأتية من اشتراكات العاملين وأقساط إصابات العمل.

---

(10) Rosenbloom, J.S. **The Handbook of Employee Benefits**, 5th Ed., USA McGraw- Hill, 2001, p.2.

ويغطي الضمان الاجتماعي عدة جوانب أهمها:

أ- تأمين الشيخوخة والعجز والوفاة:

يستحق المؤمن عليه راتب تقاعد الشيخوخة عند اكماله سنا معينا (ستين سنة في بعض الدول وخمسة وستين سنة في دول أخرى، ويختلف السن إذا كانت المؤمن عليها من النساء) وضمن شروطا معينة تتعلق بعدد اشتراكاته، وقد يعطي القانون للمستحق لتقاعد الشيخوخة الحق في اختيار طريقة الدفع إما على شكل رواتب شهرية أو على شكل دفعة واحدة.

أما راتب اعتلال العجز فيستحق بعد ثبوت العجز بقرار من المرجع الطبي بشرط ان لا تقل اشتراكاته الفعلية عن حد معين، ويستحق راتب تقاعد الوفاة إذا وقعت الوفاة خلال فترة اشتراك المؤمن عليه وضمن ضوابط محددة فيما يتعلق بعدد الاشتراكات الفعلية.

ب- تأمين إصابات العمل والأمراض المهنية

تشمل خدمات هذا الجانب من التأمين دفع تكاليف العناية الطبية التي تستلزمها الحالة المرضية للمصاب بما في ذلك تكاليف المعالجة الطبية والاقامة في المستشفى ونفقات الانتقال. كما تشمل كذلك دفع الاجور والرواتب في حالة عدم قدرة المصاب على العمل. وترفق الكثير من قوانين الضمان الاجتماعي قائمة بالأمراض المهنية المعروفة وتضع وصفا لكل من هذه الأمراض.

جـ- تأمين البطالة المؤقتة:

في حالة شمول الضمان الاجتماعي لهذا الجانب من التأمين فإن المؤسسة تقوم بدفع نسبة مئوية عالية من أجور ورواتب المؤمن عليه والذي فصل من عمله لأسباب تعسفية لا تتعلق بإهماله أو بتأخره عن عمله بالإضافة إلى ذلك قد يشمل الضمان خططاً للتأمين الجماعي كالتأمين الجماعي على حياة الموظفين بمن فيهم الجدد، بغض النظر عن وضعهم الصحي. وفي هذه الحالة تكون قيمة الأقساط أقل مما لو قام كل موظف بالتأمين على الحياة بشكل فردي. وتختلف نسبة مساهمة كل من المنظمة والفرد في هذا النوع من خطط التأمين حيث قد تدفع المنظمة كافة أقساط التأمين أو جزءا منها.

2- التأمين الصحي:

يعد التأمين الصحي الذي تقدمه المنظمة عاملا مهما في الاستقرار الوظيفي للفرد وهو من اهم الأمور التي يأخذها الفرد بعين الاعتبار عند تعيينه في المنظمة. ويذكر عقيلي[11] في هذا المجال أن التأمين الصحي Health Insurance يحتل مرتبة عالية في قائمة التعويضات غير المباشرة التي تقدمها المنظمات للعاملين لديها، ذلك لأن مسألة الصحة هي أهم شيء بالنسبة للانسان. وبما ان العلاج الطبي أصبح في غالبية دول العالم يمثل عبئا مالياً كبيراً على الموارد البشرية في العمل، فإن التأمين الصحي يأخذ مكانة كبيرة من اهتمام هذه الموارد. فأول شيء يسأله الفرد المستقطب للتعيين في المنظمة هو:

هل لدى المنظمة تأمين صحي؟

وتقدم خدمة التأمين الصحي للعاملين عادة، على شكل عقد تأمين جماعي تبرمه المنظمة مع إحدى شركات التأمين، لتغطي نفقات العلاج الطبي للعاملين لديها، حيث تقوم شركة التأمين المتعاقد معها بالاتفاق مع مجموعة أطباء من مختلف التخصصات وعدد من المستشفيات ودور الأشعة ومختبرات تحاليل طبية وصيدليات، من اجل تقديم العلاج الطبي للعاملين. وتعد شركة التأمين المتعاقد معها عادة قائمة بأسماء هذه الجهات الطبية وتعممها على العاملين للالتزام بها من قبلهم. وقسط التأمين الصحي إما أن تغطية المنظمة بالكامل، أو تساهم بتغطية جزء منه والجزء الآخر حسب القوانين السائدة فيه.

وتختلف الاقساط المدفوعة للتأمين الصحي وفق طبيعة العمل، حيث تدل الاحصاءات على أن 38% من أصحاب الياقة الزرقاء تمت تغطيتهم بمزايا التأمين الصحي، 25% من المهنيين والفنيين مقارنة بـ 28% من الكتبة وموظفي المبيعات تمت تغطيتهم كذلك[12].

3- السكن المجاني

توفر الكثير من المنظمات السكن Housing المجاني وخاصة لكبار الموظفين، وذلك إما من خلال مساكن (فلل أو شقق أو غير ذلك) تمتلكها أو تستأجرها من آخرين،

(11) عقيلي، عمر وصفي، المرجع السابق، ص ص 522-523.

(12) Price, Alan, **Human Resource Management in a Business Contect,** 3rd, Ed., Australia, Thomson, 2007, p.476.

أو من خلال دفع بدلات السكن التي تشكل جزءا من الراتب الاجمالي الذي يتقاضاه الموظف. وقد تتضمن بعض عقود التوظيف شراء المنظمة لاثاث السكن وتوفير الصيانة اللازمة حسب الحاجة.

4- أقساط المدارس والجامعات

تقوم بعض المنظمات بتسديد جزء من أو كامل أقساط التعليم للأولاد خلال مراحل الدراسة، كما ان هناك منظمات أخرى تسمح للموظف نفسه بأن يجمع بين العمل والدراسة حيث تسمح له بالتغيب عن العمل أوقاتا معينة لمتابعة التزاماته التعليمية، وقد تغطي الأقساط الجامعية للموظف بدون مقابل أو تسمح له بتسديدها على أقساط بدون احتساب الفوائد بعد تخرجه من الجامعة.

5- المشاركة في الأرباح

يركز برنامج المشاركة في الأرباح Profit Sharing على إعطاء حوافز للعاملين من خلال منحهم نسب مئوية من الارباح التي حققتها المنظمة أو حصص من التوفيرات في تكاليف العمل. ويشجع هذا النوع من التعويضات العاملين على بذل المزيد من الجهود الفردية والجماعية من أجل زيادة ايرادات المنظمة التي يعلمون لديها أو تخفيض التكاليف مما يؤثر بالتالي على زيادة الأرباح المحققة.

6- منح اسهم مجانية للموظف

بدأت بعض المنظمات منذ بداية السبعينات من القرن العشرين باتباع نظام تقوم بموجبه بمنح أسهم مجانية للموظف كجزء من المكافأة التي يستحقها نتيجة انجازاته في مجال العمل ومستوى ادائه العالي. وقامت بعد ذلك الكثير من المؤسسات العامة عند تخصيصها Privatization بمنح الموظفين حق امتلاك جزءاً من اسهمها كبديل عن استلامهم مكافآت نهاية الخدمة التي يستحقونها.

ان شعور الموظفين بالملكية النفسية Psychological Ownership لجزء من رأس مال المنظمة التي يعمل لديها يجعلهم أكثر ولاء وانتماء لها، فما بالك عند تملك الموظفين لجزء حقيقي رأس مال المنظمة فالانتماء سيكون أعمق والحرص على مصالح المنظمة وحماية ممتلكاتها سيكون أعلى.

ثانيا: التعويضات غير المالية

هناك العديد من المزايا غير المالية التي تقدمها المنظمات للموظفين العاملين لديها تتعلق بطبيعة الوظيفة وبيئة العمل في المنظمة. وعلى الرغم من أن هذه التعويضات غير مالية، إلا ان لها أهميتها بالنسبة للموظف وقد تكون عنصراً هاماً في المفاضلة بين الوظائف المعروضة عليه، كما أنها قد تكون عاملاً هاماً في قرار الموظف الاستمرار في عمله أو ترك العمل والانتقال إلى منظمة أخرى، ومن اهم اشكال هذه التعويضات:

1- تنوع مهام العمل

ان تنوع المهام Task Varity في الوظيفة يعد من المزايا التي تهم الموظف وتشعره بأهمية العمل الذي يؤديه. وينظر الموظف بأهمية إلى هذا الجانب حيث يؤثر على مستوى رضاه الوظيفي وبالتالي قد يؤثر على قراره بالاستمرار بالعمل.

2- الاستقلالية في العمل

تختلف الوظائف في مدى استقلالية Autonomy الموظف فيما يتعلق بالقرارات المتعلقة بالتخطيط لمهامها وتنفيذها ومراقبتها، وكلما زادت استقلالية الموظف في هذا المجال كلما أدى ذلك إلى الاستقرار في العمل.

3- ظروف العمل المادية Physical Working Conditions

لا شك ان ظروف العمل المادية (من الاضاءة والحرارة والرطوبة والضوضاء وفترات الاستراحة ومستوى النظافة والتلوث البيئي تؤثر على مدى تقبل الموظف لتلك الظروف، فالموظف يوليها أهمية كبيرة لأنه يعيش تلك الظروف يومياً وفي كل لحظة اثناء العمل.

4- العمل المرن

يجيز أسلوب العمل المرن Flextime للموظف اختيار ساعات العمل التي تتناسب مع ظروفه ضمن ضوابط معينة. ومن أهم ضوابط هذا الأسلوب ضرورة أن يعمل الموظف نفس مجموع عدد الساعات اليومية المطلوبة من أي موظف آخر، لكن في نفس الوقت فإنه يمنح الحق في تحديد ساعة بدء الدوام وانتهاء الدوام بشرط تواجده في ساعات محددة هي على الأغلب ساعات الذروة بالنسبة للعمل.

5- العمل الاسبوعي المكثف

يتضمن هذا الأسلوب (العمل الاسبوعي المكثف Compressed Workweek) السماح للموظف بقضاء ساعات العمل الأسبوعية (40 ساعة مثلا) خلال عدد أيام أقل مثلا أربعة أيام بدلا من خمسة أيام، وهذا يسمح للموظف بقضاء وقت أطول للراحة والتسلية والأعمال الشخصية. وقد أشارت نتائج استخدام هذا الأسلوب إلى زيادة في الرضى الوظيفي للعاملين وانتاجيتهم وتقليل معدلات دوران العمل والغياب لديهم. وبالمقابل أدى هذا الأسلوب في بعض الحالات إلى تعب الموظف وارهاقه مما أدى إلى جودة اقل في المنتجات وفي خدمة العملاء. [13]

هناك مزايا عديدة يمكن ان تقدمها المنظمة لموظفيها، إلا ان المشكلة تكمن في التكلفة الباهظة للموارد البشرية التي تتكبدها المنظمة فيما لو قدمت كافة هذه المزايا الى كافة الموظفين العاملين لديها، وبالتالي فالمشكلة هنا تتعلق في انتقاء الموظفين الذين ستقدم لهم هذه المزايا Who gets What لتحفيزهم والمحافظة عليهم.

تقييم الوظائف

تقييم الوظيفة Job Evaluation هو تحديد مدى أهمية الوظيفة بالنسبة إلى الوظائف الأخرى في المنظمة، وبالتالي فهو يتعلق بمقارنة الوظائف مع بعضها بهدف تحديد الأجور والرواتب بشكل عادل وتحقيق الموضوعية في دفع التعويضات المالية. ويعرف Sallie [14] تقييم الوظيفة بأنه طريقة لاقرار القيم النسبية للوظائف، أنه قياس متدرج للأعمال في المنظمة.

ويمكن تقييم الوظائف وفق إحدى الطرق الوصفية أو الكمية كما يلي:

(13) رمضان، زياد، وأميمة الدهان، ومحسن مخامرة، وفؤاد الشيخ سالم، **المفاهيم الإدارية الحديثة**، الطبعة السابعة، عمان، مركز الكتب الأردني، 2003، ص225.

(14) Sallie Tracey, "Understanding Value and it Implications for Pay Equity and the Wage Gap". MA Dissertation, Carlzton University, Ottawa, 2004, p.9

أولا: الطرق الوصفية Qualitative Methods

1- طريقة الترتيب Job Ranking

هناك طريقتين يمكن اتباعهما وفق طريقة الترتيب:

أ- طريقة الترتيب البسيط:

بموجب هذه الطريقة يتم ترتيب الوظائف ترتيبا تنازلياً فيما يتعلق بالأهمية، فالوظيفة الأهم أولا ثم الأقل أهمية وهكذا.

ويوضح الجدول التالي هذه الطريقة:

الجدول رقم (5)

طريقة ترتيب الوظائف وفق الترتيب البسيط

مسمى الوظيفة	وصف مختصر للمهام	الترتيب
المدير العام	....	1
مدير الموارد البشرية	....	2
رئيس المحاسبة	....	3
مهندس كهربائي	....	4
محاسب	....	5
عامل	....	6

وتتبع هذه الطريقة عادة في المنظمات الصغيرة حيث يكون عدد الوظائف فيها قليلا. وقد تجرى عملية الترتيب من قبل عدد من الأفراد حيث يتم في هذه الحالة استخراج المتوسط الحسابي لهذه الترتيبات واعتماد الترتيب النهائي على أساس المتوسط الحسابي.

ب- طريقة المقارنة المزدوجة

تقوم هذه الطريقة على أساس مقارنة كل وظيفة في المنظمة بالوظائف الأخرى المراد دراستها، حيث يتم وضع جداول تفرغ فيها كافة الوظائف وتقارن كل وظيفة

بالوظائف الأخرى عموديا وأفقيا. فلو كان لدينا ستة وظائف مثلا فإن مصفوفة المقارنة المزدوجة تبدو كما يلي:

الجدول رقم (6)

مصفوفة المقارنة المزدوجة

الوظيفة	محاسب	مراسل	مدير	مشرف	موظف بيع	رئيس قسم	المجموع
محاسب	+	×	-	-	-	-	1
مراسل	-	+	-	-	-	-	صفر
مدير	×	×	+	×	×	×	5
مشرف	×	×	-	+	×	×	4
موظف بيع	×	×	-	-	+	-	2
رئيس قسم	×	×	-	-	×	+	3

× = تعني الوظيفة الأهم.

= تعني الوظيفة الأقل أهمية.

وبناء على المصفوفة السابقة فإنه يمكن ترتيب الوظائف تنازليا من الأهم إلى الأقل أهمية كما يلي:

المدير (5 مرات / كل المرات كانت وظيفته الأهم)

المشرف (4 مرات كانت وظيفته الأهم).

رئيس القسم (3 مرات كانت وظيفته الأهم)

موظف البيع (مرتان كانت وظيفته الأهم).

محاسب (مرة واحدة كانت وظيفته الاهم).

مراسل (كانت وظيفة الأقل أهمية في كل المرات).

وبهذه الطريقة يمكن كما رأينا التوصل إلى وضع الوظائف الاهم في المنظمة ثم الوظائف الأقل أهمية. وتوجه انتقادات عديدة إلى الطرق الوصفية من اهمها أنها تعتمد على الاحكام الشخصية ولا تستند إلى اية معايير موضوعية، وبالتالي فمن الصعب استخدامها إلا في المنظمات الصغيرة.

ثانيا: الطرق الكمية Quantitative Methods

1- نظام التصنيف Classification System

يتم وفق هذه الطريقة تحديد الوظائف في المنظمة وتصنيفها في مجموعات (درجات Grades) بحيث يتم تجميع الوظائف المتشابهة في الواجبات والمسؤوليات.

وتندرج خطوات هذه الطريقة فيما يلي:

1- حصر كافة الوظائف في المنظمة

2- تصنيف الوظائف في المنظمة بشكل مبدئ ضمن مجموعات متشابهة في الواجبات والمسؤوليات. وبهذا تصبح كل مجموعة من الوظائف في مستوى معين من الأهمية بالنسبة لمجموعات الوظائف الأخرى في المنظمة، وهذه الاهمية تعود إلى مدى أهمية كل مجموعة (درجة) ودرجة تعقيدها بالإضافة إلى المهارات المطلوبة لاداءها.

3- تحديد عدد مجموعات (درجات) الوظائف في المنظمة والتي قد تصل في بعض المنظمات إلى 16 درجة.

4- وضع مواصفات كل مجموعة من الوظائف.

5- تقييم كل وظيفة ومقارنتها مع وصف كل مجموعة (درجة) من الوظائف بهدف ادخالها ضمن الدرجة المناسبة.

وفيما يلي نموذجا لبعض التصنيفات حسب الدرجات:

Grade GS -6

تتضمن تصنيفات الوظائف التي تشتمل واجباتها على:

أ- تأدية، اعمالا صعبة ومسؤوليات في المكتب، أو المنظمة أو الادارة المالية، أو أي عمل فني مساعد في مجال مهني، أو علمي، أو فني، وتتطلب:

1- تدريب وإشراف جيد أو خبرات أخرى.

2- معرفة واسعة بالعمل لموضوع متخصص من اجراءات او ممارسات او مبادئ المهنة أو العلوم.

3- اصدار الاحكام المستقلة إلى حد معين.

ب- اداء أية اعمال أخرى بنفس الأهمية، أو الصعوبة، او مستوى المسؤولية والتي تتطلب مؤهلات مماثلة.

Grade GS -10

تتضمن تصنيفات الوظائف التي تشتمل واجباتها على:

أ- تأدية، أعمالا صعبة جدا ومسؤوليات أعلى... في المكتب أو المنظمة، أو الادارة المالية، وتتطلب:

1- خبرة وتدريب، إشرافي أو إداري، متخصص نوعا ما يُمكن من أداء العمل بشكل جيد.

2- معرفة اساسية وشاملة لموضوع متخصص ومعقد او للمهنة، او للعلوم.

3- حرية معنوية لإصدار الأحكام المستقلة.

ب- أداء أية أعمال أخرى بنفس الأهمية، أو الصعوبة، أو مستوى المسؤولية والتي تتطلب مؤهلات مماثلة.

Source: U.S. Office of Personnel Management

وتتطلب طريقة التصنيفات التركيز على ضرورة إجراء مقارنات بين الخطوط الفاصلة لهذه التصنيفات، بحيث يتم احلال كل وظيفة في درجة معينة. فوظيفة سائق شاحنة يمكن ان تحل في Grade GS -6 ووظيفة ميكانيكي سيارات يمكن ان تحل في Grade GS-10 وتمتاز هذه الطريقة بأنها سهلة التصميم ويمكن فهمها بسرعة من قبل الموظفين، بالإضافة إلى انها تعتبر أكثر موضوعية من طريقتي الترتيب البسيط والمقارنة المزدوجة.

2- طريقة مقارنة العوامل Factor Comparison

تعتمد هذه الطريقة على مقارنة الوظائف في المنظمة عن طريق تحديد مجموعة من العوامل في كل وظيفة كالقدرة العقلية والجهد الجسدي والمهارة والمسؤولية وظروف العمل، ويمكن للشخص المقيّم/ المقيّمين إجراء عملية التقييم على أساس كل عامل على حدة Factor-by-factor basis .

ويمكن تلخيص خطوات طريقة مقارنة العوامل كما يلي:

1- تحديد مجموعة الوظائف المرجعية Benchmark Jobs التي سيجري على أساسها تقييم وظائف المنظمة ومقارنتها بها.

ومجموعة الوظائف هذه عبارة عن عينة يجب ان تمثل فيها كافة المستويات الإدارية وكافة الدوائر، بالإضافة إلى ان تكون متنوعة.

2- تحديد عوامل المقارنة والتي تتضمن العوامل الخمسة المتعارف عليها عالميا (القدرة العقلية، والجهد الجسدي، والمهارة، والمسؤولية، وظروف العمل) بالإضافة إلى أي عوامل أخرى قد تجدها المنظمة مناسبة.

3- توزيع الرواتب على الوظائف المرجعية (العينة المختارة) وتحديد نصيب كل عامل من عوامل المقارنة منها، فإذا كان محاسب المواد يتقاضى أجرا قدره 6 دينار في الساعة فإن هذا الأجر يوزع على عوامل المقارنة كما يلي مثلا:

القدرة العقلية 2 دينار.
الجهد الجسدي 0.5 دينار.
المهارة 1 دينار
المسؤولية 1.8 دينار
ظروف العمل 0.7 دينار
6.0 دينار

يلاحظ ان هناك فروق بين التوزيعات، فالقدرة العقلية أربعة اضعاف الجهد الجسدي، والمهارة نصف القدرة العقلية، وهذا يشير على الأهمية النسبية لكل عامل بالمقارنة مع العوامل الأخرى.

وبشكل عام فإنه يتم عمل جدول تبين فيه عملية توزيع الاجور على الوظائف المرجعية الأخرى، كما هو موضح في الجدول التالي كمثال:

الجدول رقم (7)

توزيع الاجور على عوامل المقارنة

الوظائف المرجعية	القدرة العقلية	الجهد الجسدي	المهارة	المسؤولية	ظروف العمل	الاجر الحالي
أ	2.0	0.5	1.0	1.8	0.7	6.0
ب	1.5	0.4	0.5	1.0	0.6	4.0
ج	1.7	0.3	0.2	2.0	0.8	5.0
د	3.0	0.7	1.5	0.8	2.0	8.0

4- ترتيب الوظائف من خلال مقارنة القيم الموجودة في الجدول فيما يخص كل عامل من العوامل الخمسة.

فالقدرة العقلية مثلا يظهر ترتيب الوظائف بموجبها كما يلي:

الجدول رقم (8)

ترتيب الوظائف حسب القدرة العقلية

الوظيفة	الترتيب
أ	2 (2.0)
ب	4 (1.5)
جـ	3 (1.7)
د	1 (3.0)

5- وضع الوظائف المرجعية على ما يسمى "خارطة مقارنة العوامل" والتي تمثل مقياسا من وحدات نقدية للأجر يوضع عليه موقع تلك الوظائف فيما يتعلق بكل عامل من العوامل، كما هو مبين في الجدول التالي:

الجدول رقم (9)

خارطة مقارنة العوامل

وحدات الأجر	القدرة العقلية	الجهد الجسدي	المهارة	المسؤولية	ظروف العمل
2.0		ب			ب
2.5	ب		جـ	د	أ
3.0		جـ	ب		جـ
3.5	جـ		أ		
4.0		أ		ب	د
4.5			د	أ	
5.0	أ	د			
5.5					
6.0	د			جـ	

باستعراض الجدول السابق، ولو أردنا احتساب الأجر المتعلق بالوظيفة أ فإنه يمكن تحديده كما يلي:

	5.0	القدرة العقلية
	4.0	الجهد الجسدي
	3.5	المهارة
	4.5	المسؤولية
	2.5	ظروف العمل
اجمالي	19.0	دينار

6- تقييم باقي الوظائف عن طريق مقارنة العوامل الخمسة في كل وظيفة بالوظيفة المرجعية، كل عامل على حدة بنفس الخطوات التي تم شرحها في البند السابق، حتى نتمكن في النهاية من احتساب القيمة النقدية لكل وظيفة من الوظائف.

3- طريقة النقاط Point Method :

تعد هذه الطريقة من أكثر الطرق موضوعية حيث بموجبها يتم تحديد قيم رقمية لكل عامل من عوامل المقارنة الرئيسة. وفيما يلي الخطوات المتبعة في هذه الطريقة:

1- تحديد عوامل المقارنة الرئيسة والاتفاق عليها، وعادة تستخدم نفس العوامل تقريبا التي تم شرحها في طريقة مقارنة العوامل، إلا أنه يتم تقسيم هذه العوامل الرئيسة إلى عوامل فرعية. فالمهارات يمكن تجزئتها إلى: التدريب، والخبرة العملية، والمسؤولية يمكن تجزئتها إلى: المسؤولية عن الأشخاص والمسؤولية عن المعدات والمواد والمسؤولية عن الأموال.

2- تخصيص نقاط لكل عامل فرعي وفقا للأهمية النسبية للوظائف الخاضعة للتقييم فإذا كانت المسؤولية عن الأشخاص مهمة بالنسبة للوظيفة فإنه يمكن إعطائها مثلا 30% وإذا كانت المسؤولية عن المعدات والمواد أقل أهمية، فإنه يمكن إعطائها وزنا أقل من ذلك، كأن تعطى 20% أو 15% على سبيل المثال.

3- وضع الحد الأعلى من النقاط لكافة عوامل المقارنة في الوظيفة مما سيساعد في عملية تحويل اجمالي النقاط إلى مبلغ نقدي كراتب فإذا كانت الرواتب في إحدى المنظمات تتراوح ما بين 250-950، فمن الممكن وضع الرقم 1000 مثلا كحد أعلى لمجموع النقاط.

4- إقرار مستوى درجات كل عامل من العوامل الرئيسة والفرعية وفقا لمتطلبات الوظيفة، وعلى أسس محددة كأن تكون عالية، ومتوسطة، ومنخفضة، كما يبينه الجدول التالي:

الجدول رقم (10)

التوزيع حسب طريقة النقاط

عوامل المقارنة	مستويات العوامل		
	منخفضة	متوسطة	عالية
المهارات			
- التدريب	40	60	120
- الخبرة العملية	50	80	110
الجهود			
- الجهود العقلية	20	40	70
- الجهود الجسدية	30	70	130
المسؤولية			
- عن الاشخاص	20	50	70
- عن المعدات	30	60	100
- عن الاموال	80	120	180
ظروف العمل			
- خطورة عالية	10	60	100
- حرارة وضوضاء	30	50	70
- تلوث بيئي	10	20	50
المجموع			1000

5- من الجدول أعلاه يتبين أن مجموع 1000 نقطة تم توزيعها على العوامل الرئيسية والفرعية، حيث كان نصيب المهارات 230، والجهود 200 وهكذا.

6- تقييم كل وظيفة بعد الاطلاع على تحليلها ووصفها الوظيفي حتى يتمكن المقيم من اعطاء كل عامل ما يستحقه من نقاط حسب اهميته النسبية.

فعلى سبيل المثال نفترض ان وظيفة (ب) حصلت على النقاط التالية: 120، 50، 40، 30، 50، 10، 80، 70، 40. إذا جمعت هذه النقاط فإن تقييم الوظيفة يكون 520 نقطة من 1000 نقطة. ومجموع عدد النقاط هنا يعبر عن مدى أهمية الوظيفة بالنسبة إلى الوظائف الأخرى حيث يكون الحد الأعلى لجميع الوظائف 1000 نقطة.

ان تطبيق طريقة النقاط تستدعي وجود أخصائيين في مجال تقييم الوظائف وذلك لأن العملية تتضمن أمورا فنية يصاحبها بعض التعقيد وخاصة عند إجراء التوزيع حسب النقاط وعند تقييم كل وظيفة والاطلاع على تحليلها ووصفها الوظيفي.

تصيم هيكل الأجور والرواتب

بعد إجراء عملية تقييم الوظائف والحصول على القيم النسبية لوظائف المنظمة، تأتي مرحلة تصميم هيكل الأجور والرواتب، والتي تمر من خلال الخطوتين التاليتين، علما بأنه سيتم الاستعانة بطريقة النقاط حيث انها اكثر الطرق موضوعية وأوسعها انتشاراً من حيث الاستخدام:

1- تحديد عدد الدرجات Grades في المنظمة

الدرجة هي تجميع الوظائف المتشابهة مع بعضها وذلك من اجل تسهيل عملية وضع الرواتب. فمن الأنسب للمنظمات أن تتعامل مع 15 درجة عن أن تتعامل مع 200 وظيفة منفصلة.

ويشبه هذا الأمر إلى حد بعيد فئات الدرجات في الجامعات حيث يتم اعطاء (أ) للعلامات من 90-100، (ب) للعلامات من 80-89 وهكذا [15]

---

(15) Mondy, R. Wayne and Robert M. Noe, **Human Resource Management** 9th Ed., New Jersey, Pearson Prentice Hall, 2005, p. 300.

ان استخدام الرسم البياني لتوضيح العلاقة بين النقاط والدرجات يساهم في تحديد عدد الدرجات التي ينبغي الاعتماد عليها في المنظمة وبالاطلاع على الشكل رقم (23) تتوضح أمامنا هذه العلاقة:

الشكل رقم (22)

العلاقة بين النقاط والدرجات

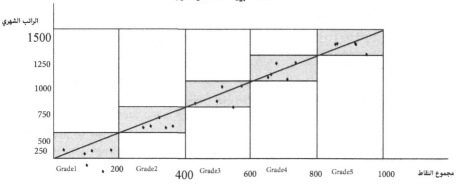

يتبين من الشكل أعلاه أن المحور السيني يمثل الرواتب الشهرية في مجموعات، أما المحور الصادي فيمثل مجموع نقاط كافة الوظائف في المنظمة. ويمكن الاستعانة ببرنامج SPSS من أجل رسم مخطط الانتشار (كل نقطة تمثل التقاء مجموع النقاط مع الراتب المدفوع لكل وظيفة) ومن ثم تقدير خط الملائمة الأفضل -Best of-fit line الذي يقع أقل مربع انحرافات عنه من نقاط الالتقاء.

ومن الشكل أعلاه يمكن ان نستنتج المعلومات المبينة في الجدول التالي:

الجدول رقم (11)
النقاط وحدي رواتب الدرجة

الدرجة	مجموع النقاط	الحد الادنى لرواتب الدرجة	الحد الاعلى لرواتب الدرجة
1	اقل من 200	250	اقل من 500
2	399-200	500	أقل من 750
3	599-400	750	اقل من 1000
4	799-600	1000	اقل من 1250
5	1000-800	1250	1500

ويعتمد عدد درجات الرواتب على عدة عوامل أهمها عدد وظائف المنظمة، فكلما زاد عدد الوظائف يزداد عدد الدرجات. كذلك فإن سياسة الأجور المتبعة فيما يتعلق بمدى الدرجات يؤثر في عدد درجات الرواتب، فكلما زاد المدى اتساعا كلما قل عدد درجات الرواتب.

2- تحديد مدى الراتب ضمن كل درجة

مدى الراتب Pay Range هو الفرق بين الحد الادنى للراتب والحد الاقصى له ضمن الدرجة الواحدة، وبالتالي فمدى الراتب في الدرجة (1) من الجدول السابق

500 - 250 = 250 دينار، ومدى الراتب في الدرجة (2)

750 - 500 = 250 دينار وفي معظم المنظمات نجد أن مدى الراتب في كل درجة يكون مساويا لمدى الراتب في أي درجة أخرى.

أما بالنسبة لحدود كل درجة فهناك ثلاثة أنواع من هذه الحدود يوضحها الشكل التالي:

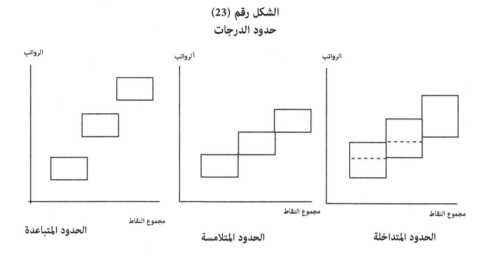

الشكل رقم (23)
حدود الدرجات

الرواتب — الحدود المتباعدة — مجموع النقاط

الرواتب — الحدود المتلامسة — مجموع النقاط

الرواتب — الحدود المتداخلة — مجموع النقاط

وهذه الأنواع من حدود الدرجات هي:

أ- **الحدود المتداخلة**: حيث يتداخل فيها الحد الاقصى للدرجة مع الحد الادنى للدرجة الأعلى. ويتيح هذا النوع لكثير من الموظفين لزيادة الراتب في حالة عدم وجود فرصة للترقية.

ب- **الحدود المتلامسة**: يتلامس فيها الحد الاقصى لراتب الدرجة مع الحد الادنى للدرجة الأعلى.

جـ- **الحدود المتباعدة**: هناك فروق محددة بين الحد الاقصى لراتب الدرجة الأدنى للدرجة الأعلى. ويعد هذا النوع من الحدود الأكثر تحفيزاً لرفع مستوى أداء الفرد وذلك لأن حصوله على درجة أعلى يوفر له فروقا كبيرة في الراتب.

وبغض النظر عن الحدود المتبعة بين الدرجات، هناك العلاوات السنوية داخل هذه الدرجات والتي قد تكون على شكل:

أ- مبالغ محددة، حيث تقسم كل درجة إلى عدد معين من العلاوات السنوية فإذا انتهت هذه العلاوات يرقى الموظف إلى الدرجة الأعلى بالاقدمية Seniority .

ب- نسبة مئوية من الراتب يحصل عليها الموظف حسب تقدير ادائه السنوي وانجازاته، وهنا لا علاقة للدرجة بالاقدمية. فالدرجة تعطى للوظيفة وليس للموظف شاغل الوظيفة.

ومن أهم الانتقادات التي توجه إلى الطرق الثلاثة أنه قد يصادف بعض الموظفين الذين وصلوا إلى الحد الأعلى Ceiling Limit لراتب الدرجة مشكلة في عدم إمكانية زيادة رواتبهم وفي نفس الوقت عدم امكانية ترقيتهم بسبب عدم تغير واجباتهم ومسؤولياتهم.

ولحل هذه الزيادة عن الحد الأعلى للدرجة Topping out قد تلجأ بعض المنظمات إلى صرف مكافأة سنوية تدفع كمبلغ يساوي الزيادة السنوية التي يفترض ان يحصل عليها الموظف فيما لو كان الحد الاعلى للدرجة مفتوحاً.

ولا بد من الإشارة إلى أن الكثير من المنظمات تقوم بإجراء دراسة ميدانية لسوق العمالة محليا او اقليما أو دوليا، ومقارنتها بما تدفعه المنظمة ثم العمل على تعديل سياساتها فيما يتعلق بالرواتب بما يتماشى مع السوق [16] . فالمسح الميداني هدفه إذن التأكد أن الرواتب التي وضعت تقارب الرواتب المدفوعة من المنظمات المماثلة او تزيد عنها وذلك يعتمد على مدى رغبة المنظمة في منع تسرب موظفيها واستقطاب موظفين مؤهلين جدد.

---

(16) صالح، محمد فالح، **إدارة الموارد البشرية**، عمان، دار الحامد للنشر والتوزيع، 2004، ص63.

اسئلة للمناقشة

1- وضح بكلماتك الخاصة، لماذا يجب ان نراعي مبدأ العدالة في وضع الأجور والرواتب.

2- بين بكلماتك الخاصة كذلك، مفهوم الكفاية عند وضع الاجور والرواتب في أي منظمة من المنظمات.

3- اشرح العوامل التي تؤثر في تحديد الاجور والرواتب.

4- الاجور والرواتب مصطلحان متلازمان عند ذكرهما، بين مدى وجود فروقات بين هذين المصطلحين.

5- وضح المقصود بنظام الأجر بالانتاج / القطعة، مع إعطاء مثالا واقعيا على ذلك.

6- هناك عدة أشكال للتعويضات غير المالية. أذكر هذه الأشكال مع شرح موجز عن كل منها.

7- من اهم الطرق الوصفية في تقييم الوظائف طريقة الترتيب، اشرح هذه الطريقة مبينا كيفية ترتيب الوظائف وفق الترتيب البسيط فيها.

8- تعد طريقة النقاط من أكثر الطرق موضوعية في تقييم الوظائف، بين الخطوات الرئيسة لهذه الطريقة.

9- هناك ثلاثة أنواع لحدود كل درجة من الدرجات الأخرى، وضح الأنواع الثلاثة لهذه الحدود.

10- بصفتك خبيرا في إدارة الموارد البشرية، وطلب منك المدير العام ان تقوم بتصميم هيكل جديد للأجور والرواتب. ما هي الخطوات التي تتبعها لتنفيذ ذلك.

الفصل السابع
تقييم آداء العاملين

Employee Performance Appraisal

— مفهوم تقييم أداء العاملين وأهميته
— الرضى الوظيفي وتقييم الاداء
— من هو المسؤول عن عملية التقييم.
— خطوات تقييم أداء العاملين.
— طرق تقييم الأداء.
— مشكلات تقييم الأداء.

الأهداف التعليمية للفصل

يتوقع من الطالب بعد دراسة الفصل السابع ان يحقق الأهداف التعليمية المرجوة للفصل وأن يكون قادراً على:

- إدراك مفهوم تقييم أداء العاملين وأهميته.
- تحديد الأهداف التي تسعى عملية تقييم الأداء إلى الوصول إليها.
- فهم مدى ارتباط مفهوم الرضى الوظيفي لتقييم الاداء.
- معرفة قياس مستوى الرضى الوظيفي بالطريقة المباشرة وبالطريقة غير المباشرة.
- إدراك خطوات تقييم أداء العاملين ومعرفتها.
- الإلمام بطرق تقييم الأداء وإجراء المقارنة فيما بينها.

الفصل السابع
تقييم أداء العاملين

لكل منظمة نظامها الخاص لادارة وتقييم الأداء وسواء كان ذلك متعلقاً بأداء الافراد، أو أداء الاقسام وفرق العمل، أو أداء المنظمة ككل. فمن خلال القياس تستطيع المنظمة ان تحكم على برامجها وأنظمتها وبالتالي على مدى تحقيق أهدافها.

ولاغراض الدراسة، سوف نقوم في هذا الفصل بالتركيز على تقييم اداء الموارد البشرية في المنظمة.

مفهوم تقييم اداء العاملين وأهميته

قد تختلف نتائج منظمتين متنافستين على الرغم من تماثل توفر الموارد المادية والمالية والتكنولوجية والمعلوماتية فيهما، حيث قد يرجع هذا الاختلاف إلى تباين أداء العاملين في كل منهما. [1] وبناء عليه فإن أداء العاملين يعد من أهم محددات نتائج المنظمة، فطريقة ادارة اداء العاملين تنعكس على اداء المنظمة ككل.

ويمكن تعريف تقييم الاداء بأنه عملية تقدير أداء كل فرد من العاملين خلال فترة زمنية معينة لتقدير مستوى ونوعية أداءه. وتنفذ العملية لتحديد فيما إذا كان الاداء جيدا أم لا، وفي أية مجالات. هذا التقدير قد يشمل تنفيذ الأعمال المسندة للفرد و/أو جهوده و/أو سلوكه.[2] وبالتالي تتعلق عملية تقييم أداء العاملين بتحليل سلوك العاملين وادائهم واصدار حكم يمد متخذي القرار في المنظمة بالمعلومات اللازمة عن أداء هؤلاء العاملين. ويذكر ربابعة [3] ان عملية تقييم الاداء تعتبر من السياسات الادارية الهامة لأنها تلزم الرؤساء على متابعة اداء مرؤوسيهم بشكل مستمر، ولاصدار حكم موضوعي على قدرة الموظف

---

(1) Bratton, J. and J. Gold, **Human Resources Maragment: Theory and Practices**, 3rd Ed., Great Britain, Bath, Press, 2003.

(2) برنوطي، سعاد نائف، **إدارة الموارد البشرية**، عمان، دار وائل للنشر والتوزيع، 2007، ص378.

(3) ربابعة، علي محمد، **إدارة الموارد البشرية**، عمان، دار صفاء للنشر والتوزيع، 2003، ص85.

في اداء واجباته والتحقق من سلوكه أثناء العمل وإدراك مدى التحسن الذي طرأ على أدائه.

ومن الأهمية بمكان التمييز بين مفهومي إدارة الاداء وتقييم الاداء. فإدارة الاداء تعمل على التأكد من ان أداء الأفراد يصب باتجاه تحقيق أهداف المنظمة. أما تقييم الاداء يهدف إلى مقارنة أداء الافراد الفعلي مع الاداء المخطط واتخاذ الاجراءات التصحيحة المناسبة لرفع مستوى أداء الأفراد ان كان هناك حاجة إلى ذلك.

تعد عملية تقييم أداء الفرد هامة سواء بالنسبة للمنظمة أو بالنسبة للموظف نفسه. فالمنظمة تهتم بذلك لمعرفة الموظف الجيد من غير الجيد بالنسبة لعناصر محددة كالتعاون والانضباط والانتاجية والاشراف، تمهيدا لتحفيز الموظف الجيد وارشاده أو معاقبة الموظف غير الجيد على أدائه. أما بالنسبة للموظف فتعد عملية تقييم الاداء وسيلة لكي يتعرف الموظف على نقاط القوة ونقاط الضعف لديه، وبالتالي فإنه يقوّم نقاط الخلل لديه ويعزز نقاط القوة بما يؤدي إلى تحسين مستوى أدائه.

ويذكر العامري والغالبي [4] ان عملية تقييم الاداء في جميع منظمات الاعمال تجري لتحقيق مجموعتين من الاهداف:

1- الاهداف التطويرية، وتتمثل في:

- التغذية العكسية عن الاداء.
- التوجه المستقبلي للأداء.
- تشخيص الاحتياجات التدريبية.

2- الاهداف التقييمية، وتتمثل في:

- القرارات المتعلقة بالمكافآت.
- قرارات استقطاب وتعيين العاملين.
- تقييم نظام اختيار العاملين.

---

(4) العامري، صالح مهدي محسن، وطاهر محسن منصور الغالبي، **الادارة والأعمال**، الطبعة الثانية، عمان، دار وائل للنشر والتوزيع، 2008 ص662.

أما درة والصباغ ⁽⁵⁾ فيتناولان أهداف تقييم الاداء من حيث عدة زوايا أهمها:

1- يزود تقييم الاداء متخذي القرارات في المنظمة بمعلومات عن اداء العاملين، وهل هو اداء مُرض أم غير مُرض.

2- يساعد تقييم الاداء المسؤولين في المنظمة على الحكم على مدى إسهام العاملين في تحقيق أهداف المنظمة، وعلى انجازاتهم الشخصية.

3- يشكل تقييم الاداء أداة لتقويم ضعف العاملين واقتراح اجراءات لتحسين ادائهم، وقد يأخذ التحسين شكل تدريب داخل المنظمة أو خارجها.

4- يسهم تقييم الاداء في اقتراح المكافآت المالية المناسبة للعاملين، ففي ضوء المعلومات التي يتحصل عليها من تقييم الاداء يمكن زيادة رواتب العاملين او تخفيضها، بل ويمكن اقتراح نظام حوافز لديهم.

5- يكشف تقييم الاداء عن قدرات العاملين واقتراح امكانية ترقيتهم وتولي مناصب قيادية أعلى.

6- يفيد تقييم الاداء في التخطيط للموارد البشرية في المنظمة فهو يشكل أداة مراجعة لمدى توفر موارد بشرية معينة بمؤهلات محددة واقتراح احلال موارد بشرية أخرى محلها.

7- يعتبر تقييم الاداء وسيلة تغذية راجعة، فهو يبين المطلوب من العاملين وفق معايير أداء معينة.

8- يمثل تقييم الاداء أداة اتصال بين العاملين من جهة وبين رؤسائهم من جهة أخرى وقد يساعد في تحسين او اساءة الفهم المشترك بين الطرفين.

9- يزود تقييم الاداء مسؤولي ادارات الموارد البشرية بمعلومات واقعية عن أداء وأوضاع العاملين في المنظمة. مما يعتبر نقطة انطلاق لاجراء دراسات ميدانية تطبيقية تتناول أوضاع العاملين ومشكلاتهم، وانتاجيتهم، ومستقبل المنظمة نفسها.

---

(5) درة، عبد الباري ابراهيم، وزهير نعيم الصباغ، **إدارة الموارد البشرية في القرن الحادي والعشرين**، دار وائل للنشر والتوزيع، 2008، ص ص 259-260.

10- يسهم تقييم الاداء في تزويد مسؤولي ادارات الموارد البشرية بمؤشرات تنبؤ لعمليات الاختيار والتعيين في المنظمة.

وبالتالي فإن نتائج عملية التقييم لاداء العاملين تستخدم في اتخاذ العديد من القرارات الإدارية والفنية والتي لها أهميتها سواء على مستوى المنظمة أو على مستوى الفرد. وتجدر الإشارة إلى ان عمليات تقييم اداء العاملين ونتائجها يجب ان تكون موضوعية وغير متحيزة، وان تعتمد على صدق المعلومات ودقة التحليلات.

الرضى الوظيفي وتقييم الاداء

ترتبط نتائج تقييم الاداء بمدى رضى الموظف عن عمله وعن علاقاته مع رؤسائه ومع زملائه ومع مرؤوسيه. وبناء عليه، فكلما كان الموظف أكثر رضى عن عمله وعن علاقاته في العمل، كلما أثر ذلك على نتائج تقييمه، فالموظف الراضي يختلف عن الموظف غير الراضي في هذا المجال، مما يؤثر في اداء الموظف واتجاهاته نحو عمله.

لقد حظي موضوع الرضى الوظيفي بأهمية بالغة في أدبيات إدارة الموارد البشرية وإدارة الجودة الشاملة والسلوك التنظيمي في الفترة الاخيرة وذلك لأنه يتعلق بشعور الإنسان ودافعيته للعمل.

ويشير سلطان [6] إلى ان الرضى الوظيفي يتكون من آراء العامل ومعتقداته ومشاعره بخصوص العمل الذي يقوم به، حيث يظهر ذلك في سلوكه عند تعامله مع زملائه وفي مدى احترامه لرئيسه وللانظمة.

وتعرف عباس وعلي [7] مفهوم الرضى الوظيفي بأن وجهة نظر الأفراد العاملين نحو قبولهم واستحسانهم للعمل الذي يزاولونه، فقبول الأفراد لعملهم يولد لديهم مشاعر الرضى عنه.

(6) سلطان، محمد سعيد، **السلوك الانساني في المنظمات**، الاسكندرية، دار الجامعة الجديدة، 2002، ص194.

(7) عباس، سهيلة محمد، وعلي حسين علي، **ادارة الموارد البشرية**، الطبعة الثانية، عمان، دار وائل للنشر والتوزيع، 2007، ص177.

أما العزب فيعرف الرضى الوظيفي بأنه حالة نفسية وشعور الفرد نحو وظيفته، وهذا الشعور يحدث نتيجة لتفاعل عدد من المتغيرات بعضها يتعلق بالفرد نفسه كالعمر والجنس والبعض الآخر يتعلق بطبيعة العمل والزملاء وفرص التقدم الوظيفي وأسلوب الإشراف والراتب[8].

وبناء عليه، فإنه يمكن القول بأن الرضى الوظيفي يشير إلى شعور الفرد تجاه وظيفته ورؤسائه في العمل والمنظمة التي يعمل فيها. هذا الشعور قد يكون قويا وقد يكون ضعيفا، وهو يتقرر غالبا بمقارنة ما هو متوقع مع ما هو حاصل على أرض الواقع. فإذا شعر الموظف بأنه يبذل جهدا أكثر من زميله فإنه يتوقع ان يحصل على مكافأة أكثر منه، وإذا حصل على مكافأة أقل، فإنه لا شك سيشعر بالاستياء وستتأثر اتجاهاته نحو العمل، ومن الجدير بالذكر ان الرضى الوظيفي موضوع فردي يتعلق بالفرد نفسه، فما يمكن ان يكون مرضٍ لشخص معين قد يكون غير مرضٍ لشخص آخر، فالاشخاص لديهم حاجات ودوافع مختلفة.

وهناك عدة أسباب تدعو إلى الاهتمام بالرضى الوظيفي تشمل[9]:

1- ان ارتفاع درجة الرضى الوظيفي يؤدي إلى انخفاض نسبة غياب العاملين في المنظمات المختلفة.

2- ان ارتفاع مستوى الرضى الوظيفي يؤدي إلى ارتفاع مستوى الطموح لدى العاملين.

3- ان الافراد ذوي درجات الرضى الوظيفي المرتفع، يكونون أكثر رضى عند وقت فراغهم وخاصة مع عائلاتهم وكذلك أكثر رضى عن الحياة بصفة عامة.

4- ان العاملين الأكثر رضى عن عملهم يكونون أقل عرضة لحوادث العمل.

5- هناك علاقة وثيقة ما بين الرضى الوظيفي والإنتاج، فكلما كان هناك درجة عالية من الرضى أدى ذلك إلى زيادة الإنتاج.

---

(8)   العزب، حسين محمد، أثر الحوافز على الرضى الوظيفي لدى موظفي وحدات الجهاز الاداري الحكومي في محافظة الكرك، **مجلة المحاسبة والإدارة والتأمين**، العدد السادس والستون، السنة الخامسة والاربعون، 2006، ص ص 85-127.

(9)   الحنيطي، إيمان محمد علي، **دراسة تحليلية للرضى الوظيفي لدى أعضاء هيئة التدريس في كلية التربية الرياضية في الجامعات الأردنية**، رسالة ماجستير غير منشورة، الجامعة الأردنية، 2000، ص17.

العوامل المؤثرة في الرضى الوظيفي

تتعدد العوامل التي تؤثر على مستوى الرضى الوظيفي من حيث كونه قوياً أو ضعيفاً، ومن اهم تلك العوامل:

1- **ظروف العمل المادية:** تعد ظروف العمل المادية من اهم العوامل التي تؤثر على الرضى الوظيفي، فالإضاءة المناسبة ودرجة الحرارة الملائمة وأوقات الراحة يؤثران بلا شك في مستوى الرضى الوظيفي للفرد.

2- **علاقات الفرد**، سواء بين الموظف ورئيسه في العمل أو بين الموظف وزملائه أو بين الموظف ومرؤوسيه، فإذا كانت العلاقات جيدة فسيكون لذلك الأثر الإيجابي على مستوى الرضى الوظيفي.

3- **التعويضات:** يجب ان يكون نظام التعويضات والمكافآت عادلا وأن يكون تطبيقه موضوعيا وغير متحيز. وبالتالي فإن طريقة التعويض تؤثر على مدى شعور الفرد بإيجابية نحو العمل والمنظمة.

4- **اسلوب الإشراف:** هنالك اجمالا أربعة أساليب معروفة للاشراف: الأسلوب الديكتاتوري، والأسلوب الاوتوقراطي، والأسلوب الديمقراطي، والأسلوب الحر. وقد يسمح للموظفين بالمشاركة في وضع الاهداف واتخاذ القرارات وقد لا يسمح لهم بذلك.

وبالتالي فاسلوب الإشراف الذي يناسب الفرد يؤثر على شعوره نحو العمل والمنظمة كذلك.

5- **فرص الترقية:** قد تتبع المنظمات اسلوب الترقية من الداخل promtion from within وبالتالي تفتح أمام العاملين فرص جيدة لترقيتهم، وقد يتبع أسلوب التعيين من الخارج، وبالتالي فإن أي فرص للترقية تكون مقفلة مهما كانت كفاءة الموظفين ومهما كان أدائهم.

6- **الخصائص الشخصية:** قد يكون لبعض الخصائص الشخصية كالجنس والعمر والمستوى التعليمي ومستوى الدخل والحالة الاجتماعية ومدة العمل بالمنظمة أثر

على مستوى الرضى الوظيفي، حيث قد تختلف معنوية هذه التأثيرات وقوتها بين موظف وآخر.

7- **محتوى الوظيفة**(10)

من العوامل التي تلعب دوراً هاماً في تحديد الرضى الوظيفي محتوى الوظيفة نفسها من حيث نوعها ومهامها، فبعض الاعمال تحتاج إلى الدقة والسرعة في التنفيذ، فربما يكون مستوى الرضى فيها منخفض مقارنة بالأعمال التي يمكن للعامل ان يقوم فيها بمهام متعددة، والتي يوجد فيها إثراء وظيفي يمكّنه من الأداء بطريقة يتوافق مع قدراته وامكاناته.

قياس مستوى الرضى الوظيفي

ان قياس مستوى الرضى الوظيفي يعد مهماً بالنسبة لأي منظمة، لأنه يعبر عن مدى نجاح إدارة المنظمة في التعامل مع موظفيها والحصول على ثقتهم. وإجمالاً هناك طريقتان أساسيتان لقياس الرضى الوظيفي:

1- الطريقة غير المباشرة

تقيس هذه الطريقة مستوى الرضى الوظيفي من خلال دراسة الآثار السلوكية له كالغياب وترك الخدمة، ويغلب على هذه الطريقة الطابع الموضوعي إذ تستخدم وحدات قياس موضوعية لرصد السلوك فيه. ويتميز هذا النوع من المقاييس بأنه يفيد في التنبيه بالمشكلات الخاصة برضى الموظفين، ولكنه لا يوفر بيانات تفصيلية تتيح التعرف على أسباب هذه المشكلات وتشير إلى أساليب العلاج الممكنة(11).

ويذكر ماهر (12) في هذا المجال أن الرضى الوظيفي يرتبط بمعدلات الغياب عن العمل، وبمعدل دوران العمل، واللذان يعتبر كل منهما معبرا عن المشاعر التي يحملها

(10) الجريد، عارف بن ماطل، **التحفيز ودوره في تحقيق الرضا الوظيفي لدى العاملين بشرطة منطقة الجوف**، رسالة ماجستير غير منشورة، جامعة نايف العربية للعلوم الامنية، 2007، ص50.

(11) فلمان، ايناس فؤاد نواوي، "**الرضى الوظيفي وعلاقته بالالتزام التنظيمي لدى المشرفين التربويين والمشرفات التربويات بإدارة التربية والتعليم بمدينة مكة المكرمة**"، رسالة ماجستير غير منشورة، جامعة ام القرى بمكة، 1429هـ 2008، ص67.

(12) ماهر، احمد، **السلوك التنظيمي مدخل بناء المهارات**، الطبعة الثامنة، الاسكندرية، الدار الجامعية، 2002، ص185.

الموظف تجاه العمل. وبتحليل هذه المؤشرات يمكن الحكم بصفة عامة على درجة الرضى الوظيفي.

يمكن الاستدلال على مستوى الرضى الوظيفي من دراسة المؤشرات المذكورة أعلاه، ولكن يرى الباحث أن هذه الطريقة تعطي نتائج تقريبية وغير دقيقة عن مستوى الرضى الوظيفي، وبالتالي فإن الاعتماد على الطريقة المباشرة والتي سيأتي شرحها تاليا أدق وأكثر تفصيلا من الطريقة غير المباشرة. وبنفس الوقت فإن الطريقة غير المباشرة لا تعطي أي تفاصيل عن مستوى الرضى لدى الموظف عن كل عنصر أو مكون من مكونات الرضى الوظيفي ولكن الحكم يكون عاما.

2- الطريقة المباشرة

تقيس هذه الطريقة مستوى الرضى الوظيفي بأساليب تقديرية مباشرة من خلال سؤال الأشخاص عن شعورهم إزاء الأمور المتعلقة بعملهم، ويذكر فيليب [13] في هذا المجال أن الطريقة تركز على الأمور المتعلقة بمكان العمل والبيئة المحيطة بالعمل سواء تلك الداعمة أو المعوقة. والمقصود بذلك الكشف عن مدى التغير في مناخ العمل، كالتغير في الاتصالات، والانفتاح على الآخرين، والثقة بين الإدارة والموظفين.

هناك العديد من أدوات جمع المعلومات عن الموظف في هذا المجال من أهمها الملاحظة والمقابلة والاستبانة، ولعل اكثر هذه الادوات استخداماً في قياس مستوى الرضى الوظيفي هي الاستبانة، حيث تقوم إدارة الموارد البشرية عادة بتصميمها واعدادها وتوزيعها على أفراد العينة التي يتم اختيارها وفق احدى الطرق المعروفة، ومن ثم جمعها بعد تعبئتها وتحليلها.

يوجد العديد من المقاييس التي تستخدم في قياس الرضى الوظيفي من اهمها مقياس ليكرت Likert Scale ذو الخمس درجات والمكون من عدد من العبارات التقديرية حيث يطلب من الموظف المبحوث الإشارة إلى درجة موافقة أو عدم موافقته على هذه

---

(13) فيليب، جاك، ورون ستون، **الاستثمار البشري: أدوات وخطوات قياس العائد**، ترجمة إصدارات بميك، القاهرة، 2003، ص371.

العبارات، من خلال الاجابة على اختيار واحد من بين خمسة اختبارات متدرجة عادة على النحو التالي: أوافق بشدة - أوافق - غير متأكد - غير موافق - غير موافق ابدا - أو راضي جدا - راضي - محايد - غير راضي - غير راضي اطلاقا.

وحتى نتمكن من ترجمة هذه الخيارات إلى أرقام نقوم بإعطاء نقاط أو درجات إلى كل من هذه الخيارات حيث تتدرج الأرقام من (1) لعبارة لا أوافق ابدا إلى (5) لعبارة أوافق بشدة.

يمكن إجراء التحليلات الضرورية كالمتوسطات الحسابية والانحراف المعياري والتكرارات والنسب المئوية والارتباط والانحدار، وذلك باستخدام برنامج Excel أو باستخدام أحد البرامج الجاهزة مثل Eviews أو SPSS .

مثال:

قامت إدارة الموارد البشرية بتصميم استبانة مكونة من ثلاثين عبارة لقياس رضى العاملين لديها، ولأغراض التسهيل فإننا سنكتفي باستعراض عشرة عبارات منها فقط كما يلي:

الرقم	نص العبارة	اوافق بشدة	أوافق	غير متأكد	غير موافق	غير موافق بشدة
1	هناك علاقة جيدة بيني وبين رئيسي في العمل					
2	أحبذ نمط الإشراف الذي يتبعه رئيسي					
3	هناك علاقة جيدة بيني وبين زملائي.					
4	اشعر بأنني احقق ذاتي عندما أقوم بعملي					
5	احصل على دعم وتأييد من رئيسي عند مجابهة مشكلة					
6	اشعر ان لدي تجربة في تنفيذ العمل بطريقتي					
7	يحرص الرئيس على ان يبدي الموظف رأيه قبل اتخاذ قراراته.					
8	اشعر بالسعادة اثناء ادائي لعملي					
9	لدي انتماء كبير لعملي					
10	لدي ثقة كبيرة في أسلوبي في ادارة المنظمة					

والجدول التالي يمثل إجابات عينة مكونة من خمسة عشر موظفاً على عبارات الاستبانة أعلاه.

رقم الموظف	1	2	3	4	5	6	7	8	9	10
1	2	5	4	4	3	3	5	3	5	4
2	2	4	3	3	3	3	2	2	4	3
3	3	2	4	5	1	2	2	1	2	1
4	2	2	5	3	3	3	4	4	4	4
5	4	4	4	4	4	5	5	5	4	3
6	1	4	4	4	4	4	3	3	3	4
7	1	1	5	5	2	2	1	1	2	1
8	2	2	5	3	3	3	2	2	2	2
9	1	3	5	4	1	4	3	3	3	3
10	2	1	5	4	2	2	2	2	2	3
11	5	5	5	5	4	4	4	4	4	3
12	3	3	3	5	2	2	2	2	3	3
13	4	4	4	5	4	4	4	4	4	4
14	4	5	4	4	4	4	4	3	5	3
15	5	5	4	4	2	3	4	3	2	3

المطلوب ايجاد مستوى الرضى عن كل عبارة بالإضافة إلى مستوى الرضى الوظيفي العام.

الحل:

أولا: إيجاد المتوسط الحسابي لكل عبارة من خلال جمع الأرقام وقسمة مجموعها على عددها.

ثانيا: إيجاد الوسط الحسابي العام هو عبارة عن متوسط متوسطات العبارات والذي يمثل مستوى الرضى الوظيفي المطلوب.

وبعد احتساب المتوسط الحسابي لكل عبارة والمتوسط الحسابي العام تبدو النتائج كما يلي:

العبارة	نص العبارة	المتوسط الحسابي
1	هناك علاقة جيدة بيني وبين رئيسي في العمل	2.73
2	أحبذ نمط الإشراف الذي يتبعه رئيسي	3.33
3	هناك علاقة جيدة بيني وبين زملائي	4.27
4	أشعر بأنني أحقق ذاتي عندما اقوم بعملي	4.13
5	احصل على دعم وتأييد من رئيسي عند مجابهة مشكلة	2.80
6	اشعر ان لدي تجربة في تنفيذ العمل بطريقتي	2.80
7	يحرص الرئيس على ان يبدي الموظف رأيه قبل اتخاذ قراراته.	3.20
8	اشعر بالسعادة أثناء ادائي لعملي.	3.13
9	لدي انتماء كبير لعملي.	2.80
10	لدي ثقة كبيرة في أسلوبي في إدارة المنطقة	2.93
المتوسط العام		3.26

ثالثا: تساعد هذه النتائج على اكتشاف مواطن القوة ومواطن الضعف، حيث يمكن ان نستنتج بأن العبارات رقم (1)، (5) هم أقل المتوسطات الحسابية وبالتالي تعمل الادارة على الاهتمام بها ومعالجة أوضاعها، وأما نقاط القوة المتمثلة في رقم (3)، (4) فتسعى الإدارة إلى تعزيزها.

رابعا: من المفيد في هذا المجال إجراء المقارنة المرجعية Benchmarking مع ارقام مخططة لمستوى الرضى، او مع نتائج فترات ماضية لنفس المنظمة، او مع نتائج مسوحات الرضى لمنظمات أخرى منافسة.

ويعد الرضى الوظيفي متغيرا مستقلا للعديد من المتغيرات التابعة وبالتالي يؤثر فيها بدرجات متفاوتة، وذلك حسب أفراد العينة المختارة.

ويذكر حريم [14] في هذا المجال ان من القضايا الجدلية التي اثارت نقاشا حاداً هي دراسة العلاقة بين الرضى الوظيفي ومستوى الاداء والانجاز....

وكشفت الدراسات السابقة عن نتائج متضاربة، وعن علاقة معقدة ليست باتجاه واحد، أي بمعنى آخر ان الرضى الوظيفي يؤدي إلى أداء أفضل، وأن الانجاز العالي يساعد على رفع مستوى الرضى الوظيفي.

أما عن العلاقة بين الرضى الوظيفي ومعدلات التغيب ومعدل دوران العمل فمن المنطقي أن يميل الموظف الراضي عن عمله إلى عدم التغيب بدون عذر أو ان يكون لديه شعور أكبر بالاستقرار مما يجعله لا يسعى إلى تغيير مكان عمله.

من هو المسؤول عن عملية التقييم

يمكن القول بأن هناك عدة اطراف قد تقوم بعملية تقييم أداء العاملين، هذه الاطراف مهما اختلفت تجاربها، إلا ان كل منها له علاقة بمن يجري تقييم ادائه بحيث يستطيع المقيم من خلال اتصالاته معه ان يحكم على ادائه بدرجة جيدة من الدقة. ومن أهم هؤلاء المقيمين:

1- الموظف نفسه (التقييم الذاتي)

قد يتم منح الموظف حق تقييم نفسه (التقييم الذاتي Self Evaluation) فالموظف نفسه هو من يعرف كل تفاصيل سلوكه وأسلوب ادائه ومواطن قوته وضعفه اكثر من غيره. ان الهدف الأساسي من التقييم الذاتي هو التطوير وليس التقييم ذاته. ويتبع هذا الخيار في العديد من الشركات التي يتوقع ان يكون موظفوها على قدر كبير من المسؤولية كمراكز الابحاث وشركات الاستشارات. إلا أن ما يعيب هذا الخيار احتمال ان

---

(14) حريم، حسين، السلوك التنظيمي: سلوك الأفراد والجماعات في منظمات الأعمال، عمان، دار الحامد، 2004، ص98.

يحاول الموظف تجميل سلوكه واهمال اخطائه ونقاط ضعفه، مما يؤثر على مصداقية عملية التقييم.

2- المشرف Supervisor

يفترض ان يكون المشرف هو أكثر الافراد معرفة بتفاصيل مهام الوظيفة وواجباتها، وكذلك بمستوى أداء الموظف، فالمشرف هو الذي يساهم في وضع معايير الاداء، ولديه القدرة على قياس الاداء الفعلي ومقارنته بالمعايير الموضوعية.

وعلى الرغم من ذلك، إلا أن كثيرا ما يطلب المشرف من الموظف اداء أعمال معينة أو القيام بسلوك معين كالعمل بعد انتهاء الدوام الرسمي، وهذه الأعمال هي بالأساس غير مدرجة بالوصف الوظيفي، وبالتالي قد تحسب على أنها من مظاهر المواطنة التنظيمية Organizational Citizenship ولكنها لا تؤخذ بعين الاعتبار عند قيام المشرف بعملية التقييم.

3- الزملاء Peers :

المقصود بالزملاء اعضاء فريق العمل، زملاء العمل بالدائرة، زملاء المنظمة ممن يتعامل معهم الموظف.

(15)

يتميز الزميل في العمل بأن لديه معرفة كذلك بالوظيفة وواجباتها، وقد تسنح أمامه فرصة أكبر لمشاهدة كل ما يقوم به الموظف وبشكل تفصيلي. وعلى الزميل في العمل المقيم ان يتمتع بالصدق والامانة مع نفسه ومع غيره، وأن لا يدع مجالا للمنافسة غير الشريفة ان تؤثر على حكمه وقراره.

ان العمل الجماعي والمصلحة العامة هما اللذان ينبغي ان يضعهما المقيّم نصب عينيه عند تقييم أداء زميله في العمل.

4- المرؤوسين Subordinates

يعد المرؤوسين مصادر هامة للمعلومات المتعلقة بأداء الرئيس فهم قريبون منه ويطلعون على سلوكه وتصرفاته. إلا ان المشكلة في هذا الخيار هي احتمال ان يسعى

---

(15) Price, Alan, **Human Resource Management in a Business, Context 3**rd Ed., Australia, Thomson, 2007, p. 453.

الرئيس الذي يجري تقييمه إلى استرضاء الموظفين الذين يقومون بتقيميه، مما قد يشوه من عملية التقييم.

5- العملاء Customers

ان التوجه إلى التركيز على العملاء يجعل هؤلاء العملاء قريبين من موظفي المبيعات وغيرهم، وبالتالي يمكن استخدامهم كمصدر وثيق للمعلومات. ويمكن للعملاء ان يدلو بدلوهم ويعطوا آرائهم في الخدمة المقدمة لهم والمسؤولين عن تقديم هذه الخدمة من خلال وسائل عديدة كالمقابلة الشخصية او توزيع الاستبانات يدا بيد أو بواسطة الانترنت.

6- الحصول على التغذية العكسية من كل الاتجاهات

يقوم هذا المدخل المتعلق بالحصول على التغذية العكسية من كل الاتجاهات 360- degree Feedback على أساس جمع المعلومات من كافة الاطراف التي لها علاقة بالموظف (الاتجاه إلى الأعلى (الرئيس) الاتجاه إلى نفس المستوى الوظيفي (الزملاء)، الاتجاه إلى الاسفل (المرؤوسين)) وحتى الاتجاه إلى خارج المنظمة (العملاء). [16]

أما Gupta [17] فيذكر ان التغذية العكسية من كل الاتجاهات تتضمن:

1- الاتجاه إلى الاسفل Downward من المشرف.

2- الاتجاه إلى الأعلى Upward من المرؤوسين.

3- الاتجاه الجانبي Laterally من الزملاء.

4- الاتجاه إلى الداخل Inwardly من الاهداف الموضوعة.

وبذلك فإن هذا المدخل يجمع بين كافة أنواع المقيمين لمحاولة الاستفادة من المعلومات التي يمتلكونها، كل من وجهة نظره، ومن الزاوية التي يطلع عليها في علاقاته مع من يجري تقييمه. وعلى الرغم من ان هذا المدخل هو الأكثر قدرة على جمع

(16) De Nisi, Angelo 5. and Ricky W. Griffin, **Human Resources Managemnt**, Boston, Houghton Mifflin, 2001, p. 242.

(17) Gupta, S.C., **Advarced Human Resource Management: Strategic Perspective**, New Delhi, Ane Books Put. Ltd., 2009, p.217.

المعلومات إلا ان تكلفة الحصول على معلومات من خلاله قد تكون عالية حيث يتطلب ذلك جهدا أكبر ومتابعة اكثر.

وأيا كان الطرف الذي يقوم بالتقييم إلا ان المشرف يمارس دوراً حيوياً في عملية التقييم، لأنه يساهم في وضع معايير الاداء وهو المسؤول عن أداء مرؤوسيه ومتابعتهم.

خطوات تقييم أداء العاملين

تمر عملية تقييم اداء العاملين في أي منظمة بخطوات أساسية هي:

1- وضع معايير الاداء

ان لتحليل العمل وما يتبعه من الوصف الوظيفي ومواصفات شاغل الوظيفة دوراً أساسيا في وضع معايير الاداء لكل وظيفة من وظائف المنظمة، وتعتمد قياسات الاداء على ثلاثة اسس:

أ- **القياس المبني على النتائج Result – based** : يتم التركيز وفق هذا المقياس على النتائج وليس على النشاطات
- والتفاصيل، كاستخدام قيمة المبيعات المحققة لتقييم أداء موظفي البيع، وقد يستخدم في هذا المجال إما مدخل الإدارة بالأهداف MBO والذي يشارك الموظف بموجبه في وضع الاهداف، أو مدخل معايير العمل Work Standards حيث تحدد تعليمات العمل للوصول إلى هذه الاهداف.

ب- **القياس المبني على السلوك Behavior – based** : يتم قيام سلوك الموظف وأخذه بالاعتبار عند تقييم الاداء كانضباط الموظف وعمل الفريق، إلا ان هناك مشكلة في تحديد السلوكيات التي ينبغي ادخالها في التقييم ومدى أهميتها النسبية.

ج- **القياس المبني على السمات Trait-based** : بموجب هذا النوع من القياس فإنه يتم قياس قدرات الموظف وخصائصه الشخصية كالبشاشة والاتجاهات الايجابية ومهارات الاتصال.

2- ابلاغ العاملين بالمعايير

يجب على المشرف المباشر والذي يكون له دوراً أساسياً في عملية التقييم ان يقوم بالتأكد من ابلاغ العاملين بالأسس المعتمدة لتقييم الاداء وبالمعايير التي تحدد مستوى الاداء في المنظمة. بالإضافة إلى ذلك فقد يتم ابلاغ العاملين بالمعايير من خلال وسائل أخرى كابلاغ الموظف الجديد أثناء عملية التوجيه.

وبشكل عام فإن ليس من المنطق تقييم اداء الموظف إزاء معايير محددة في عمله دون معرفته التامة بهذه المعايير التي سيتم تقييم اداءه على أساسها. ويجب الاشارة هنا إلى ضرورة مراجعة وتحديث المعايير على فترات دورية أو وفق ما تتطلبه الحاجة.

3- قياس الاداء الفعلي

يعتبر قياس الاداء الفعلي عملية يتم بمقتضاها جمع وتجهيز البيانات المتعلقة بنتائج الاداء المحقق في مدة زمنية محددة. وتتطلب عملية قياس الاداء الفعلي وجود مقاييس يتم تصميمها على أساس معايير الاداء المحددة مسبقا. [18]

وتقوم عملية قياس الاداء إما على أساس فردي من حيث النتائج والسلوك والسمات أو على أساس جماعي كقياس مدى تماسك أعضاء الفريق وانجازاتهم والتعاون مع الفرق الأخرى.

4- مقارنة الاداء الفعلي بالمعايير

بعد إجراء قياس الاداء الفعلي، يقوم المقيّم بمقارنة الاداء الفعلي مع المعايير الموضوعة مسبقا. وفي هذه الحالة هناك ثلاثة احتمالات:

الاحتمال الاول: ان يكون الاداء الفعلي اقل من المستوى المحدد من خلال المعايير. وفي هذه الحالة فإننا بحاجة إلى اجراء تصحيحي معين قد يتلخص في انذار الموظف أو تدريبه أو توجيهه أو أي إجراء آخر مناسب.

---

(18) بوسنينة، الصديق منصور، وسليمان الفارسي، الموارد البشرية: اهميتها، تنظيمها، مسؤوليتها، مهامها، الجماهيرية العظمى، أكاديمية الدراسات العليا، 2003، ص381.

- **الاحتمال الثاني**: ان يكون الاداء الفعلي مساويا للمستوى المحدد من خلال المعايير، وبذلك يكون الموظف قد قام بواجباته كما يجب، وليس هناك حاجة إلى أي اجراء تصحيحي.
- **الاحتمال الثالث**: ان يكون الاداء الفعلي اكبر من المستوى المحدد من خلال المعايير. وفي هذه الحالة يكون قرار الادارة بتحفيز الموظف وصرف مكافآت مالية أو غيرها للموظف المعني.

5- مناقشة النتائج مع الموظف:

هناك اتجاهين في هذا الحال الاتجاه الأول يؤيد مناقشة نتائج التقييم مع الموظف، بينما يؤيد الاتجاه الثاني بقاء المعلومات سرية ونتائج التقييم غير معلنة.

وتتبع كثيرا من المنظمات سياسة مقابلة الموظف الذي تم تقييم ادائه ومناقشة النتائج التي تم التوصل إليها عن أدائه معه، حيث ان الهدف من ذلك هو ابلاغ الموظف بمواطن ضعفه لأجل تفاديها في المستقبل ومحاولة تطوير الاداء. قد ينظر البعض إلى مثل هذه المقابلات بعدم الارتياح وخاصة عندما يكون فيها نوع من المكاشفة والتغذية الراجعة غير الايجابية، وبالتالي وخلال إجراء المقابلة التي تجرى عادة من قبل الرئيس الاصلي بحضور الرئيس المباشر للموظف، فإنه ينبغي على مجري المقابلة أن يكون واضحا ومحددا فيما يتعلق بجوانب القصور من قبل الموظف ولا يخفي عنه أي ملاحظة أو تقييم، بالإضافة إلى ذلك فإنه يجب تشجيع الموظف على ان يبدي رأيه في التقييم بشكل صريح وبدون أي قيود أو حواجز.

وهناك بند في نماذج تقييم الاداء في الشركات التي تتبع سياسة مقابلة الموظف يحدد فيه موقف الموظف من موضوعية عملية التقييم وعدالتها، وبإمكانه ان يعبر عن رضاه/ أو عدم رضاه في هذا المجال من خلال كتابة رأيه في المساحة المخصصة لذلك.

6- اقتراحات تحسين الاداء

الخطوة الاخيرة في عملية تقييم اداء العاملين تتعلق بتقديم الرئيس المباشر لتوصياته لتحسين مستوى الاداء، وذلك اعتمادا على نتائج التقييم، فقد يقترح الرئيس

المباشر اشراك الموظف الذي يجري تقييمه بدورات تدريبية معينة، أو يقترح نقله إلى وظيفة أخرى اكثر تناسباً مع قدراته ومهاراته.

هناك بعض الجوانب التي يتم لفت نظر الموظف إلى ضرورة تحسين أدائه فيها، والتي لو تمكن من الاهتمام بتقويتها وبذل الجهود لمعالجتها، لتحسن أدائه في هذه الجوانب وبالتالي ارتفع مستوى الاداء العام.

طرق تقييم الاداء

يمكن تقسيم طرق اداء العاملين إلى مجموعتين: المجموعة الأولى تتعلق بالطرق التقليدية للتقييم، والمجموعة الثانية تتعلق بالطرق الحديثة:

أولا: طرق التقييم التقليدية

1- طريقة الترتيب البسيط

تعتمد طريقة الترتيب البسيط Simple Ranking Method على ترتيب العاملين تنازلياً من الاداء الأفضل إلى الاداء الاسوأ وتعد هذه الطريقة غير موضوعية لأنها تعتمد على الحكم الشخصي وذلك لأنها ترتكز على علاقة الفرد الشخصية بالمقيّم، بالإضافة إلى صعوبة اتباع هذه الطريقة عندما يكون عدد العاملين بالدائرة كبيرا.

2- طريقة المقارنة الثنائية

بموجب طريقة المقارنة الثنائية Paired Comparison يقوّم المقيّم بموجب أداء كل فرد من المجموعة التي يقوم بتقييمها مع الأفراد الآخرين، وفي النهاية يقوم المقيم باحتساب عدد المرات التي يكون فيها الفرد أفضل من الآخرين. وقد سميت الطريقة بالمقارنة الثنائية لأنه يتم مقارنة أداء الفرد مع اداء فرد آخر في كل مرة، فكل عملية مقارنة تأخذ فردين فقط، وهكذا حتى نصل إلى الترتيب السليم.

3- طريقة التوزيع الاجباري

في هذه الطريقة يكون كل رئيس مجبرا (نسبيا) على توزيع مرؤوسيه على مقياس الكفاءة بشكل تحدده المنظمة [19].

(19) ماهر، احمد، **إدارة الموارد البشرية**، الابراهيمية، الدار الجامعية، 2005، ص300.

قد تفرض الادارة العليا للمنظمة في بعض الاحيان اتباع طريقة التوزيع الاجباري Forced-Distribution والذي بموجبه يتم توزيع العاملين إلى مجموعات حسب التوزيع الطبيعي لأي مجتمع، فيكون تقدير 10% منهم مثلا كممتاز، 20% منهم كجيد جدا، 40% منهم كجيد، 20% منهم كأداء مرضي، 10% منهم كأداء ضعيف، وهذا ما يوضحه الشكل التالي:

الشكل رقم (24)
التوزيع الاجباري لتقييم الاداء

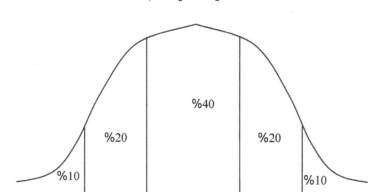

إن بعض المقيمين المدراء قد يكون متساهلاً في التقييم أو متشددا في التقييم أكثر من الحد اللازم وبالتالي قد تجبر الادارة العليا المدير المسؤول عن التقييم على اتباع هذا التوزيع. إلا ان من أهم الانتقادات التي وجهت إلى هذه الطريقة هي انها لا تصلح لعدد الموظفين القليل، فإذا كان هناك خمسة أو سبعة موظفين في الدائرة فكيف سيتم احتساب النسبة.

4- طريقة قياس التقييم البياني

تعتمد طريقة مقياس التقييم البياني Graphic Rating Scale على حصر عدد من الصفات أو الخصائص للعمل، ومن ثم تتم عملية تقييم كل فرد بقدر توفر هذه الصفات أو الخصائص فيه.

وفيما يلي أحد نماذج التقييم المستخدمة في التقييم البياني:

الشكل رقم (25)

نموذج تقييم أداء الموظفين

اسم الموظف .... رقم الوظيفة ....

الدائرة .... اسم المسؤول المباشر ....

ضعيف نقطة	متوسط نقطتين	فوق المتوسط 3 نقاط	جيد 4 نقاط	ممتاز 5 نقاط	عنصر التقييم	الرقم
					كمية العمل	1
					الدقة في العمل	2
					السرعة في العمل	3
					القدرة على التحسين	4
					الانضباط	5
					التعاون	6
					مهارات الاتصال	7
					تحمل المسؤولية	8
					القدرة على التخطيط	9
					القدرة على الاشراف	10

وهناك نوعين من اساليب التقدير يقوم بها المقيم:

أ- التقدير على اساس الوصف التدريجي أي ضعيف، متوسط، فوق المتوسط، جيد، ممتاز، كما يلي:

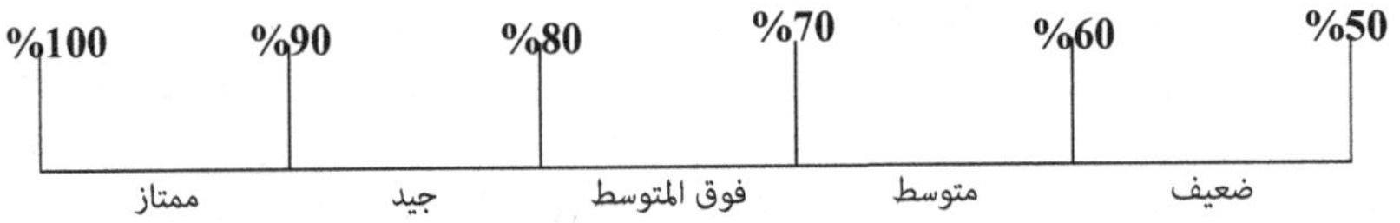

100%	90%	80%	70%	60%	50%
ممتاز	جيد	فوق المتوسط	متوسط	ضعيف	

ب- التقدير على أساس الجمل التدريجية والذي يتمثل في وضع جمل تصف أداء الموظف وسلوكه كما يلي:

| %100 | %90 | %80 | %70 | %60 | %50 |

| لا توجد أخطاء | أخطاء نادرة | أخطاء مبررة | أخطاء كثيرة إلى حد ما | أخطاء كثيرة وإهمال |

وعلى الرغم من أن هذه الطريقة تستخدم كثيرا في مجال الاعمال، إلا أنها لا تعطي الموظف فكرة عما يجب تغييره عندما تكون تقديراته سيئة.

5- طريقة الوقائع الحرجة

تعتمد طريقة الوقائع الحرجة Critical Incident Method على قيام المقيم بتسجيل الوقائع الهامة سواء كان الموظف ناجحا أو فاشلا في ادائها، ويذكر المرسي[20] أنه وفقا لهذه الطريقة يقوم المقيم بتركيز انتباهه على الاحداث المؤثرة التي تميز بين الاداء الفعال وغير الفعال للوظيفة.

وعادة يتم تجميع الوقائع والاحداث المؤثرة على نتائج الاداء وذلك في ضوء ما حدث في الماضي. وعلى هذا الاساس يقتضي التقييم بموجب طريقه الوقائع الحرجة تقسيم هذه الوقائع إلى قسمين، بحيث يشير القسم الأول من هذه الوقائع إلى تلك التي ساهمت بشكل كبير في زيادة مستوى الاداء. بينما يشير القسم الثاني إلى تلك التي ساهمت وبشكل كبير أيضاً في انخفاض مستوى الأداء.[21]

(20) بوسنينة، الصديق منصور، وسليمان الفارسي، **المرجع السابق**، ص396.

(21) المرسي، جمال الدين محمد، **الادارة الاستراتيجية للموارد البشرية**، الابراهيمة، الدار الجامعية، 2006، ص425.

إلا أن من مشاكل هذه الطريقة أنها تأخذ وقتاً طويلاً من المقيم لاتمام عملية التقييم على الوجه الأكمل وبالشكل الأنسب.

6- طريقة التقرير المكتوب

ان طريقة التقرير المكتوب Essay Method أو كما يسميها البعض الطريقة المقالية هي من أبسط الطرق في تقييم الاداء. وبموجب هذه الطريقة يقدم المشرف تقريراً عن المرؤوس يصف فيه نقاط القوة ونقاط الضعف في أداء الموظف.

ومن مساوئ هذه الطريقة أنها غير موضوعية ولا تعتمد على معايير محددة، وبالتالي فإن امكانية التحيز فيها واردة.

ثانيا: طرق التقييم الحديثة

هناك عدد من الطرق الحديثة لتقييم أداء العاملين من أهمها:

1- الإدارة بالأهداف

يقوم مدخل الإدارة بالأهداف Management By Objectives على أساس تقييم المرؤوسين بناء على قدرتهم إلى الوصول إلى الأهداف التي وضعوها هم أو شاركوا في وضعها. وتتضمن الإدارة بالأهداف ثلاث خطوات أساسية: [22]

أ- وضع الغايات والأهداف لكل مستوى في المنظمة: تبدأ العملية عند قيام الإدارة العليا بوضع الغايات البعيدة المدى للمنظمة كالاهداف المالية وغيرها.

وبناء على ذلك تبدأ الدوائر والاقسام بوضع الأهداف الخاصة بها للحصول على الغايات التي وضعتها الإدارة العليا. وفي النهاية فإن الادارة الاشرافية والموظفين العاديين هم الذين يضعون الأهداف التي تساهم في تحقيق غايات المنظمة.

ب- إقرار أهداف المرؤوسين من قبل المدراء ومرؤوسيهم: تعد المشاركة في وضع الاهداف من اهم سمات الإدارة بالأهداف، حيث يجتمع المدراء مع مرؤوسيهم ويقرروا الاهداف التي يسعى المرؤوسين إلى تحقيقها.

(22) Jones, Gareth R., **Organizational Theory, Design and Change**, 5th Ed., USA, Pearson prentice Hall, 2007, pp. 135-136.

ان مشاركة المرؤوسين في عملية وضع الأهداف تعد طريقة لتعزيز التزامهم بالوصول إلى هذه الأهداف.

جـ- قيام المديرين ومرؤوسيهم بمراجعة مدى تقدم المرؤوسين باتجاه تحقيق الأهداف: بعد الاتفاق على تحديد الاهداف، يصبح المدراء مسؤولين عن تحقيق هذه الأهداف، حيث يجتمع المدراء دوريا مع مرؤوسيهم لتقييم مدى التقدم.

وعادة، تربط الترقيات والزيادات على الرواتب بعملية وضع الاهداف وتحقيقها، حيث يتلقى المدراء الذين حققوا أهدافهم مكافآت أعلى من هؤلاء الذين لم يحققوا أهدافهم.

ان علانية نتائج تقويم اداء الموظفين وفقا لنظام الادارة بالأهداف يعرف الأفراد بمستوى ادائهم وينمي روح المنافسة بينهم ويدعوا الرؤساء إلى توخي روح العدالة والموضوعية.[23]

ومن أهم مزايا هذه الطريقة أنها تحفز الأفراد على العمل فالموظفين الذين يشاركون في وضع أهدافهم بأنفسهم ويظهر لديهم التزام داخلي لتحقيق الاهداف التي شاركوا هم في وصفها. إلا ان من عيوبها صعوبة تطبيق الإدارة بالاهداف عندما عندما تكون تلك الاهداف نوعية.

2- مقاييس التقييم السلوكي

تجمع مقاييس التقييم السلوكي Behaviorally - anchored Rating Scales (B.A.R.S) بين مزايا طريقتي الوقائع الحرجة والتقرير المكتوب ولاستخدام هذا المقياس فإنه يتم تحديد الوقائع الهامة أي بمعنى آخر وصف الاداء الفعال وغير الفعال للوظيفة من خلال كتابة 5 الى 9 عبارات حسبما يقرره واضعوا المقياس.

بعد ذلك يتم ترجمة هذه العبارات إلى مقاييس من خلال تثبيت هذه العبارات في مجموعات معينة تستخدم كثوابت سلوكية، والشكل التالي يمثل مقياس التقييم السلوكي:

---

(23) عارف، سامي، **أساسيات الوصف الوظيفي**، عمان، دار زهران للنشر والتوزيع، 2008، ص196.

الشكل رقم (26)

مقياس التقييم السلوكي لوظيفة سكرتيرة

	9
ترتيب مواعيد المراجعين بشكل ممتاز	8
	7
	6
	5
	4
تترك المراجعين ينتظرون دون مبرر	3
ترحب بالمراجعين بفتور	2
لا ترحب بالمراجعين	1

تسهل هذه المقاييس عملية التقييم من خلال وضع تفصيل لوصف السلوك المتوقع من قبل الفرد الذي يجري عليه التقييم، مما يؤدي إلى موضوعية أكبر من الاحكام الصادرة عن المقيم ودقة أعلى في عملية التقييم. إلا أنه يؤخذ على هذه المقاييس زيادة الجهد المطلوب لوضع المقاييس وخاصة عند استخدامها لتقييم عدد كبير من الأفراد.

مشكلات تقييم الاداء

على الرغم من أهمية عملية تقييم الأداء بالنسبة للمنظمة وبالنسبة للعاملين، إلا أنها تجابه العديد من المشكلات أهمها:

1- تأثير الهالة

المقصود بتأثير الهالة Hallo Effect على قرار المقيم هو التوصل إلى الحكم الكلي اعتماداً على سمة واحدة. فإذا كان الموظف يتقن مهارات الاتصال فمعنى ذلك ان اداؤه متفوق في كافة جوانب الأداء.

2- الانطباعات السابق عن الموظف

قد يكون هناك انطباع سلبي سابق لدى المقيم عن موظف يعمل لديه نتيجة لخبرة سابقة معه، مما قد يؤثر بشكل سلبي على تقييم أداء الموظف.

3- العلاقات الشخصية

قد يكون للعلاقات الشخصية أحياناً بين المشرف أو المدير والموظف تأثيراً على عملية التقييم، مما يؤدي إلى نوع من التميز الشخصي مع او ضد الموظف الذي يجري تقييمه.

4- عدم توفر الوقت الكافي

ان عدم توفر الوقت الكافي لدى المشرف أو المدير الذي يقوم بعملية التقييم قد يحول دون الدقة في العملية، فالمشرف أو المدير يكون عادة مشغولا بأمور اخرى مهمة، إلا أن إدارة الوقت بشكل جيد تلعب دوراً أساسياً في تحديد الاولويات وإعطاء الأمور حقها بما يتناسب مع أهميتها.

5- عدم وضوح السلطات والمسؤوليات

ان عدم التحديد الواضح للسلطات والمسؤوليات قد ينتج عنه تقييم غير منصف لأنه قد يجعل هناك ازدواجيه في أداء الأعمال وقد لا تكون المسؤولية محددة أمام الموظف.

6- النزعة نحو الوسط في التقييم Central Tendency

قد يميل بعض المقيمين إلى النزعة نحو الوسط Central Tendency في عملية التقييم، فتصدر التقييمات عنهم في منطقة الوسط ويتجنبوا التقييمات المتطرفة من وجهة نظرهم. فإذا كانت مقياس التقييم ما بين 1-5 فإن كل تقييماتهم تتراوح بين 2-4 مما قد يشوه عملية التقييم. وهذا ما يوضحه الشكل التالي:

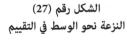

الشكل رقم (27)
النزعة نحو الوسط في التقييم

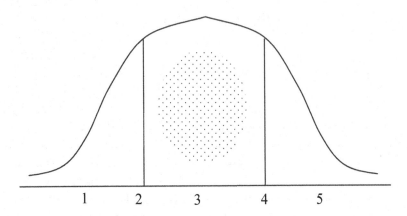

| 1 | 2 | 3 | 4 | 5 |

7- النزعة نحو التساهل أو التشدد في التقييم

كما قد يميل بعض المقيمين إلى التساهل Leniency في عملية التقييم فيعطي كافة تقييماته تقديرات عالية. أما النزعة نحو التشدد Strictness في عملية التقييم فيميل المقيم إلى اعطاء الموظفين جميعهم تقديرات منخفضة بشكل عام. ويوضح الشكل التالي هاتين النزعتين:

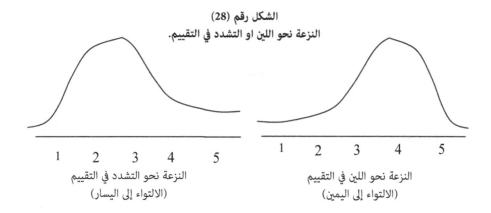

الشكل رقم (28)
النزعة نحو اللين او التشدد في التقييم.

النزعة نحو اللين في التقييم
(الالتواء إلى اليمين)

النزعة نحو التشدد في التقييم
(الالتواء إلى اليسار)

وهاتان النزعتان لا تمثلان التوزيع الطبيعي بل الأولى تميل نحو اليمين لأن التوزيع موجب الالتواء، أما الثانية فتمثل التوزيع سالب الالتواء.

8- معارضة التقييم

معارضة بعض العاملين لعملية التقييم نتيجة شعورهم بوضعهم تحت الرقابة والمساءلة قد تؤدي إلى عدم التجاوب في مقابلة التقييم لابلاغهم بالنقاط السلبية وعدم فهم الأمور بالشكل الصحيح مما يتعارض مع أهداف التقييم الأساسية المتعلقة بتحسين الاداء.

ولكي يكون التقييم فعالاً فإنه من الضروري الاهتمام بتهيئة المقيمين وتعريفهم بأهمية عملية التقييم وتوعيتهم بأخطاءها لمحاولة تجنبها سواء تلك المتعلقة بأخطاء الهالة أو النزاعات نحو الوسط، أو نحو التساهل أو نحو التشدد أو الانطباعات السابقة أو غيرها.

بالإضافة إلى ذلك فمن الاهمية بمكان استمرار ابلاغ العاملين بمدى التقدم في ادائهم لأعمالهم أولا بأول وتوضيح جوانب القوة والضعف لديهم مما يعطيهم فرصة اكبر لتعزيز جوانب القوة وتجنب نقاط الضعف في الوقت المناسب.

اسئلة للمناقشة

1- عرف مفهوم تقييم أداء العاملين واشرح مدى أهميته.

2- اذكر العوامل المؤثرة في الرضى الوظيفي، مع شرح كل عامل فيها بإيجاز.

3- تكلم عن الطريقة غير المباشرة في قياس الرضى الوظيفي.

4- هناك عدة أطراف قد تقوم بعملية تقييم أداء العاملين، وضح من هي هذه الاطراف ودور كل منها في عملية التقييم.

5- تعتمد قياسات الأداء على ثلاثة أسس: القياس المبني على النتائج، والقياس المبني على السلوك، والقياس المبني على السمات، بين كيف يتم استخدام كل من هذه الأسس الثلاثة في تقييم الاداء.

6- تتبع كثير من المنظمات سياسة مقابلة الموظف الذي تم تقييم أدائه ومناقشة النتائج معه. ما هو رأيك في هذه السياسة.

7- تعد طريقة التوزيع الاجباري أحد أهم طرق تقييم أداء العاملين التقليدية. اشرح هذه الطريقة مع إعطاء مثال عليها.

8- هناك العديد من المشكلات التي تقابل عملية التقييم وضح هذه المشكلات مبينا كيف يكون التقييم أكثر فعالية في الوصول إلى أهدافه.

الفصل الثامن
انضباط العاملين وإدارة الحركة الوظيفية

Employee Discipline and Job Movements

- انضباط العاملين.
- الالتزام المؤسسي.
- النقل الوظيفي.
- الترقية
- المسار الوظيفي.
- انتهاء الخدمة.

الأهداف التعليمية للفصل

يتوقع من الطالب بعد دراسة الفصل الثامن أن يحقق الأهداف التعليمية المرجوة للفصل وذلك بـأن يكون قادراً على:

- الإلمام بمهارات إدارة نظام الانضباط بعد وضع قائمة الجزاءات والمصادقة عليها.
- معرفة الالتزام المؤسسي بأنواعه الثلاثة: العاطفي، والاستمراري، والأخلاقي.
- شرح كيفية تنمية الالتزام المؤسسي مما ينعكس على سلوك الأفراد في المنظمات.
- إدراك أسباب النقل الوظيفي وسياساته.
- فهم معايير الترقية بالأقدميه وحسب الكفاءة.
- إدراك أنواع المسار الوظيفي ومعوقاته.

الفصل الثامن
انضباط العاملين وإدارة الحركة الوظيفية

انضباط العاملين

مهما كان مستوى الالتزام المؤسسي في أي منظمة ومهما توفرت للعاملين الظروف المادية المناسبة، إلا أنه لابد أن يكون هناك عدد من العاملين الذين يمارسون بعض السلوكيات المخالفة لضوابط العمل وقواعد السلوك، فالتأخر عن الدوام والانصراف باكراً قبل انتهاءه، والتمارض، وإضاعة الوقت، ورفض تنفيذ التغيير، وتخريب ممتلكات المنظمة، وعرقلة سير العمل، ما هي إلا بعضاً من المخالفات التي تحتاج تصويباً من إدارة المنظمة، وتتطلب وضع تعليمات خاصة بانضباط العاملين Discipline.

يهدف نظام الانضباط إلى الحفاظ على حقوق المنظمة وحقوق كافة الأطراف فيها، وبالتالي فهو ليس وسيلة لتصيد الأخطاء وإيقاع العقوبات، ولكنه وسيلة وقائية تعمل على إفهام الموظفين بأن هناك عقوبات ستفرض في حالة وجود مخالفات.

تصميم نظام الانضباط

يتكون نظام الانضباط من ثلاث مكونات أساسية هي:

1- القواعد العامة Common Rules

تقوم القواعد العامة بتنظيم أمور العمل وضبط معايير الآراء واتجاهات السلوك فيها، وكثير من المنظمات تنشر هذه القواعد في كتيب الموظف الجديد أو على الموقع الإلكتروني أو من خلال أي وسيلة أخرى تجدها ملائمة. ويمكن تقسيم القواعد إلى عدة فئات أهمها[1].

(1) Stredwick, John, **An Introdaction to Human Resource Mamagement**, USA, Butter-worth Heinemann, 2000, P.212.

أ- قواعد السلامة Safety Rules

تعد هذه القواعد جزء حيوي في مجال واجبات الموظف في رعاية وحماية الموظفين، وتغطي هـذه القواعد تشغيل المعدات والمصنع، لبس حذاء الأمان وخوذة الأمان، وعدم استخدام أي أدوات أو آلات إلا إذا كان الشخص المعني مؤهلاً لذلك.

ب- قواعد الأداء Performance Rules

تغطي هـذه القواعـد أداء الفـرد بمـا في ذلـك الحضـور، والمحافظـة عـلى الوقت، وممارسـات العمـل، ومستويات الأداء، والرغبة في العمل الإضافي وغير ذلك.

جـ- قواعد السلوك Behavior Rules

تتعلق قواعد السلوك بتلك القواعد الخاصة بالعلاقة مع العملاء من حيث التعامل معهم والتجاوب مع احتياجاتهم، وكذلك التعامل مع الزملاء من حيث المشاركة في العمل الجماعي.

د- القواعد المنبثقة عن العادات والممارسات Customs and Practices

لا تكون كل القواعد مكتوبة، لأن تضمين كل حالة قد يتطلب كتابة عدة كتـب، وبالتـالي فهنـاك الكثير من القواعد غير المكتوبة والتي تكون منبثقة أصلاً من العادات والممارسات الموجودة في المنظمة.

2- وضع قائمة الجزاءات Penalties List

تشمل قائمة الجزاءات تحديد المخالفات الممكن ارتكابها من قبل الموظف وكذلك الجزاءات المفروض ايقاعها لكل مخالفة، وتتدرج المخالفات من التأخر عن مواعيد العمل إلى عدم المحافظة على ممتلكات المنظمة ثم إلى اختلاس أموال المنظمة.

ويصور Noe وآخرون العقوبات التصاعدية بالشكل التالي:

الشكل رقم (29)
تسلسل العقوبات تصاعدياً

| الفصل من العمل | ← | ايقاف مؤقت عن العمل+اشعار كتابي بان هذه هي الفرصة الاخيرة للتحسن | ← | انذار كتابي ثاني+التهديد بايقاف عن العمل مؤقت | ← | انذار كتابي (رسمي) | ← | انذار شفوي (غير رسمي) |

Source: Noe, Raymond A., John R. Hollenbeck, Barry Gerhard, and Patrick M. Wright, Human Resource Management, Boston, Irwin, 2004, p.317.

هذا الشكل يبين تسلسل العقوبات من الأقل إلى الأكثر شدة بما يتناسب مـع طبيعـة المخالفـة المرتكبـة ومدى تكرارها.

تتخذ الجزاءات التأديبية عدة أشكال أهمها: [2]

أ- الإنذار الشفوي Oral Warning:
يعتبر الإنذار أبسط أنواع العقوبة أو التأديب، إذ لا يعدو أن يكون تنبيهاً للموظف إلى المخالفـة التـي حدثت منه، ويستخدم الإنذار الشفوي عند عدم وجود حاجة إلى توجيه إنذار كتابي يحفظ في ملف العامل.

ب- الإنذار الكتابي Written Warning
يستخدم في حالة المخالفات غير الصغيرة، أو عندما يفشل الإنذار الشفوي في إحداث التغيير المطلوب في السلوك (وتتدرج الإنذارات من إنذار أول إلى إنذار ثاني إلى إنذار مزدوج إلى إنذار نهائي).

(2) أبو شيخه، نادر، أحمد، **إدارة الموارد البشرية: إطار نظري وحالات عملية**، عمان، دار صفاء للنشر والتوزيع، 2009، ص ص 318-320 .

جـ- التوبيخ Reprimand

يوجه التوبيخ للموظف بعد أن يكون قد سبق لفت نظره بعدم العودة إلى مخالفات كان قد ارتكبها، ويتضمن التوبيخ إيضاح نوع المخالفة والتحسن المتوقع في سلوك الموظف، كما يتضمن بيان الإنذارات السابقة التي أعطيت للموظف والتحذيرات من عواقب تكرار المخالفات.

د- الإيقاف المؤقت عن العمل Temporary Suspension

تتفاوت مدة الإيقاف بين يوم واحد وعدة أسابيع على حسب خطورة المخالفة، وتكون هذه المدة عادة بدون أجر، ليتيح الفرصة للموظف ليفكر في التزاماته الوظيفية.

هـ- تنزيل الدرجة Demotion

يستخدم هذا الإجراء كعقوبة لمخالفات وظيفية، على أن يتم تنزيل درجة الموظف للوظيفة التي تتناسب ومؤهلاته وخبراته.

و- إنهاء الخدمة Discharge

إذا اتضح أن الفرصة ضعيفة لتحسنً أداء أحد الموظفين إلى المستوى المقبول فقد تكون عملية إنهاء الخدمة هي أفضل الحلول، وهناك مخالفات معينة تستوجب ذلك مثل السرقات وغيرها.

3- إدارة النظام

بعد وضع قائمة الجزاءات والمصادقة عليها فإنه يتم إبلاغ الموظفين بنصوصها من خلال عدة وسائل. وهناك بعض الأسس التي ينبغي مراعاتها عند تفعيل الجزاءات عند ارتكاب المخالفات، ففرض الجزاءات يكون متدرجاً من الأقل إلى الأكثر.

وفي المخالفات الكبيرة كاختلاس الأموال مثلاً فإنه قد يتم فرض العقوبة مباشرة، حيث أن الجزاءات يجب أن تتناسب مع درجة شدة المخالفات.

ويندرج تحت إدارة النظام ضرورة الاحتفاظ بسجلات منفصلة لمخالفات العاملين والجزاءات المفروضة عليهم مع استخدام نظام الترقيم المناسب لأغراض المتابعة

والتحقق، وهذا لا يغني عن وضع نسخه من هذه المخالفات والجزاءات المقابلة لها في ملف الموظف المخالف نفسه.

يجب أن لا يغيب عن بالنا أن النظام يحدد الحالات التي تشكل فيها لجان تحقيق قبل إصدار لجان التأديب قراراتها فيما يتعلق بالجزاءات المفروضة إزالة المخالفات ويمنح الموظف الذي أوقع عليه الجزاء فترة معينة يمكنه خلالها تقديم طلب خطي للتظلم من القرار المتخذ.

إن حزم إدارة المنظمة في تطبيق النظام وعدم التحيز والانتقائية في فرضه على المخالفين من أهم العوامل المؤثرة في الانضباط الوظيفي والتي تؤدي في النهاية إلى القضاء على السلوك غير الصحيح.

الالتزام المؤسسي

يعد الالتزام المؤسسي من المواضيع الحيوية في إدارة أي منظمة حيث أنه يعبر عن قوة ارتباط الموظف مع المنظمة التي يعمل فيها. يعرف Sulaiman and Isles [3] الالتزام المؤسسي بأنه اتجاه الموظف وبتحديد أكبر مجموعة من نواياه السلوكية إزاء المنظمة.

وكما يذكر Meyer and Herscovitch بأن معظم التعريفات تعتبر الالتزام كقوة مؤثرة توجه العاملين وتحدد سلوكهم. [4]

كما ينظر سلطان [5] إلى الالتزام المؤسسي أو كما يسميه الالتزام التنظيمي بأنه يعكس مدى انتماء الأفراد لمؤسساتهم وتعلقهم بها.

وتحرص إدارة المنظمة دائماً على الاحتفاظ بالموظفين ذوي الالتزام العالي للمنظمة وتحفيزهم والاهتمام بهم، فالذين لديهم مستوى عال من الالتزام يحرصون على

(3) Sulaiman, A.M. & Isles, P.A. "Is Continuance Commitment Beneficial to Organizations: Commitment-Performance Relationship". **Journal of Managerial Psychology,** Vol. 15, No.5, 2001, pp. 407-426.

(4) Meyer, J.P. and L. Herscovitch, "Commitment in the workplace toward a General Model" **Human Resource Managemant Review,** 11, 2001, 299-326.

(5) سلطان، محمد سعيد، السلوك الإنساني في المنظمات: فهم وإدارة الجانب الإنساني في العمل، الاسكندرية، دار الجامعة الجديدة للنشر، 2002، ص207.

قيمهم بأعمالهم بشكل أفضل وهم مستعدون لبذل كل ما في وسعهم لمصلحة العمل. هؤلاء الموظفين يرغبون في أن يذهبوا إلى أبعد من متطلبات ومهام الوظيفة المطلوب منهم تأديتها ويقدمون أكثر مما هو متوقع منهم وذلك لكي يشعروا بأنهم شاركوا في تحسين أداء المنظمة.

على الرغم من أن مفهوم الالتزام يعد مفهوماً قديماً في مجال العلوم الإنسانية، إلا أنه في مجال الإدارة لم يحظ بالاهتمام الكافي إلا بعد ظهور المدرسة السلوكية التي أكدت على العلاقات الإنسانية وأهميتها في مجال المنظمات المختلفة، فأصبحت الإدارات تطالب أن يكون التزام العاملين نحو منظماتهم التي يعملون فيها، وتريد منهم الإخلاص في العمل، وبذل أقصى جهد لزيادة إنتاجها[6].

ومن الجدير بالذكر أن ممارسات إدارة المنظمة ودعم المسؤولين فيها له تأثير في رفع مستوى الالتزام المؤسسي لدى الموظفين. أما من حيث مكونات الالتزام فيمكن إيجازها في سبعة أبعاد رئيسة[7]:

1- **الأمان**: شعور الفرد بالأمن والأمان والطمأنينة.

2- **المشاركة**: مشاركة أفراد الجماعة (المنظمة) أعمالهم ونشاطاتهم.

3- **التماسك**: شعور الفرد بأنه جزء من الجماعة ومتماسك معها حيث تجمعهم وحدة الوجود ووحدة الهدف والمصير المشترك.

4- **الرضى**: شعور الفرد بأهمية الجماعة والاعتزاز بعضويته فيها بالإضافة إلى رضاه عن سلوك أفراد الجماعة واتفاقه معهم.

5- **تحمل المسؤولية**: عدم شعور الفرد بالمسؤولية يؤدي إلى ضعف الالتزام المؤسسي لديه.

6- **تقدير الآخرين**: حاجة الفرد إلى استحسان الآخرين ونظرتهم الإيجابية إليه.

(6) سلامه، رتيبه محمد حسن، "الممارسات الإدارية لمديري المدارس الثانوية العامة في الأردن وعلاقتها بالرضا التنظيمي والولاء التنظيمي للمعلمين"، رسالة دكتوراه غير منشورة، الأردن، جامعة عمان العربية للدراسات العليا 2003.

(7)Hill, C. Seeking Emotional Support. Journal of Personality and Social Psychology, Vol. 60, No.1, 1991 , pp. 112-121.

7- **المقارنة مع الآخرين:** قيام الفرد بمقارنة نفسه بالآخرين مما يمكنه من تحليل أحكامه الشخصية وبما يـؤدي إلى زيادة الارتباط بمعايير الجماعة والتقيد بمعاييرها.

يعد الالتزام التنظيمي قيمة من القيم الجوهرية في المنظمة، تلك القيم التي يتفق عليها مؤسسو المنظمة العاملين فيها. ويذكر حمادات[8] في هذا المجال أن الالتزام التنظيمي يتمثل بثلاث سلوكيات أساسية هي:

1- قبول الموظف التام بالأهداف والقيم الوظيفية.

2- استعداد الموظف التام لبذل جهود استثنائية لمصلحة المنظمة بغية الوصول إلى أهدافها.

3- الرغبة الصادقة لدى الموظف في المحافظة على الالتزام بقيم العمل السائدة لـدى المنظمة، والعمـل في المنظمة بفعالية وبشكل مستمر.

أنواع الالتزام المؤسسي:

قسم Meyer and Allen [9] الالتزام المؤسسي إلى ثلاثة أنواع/ أبعاد أساسية:

1- الالتزام العاطفي Affective Commitment:

يعكس الالتزام العاطفي علاقة الموظف وارتباطه العاطفي مع المنظمة التـي يعمـل لـديها. إن الالتـزام العاطفي هو عبارة عن ارتباط الموظف نفسياً مع منظمته من خلال مشاعره كمشاعر العاطفة والدفء والحـب. ويرتبط الالتزام المؤسسي إيجابياً بمخرجات تنظيمية عديدة كمعدل دوران العمـل ومعدل التغيـب عـن العمـل، ومستوى الأداء.

يعبر الالتزام العاطفي عن الارتباط الوجداني بالمنظمة ويتأثر بمـدى إدراك الفـرد لخصائص عملـه مـن استقلالية وتنوع في المهارات وعلاقته بالمشرفين وكذلك درجة إحساس الموظف ببيئة المشاركة الفعالـة في عمليـة اتخاذ القرارات.[10]

(8) حمادات، محمد حسن محمد، **قيم العمل والإلتزام الوظيفي لدى المديرين والمعلمـين في المـدارس**، عـمان، دار الحامـد للنشر- والتوزيـع، 2006، ص73.

(9) Meyer, J.P. & Allen, N.J. : A Three- Component Conceptualization of Organization Commitment, **Human Resources Management Review**, (1), 1991, pp. 61-89.

(10) العتيبي، سعود محمد، والسواط، خلف عوض الله ، الولاء التنظيمي لمنسوبي جامعة الملك عبد العزيـز والعوامل المـؤثرة فيـه، **مجلة الإداري**، مسقط، العدد (70)، سبتمبر 1997، ص ص 13-67.

2- الالتزام الاستمراري Continuance Commitment

الالتزام الاستمراري هو الرغبة في البقاء عضواً في المنظمة وبالتالي ينبغي على الفرد حساب الربح والخسارة التي قد يعاني منها عند ترك المنظمة. ويشير الالتزام الاستمراري إلى وعي الفرد بتكاليف ترك المنظمة حيث تشمل هذه التكاليف بنوداً عديدة منها احتمال فقدان الراتب والحوافز، وفقدان بعض المزايا المتعلقة بطول فترة العمل بالمنظمة.

3- الالتزام الأخلاقي Normative Commitment:

يعبر الالتزام الأخلاقي أو المعياري عن درجة إحساس الفرد من حيث التزامه بالنواحي الأخلاقية في المنظمة، حيث ينبع هذا الإحساس من اقتناع الفرد بقيم ومعايير المنظمة التي يعمل فيها، ومدى انسجامها مع قيمه ومبادئه.

وللالتزام التنظيمي إجمالاً مراحل أساسية يمر ويتطور من خلالها، وهذه المراحل هي متتابعة ومتسلسلة زمنياً بحيث لا يمكن لأي فرد إلا أن يمر في نفس المراحل. ويذكر O'Rielly [11] أن الالتزام التنظيمي يمر في ثلاثة مراحل:

1- **مرحلة القبول:** تشير هذه المرحلة إلى قبول الفرد بإطاعة رؤسائه في العمل ويسمح لهم بممارسة سلطاتهم وتأثيرهم عليه.

2- **مرحلة التطابق مع الذات:** ينتقل الفرد من مرحلة القبول إلى المرحلة الثانية المتعلقة بانسجامه مع نفسه وشعوره بالفخر لانتمائه إلى المنظمة.

3- **مرحلة التبني:** يصل الفرد إلى هذه المرحلة المتطورة من الالتزام المؤسسي. وذلك بعد أن يتعزز لديه الاعتقاد بأن المنظمة التي يعمل فيها هي جزء منه وهو جزء منها.

وبالتالي فإن الالتزام المؤسسي للفرد يتطور وفقاً للفترة الزمنية التي يقضيها في المؤسسة، ففي المرحلة الأولى والخاصة ببداية تعيينه في المنظمة يحاول الفرد الحصول على الأمن من المنظمة ويكيف اتجاهاته لتتلاءم مع المنظمة. وبعد فترة معينة تبدأ

(11) Oreilly, Charles, Corporation, Culture and Commitment: Motivation and Social Control in Organizationa In Steers, R. & Porter, L. Motivation and Work Behavior, N.Y, McGraw - Hill Inc., 1991, pp. 492-499.

المرحلة الثانية والمتعلقة بانسجامه مع نفسه والتأكيد على مفهوم الإنجاز وظهور قيم الالتزام للمنظمة. أما في المرحلة الثالثة فتتعزز لدى الفرد اتجاهات الالتزام التي تشكلت في المرحلتين السابقتين وتتعمق أبعادها لديه.

العوامل المؤثرة في الالتزام المؤسسي

هناك العديد من العوامل التي تؤثر بشكل مباشر أو غير مباشر في درجة الالتزام المؤسسي للعاملين، من أهمها:

1- ثقافة الفرد:

الإنسان هو نتاج ثقافته فقيم المجتمع والتنشئة الاجتماعية للفرد في البيت والمدرسة والجامعة والعمل وغيرها من مكونات الثقافة، تساهم في تعزيز جوانب هامة في شخصية الفرد واتجاهاته إزاء الإخلاص في العمل والأمانة والانتماء والالتزام.

2- توقعات الفرد من العمل:

في حالة عدم وجود فروق بين توقعات الفرد من عمله وبين واقع ذلك العمل، فإن ذلك يؤثر في مستوى الالتزام المؤسسي لذلك الفرد، حيث أنه كلما قلت هذه الفروق كلما زاد الالتزام المؤسسي لدى الفرد.

3- وضوح الأهداف

إن وضوح الأهداف المؤسسية أمام العاملين من شأنه العمل على زيادة الالتزام المؤسسي. فكلما كانت تلك الأهداف واضحة كلما كان فهم الأفراد لما هو مطلوب منهم تحقيقه أفضل وأكثر شمولاً، مما يساعد في تعزيز الالتزام المؤسسي لديهم.

4- العلاقة بين الرؤساء والمرؤوسين:

إن العلاقة الجيدة بين الرؤساء والمرؤوسين توجد ثقة متبادلة بين الأطراف، مما يعزز من نظرة الفرد الإيجابية إلى المنظمة.

وتقع على القيادة مسؤولية كبيرة في اختيار الأهداف وتنمية ولاء الأفراد وانتماءهم وبناء الثقة بينهم وتحقيق الأهداف.

5- سمات الوظيفة:

بناء الوظيفة على أساس استقلالية أكبر وحرية أكبر في العمل مما يشكل دافع للفرد على بذل المزيد من الجهد. وبالتالي فإن خصائص معينة للوظيفة يمكن أن تزيد من إحساس الفرد بالمسؤولية وبالتالي شعوره بالانتماء إلى المنظمة.

6- مدى تشجيع المنظمة للالتزام:

يقع على المنظمة دوراً أساسياً في تعزيز الالتزام من خلال إعطاء الموظف حقوقه وتحفيزه وتوفير مناخ الإبداع وغير ذلك من الأمور التي تؤثر على الموظف وتشجعه على الالتزام. وتكمن المشكلة الكبرى في أن بعض المنظمات تتبع سياسات محددة في الأوقات الصعبة مثل تخفيض عدد الموظفين أو إعادة هندسة العمليات بهدف توفير الأموال والتقليل من خسائرها، هذه الإجراءات تؤدي إلى إضعاف ثقة العاملين بالإدارة وبالتالي إضعاف درجة الالتزام المؤسسي لدى العاملين.

ناقشنا في الجزء السابق مدى وجود التزام مؤسسي تجاه المنظمة التي يعمل فيها الفرد، ولكن السؤال الذي يطرح هنا، هل هناك التزام تجاه الجماعة التي ينتمي إليها الفرد، وللاجابة على هذا السؤال يمكننا القول بأن الالتزام تجاه جماعة العمل بشكل عام هو أكثر قوة من الالتزام تجاه المنظمة التي يعمل فيها الفرد وذلك بسبب أن جماعة العمل هي أكثر حضوراً في حياة العمل اليومية من حضور المنظمة نفسها.

مراحل تطور الالتزام المؤسسي:

لا يظهر الشعور بالالتزام المؤسسي الحقيقي دفعة واحدة، بل يمر هذا الالتزام بمراحل معينة يمكن تلخيصها فيما يلي:

1- **مرحلة الترقب:** تبدأ هذه المرحلة عند بداية تعيين الموظف وتثبيته في الوظيفة أو عند بدء الاتصالات للانتساب إلى جماعة العمل. وفي هذه المرحلة يبدأ الموظف الجديد في جمع المعلومات حول طبيعة العمل ومهام الوظيفة وقيم العمل وغير ذلك من المعلومات التي تحيط بالعمل.

2- **مرحلة التكوين**: يبدأ الفرد باستيعاب ما يجري حوله سـواء الأمـور المتعلقـة بـه أو المتعلقـة بوظيفتـه ودوره في المنظمة. يعي الفرد رؤية المنظمة ورسالتها وأهدافها، ويبدأ بالانصهار مـع الهويـة التنظيميـة للمنظمة وترك الانتماءات الأخرى لأي منظمة سابقة.

3- **مرحلة النضوج**: ينمو شعور الفرد بالهوية التنظيمية للمنظمة التي يعمل لديها، ويبدأ شعوره بالالتزام المؤسسي بالتبلور والنضوج. تصبح في هذه المرحلة اتجاهات الفـرد ايجابيـة مـما يـنعكس عـلى سـلوكه وتصرفاته وحرصه على مصلحة المنظمة وتفضيل مصلحة المنظمة على مصلحته الخاصة.

4- **مرحلة ترسيخ الالتزام**: تقـوم الإدارة بتشـجيع الالتـزام التنظيمـي مـن خـلال خلـق المنـاخ التنظيمـي المناسب من حيث نظم الحوافز والمكافآت وتشجيع الإبداع وتقوية الاتصالات الفعالة.

يشعر الفرد في هذه المرحلة بالملكية النفسية للمنظمة ويتعرف وفق هـذا الشعور الـذي يعد أبلـغ أشكال الالتزام المؤسسي.

إن الشعور بالالتزام المؤسسي يحتاج إلى وقت للمرور في مراحله المختلفة لكي يترسخ ويتعمق، حيث أن حرق المراحل والقفز فوقها بسرعة ينتج التزاماً ظاهرياً صورياً ولا يكون التزاماً حقيقياً.

عموماً فإن هناك خمسة مقومات أساسية للالتزام المؤسسي أوجزها اللوزي[12] كما يلي:

1- قبول أهداف وقيم المنظمة.
2- المساهمة بصورة إيجابية لتحقيق أهداف المنظمة.
3- وجود مستوى عال من الانتماء للمنظمة.
4- الرغبة الشديدة في الاستمرار بالعمل في المنظمة.
5- الإخلاص والرغبة في تقييم المنظمة بصورة إيجابية.

---

(12) اللوزي، موسى، **التطوير التنظيمي: أساسيات ومفاهيم حديثة**، عمان، دار وائل للنشر والتوزيع، 2003، ص ص115-120.

تنمية الالتزام المؤسسي

هناك عدة عوامل تساعد في تنمية الشعور بالالتزام المؤسسي والذي ينعكس على سلوك الأفراد إيجابيـاً، ومن أهم هذه العوامل:

1- إتباع سياسة موضوعية وعادلة في الاختيار والتعيين، فهذه السياسة الموضوعية والعادلة لها أثر في تنمية الشعور بالالتزام المؤسسي.
2- تحديد الاحتياجات التدريبية وفق أساليب علمية وحسب الحاجة الفعلية للتدريب.
3- توفير فرص الترقية لمن يستحقها، وعدم إغلاق هذه الفرص أمام الموظفين.
4- وضع سياسات عادلة للرواتب والأجور والمكافآت التشجيعية والامتيازات.
5- إتباع الإدارة لأسلوب الإشراف المناسب والذي يشكل قبولاً واستحساناً لـدى المـوظفين مـع تبنـي مبـدأ مشاركة الموظفين في اتخاذ القرار.
6- تأسيس ثقافة تنظيمية تشجع المبادرات والإبداع وتركز على الجودة.
7- إقامة العلاقات الجيدة وتوفير جو الثقة المتبادلة ما بين الرؤساء والمرؤوسين وبين المرؤوسين ببعضهم.
8- نشر القيم المؤسسية في مختلف وسائل الاتصال مع تعميمها على كافة الموظفين.

لقد تزايد اهتمام الباحثين والمفكرين في الفترة الأخيرة بالعلاقة بين الرضى الـوظيفي والالتـزام المؤسسي. وقد توصل الأحمدي[13] إلى وجود علاقة سببيه بين الـرضى الـوظيفي والالتـزام المؤسسي. حيـث أثبـت الباحـث أن الرضى الوظيفي هو المتغير المستقل الذي يؤثر على الالتزام التنظيمي.

كما أيدت دراسات أخرى[14] هذه النتيجة وتوصلت إلى وجود علاقات طردية ذات دلالة إحصـائية بـين الرضى الوظيفي والالتزام المؤسسي.

(13)الأحمدي، حنان، "الرضى الوظيفي والولاء التنظيمي للعاملين في الرعاية الصحية الأوليـة في المملكـة العربيـة السـعودية"، المجلـة العربيـة للعلوم الإدارية، 13، 2006، ص ص 305-337.

(14) Feather N. and A.Rauter, "Organizational Citizenship Behaviors in Relation to Job Status, Job Inseceurity, Organizational Commitment and Identification, Job Satisfaction, and Work Values" ,**Journal of Occupational and Organizational Psychology**, 77, 2004, pp. 81-94.

وبناء على ما سبق، فإنه ينبغي الاهتمام بتنمية الشعور بالالتزام المؤسسي من قبل إدارة الموارد البشرية وتوفير المناخ التنظيمي الجيد وخاصة فيما يتعلق بموضوعية الاختيار والتعيين وإيجاد فرص الترقية وإتباع سياسات عادلة في تحديد الأجور والرواتب.

النقل الوظيفي Transfer

يقصد بالنقل تحويل الموظف من وظيفته الحالية إلى وظيفة أخرى بنفس المستوى الإداري، سواء كان هذا التحويل في ذات الوحدة الإدارية أو إلى وحدة إدارية أخرى، في ذات المكان أو إلى مكان آخر. إن عملية النقل لا تعني بأن الموظف المعني قد تم ترقيته أو تنزيل درجته، فالنقل يعني إبقاء الموظف في نفس درجته.

وهناك أسباباً عديدة للنقل من أهمها:

1- نقل الموظف لغايات توسيع خبراته. وفي هـذا المجـال يـذكر Mondy and Noe [15] أنـه بسبب قلة عـدد المستويات الإدارية فقد أصبح من الضروري أن يمتلك المدراء تنوعاً عريضاً في الخبرات قبل ترقيتهم.

2- إعادة توزيع العاملين لفترة محددة بحيث يتم نقل الموظفين من الوحدات الإدارية التـي يكـون حجم العمـل فيها قليلاً إلى الوحدات الإدارية التي يزيد فيها حجم العمل عن طاقات العاملين الموجودين.

3- النقل بسبب المرض، حيث قد يتم نقل الموظف بسبب مرضه، من وظيفة تحتاج إلى مجهود عضلي كبير مثلاً إلى وظيفة أخرى تحتاج إلى مجهود عضلي أقل، أو من وظيفة داخل المصنع حيث يسبب لـه العمـل داخـل المصنع حساسية معينة إلى وظيفة أخرى في مكاتب الإدارة. وينبغـي الأخـذ بعـين الاعتبـار تناسـب مهـارات الموظف ومؤهلاته مع متطلبات الوظيفة الجديدة المنقول إليها.

(15) Mondy, R. Wayne, and Robert M. Noe, **Human Resource Management**, 9th Ed., USA, Pearson Prentice Hall, 2005, p.468.

4- رغبة الموظف الشخصية في النقل إلى مكان قريب من سكنه مثلاً أو إلى مكان قريب من سكن والديه حتى يتمكن من الاعتناء بهم ويكون قريباً منهم عند حصول أي طارئ فيما إذا احتاجوا إليه.

5- وجود خلافات شخصية بين الموظف ورئيسه أو موظف وموظف آخر في نفس الوحدة الإدارية، مثل هذه الخلافات قد يكون الحل هو في نقل الموظف إلى وظيفة أخرى في وحدة إدارية أخرى أو في مكان آخر.

6- النقل كقرار تأديبي للموظف، فقد يتم نقل الموظف إلى فرع آخر في مكان بعيد أو في مدينة أخرى تنفيذاً لهذا القرار.

7- إعادة تنظيم البناء التنظيمي Restructuring والذي قد ينتج عنه إلغاء أو دمج وظائف أو فتح وظائف جديدة مما يترتب عليه إجراء بعض التنقلات من مكان إلى آخر.

أما من حيث سياسة النقل فمن الأفضل أن يكون للمنظمة سياسة مكتوبة بهذا الشأن، وعند إعداد هذه السياسة فإنه لابد من مراعاة ما يلي:[16]

1- الظروف المحيطة بالمنظمة والمؤدية إلى تسهيل عملية النقل، وهذا يتطلب معرفة مدى التشابه والاختلاف في الأعمال الموجودة في الأقسام المختلفة في المنظمة، لغرض تهيئة الأفراد، ومعرفة إمكانيات النقل.

2- تحديد مسؤولية النقل، حيث تشير النتائج العملية لهذه السياسة بأن أفضل من يتبنى مسؤولية هذه السياسة هو المشرف المباشر باعتباره أكثر معرفة بالموظف، مع ضرورة مراجعة القرار المتخذ من قبل الإدارة العليا أو مدير الموارد البشرية لأغراض التوثيق وتحقيق العدالة.

3- تحديد الأعمال التي تصلح لنقل الأفراد إليها، حيث يمكن الوصول إلى ذلك من خلال تحليل وتوصيف الوظائف.

---

(16) عباس، سهيلة محمد، وعلي حسين علي، إدارة الموارد البشرية، الطبعة الثالثة، عمان، دار وائل للنشر والتوزيع، 2007، ص ص 367-368.

4- تحديد المواقع أو الوحدات الإدارية التي يمكن النقل إليها، وذلك بدراسة وتحليل أعباء العمل في كل وحدة إدارية والمهارات المطلوبة للعمل.

5- تحديد أسس النقل، كما هو الحال في الترقية، حيث أن هناك أساسين في عملية النقل: الكفاءة والأقدمية، هذا إذا كان هناك أكثر من موظف يرغب في النقل لنفس الوظيفة أو نفس الوحدة الإدارية.

6- تحديد الأجور أو الرواتب المدفوعة للموظف في الوظيفة المنقول إليها.

وبناء عليه، فالنقل يجب أن يتم بناء على سياسات مكتوبة وواضحة لجميع العاملين، وخاصة للعاملين في إدارة الموارد البشرية، ومن الضروري مراجعة وتحديث هذه السياسة بشكل دوري. وتواجه عملية النقل في المنظمة مشاكل عديدة أهمها: [17]

مقاومة مدراء الوحدات الإدارية، حيث أن أي عملية نقل تتطلب موافقة مدراء الوحدات التي سيتم نقل العاملين منها والذين قد يعترضون لسبب أو لآخر على عملية النقل، كالخوف من فقدان الخبرات واحتمال عدم تعويضهم عنها.

مقاومة العاملين للنقل، والتي تعود لأسباب عديدة منها طبيعة العمل في الوظيفة المراد نقلهم إليها، أو لعدم رغبتهم للالتحاق بمجموعة عمل جديدة، أو فقدان أواصر الصداقة التي تربطهم بالمجموعة الحالية، أو لأسباب الخوف من فشلهم في الأعمال الجديدة، وعدم تناسب جو العمل الجديد مع طموحاتهم.

تعذر عملية النقل لعدم توافر التأهيل المطلوب والخبرات للوظائف الجديدة المطلوب نقل العاملين إليها.

ولتفادي هذه المشكلات فإن على إدارة المنظمة منح الصلاحيات الكاملة للوحدة الإدارية المسؤولة عن عملية نقل العاملين، بالإضافة إلى ضرورة تأهيل العاملين وتدريبهم على أعمال الوظائف الجديدة التي سينتقلون إليها.

---

(17) نصر الله، حنا، إدارة الموارد البشرية، عمان، دار زهران للنشر والتوزيع، 2009، ص163.

الترقية Promotion

تشير الترقية إلى انتقال الموظف من وظيفة محددة إلى وظيفة أخرى أعلى منها في المستوى الإداري، ويصاحب الترقية عادة زيادة في الراتب تتلاءم مع الدرجة والفئة الوظيفية للوظيفة التي تمت ترقية الموظف إليها. وعندما يتم ترقية أحد الموظفين، فإنه يشعر بارتياح ورضى، إلا أنه في حالة وجود موظفاً آخر طامعاً في الترقية ولم تتم ترقيته، فإن هذا الموظف سيشعر بخيبة الأمل وبالإحباط، وقد يؤدي به الأمر إلى الاستقالة أو غير ذلك.

وتعد فرص الترقية من أهم العوامل التي تؤثر على رضى العاملين، بينما إغلاق هذه الفرص يعد عاملاً مؤثراً على عدم رضى هؤلاء العاملين.

أسس الترقية

تتم الترقيات وفقاً لأمرين أساسيين:

أ- معيار الأقدمية

بموجب معيار الأقدمية Seniority System يكون للموظف الأقدم في الوظيفة أولوية الترقية على أي موظف آخر حديث التعيين في الوظيفة، فإذا شغرت وظيفة محاسب رئيسي فإن أولوية الترقية تكون للمحاسب الذي قضى وقتاً أطول في قسم المحاسبة، فقضاء الموظف فترة أطول في الوظيفة يكسبه خبرة أعمق وأعرض في نفس المجال.

ولكن المشكلة التي تقابل الإدارة وفق هذا المعيار هو هل المقصود بالأقدمية، الاقدمية في الوظيفة نفسها أو في المنظمة ككل من حيث تاريخ التعيين. فإذا كان لدى الموظف (أ) سنه واحدة خبرة في وظيفته كمحاسب وتعيينه في المنظمة كان منذ تسع سنوات، أما الموظف (ب) فكانت خبرته في وظيفته الحالية كمحاسب ثلاث سنوات وقد عمل في هذه الوظيفة وما زال يعمل منذ التحاقه بالمنظمة، فمن هو الأحق في الترقية.

ومن أهم ايجابيات هذا المعيار أنه بسيط وواضح ويصلح للوظائف التي لا تتطلب مهارات وخبرات عاليه. إلا أن لهذا المعيار سلبيات منها تجاهله لأهمية المؤهلات العلمية والمهارات الفكرية والأداء المتميز، وبالتالي فقد يؤثر على إبداعات العاملين

وطموحاتهم، ويثبط من معنويات المجتهدين، وكذلك فإن هذا المعيار لا يصلح في المستويات الإدارية العليا التي تتطلب مهارات شخصية وقدرات معينة على الإشراف والتخطيط والتنظيم.

ب- معيار الكفاءة

تتم الترقية وفق معيار Efficiency System على أساس اعتبار الكفاءة بمثابة مكافأة للموظفين ذوي الأداء العلمي، حيث يتم الرجوع إلى تقارير أداء الموظف وسجل تاريخه الوظيفي قبل اتخاذ قرار ترقيته. ومن هنا فإن الأساس الذي يبنى عليه قرار الترقية يختلف عن معيار الأقدميه، فمعيار الكفاءة يحفز العاملين لبذل الجهود المضاعفة في عملهم ويجعل أمامهم هدفاً يسعون إلى تحقيقه ألا وهو الترقية إلى مناصب أعلى.

أما من حيث عيوب معيار الكفاءة فكثير منها تنتج عن سوء التطبيق من قبل المسؤولين، حيث أن الأمر في تقدير الكفاءة متروك لهؤلاء المسؤولين مما يجعل هناك احتمالاً لمحاباة الأصدقاء والأقارب ويترك مجالاً للعلاقات الشخصية أن تؤثر في هذا التقدير. بالإضافة إلى ذلك فقد يجابه المسؤولون بعض الصعوبات في تحديد عناصر قياس الكفاءة، هل هي التقارير المرفوعة، أو نموذج تقييم الأداء، أو مقابلات منمطه، أو إجراء اختبارات معينة.

ويتطلب معيار الكفاءة توخي الموضوعية، وأن يكون تطبيقها موحداً على كافة الموظفين، وأن لا يختلف أساس القرار من موظف إلى آخر. إن الجدارة حسب هذا المعيار هي أساس الحكم والمفاضلة بين الموظفين، من يستحق الترقية أكثر من الآخرين.

وهناك من المنظمات من يجمع بين معياري الأقدميه والكفاءة وذلك تفادياً لمشكلات كل منهما. فبعض المنظمات تتبع أساس الترقية بالأقدميه حتى درجة وظيفية معينة، أما الدرجات العالية فيتم اتباع أساس الترقية وفق معيار الكفاءة، وهناك منظمات أخرى تضع وزناً معيناً لمعيار الأقدمية والباقي يكون لوزن معيار الكفاءة، وبناء على ذلك يتم اتخاذ قرار الترقية.

ولا شك أن نظم الترقيات في مختلف المنظمات تصادف عدة صعوبات ومعوقات، يلخصها الكبيسي فيما يلي[18]:

أ- تعذر الترقية من الوظائف الإدارية للوظائف الفنية وبالعكس، فكثيراً ما يتعذر ترقية بعض الموظفين الأكفاء جداً من الوظائف الفنية أو المتخصصة للوظائف القيادية والرئاسية، إما لعدم توفر الولاء الشخصي لديهم أو لكونهم أكثر كفاءة في وظائفهم الفنية، أو بسبب تعذر الحصول على من يخلفهم في حالة ترقيتهم للوظائف الأعلى. وفي هذه الحالة يتعذر إبقاءهم في وظائفهم الحالية لفترة طويلة، مع استمرار الحماس والكفاءة، بنفس الوقت الذي يرقى من هم أقل كفاءة منهم لوظائف أعلى.

ب- وهناك مشاكل أخرى تواجه الترقيات أغلبها ينجم عن الطبيعة الهرمية للسلم الوظيفي الذي يجعل فرص الترقيات تتضاءل تدريجياً كلما صعد الموظف على السلم إلى الأعلى رغم أن طموح الموظف بالترقيات يتزايد بمرور الزمن. فالمعروف أنه لا يمكن أن يكون في المنظمة الواحدة أكثر من وظيفة مدير عام بينما هنالك ثلاثة أو أربعة نواب ينتظرون الصعود إليها.

جـ- اتخاذ بعض الرؤساء من الترقيات مكافأة على نجاح سابق في الوظيفة الحالية أو التي قبلها، دونما اعتبار لمؤهلات المرشح للنجاح في الوظيفة المنتظرة التي يرشح الفرد لتوليها.

وعلى الرغم من هذه الصعوبات إلا أن الباحث يرى أن معيار الكفاءة يعد أفضل من معيار الأقدمية إذا توفرت عند التطبيق شروط الموضوعية والعدالة وعدم التحيز، فإذا توفرت هذه الشروط فإن معيار الكفاءة يكون أكثر قدرة على الحفز على العمل الجاد والسعي نحو التقدم.

(18) الكبيسي، عامر خضير، **إدارة الموارد البشرية في الخدمة المدنية**، المنظمة العربية للتنمية الإدارية، القاهرة، 2005، ص146-147.

المسار الوظيفي

يشير مصطلح المسار الوظيفي Career Path إلى تدرج الفرد خلال حياته الوظيفية من مركز وظيفي إلى آخر. وهذا يستتبع أن يكون هناك توافقاً وانسجاماً بين إمكانات الموظف ومتطلبات الوظيفة في كل مرة يتم فيها إقرار ترقية الموظف إلى وظيفة أعلى.

ويذكر أبو بكر(19) أن المسار الوظيفي يتضمن عدة خصائص أهمها:

1- يقع على الفرد قدر من مسؤولية تأهيل نفسه وتوافر القدرات والمهارات والصفات التي تؤهله لشغل الوظيفة التي يدفع المنظمة لتوفيرها له ولشغلها.

2- يقوم المسار الوظيفي على أساس مسؤولية المنظمة عن إيجاد الوظيفة المناسبة للفرد وفق قدراته ومهاراته وصفاته، وتهيئة مناخ العمل لاستثمار ما لدى الفرد من قدرات ومهارات وصفات.

3- يستلزم تخطيط المسارات الوظيفية أن تمارس المنظمة مجموعة من الممارسات التنظيمية والإدارية في مجالات الاختبار والتعيين والتأهيل والإدخال إلى العمل والتدريب والترقية وإنهاء الخدمة وكذلك قرارات الإشراف والانتداب وغيرها من مجالات حركة التوظف بما يتفق والمسار الوظيفي المخطط للفرد وفق فتراته وكفاءته.

4- وجود مبدأ المنفعة المتبادلة والمصلحة المشتركة، حيث لا يمثل أحد الطرفين (الفرد والمنظمة) عبئاً على الآخر وذلك لوجود منفعة ومصلحة ذاتية لكلا الطرفين من خلال التخطيط الفعال للمسار الوظيفي.

5- وضوح مبدأ المشاركة في المسؤولية والتوزيع المنطقي والعادل للأدوار حيث يقع على الفرد عبء المساعدة في تأهيل نفسه وتنمية قدراته وتطوير وتحديث ما لديه من معرفه وإحداث التكيف في اتجاهاته ورغباته بصورة تساعد المنظمة في

(19) أبو بكر، مصطفى محمود، **الموارد البشرية**، مدخل تحقيق الميزة التنافسية، الإسكندرية، الدار الجامعية، 2008، ص ص 198-199.

6- القيام بإيجاد الوظيفة المناسبة لاستثمار ما لدى الفرد من قدرات ومهارات وصفات.

7- يساهم التخطيط الفعال للمسارات الوظيفية في تقليل احتمالات الصراع في العمل وما يترتب عليه من حالات التوتر.

8- أن الهدف العام والمحصلة النهائية للتخطيط الفعال للمسارات الوظيفية هو كفاءة الفرد وبقاء ونمو المنظمة بالعمل في منطقة المصلحة المشتركة win-win.

هناك مصطلحات تتردد كثيراً في مجال إدارة المسار مثل "إدارة المسار"، "تطوير المسار"، "تخطيط المسار". هذه المصطلحات قد تبدو مترادفة للوهلة الأولى، إلا أننا إذا أمعنا النظر فيها فإننا نجد أن هناك فروقاً معنوية بينها.

ويفرق Dessler [20] بين هذه المصطلحات كما يلي:

إدارة المسار Career Management: عملية لتمكين الموظفين لأن يفهموا ويطوروا طريق مساراتهم واهتماماتهم، واستخدامها داخل المنظمة وخارجها.

تطوير المسار Career Development: سلسلة من النشاطات المستمرة (مثل ورش العمل) التي تساهم في اكتشاف مسار الموظف، ونجاحاته وانجازاته.

تخطيط المسار Career Planning: عملية مقصودة والتي من خلالها يصبح الموظف واعياً بمهاراته الشخصية، واهتماماته، ومعرفته، ودوافعه والصفات الأخرى التي يتميز بها: يحصل على معلومات عن الفرص والخيارات أمامه، يحدد أهداف مساره الوظيفي ويضع خطط عمل للوصول إلى هذه الأهداف.

وتقع على عاتق كل من الموظف والمنظمة مسؤولية معينة فيما يتعلق بالمسار الوظيفي، فيقع على عاتق الموظف ضرورة تنمية اهتماماته ومهاراته بالإضافة إلى البحث عن المعرفة المتعلقة بوظيفته الحالية والمستقبلية وكذلك بذل الجهود لإثبات جدارته في الوظيفة الحالية.

(20)Dessler, Gary, **Human Resource Management**, 11th Ed., USA, Pearson Prentice- Hall, 2008, p.36.

أما المنظمة فتقع عليها مسؤولية كبيرة في هذا المجال من أهمها توفير فرص التدريب والتطوير للموظف وخاصة فيما يتعلق بالوظيفة التالية أي التي سيرقى إليها تالياً. كما تقع عليها مسؤولية توفير تغذية راجعة للموظف عن مستويات أدائه وانجازاته.

وللمسار الوظيفي استخدامات كثيرة أهمها:

1- إعداد القيادات الإدارية: تساهم عملية تخطيط المسار الوظيفي في إعداد القيادات الإدارية من حيث وجود فرص اكتشاف هذه القيادات الواعدة وتدريبها وتجهيزها لمناصب إدارية أعلى.

2- الترقية: تشتمل خطط المسار الوظيفي على ترقيات للموظفين في تواريخ محددة وما يتطلبه ذلك من تأهيل لهم فما المسار الوظيفي إلا مجموعة من الترقيات المتتالية للموظف الذي يثبت جدارته وأهليته للترقية.

3- الإحلال الوظيفي: أن عملية الإحلال الوظيفي تعتمد على وجود خطة للمسار الوظيفي حيث لا يعقل أن تتم عمليات الإحلال بشكل عشوائي وبدون تخطيط.

إن الفكرة الأساسية من تخطيط المسار الوظيفي هي إعداد الأفراد لتولي مهام الوظائف الأنسب لهم وتجهيزهم مسبقاً لتحمل مسؤولياته واستثمار خبراتهم وقدراتهم التي تكونت أثناء مباشرتهم وظائفهم الحالية والسابقة في تحسين فرص نجاحهم في الوظائف التي ينتقلون إليها[21].

أنواع المسارات الوظيفية

هناك ثلاثة أنواع من المسارات الوظيفية:

1- المسار التقليدي Traditional Career Pathway

يعكس المسار التقليدي مسار ترقيه الموظف بشكل عمودي Vertical إلى الوظائف الأعلى التي يفترض أن تكون لها علاقة بوظيفته الحالية وبتخصصه. ويمثل الشكل التالي هذا النوع من المسارات:

(21) عبوي، فريد منير، **إدارة الموارد البشرية**، عمان، دار كنوز المعرفة للنشر والتوزيع، 2007، ص105.

الشكل رقم (30)
المسار الوظيفي التقليدي

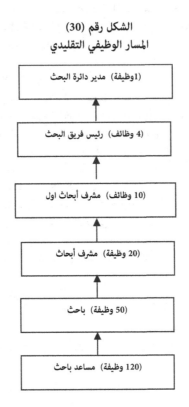

| (1وظيفة) مدير دائرة البحث |

↑

| (4 وظائف) رئيس فريق البحث |

↑

| (10 وظائف) مشرف أبحاث اول |

↑

| (20 وظيفة) مشرف أبحاث |

↑

| (50 وظيفة) باحث |

↑

| (120 وظيفة) مساعد باحث |

ويعد المسار التقليدي ضيقاً من حيث محدودية الوظائف التي تكون متاحة أمام الموظف للترقية، فهو لا يستطيع أن يترقى إلا للوظائف التي لها علاقة بوظيفته الحالية كما هو موضح في الشكل. فالباحث يترقى إلى مشرف أبحاث، ومشرف الأبحاث يترقى إلى مشرف أبحاث أول، الذي بدوره يترقى إلى رئيس فريق بحث ثم إلى مدير دائرة البحث.

2- مسار المصفوفة Career Matrix

يعكس مسار المصفوفة إمكانية انتقال الموظف بشكل عمودي كما في المسار التقليدي، وكذلك إمكانية انتقاله بشكل أفقي في نفس المستوى الإداري لوظيفته، وذلك بهدف إكسابه مهارات وقدرات إدارية وفنية متعددة في عدة وظائف مختلفة. هذا النوع من المسار يوضحه الشكل التالي:

الشكل رقم (31)
مسار المصفوفة

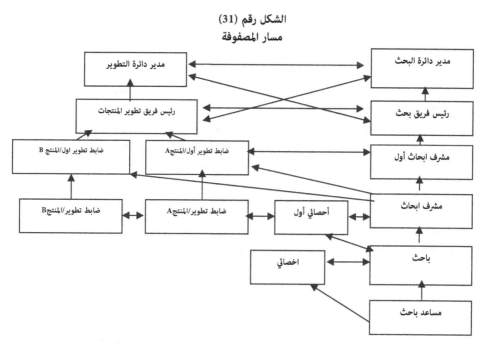

من الشكل السابق يمكن ملاحظة أن مشرف الأبحاث مثلاً يمكن أن يترقى عمودياً إلى منصب أعلى أي إلى مشرف أبحاث أول، كما يمكن أن تعمل المنظمة على توسيع خبرته من خلال نقله أفقياً إلى إحصائي أول أو إلى ضابط تطوير المنتج A أو ضابط تطوير المنتج B، كما يمكن ترقيته إلى ضابط تطوير أول سواء المنتج A أو المنتج B.

3- مسار الإنجازات Achievements Career Path

يعتمد مسار الانجازات على فكرة واقعية مفادها أن انجازات الموظف وأدائه يمكن أن تقرر ترقيته بدون النظر إلى المدة التي يقضيها الموظف في الوظيفة الحالية حتى يرقى إلى الوظيفة التالية. وبناء عليه، فإنه كلما زادت انجازات الموظف كلما أدى ذلك إلى زيادة معدل سرعة ترقياته إلى الوظائف الأعلى.

وتؤيد الكثير من المنظمات إمكانية تعديل المسار الوظيفي بالتجاوز عن بعض المراحل الوسيطة، وذلك في حالات الأفراد المتميزين في أدائهم، حيث ينتج عن ذلك اختصار فترة المسار الوظيفي بسبب انجازاتهم ونجاحاتهم.

معوقات المسارات الوظيفية

تجابه عملية تخطيط المسارات الوظيفية عدة مقومات من أهمها تأثير العوامل والتقلبات الاقتصادية على المنظمات مما يضطرها إلى إعادة التنظيم وما قد ينتج عن ذلك من تخفيض Downsizing للموارد البشرية العاملة وبالتالي إلغاء بعض الوظائف سواء في الإدارة الدنيا أو الإدارة الوسطى أو حتى في الإدارة العليا. وهذا الأمر يعطل المسارات الوظيفية بأنواعها الثلاثة: التقليدية أو المصفوفة أو الإنجازات.

بالإضافة إلى ذلك فقد تسبب قوانين العمل في بعض الدول من حيث التقاعد المبكر بعض الإرباكات في تطبيق المسار الوظيفي، فقد تقوم المنظمة بالتخطيط للمسار الوظيفي لموظف معين حتى بلوغه الخمسين من العمر، ثم تفاجىء المنظمة بعد ذلك بأن الموظف قد انتهت خدماته بسبب تقديمه طلب للتقاعد المبكر.

بالإضافة إلى ذلك فقد يكون هناك معوقات للمسارات الوظيفية تتعلق باحتمال تغير سلوك الموظف في المستقبل نحو الأسوأ وتدني مستوى أدائه بشكل غير متوقع أصلاً، مما قد يربك عملية التخطيط للمسارات الوظيفية بأكملها.

انتهاء الخدمة Termination of Services

هنالك عدة أشكال لانتهاء خدمات الموظف، ويمكن إيجاز هذه الأشكال في ثلاث مجموعات هي:

أ- انتهاء الخدمة بطلب من الموظف

تنتهي خدمات الموظف بطلب منه بسببين:

1- الاستقالة

يقدم الموظف استقالته Resignation من العمل بناء على رغبته في الوقت الذي يريده مع مراعاة نوع العقد هل هو عقد محدد المدة أو غير محدد المدة، ففي حالة العقد محدد المدة فإنه لا يجوز للموظف تقديم استقالته إلا بعد الاتفاق مع المنظمة حيث قد يتضمن ذلك دفع غرامات متفق عليها، أما في حالة العقد غير محدد المدة فبإمكان الموظف تقديم استقالته مع اعتبار إعطاء إشعار أو فترة إنذار وفق المدة التي يحددها القانون. وتقوم الكثير من المنظمات بدراسة أسباب الاستقالة وتحليلها لمحاولة التعرف على جوانب الضعف في الإدارة وذلك بعد إجراء مقابلة مع الموظف المستقيل Exit Interview للتعرف على أسباب الاستقالة.

2- التقاعد المبكر Early Retirement

تنص قوانين العمل في معظم الدول على أن الموظف الذي بلغ عمراً معيناً (يحدده قانون العمل في الدولة) وقضى وقتاً محدداً في العمل أو سدد حداً أدنى من الاشتراكات الفعلية في الضمان الاجتماعي، له الحق في تقديم طلب التقاعد المبكر.

ويذكر رشيد[22] أن التقاعد المبكر يعني أن قرار التقاعد يتم بناء على طلب الموظف ورغبته، وذلك قبل بلوغه سن التقاعد الإلزامي وفقاً للضوابط القانونية المحددة في هذا المجال.

وتنص التشريعات بشكل عام على أنه لا يجوز للموظف الذي تقاعد مبكراً أن يعمل مع أي منظمة أخرى بدوام كامل، مع استثناء العمل بدوام جزئي أو العمل كاستشاري من هذا المنع.

ب- انتهاء الخدمة بقرار إداري

قد تنتهي خدمات الموظف بقرار من الإدارة يتعلق بالفصل Dismissal من العمل بسبب عدم صلاحية الموظف للعمل، أو بسبب عدم اجتيازه فترة التجربة بنجاح. كما قد يكون قرار الفصل من العمل بسبب قرار تأديبي نتيجة لارتكابه خطأً جسيماً أو جريمة مخلة بالشرف أو الأمانة أو الاختلاس أو تسببه في مشكلة تستوجب فصله.

(22) رشيد، مازن فارس، **إدارة الموارد البشرية**، السعودية، مكتبة العبيكان، 1422هـ 2001م، ص1092.

بالإضافة إلى ذلك يمكن أن تنتهي خدمات الموظف بقرار إداري عند إعادة التنظيم أو اتخاذ قرار بإلغاء الوظيفة. وتقوم المنظمة في مثل هذه الحالة بمحاولة نقل الموظف إلى وظيفة أخرى في دائرة أخرى قد تكون بحاجة إلى موظفين مع اعتبار اختيار الأفضل والأكثر كفاءة. فإن لم تكن هناك فرصة للموظف في دائرة أخرى فالحل الوحيد هو إنهاء خدماته.

جـ- انتهاء الخدمة لأسباب أخرى

قد تنتهي خدمات الموظف بسبب انتهاء مدة العقد محدد المدة، فإذا كان العقد مدته محددة بثلاث سنوات، فإن الاتفاق بين المنظمة والموظف ينتهي، وبالتالي يتوقف الموظف عن العمل.

كما تنتهي خدمات الموظف بسبب وفاته أو العجز الصحي عن العمل أو بسبب بلوغه السن القانوني للتقاعد والذي يتراوح بين ستون إلى خمسة وستون سنة حسب قانون الدولة المطبق فيها القانون (التقاعد الإجباري)، وهناك بعض الاستثناءات لعمل الفرد بعد سن الستين أو الخامسة والستين من عمره كأن تكون المنظمة بحاجة إليه أو في حالة حاجة الموظف إلى استكمال تسديد الحد الأدنى من الاشتراكات الفعلية للضمان الاجتماعي.

وتقوم بعض المنظمات بتأسيس برامج للتقاعد Retirement Programs الهدف منها مساعدة الأفراد المتقاعدين في حياتهم بعد تقاعدهم. وفي هذا المجال يذكر الطائي وآخرون[23] أن المقصود ببرنامج التقاعد هو البرنامج الذي يتكفل بالأفراد العاملين الذين على وشك التقاعد والأفراد المتقاعدين، ويساعدهم في حياتهم الجديدة بعد سن التقاعد.

ولا بد من الإشارة هنا إلى أن الانضمام إلى هذه البرامج يكون باختيار الموظف أي بشكل طوعي، حيث ان للموظف ان ينضم أو لا ينضم إلى مثل هذا البرنامج، فإذا انضم الموظف إلى برنامج التقاعد فيتم تزويده بالكثير من المعلومات الخاصة باحتساب

(23) الطائي، يوسف حجيم، ومؤيد عبد الحسن الفضل، وهاشم فوزي العبادي، **إدارة الموارد البشرية: مدخل استراتيجي متكامل**، عمان، دار الوراق للنشر، 2006، ص506.

راتبه التقاعدي، وبإيجاد حلول لمشكلة السكن لديه، بالإضافة إلى شرح موضوع التأمين الصحي لما بعد سن التقاعد، وغير ذلك من المعلومات التي يستفيد منها.

إن تأسيس مثل هذه البرامج للمتقاعدين أو للمقبلين على التقاعد له دور أساسي في الإعداد لما بعد التقاعد ومساعدة هؤلاء المتقاعدين على الانسجام مع المجتمع، وملىء فراغهم، وإشعار الموظف بأهميته وبأنه لا يزال بإمكانه أن يكون عضواً عاملاً في المجتمع.

أسئلة الفصل

1- إذا طلب منك تقييم نظام الانضباط في منظمة معينة. بين المكونات الأساسية لنظام الانضباط.

2- هناك العديد من العوامل التي تؤثر بشكل مباشر أو غير مباشر في درجة الالتزام المؤسسي للعاملين، اشرح هذه العوامل.

3- اشرح مراحل تطور الالتزام المؤسسي لدى العاملين بالمنظمة.

4- تواجه عملية النقل الوظيفي مشاكل عديدة، ما هي طبيعة هذه المشاكل.

5- قارن معيار الأقدمية مع معيار الكفاءة من حيث طبيعة كل معيار ومزاياه وعيوبه.

6- تكلم عن خصائص المسار الوظيفي مع بيان استخداماته.

7- هنالك ثلاثة أنواع للمسارات الوظيفية. اشرح بإسهاب هذه الأنواع الثلاثة.

8- تجابه المسارات الوظيفية عدة معوقات، وضح هذه المعوقات.

9- تكلم عن حالات انتهاء الخدمة والتي تكون بطلب من الموظف نفسه.

الفصل التاسع
جودة حياة بيئة العمل

Quality of Work Life

- جودة بيئة العمل.
- العدالة التنظيمية.
- مناخ الإبداع.
- تمكين الموظفين.
- الجودة الشاملة وإدارة الموارد البشرية.

الأهداف التعليمية للفصل

يتوقع من الطالب بعد دراسة الفصل التاسـع أن يحقـق الأهـداف التعليميـة المرجـوة للفصـل وذلك بأن يكون قادراً على:

- معرفة كيفية توفير بيئة عمل تتمتع بجودة عالية.
- إدراك مفهوم العدالة التنظيمية والجوانب الرئيسة التي تتمثل فيها في إدارة الموارد البشرية.
- شرح مفهوم الإبداع والمناخ الذي يتم فيه تشجيع الإبداع.
- التكلم عن العوامل المعززة لشعور الموظفين بالتمكين.
- إدراك علاقة الجودة الشاملة بإدارة الموارد البشرية.

الفصل التاسع
جودة حياة بيئة العمل
Quality of Work Life (QWL)

يختلف مفهوم جودة حياة بيئة العمل (Quality of Work Life (QWL)) من فرد إلى آخر ومن منظمة إلى أخرى، وفي هذا المجال يذكر Aswathappa [1] أن لجودة حياة بيئة العمل عدة معاني، فبالنسبة للعامل في خطوط الإنتاج، فإنها قد تعني أجور يومية عادلة، ظروف عمل آمنه، ومسؤول يعامله باحترام، أما بالنسبة لموظف جديد فقد تعني توفر فرص التقدم، إبداع في العمل، ومستقبل ناجح، وفيما يتعلق بالأكاديميين فإنها تعني مدى قدرتهم على تلبية احتياجاتهم الشخصية المهمة من خلال خبراتهم في المنظمة.

أما السالم [2] فيشير إلى جودة حياة بيئة العمل بقوله أنها هي الصفات أو الجوانب الإيجابية أو غير الإيجابية المرتبطة ببيئة العمل كما يراها أو يدركها العاملون. وكلما استطاعت الإدارة وضع البرامج الكفيلة بالسيطرة على أو إزالة كل ما من شأنه عرقلة عمل العاملين أثناء أدائهم للعمل وتوفير ظروف العمل المناسبة لهم، وتم التعامل معهم باحترام وثقة عالية بقدراتهم، استطاعت المنظمة أن تبني لنفسها بيئة عمل جيدة في أذهان العاملين وولدت لديهم القناعة والرضى والاندفاع العالي نحو العمل.

مرتكزات جودة حياة بيئة العمل

سوف نقوم فيما يلي بمناقشة أهم مرتكزات جودة حياة العمل باستثناء الجانب المتعلق بالصحة والسلامة المهنية، والذي نظراً لأهميته فإننا سوف نفرد له فصلاً كاملاً.

---

(1)Aswathappa, K., **Human Resource and Personnel Management**, 3rd Ed., New Delhi, Tata McGraw-Hill Publishing Company, 2003, p.358.

(2) السالم، مؤيد سعيد، **إدارة الموارد البشرية: مدخل استراتيجي تكاملي**، عمان، إثراء للنشر والتوزيع، 2008، ص350.

جودة بيئة العمل: لابد من توفير بيئة عمل تتمتع بجودة عالية للعاملين في أي منظمة، لما في ذلك من تأثير على معنويات هؤلاء العاملين وعلى حافزيتهم وبالتالي على إنتاجيتهم ويمكن تناول بيئة العمل من ثلاثة جوانب أساسية هي:

أ- **بيئة العمل المادية:** يجب توفير الإضاءة الجيدة والمناسبة للعمل الذي يؤديه العاملين، بالإضافة إلى توفير درجة الحرارة المناسبة من خلال توفير أجهزة التبريد في الصيف والتدفئة في البرد القارس.

أما فيما يتعلق بالنظافة فمن الضروري أن يكون مكان العمل نظيفاً خالياً من الأوساخ. وفي هذا المجال تتبع بعض المنظمات الرائدة أسلوب كيزن Kaizen في التحسين المستمر والذي يعتمد على خمسة مبادئ أساسية تهدف إلى بيئة عمل نظيفة تؤدي إلى تحسين الإنتاجية وتقليل الفاقد ورفع الروح المعنوية للموظفين:

1- **التصنيف Sort:** ترتيب المواد والمعدات والمستندات الموجودة في مكان العمل إلى:

- مواد لا تحتاج إليها الآن.

- مواد تحتاج كمية محددة منها فقط.

- مواد تحتاج إليها في كل وقت.

وذلك من أجل الاحتفاظ بالمواد التي تحتاج إليها في كل وقت قريبه منك.

2- **الترتيب Set in Order:** تحديد المواقع والأماكن بحيث يوضع كل شيء في مكانه مما يسهّل ويسرّع من عملية إيجاد الأشياء.

3- **التنظيف Shine:** قيام موظفي المنظمة، بمن فيهم المدراء، بأعمال التنظيف لأماكن عملهم ومكاتبهم وذلك على أساس يومي.

4- **تنميط العملية Standardize:** متابعة المفاهيم الثلاثة السابقة باستمرار في مكان العمل والاهتمام بها بنفس الطريقة.

5- **الترسيخ والمحافظة Self-discipline /Sustain:** تأسيس وتثبيت هذه المبادئ في ثقافة المنظمة، بالإضافة إلى دعم جهود تطبيق هذا الأسلوب.

ويساهم هذا الاسلوب في تحويل المنظمات إلى منظمات نظيفة ومرتبة مما يـؤثر في كفاءتهـا وإنتاجيـة العاملين فيها، فكلنا نعرف أن النظافة في مكان العمل أمر أساسي فمكان العمل النظيف والمريح لا بد وأن يؤثر في رضى العاملين وتحسين إنتاجيتهم.

ب- بيئة العمل الاجتماعية والنفسية:

تتعلق بيئة العمل الاجتماعية بالعلاقات بين الرؤساء والمرؤوسين في العمل ففي مجال تعامـل المـرؤوس مع رئيسه، فيجب على المرؤوس التقيد بتنفيذ أوامر وتعليمات رؤسـائه وتوجيهـاتهم وفـق التسلسـل الإداري كـما يجب عليه احترام رؤسائه في العمل وعدم إخفاء معلومات عنهم.

أما تعامل الموظفين مع زملائهم فعلى الموظفين المحافظة على علاقات جيدة مع هؤلاء الزملاء والتعاون معهم. وقد سبق أن رأينا مدى أهمية التعاون بين الموظفين كعنصر عن عناصر تقييم الاداء.

أما في مجال تعامل الموظف مع مرؤوسيه فعليه الإشراف بفعالية وبموضوعية علـيهم وتنميـة قـدراتهم وتحفيزهم، وكذلك احترام حقوقهم.

جـ- بيئة العمل التنظيمية:

تتمثل جودة بيئة العمل التنظيمية في عدة أشكال يمكن إيجازها فيما يلي:

وجود ثقافة للمنظمة داعمة لجهود التحسين ومعززة للعاملين.

استقلالية الوظيفة بشكل يمنع الآخرين من التدخل بصلاحيات شاغل الوظيفة.

تنوع مهام الوظيفة وتعددها، وذلك حتى يكون هناك تجديداً وتحدياً لهذه المهام.

مدى أهمية الوظيفة بالنسبة للوظائف الأخرى، فالوظيفة التي تحتل مركزاً هاماً تؤدي إلى وجـود بيئـة عمل تنظيمية جيدة.

كفاية وكفاءة الموارد المتاحة سواء الموارد البشرية أو المادية أو التكنولوجية أو غيرها.

مشاركة كبيرة من قبل المرؤوسين في صنع القرارات وفي وضع الأهداف.

إن جودة حياة بيئة العمل تكتسب أهمية كبيرة في القرن الحـادي والعشريـن وتـؤثر في نتـائج أعـمال المنظمة من عدة جوانب أهمها: (3)

1- التفوق النوعي على المنافسين من خلال حرص العاملين على تحسين الإنتاجية والجودة في آن واحد.

2- فرصة أكبر للحصول على نوعيات كفؤة مهارياً ومعرفياً من الموارد البشرية والمحافظة عليها.

3- فرصة أكبر للإيفاء بالمسؤولية الاجتماعية والأخلاقية تجاه المجتمع.

4- فرصة أكبر لوقوف العاملين إلى جانب الإدارة في حالة تعرض المنظمة لمشاكل قد تعرقل مـن نشـاطاتها وتعطل برامجها.

5- الحصول على ولاء عال من قبل المستهلكين، فلا يخفى على المسـتهلكين مـا يـدور داخـل المنظمـة مـن مشاكل وأمور.

6- زيادة فرص النمو والتطور، إذ أثبتت الدراسات الميدانية بأن استقرار الموارد البشرية للمنظمة يمكن أن يسهم في تحقيق فرص النمو والتطور من خلال البحـث، والتوصـل إلى طـرق إنتـاج جديـدة وأسـاليب تسويق متميزة.

ويمكن القول بأن اهتمام إدارة المنظمة ودعمها لجهود تحسين بيئة العمل يؤدي إلى تفوق المنظمة على مثيلاتها من المنظمات الأخرى، ويعدّ المنظمة لفرص أكبر للتطور والنمو مـما يعتبر ميـزة تنافسية هامـة في يـد المنظمة.

وهناك العديد من البرامج التي تستخدمها المنظمات لتحسين بيئـة العمـل مـن أهمهـا بـرامج الرفـاه الاجتماعي، وبرامج الرعاية الصحية، وبرامج السلامة المهنية، وتنظيم العلاقات الداخلية في المنظمـة، والتركيـز عـلى تمكين العاملين بالإضافة إلى استخدام أسـاليب حديثـة في الإدارة مثل الإدارة بالأهـداف، واسـلوب كيـزن Kaizen للتحسين المستمر.

---

(3) الهيتي، خالد عبد الرحيم، إدارة الموارد البشرية: مدخل استراتيجي، عمان، دار وائل للنشر والتوزيع، 2005، ص279.

العدالة التنظيمية:

تعد العدالة التنظيمية من المرتكزات المهمة في جودة حياة بيئة العمل، ونظراً لأهمية هـذا الموضـوع فقد أفردنا له مبحثاً خاصاً به. لقد حظي مفهوم العدالة التنظيمية Organizational Justice باهتمام متزايد من قبل العلماء والممارسين في مجال الإدارة، وذلك بسبب تأثيره الفعال في العمل وفي الانتاجية.

يمكن تعريف العدالة التنظيمية بأنها شعور المـوظفين في المنظمـة بمـدى النزاهـة والمسـاواة في تعامل رؤسائهم معهم، ويعرف الفهداوي والقطاونه[4] العدالة التنظيمية على أنها قيمة مهمـة وإحسـاس وإدراك إنسـاني يشعر به أعضاء المنظمة في إطار التقييمات المتولدة نفسياً وإدارياً من خلال إجراء المقارنـات بـين القـيم التبادليـة المتحصل عليها من قبل الأعضاء وإدارة المنظمة.

تمثل العدالة ظاهرة تنظيمية، ويرجع السبب في ذلك إلى أهمية الأثر الـذي يمكـن أن يحدثـه إحسـاس العاملين بالعدالة أو عدم العدالة في مكان العمل. إن إحساس العاملين بعـدم العدالـة يمكـن أن يـؤدي إلى تراجـع مستويات الأداء التنظيمي بشكل خطير مهما بلغت تأثيرات بقية عناصر العملية الإدارية من قـوة، وعـلى العكـس فإن زيادة إحساسهم بالعدالة التنظيمية يمكن أن يؤدي إلى حدوث طفرة كبيرة في مستويات الأداء التنظيمي.[5]

لقد أثبتت الأبحاث السابقة أن هناك أثراً معنوياً للعدالة التنظيمية عـلى اتجاهـات وسـلوك المـوظفين، فهي تزيد من ثقتهم بإدارتهم وتمنحهم حافزاً للتعاون مع رؤسائهم.[6] فالموظف الذي يشعر بالمعاملة غير العادلـة يكون مستاءً من تلك المعاملة، مما يؤدي إلى التأثير السلبي على دافعيته للعمل وبالتالي على إنتاجيته وأدائه.

---

(4) الفهداوي، فهمي خليفة صالح، ونشأت أحمد القطاونه، "تأثيرات العدالة التنظيمية في الولاء التنظيمي: دراسة ميدانية للدوائر المركزية في محافظات الجنوب الأردنية"، **المجلة العربية للإدارة**، المجلد (24)، العدد (2)، 2004، ص1-52.

(5) Lind, E.A., "Thinking Critically about Justice Judgements", **Journal of Vocational Behavior**, 58, 2001, pp. 220-226.

(6) زايد، عادل محمد، **العدالة التنظيمية: المهمة القادمة لإدارة الموارد البشرية**، القاهرة المنظمة العربية للتنمية الإدارية، بحوث ودراسات، 2006، ص12.

تعود فكرة العدالة التنظيمية إلى نظرية المساواة أو الإنصاف التي دعا إليها وفسرها J.Stacey Adams حيث ترتكز هذه النظرية على عملية المقارنة بين نتائج الجهد المبذول من قبل الفرد مع نتائج الجهد المبذول من قبل الآخرين. ويأتي الشعور بعدم العدالة عندما يعتقد الفرد أن المكافآت التي يتلقاها مقابل مساهماته في العمل غير متساوية مع ما يتلقاه الآخرون مقابل مساهماتهم، حيث تتم المقارنة كما يلي:

مكافآت الفرد	تقارن مع	مكافآت الآخرين
مساهمات الفرد		مساهمات الآخرين

وهناك إجمالاً اتجاهين للشعور بعدم العدالة: الشعور السلبي بعدم العدالة، والشعور الإيجابي بعدم العدالة. ويأتي الشعور السلبي بعدم العدالة عندما يشعر الفرد بأنه يتلقى أقل من الآخرين بعد مقارنة نسبة مكافآته إلى مدخلات عمله مع نسبة مكافآتهم إلى مدخلاتهم. كما يأتي الشعور الإيجابي في هذا المجال عندما يشعر الفرد أنه يتلقى أكثر من الآخرين بعد مقارنة نفس النسب المذكورة.

وفي أي الحالتين أي حالة الشعور السلبي بعدم العدالة أو حالة الشعور الإيجابي بعدم العدالة، فإن الفرد يعمل على استعادة شعور العدالة من خلال عدد من الوسائل من أهمها[7]:

1- تغيير المدخلات من خلال تغيير من يقدمه للعمل من جهود إنتاج ومعرفة.
2- تغيير المخرجات من خلال تغيير ما يحصل عليه من أجور ومنافع وخدمات.
3- إعطاء قيمة معنوية لعمله في حالة فشله في تغيير المدخلات والمخرجات.
4- ترك العمل للسعي إلى تحقيق المساواة في مكان آخر.

(7) رمضان، زياد، وأميمه الدهان، ومحسن مخامرة، وفؤاد الشيخ سالم، **المفاهيم الإدارية الحديثة**، الطبعة السابعة، عمان، مركز الكتب الأردني، 2003، ص221.

إلا أن النظرية السابقة والتي تفترض إجراء الفرد لمقارنات بين نسبة مخرجاته إلى مدخلاته مع نسبة مخرجات الآخرين إلى مدخلاتهم، تعرضت لانتقادات شديدة بسبب عدم قدرتها على وضع إطار شامل لمفهوم العدالة التنظيمية، وبناء عليه فقد تم تطوير نماذج جديدة ركزت على تقسيم العدالة التنظيمية إلى أنواع وبالتالي يجب دراسة تفاصيل هذه الأنواع حتى يتم تكوين صورة شموليه أوسع عن العدالة التنظيمية.

وتنقسم العدالة التنظيمية إجمالاً إلى ثلاثة أنواع رئيسية:

1- العدالة التوزيعية Distributive Justice

يعكس مفهوم العدالة التوزيعية شعور العاملين بالعدالة بخصوص ما يحصلون عليه من مخرجات قد تكون على شكل أجور وترقية وحوافز مقابل جهودهم في العمل، فالعاملون لا يركزون فقط على كمية المخرجات التي يستفيدون منها، بل يهتمون كذلك بعدالة هذه المخرجات، وقد كانت القضايا المتعلقة بالرواتب وشعور العاملين بعدالتها موضوعاً لدراسات مبكرة في العدالة التوزيعية، إلا أن الدراسات الحالية امتدت لتشمل كافة المخرجات.

2- العدالة الإجرائية Procedural Justice:

تتعلق العدالة الإجرائية بعدالة الإجراءات المستخدمة في تحويل المدخلات إلى مخرجات ومحصلات نهائية يحصل عليها العاملون، مما يمكننا من الحكم على القواعد والإجراءات المطبقة في المنظمة من حيث مدى نزاهتها وعدم تحيزها.

وترتبط درجة العدالة الإجرائية مع مدى وجود الثقة المتبادلة بين الرؤساء والمرؤوسين، فكلما كانت هناك ثقة متبادلة أكبر بينهم، كلما شعر العاملون بالعدالة الإجرائية بشكل أكبر.

ويرى الطحيح ومحمد [8] أن مدى إتاحة الفرص للفرد لإبداء آراءه ومشاعره عند صياغة وتطبيق الإجراءات، ومدى قدرته على التأثير في الإجراءات المستخدمة لأغراض توزيع المخرجات تحددان مستوى إدراكه للعدالة الإجرائية.

(8) الطحيح، سالم مرزوق، وعلي حسن محمد، العلاقة بين الهيكل التنظيمي ومدى الإدراك للعدالة التنظيمية: دراسة على منظمات الاعمال الكويتية، **الإداري**، السنة 2، العدد 94، سبتمبر 2003، ص ص 81-108.

3- العدالة التفاعلية Interactional Justice

تهتم العدالة التفاعلية بسلوك إدارة المنظمة عند تعاملها مع باقي العاملين فيها. ويتعلق هـذا النـوع من العدالة بمدى إحساس العاملين بعدالة تعاملهم مع إدارة المنظمة التي يعملون فيها.

ويندرج تحت العدالة التفاعلية ما يسمى بعدالة التعاملات والتي تشير إلى احترام الآخرين والصدق في التعامل معهم. ويقول الخشالي[9] بأن عدالة التعاملات تتعلق بمدى إدراك العامل لعلاقتـه مـع المـدير مـن خـلال العوامل الاجتماعية، حيث يتم ذلك من خلال معاملة المدير للعامل باحترام ومودة، ومن خلال مناقشة القرارات التي تخص وظيفته بصراحة، وأن يأخذ المدير بنظر الاعتبار مطالب العامل الشخصية، وأن يبـدي المـدير اهتمامـاً بمصلحته ويشركه في معرفة النتائج المترتبة على اتخاذ القرارات التي تتعلق بوظيفته والمبررات والأسـباب المنطقيـة التي دعت لاتخاذ مثل تلك القرارات.

تبحث العدالة التنظيمية كافة الامور المتعلقة بالعمل وبالعاملين، وفي هذا المجال يذكر زايد ان العدالة التنظيمية تتمثل في عدة جوانب في إدارة الموارد البشرية من أهمها:[10]

1- عدالة الاستقطاب:

تستهدف عملية جذب الموارد البشرية تزويد المنظمة بأفضل العنـاصر البشرية للمسـاهمة في تحقيـق أهداف المنظمة الإستراتيجية، وغالباً ما يتم ذلك من خلال نشاط الاستقطاب الذي يعد من الركائز الأساسـية لإدارة الموارد البشرية للمنظمات الحديثة. تتطلب عملية اختيار الوظيفة من الشخص المتقـدم لشـغلها أن يقـوم ذلـك الشخص بتقييم خصائص الوظيفة الشاغرة كمستوى الأجر والتحدي والمسؤولية في الوظيفة والأمن

---

(9) الخشالي، شاكر جاز الله، "أثر العدالة التنظيمية والخصائص الشخصية على الرضى والاداء الوظيفي: دراسة ميدانية في مديرية ضريبة دخـل عمان" **المجلة الأردنية للعلوم التطبيقية**، المجلد 7، العدد 2، ص ص 1-18.

(10) لمزيد من التفاصيل، ارجع إلى:

زايد، عادل محمد، المرجع السابق، ص ص160-173.

الوظيفي وفرص الترقية والموقع الجغرافي للمنظمة والمزايا الوظيفية الأخرى. كما تقتضي عدالة الاستقطاب أيضاً أن تعتمد المنظمة على المصادر الخارجية للاستقطاب في الحالات التي لا تفي فيها المصادر الداخلية بحاجات المنظمة.

2- عدالة الأجور والحوافز

يمثل عنصر الأجور عاملاً مشتركاً بين مجال جذب العمالة ومجال الاحتفاظ بها، إن الخاصية الأساسية لنظم الأجور والحوافز لا تشمل فقط عناصر الأجور والحوافز، بل تشمل أيضاً كيفية تقدير تلك العناصر في ضوء مجموعة من المعلومات غير المتحيزة التي تستخدم كأساس لتوزيع تلك الحوافز.

3- عدالة التدريب

تبرز أهمية عملية التدريب في تحقيق التوازن بين أهداف المنظمة وأهداف العاملين، والذي يؤدي بدوره إلى زيادة إحساس العاملين بالعدالة التنظيمية، ومن الممكن أن يتم تقديم برامج التدريب التي تحقق الاستفادة لكل من الفرد والمنظمة في نفس الوقت، حيث ينبغي على المنظمة أن تتحاشى أن يخدم نشاط التدريب أحدهما (الفرد أو المنظمة) دون الآخر.

4- عدالة نظم إدارة وتقييم الأداء

تزداد ثقة العاملين في نظام تقييم الأداء المطبق بالمنظمة كلما كانت نتائج التقييم معبرة بشكل موضوعي عن مستوى أدائهم الفعلي، وكلما أتيحت للعاملين فرصة كافية لإبداء الرأي في هذه التقديرات. كما تزداد ثقة العاملين أيضاً كلما شعروا أن رئيسهم المباشر لديه إلمام كاف بجوانب عملهم وكلما حرص الرئيس المباشر على مناقشتهم للوصول إلى أهداف وخطوات عملية لعلاج نواحي القصور في الأداء.

ويوجد العديد من المؤشرات التي تشير إلى وجود علاقة مباشرة بين عدالة نظم تقييم الأداء المتبعة، وإحساس العاملين بالعدالة التنظيمية.

تتفاعل العدالة التنظيمية بأنواعها الثلاثة مع خطوات كثيرة، فتتأثر ببعضها، وتؤثر في البعض الآخر، فالعدالة التنظيمية تؤثر على سلوك الموظفين في العمل والتزامهم التنظيمي، كما أنها تؤثر على معدلات التغيب عن العمل ومعدلات دوران

العمل. إن إحساس العاملين بالعدالة التنظيمية يتوقف إلى حد كبير على العلاقة بين الرئيس والمرؤوسين ودرجة الثقة المتبادلة فيما بينهم بالإضافة إلى قدرة الرئيس على إجراء الاتصالات الفعالة مع المرؤوسين بما يسمح لهم بنقل أفكارهم ويسمح للرئيس بأن يتفهم مشاكلهم ويساعد في حلها.

تعتبر العدالة التنظيمية بكافة أبعادها بعداً هاماً من أبعاد المناخ التنظيمي Organizational Climate السائد في المنظمة، وبالتالي فإن شعور العاملين بأن هناك عدالة في الإجراءات وفي التوزيعات وفي التعاملات يساهم بدرجة كبيرة في إرساء قواعد المناخ التنظيمي الجيد في المنظمة.

مناخ الإبداع

شهدت الكثير من المنظمات المحلية والدولية ولادة إبداعات جديدة في شتى مناحي الحياة وكافة مجالات الأعمال، حيث تعيش المنظمات في القرن الحادي والعشرين في ضوء بيئة تتغير باستمرار كالتطورات التكنولوجية وأذواق العملاء ووسائل الاتصال وغيرها. وهذا ما يفرض على إدارة هذه المنظمات التعامل مع هذه التغيرات وتشجيع الأفكار الإبداعية في منظماتهم.

يمكن تعريف الإبداع بأنه أفكار تتصف بأنها جديدة ومفيدة ومتصلة لحل مشكلات معينة، إذ أنه تجميع أو إعادة تركيب الأنماط المعروفة من المعرفة في أشكال فريدة.[11]

أشار الدوري والعزاوي[12] إلى أن الإبداع يعد أحد أهم المتطلبات الرئيسة في الإدارة المعاصرة، إذ لم يعد كافياً أن تؤدي المنظمات أعمالها بالطرق التقليدية، فذلك يؤدي بها إلى الفشل في الكثير من الأحيان. لذا فالمنظمات التي تبغي النجاح لا تقف عند حدود الكفاءة والفاعلية، وإنما يكون الإبداع والابتكار والتغيير سمات مميزة لها.

يخلط بعض الباحثين بين كلمتين الابتكار Creativity والإبداع Innovation ويستخدمونها بالتبادل، إلا أن هناك اختلاف في الواقع بين الكلمتين. ويجيب على هذا

(11) الصرن، رعد حسن، **إدارة الإبداع والإبتكار**، الجزء الأول، دمشق، دار الرضا للنشر، 2000، ص28.

(12) الدوري، زكريا مطلك، والغزاوي، بشرى هاشم محمد، أداء المعرفة وانعكاساتها على الإبداع التنظيمي، **المؤتمر العلمي السابع**، جامعة الزيتونة، عمان 26-28 نيسان (ابريل) 2004.

الاختلاف Wang and Ahmed بأن الابتكار هو عملية التفكير الذهنية والتي تسعى إلى خلق أفكار جديدة، أما الإبداع فهو عملية تطبيق تلك الأفكار [13].

ومن الجدير بالذكر إن نشر ثقافة الإبداع Innovation Culture عملية مهمة لتشجيع المفكرين والمبدعين في المنظمة على تقديم أفكارهم والعمل على تطبيقها.

فثقافة الإبداع تتعلق بطريقة تفكير الفرد وإيجاد قيم واتجاهات داخل المنظمة. تعزز التفكير الإبداعي.

ويمكن أن يكون الإبداع في ثلاثة مستويات:

أ) **الإبداع على مستوى الفرد**: المقصود بذلك الإبداع الذي يقوم به شخص محدد، حيث من الضروري أن تتوفر في هذا الشخص المبدع سمات معينة كالمعرفة والقدرة على التحمل والمبادرة والاستقلالية في التفكير.

ب) **الإبداع على مستوى المجموعة**: أي الإبداع الذي يتم التوصل إليه من قبل المجموعة، فنتاج إبداع المجموعات يمكن أن يكون أكثر من نتاج الإبداعات الفردية، وذلك بسبب طبيعة تكوين المجموعة وإمكانية تبادل المعارف والآراء فيها.

ج) **الإبداع على مستوى المنظمة**: وهو الإنتاج الإبداعي الذي تتوصل إليه أكثر من جماعة داخل المنظمة، ويظهر ذلك جلياً في المنظمات الصغيرة حيث تكون الجماعات قريبة بعضها من بعض، مما يسهل الاتصال وتبادل المعلومات واشتراك خبرات متعددة للوصول للحلول الإبداعية. وذلك يحتاج إلى الخبرة الميدانية ومعرفة احتياجات العملاء وتشجيع الإدارة للإبداع والبساطة في الهيكل التنظيمي (التميمي والخشالي) [14].

أما من حيث مقومات الإبداع، فيمكن تلخيص تلك المقومات فيما يلي:-

نشر ثقافة الإبداع في المنظمة، والابتعاد عن ثقافة لوم الآخرين.

---

(13) Wang, C., and P. Ahmed, "Learning Through Quality and Innovation", **Managerial Auditing Journal**, 17 2007, pp. 417-423.

(14) التميمي، إياد فاضل، والخشالي، شاكر جار الله، "السلوك الإبداعي وأثره على الميزة التنافسية: دراسة ميدانية في شركات الصناعات الغذائية الأردنية"، **مجلة البصائر**، المجلد 8، العدد 2، 2004، 159-195.

توظيف الأفراد المتميزين الذين يمتلكون صفات معينة كالذكاء والشخصية والاستقلالية في التفكير، والذين يتمتعون بروح المخاطرة.

توفير مناخ الابتكار، ويتطلب ذلك وجود أساليب إدارية بعيدة عن البيروقراطية، وكذلك ضرورة توفير الثقة المتبادلة بين الرئيس والمرؤوس. كما يفترض توفير بيئة تتسم بالحرية في العمل والتحفيز على توليد والأفكار الجديدة.

تقبل الإدارة لهامش مخاطرة أعلى وإتاحة الفرصة الكاملة لإجراء التجارب، مع اعتبار الأخطاء فرص للتطوير.

تخصيص الموارد المالية للبحث والتطوير، وزيادة الدعم المادي.

تشجيع العمل الجماعي، فمن خلال فرص العمل تتدفق الأفكار الإبداعية ويمكن تبادل الآراء والتجارب.

إدارة المعرفة، حيث تحتاج عملية الإبداع إلى معرفة أكبر من قبل الأفراد والمجموعات.

تنفيذ الدورات التدريبية لأجل زيادة المعارف وتحسين المهارات وتعديل الاتجاهات في مجال التفكير الإبداعي.

خصائص الإداريين المبدعين

يعد الابداع من الجوانب التي ينبغي على إدارة أي منظمة، وخاصة تلك التي تعمل في بيئة متغيرة باستمرار، أن تهتم بها وأن تضعها في سلم أولوياتها. وقد ازدادت أهمية الابداع وخاصة في ظل زيادة المنافسة بين المنظمات، مما تطلب من إدارة المنظمة أن تسعى إلى استقطاب وتعيين المبدعين، مع توفير المناخ الابداعي المناسب لهم، وتشجيعهم على التفكير الخلاق وتقديم الأفكار الجديدة. إذن فأحد مهام الإدارة الاساسية استقطاب واختيار وتعيين الأشخاص المبدعين، ثم بعد ذلك تنميتهم وتطويرهم وصقل

مواهبهم، بالإضافة إلى ضرورة تحفيزهم ودعم نشاطاتهم. ويتميز الشخص المبدع عموماً بالخصائص التالية: [15]

* البصيرة الخلاقة Creative Insight

ويعني ذلك القدرة على تصور بدائل عديدة للتعامل مع المشاكل، وعلى طرح الأسئلة الصحيحة، والتي ليس هناك أجوبة واضحة عليها. وليس غريباً أن يصرف المبدع وقتاً أطول في تحليل المعلومات، أكثر من الوقت الذي يقضيه في جمعها، وهو لا يملّ من تجريب الحلول، ولا يفقد صبره بسرعة.

* الثقة بالنفس وبالآخرين لدرجة كبيرة. فالمبدع لا يستسلم بسهولة، إذ يتوقع الإداري المبدع الفشل، ولكن ذلك لا يزيده إلا تصميماً على متابعة جهوده.

* القدرة على التعامل مع مقتضيات التغيير. فالمبدع يتحمّل التعامل مع المواقف الغامضة، لأنها تثير في نفسه فضول البحث عن حلول، وهو أحد الأركان المهمة في الإبداع.

* القدرة على التكيّف والتجريب والتجديد، إذ يشك المبدع بالقضايا التي يمكن أن يعتبرها عامة الناس مسلّمات. وقد يصل الأمر بالمبدع أن لا يؤمن بالصواب والخطأ المطلق. إذ يعتبر أن تلك أموراً نسبية تعتمد على المنظور الذي ينطلق منه الإنسان.

* الجرأة في إبداء الآراء والمقترحات. وتنعكس هذه الجرأة في مناقشة التعليمات والأوامر الصادرة من المراجع العليا. وهي صفة لا تتوافر في المتملّقين الذين لا يتقنون إلا فن ترديد الموافقات وطأطأة الرؤوس دونما تفكير، طعماً في كسب رضى رؤسائهم أو خوفاً من غضبهم.

* الاستقلالية الفردية: لا يحب الفرد المبدع أن تفرض عليه سلطة الغير، كما أنه لا يحب أن يفرض سلطته على الآخرين. وكذلك فهو بعيد عن الشللية الضيقة التي تعتبر مصدراً لتثبيط الروح المعنوية للعاملين.

---

(15) القريوتي، محمد قاسم، **السلوك التنظيمي**، الطبعة الرابعة، عمان، دار الشروق للنشر والتوزيع، 2003، ص ص 305-306.

وتشتمل عملية الإبداع على عدة مراحـل متتاليـة في تتابعهـا الزمنـي. ويـوجز Moorhead and Griffin مراحـل عملية الابداع بما يلي:[16]

1- **مرحلة الإعداد Preparation**: يقوم الفرد في هذه المرحلة بجمع المعلومات وتوفير المراجـع ومناقشـة الآخرين في الفكرة.

2- **مرحلة الحضانة Incubation**: تتفاعل المعلومات في ذهن الفرد حتى تصل إلى مرحلة النضوج وظهور الفكرة الجديدة.

3- **مرحلة الإضاءة Illumination**: تتحول الفكرة في ذهن الفرد إلى مرحلة الإلهـام، حيـث تلمـع الفكـرة الجديدة في ذهن الفرد.

4- **مرحلة التحقق Verification**: يقوم الفـرد في المرحلـة الأخـيرة باختبـار الفكـرة للوقـوف عـلى مـدى صحتها وصلاحيتها للتطبيق.

إن هذه المراحل الأربعة تغطي عملية الابداع من بداية جمع المبدع للمعلومات اللازمة واختمار الفكرة في ذهنه حتى إجراء اختبار الفكرة من حيث مدى صلاحيتها للتطبيق الفعلي.

إدارة عملية الإبداع

كيف يمكن للمدير أن يوفر مناخ الإبداع في ظل التغييرات والتطورات المستمرة في التكنولوجيا ووسـائل الاتصالات وثورة المعلومات. يقترح Jones العديد من الأدوات المساعدة في هذا المجال من أهمها:[17]

1- إدارة المشروع Project Management:

المقصود بالمشروع هو وحدة فرعية تركز في هدفها على تطـوير المنتجـات في الوقـت المحـدد في حـدود الموازنة المخصصة وضمن المواصفات المقررة.

---

(16)Moorhead, G., and R.W. Griffin, **Orgaizational Behavior**, Ist Ed., Delhi, AITBS Publishers and Distributors, 2000, pp. 104-105.

(17) Jones, Gareth R., **Organizational Theory, Design, and Change** 5th Ed., New Jersey, Pcarson Prentice Hall, 2007, pp. 375-385.

إدارة المشروع هي عملية قيادة ومراقبة المشروع بما يؤدي إلى إيجاد منتجات جديدة أو محسنة، وقـد أثبتت هذه الأداة نجاحها في مجال الإبداعات سواء التي نتج عنها منتج جديد أو تلك التي تشكل تحسينات في المنتج بشكل تدريجي.

تبدأ العملية بالتخطيط للمشروع منذ بداية الفكرة وتمر بمرحلة الاختبار التطبيقي لها ثم مرحلة إجـراء التعديلات الضرورية وانتهاء بإنتاج المنتج.

وتستخدم في إدارة المشروع كافة الأساليب التي تستخدم في إدارة المشاريع الإنتاجية وغيرها كالنمذجـة الكمية، وشبكة بيرت، وخرائط جانت، وطريقة المسار الحرج.

2- اختيار التطوير عبر مراحل/ بوابات Stage- Gate Development

من أكبر الأخطاء التي ترتكبها الإدارة هي تبني إدارة عدداً كبيراً من مشاريع التطوير في وقت واحد. يجب أن تركز الإدارة على إنشاء عملية محددة تجبر المدراء من خلالها على تقييم أفكار ومشاريع التطوير الكثـيرة في المرحلة/ البوابة الأولى ثم إلغاء البعض واختيار الأفضل منها للمرحلة / البوابة الثانيـة وهكـذا حتى يصل في النهاية مشروع تطوير واحد.

3- استخدام فرق العمل المشكلة من عدة دوائر

Using Cross- Functional Teams

تتكون هذه الفرق من موظفين من عدة دوائر في المنظمة لأجـل إنجـاز مهمـة معينـة، فنجـاح عمليـة الإبداع يعتمد على فعالية تنسيق نشاطات دائرة البحث والتطوير مع نشاطات الدوائر الأخرى.

4- قيادة الفريق Team Leadership

على الرغم من إنشاء فرق تطوير المنتج من مختلـف الـدوائر، إلا أن نجـاح مثـل هـذه الفرق وغيرهـا يحتاج إلى قيادة جيدة وطريقة فعالة لإدارتها، من الأهمية بمكان أن يتوفر قائد فريق بصفات قياديـة وأن يكـون لديه إلماماً بوظائف المنظمة جميعها، وبالمقابل فإنه ينبغـي أن يمـنح قائـد الفريق سـلطات وصـلاحيات تناسـب جسامة المهام التي يؤديها.

5- إيجاد مشاريع مشتركة

إن إيجاد مشاريع مشتركة مع منظمات أخرى هو أداة أخـرى لإدارة الإبـداع في مجـال الصـناعات التـي تستخدم تكنولوجيا عالية، وتسمح مثل هذه الشراكات للمنظمات بأن تدمج المهارات والتكنولوجيا المسـتخدمة في كل منها وأن تجمع مواردها وأن تجرؤ على الدخول في مشاريع بحث وتطوير محفوفة بالمخاطر.

6- إيجاد ثقافة الإبداع

تلعب ثقافة المنظمة دوراً هاماً في تشكيل وتشـجيع الإبـداع، فـالقيم والأعـراف يمكـن أن تعـزز الـروح الريادية وتسمح للمنظمة بالإستجابة السريعة والمبدعة للتغيرات في البيئة.

على الرغم من أن توفر مناخ الإبداع يعطي مزايا كثيرة للعاملين وللمنظمة، إلا أن العديد من المنظمات لا تقوم بتوفير المناخ المناسب للإبداع، إن من واجبات إدارة المنظمة الاهتمام بالإبداع وذلك لأنه يعد عـاملاً هاماً في الميزة التنافسية. وبقدر ما تضع المنظمة إدارة الإبداع وتشجيعه في أولوياتها، بقدر ما يـؤثر ذلـك عـلى اسـتمرار المنظمة وتطورها، وبناء على ذلك، فإن هناك مسؤولية هامة تقع على عاتق مدير الموارد البشرية ومـدراء الـدوائر الأخرى فيما يتعلق بإدارة الإبداع وتوفير المناخ المناسب لمبادرات الموظفين وابداعاتهم.

وبطبيعة الحال فإن المناخ الإبداعي على مستوى المنظمة، يتولد من المعتقدات والقيم الفرديـة لقيـادة المنظمة وأفرادها، ومن ثقافة وتاريخ المنظمة، وأنماط وأساليب الإدارة والسـلوكيات السـائدة، بالإضـافة إلى المنـاخ الاجتماعي والاقتصادي السائد في المجتمع الذي يؤثر في المنظمة. هذه العناصر الأساسية تعطي صورة واضحة عـن المناخ الإبداعي السائد في المنظمة.[18]

(18) الحسنيه، سليم إبراهيم، **الإدارة بالإبداع: نحو بناء منهج نظمي**، القاهرة، المنظمـة العربيـة للتنميـة الإداريـة، بحـوث ودراسـات، 2009، ص300.

إن العنصر الأساسي المؤثر في توفر الإبداع التنظيمي هو القيادة الفعالة التي تستطيع أن توفر المناخ التنظيمي المشجع والداعم للإبداع، فقدرة القيادة على تحفيز الموظفين ودفعهم للعمل يساهم في توفير مناخ الإبداع، بالإضافة إلى ذلك فإن استعداد القيادة لدعم مشاريع الإبداع وتحمل مخاطر أعلى مع انتشار ثقافة عدم اللوم No blame culture واعتبار الخطأ فرصة للتعلم يزيد من إبداعات الموظفين ويشجعهم على تقديم أفكار جديدة وطرق جديدة لحل المشكلات.

تمكين الموظفين

يعد مفهوم التمكين من المفاهيم الإدارية المعاصرة التي تعمق مفهوم منح المرؤوس حرية أكبر في أداء العمل وتزيد من طاقات الفرد وقدراته حتى يستطيع القيام بهذه المهام وبوعي أكبر وثقة أعلى.

المقصود بتمكين الموظف Employee Empowerment هو رفع قدرته على اتخاذ القرارات بنفسه وبدون إرشاد الإدارة، فالهدف الأساسي من التمكين توفير الظروف للسماح لكافة الموظفين بأن يساهموا بأقصى طاقاتهم في تحقيق أهداف المنظمة التي يعملون فيها.

ويعرف أفندي [19] التمكين بأنه عملية لإعطاء الأفراد سلطات أوسع في ممارسة الرقابة وتحمل المسؤولية، وفي استخدام قدراتهم وذلك من خلال تشجيعهم على اتخاذ القرار.

ويشير Murrell & Meredith[20] إلى التمكين بأنه رفع قدرات أي فرد عند اضطلاعه بمسؤوليات وصلاحيات أكبر في المنظمة التي يعمل بها من خلال التدريب والثقة والدعم.

---

(19) أفندي، عطية حسين، **تمكين العاملين: مدخل للتحسين والتطوير المستمر**، المنظمة العربية للتنمية الإدارية، القاهرة، 2003، ص10.

(20)Murrell, K.L. & M. Meredith, Empowering Employees, New York, McGraw-Hill, 2000, p.8.

يختلف مفهوم التمكين عن مفهوم التفويض Delegation Of Authority إذ أن التفويض يتضمن تحويل سلطة اتخاذ القرار من الرئيس إلى المرؤوس فيما يخص أعمال محددة ولا تتاح للمرؤوس إلا القدر البسيط من المعلومات اللازمة لمساعدته في اتخاذ القرار. أما التمكين فهو أكثر عمقاً من التفويض حيث يتم تطوير قدرات المرؤوس وإعطائه المعلومات الوفيرة وتشجيعه على ممارسة روح المبادأة والإبداع في مجال عمله، كما تتاح له حرية أكبر في التصرف واختيار طريقة ممارسته لمهامه دون أن يحتاج إلى إرشاد من رئيسه في العمل. ويذكر الدوري[21] أن نظرية التفويض أصبحت قاصرة عن اللحاق بالمتغيرات البيئية المحيطة بمنظمات الأعمال اليوم، إذ أن حدود التفويض لم تمنح العاملين في الخطوط الأولى القدرة على التحرك والاستجابة للمتغيرات البيئية والموقفية، مما يجعل الحاجة ماسة للعمل بإستراتيجية التمكين.

وبالتالي فإن مفهوم التمكين يتضمن عملية اتخاذ القرار بدون الرجوع إلى المستويات الإدارية الأعلى، فهو يعني أكثر من مجرد التفويض، فالموظف يشعر بالمسؤولية ليس فقط عن الأعمال التي يؤديها، بل يشعر بالمسؤولية كذلك عن كل ما يتعلق بوظيفته، مما يجعل المنظمة تحقق أهدافها بشكل أفضل.

وتوصلت دراسة Jarrar and Zairi إلى أن مشاركة العاملين في اتخاذ القرار وتحملهم لمسؤولية جسيمة تعد من أفضل التطبيقات في عملية التمكين، وأشارت الدراية إلى أنه على المنظمات أن تطبق التمكين وذلك لما له من قدرة على إطلاق الطاقات الكامنة لدى العاملين[22].

إن المدراء الناجحين هم الذين يعرفون ما عليهم أن يعملوه بأنفسهم وما يمكن أن يتم أداؤه من خلال مرؤوسيهم، وبناء عليه فهناك صفات محددة يمتلكها هؤلاء المدراء الناجحين الذين يؤمنون بالتمكين كوسيلة لرفع مستوى الأداء، ومن أهم هذه الصفات:

(21) الدوري، زكريا مطلق، تمكين العاملين/ منهج متكامل في إطار استراتيجيع الجودة، **مجلة كلية الإدارة والإقتصاد بالجامعة المستنصرية**، العدد 46، 2004، ص ص23-64.

(22) Jarrar, F. and M. Zairi,. Emptoyee Empowerment "**Managerial Auditing Journal,**, 17 (5) 2007, pp. 266-272.

تشجيع العاملين على الانجاز والثقة بالنفس عن طريق تعزيز قوة الشخصية بالإضافة إلى إعطاء العاملين حرية تقديم الأفكار وتحفيزهم على ذلك.(23)

إن التمكين يمكن أن يؤثر إيجاباً على نظرة الموظفين لأنفسهم فيما يتعلق بكفاءاتهم وكذلك بامانهم الوظيفي واستقرارهم في العمل.

ومن الجدير بالذكر أنه ينبغي مراعاة أن يكون لدى المرؤوسين المعلومات نفسها التي يستعين بها المدراء للقيام بأعمالهم، فالطلب من المرؤوسين أن يصنعوا قراراتهم بأنفسهم من دون أن يمتلكوا المعلومات نفسها التي يمتلكها مدرائهم يجعل من الصعب عليهم أن يتخذوا القرارات الملائمة.

حدد القريوتي(24) العوامل المعززة للشعور بالتمكين والتي كان من اهمها

حرية المرؤوسين في اتخاذ القرارات بشأن العمل ومعالجة المشاكل التي يواجهونها بالإضافة إلى توفير الرئيس للمرؤوسين فرصاً للتطور واكتساب المهارات والمعارف، وكذلك تشجيع الرؤساء للمرؤوسين على التفكير والإبداع، وقبولهم لمبدأ احتمال المخاطرة، بما في ذلك إمكانية أن ينتج عن ذلك وقوع المرؤوسين في بعض الأخطاء.

أما من حيث الزوايا التي يمكن النظر فيها إلى التمكين، فهناك منظورين أساسيين:

أ- **المنظور الإداري**: يبرز هذا المنظور من خلال التركيز على تفويض السلطة لاتخاذ القرارات وتوفير النظم الملائمة التي تدعم التمكين كربط الأجور والمكافآت بالأداء، وتوفير التدريب اللازم وبناء فريق العمل.(25)

(23)Schermerhorn, J.R. Jr, G.J.Hunt, and R.N. Osborn, **Organizational Behavior**, 7th E.d., New York, John Wiley and Sons, Inc., 2000, p.275.

(24) القريوتي، محمد، وعوض خلف العنزي، "الشعور بالتمكن لدى المديرين من مستوى الإدارة الوسطى في دولة الكويت: دراسة ميدانية"، **مجلة جامعة دمشق للعلوم الاقتصادية والقانونية**، المجلد 22، العدد1، 2006، ص ص281-310.

(25) الطائي، رعد عبدالله، وعيسى قدادة، **إدارة الجودة الشاملة**، عمان، دار اليازوري العلمية للنشر والتوزيع، 2008، ص242.

ويركز هذا المنظور الذي يسميه البعض المنظور متعـدد الأبعـاد Multi-dimensional Perspective على العلاقات بين المدير والمرؤوس قبل وبعد التمكين. يذكر Honold [26] في هذا المجال أن المدير يكـون مسـؤولاً عن وضع هدف مشترك مع المرؤوس، بالإضافة إلى أنه، أي المدير، مسؤول عن المتابعة المستمرة للمـرؤوس للتأكـد من أنه يدرك بأن التمكين لا زال موجوداً. وفي نفس الوقت يؤكد Psoinos and Smithson [27] بأن المدير يلعـب دوراً في الاعتراف بالانجازات التي يحققها الموظف وبالتأكيد على أهمية الجهود المبذولة من قبل الموظف.

بالإضافة إلى ذلك، فإن المدير يلعـب دوراً مـؤثراً في تطـوير فـرق العمـل وضـمان فاعليتهـا واسـتقلالية قراراتها.

ب- **المنظور النفسي**: يتضمن المنظور النفسي Psychological Perspective مفهوماً تحفيزياً وبالتالي فهو يركز على عملية تحفيز المرؤوسين عند تطبيق التمكين. ومن اجل ذلك يسمى البعض هذا المنظور بـالمفهوم التحفيـزي Motivational Aspect. إن الحالة النفسية للمرؤوسين تتـأثر بتصرفات المـدير وممارسـاته المتعلقـة بعمليـة التمكين.

وبهذا الخصوص يشير Lee and Koh [28] إلى أربعة زوايا لهذا المنظور:

1- **الأهمية**: أهمية أهداف المنظمة وربطها بقيم الفرد وأهدافه.

2- **الجدارة**: ثقة الفرد بقدرته على تأدية مهامه بمهارة.

3- **الاختيار**: حرية الاختيار والاستقلالية في وضع معايير السلوك في العمل.

4- **التأثير**: إدراك مدى إمكانية تأثير الفرد في مخرجات العمل.

(26) Honold, L., "A Review of the Literature on Employee Empowerment", **Empowerment in Organizations**, Vol. 5, No. 4, 1997, pp. 202-212.

(27) Psoinos A., and S. Smithson, Employee Empowerment in Manufacturing: A Study of Organizations in the UK, **"New Technology, Work and Employment"** vol. 17, No. 2, 2002, pp. 132-148.

(28) Lee, M. and J. Koh, "Is Empowerment Really a New Concept? **"International Journal of Human Resource Management,** Vol. 12, No. 4, 2001, pp. 684-695.

ويذكر الطائي وقدادة [29] بأن هذا المنظور يعكس النواحي النفسية والسـلوكية للتمكين. والتمكين في ظل هذا المنظور له تأثير في دوافع الأفراد ومواقفهم تجاه العمل. وكي يكون التمكين فعالا لا بد من استجابة الفرد وقبوله لتحمل المسؤولية الناجمة عن تمكينه حيث يرتبط ذلك بمشاعر الفرد وإدراكه لمضامين التمكين.

وهناك اجمالا عناصر للتمكين تشكل ركائز رئيسية من الضـروري توفرهـا إذا أريـد لمجهـودات تطبيـق مفهوم التمكين ان تنجح. وفي هذا المجال يحدد المعاني وأخو ارشيدة [30] العناصر الاساسية للتمكين كما يلي:

1- **تفويض السلطة:** هو ان يفوض الرئيس الإداري احد مرؤوسيه ممارسة بعض اختصاصات وظيفته التي يشـغلها، فيكون للمفوض إليه اختصاص اصدار قرارات فوض باتخاذها دون الرجوع إلى الرئيس.

2- **فرق العمل:** لكي تتصف الجماعة المنظمية بالكفاءة والفعالية فإنها لا بد من ان تكون محققة للتطلعات الإدارة المتعلقة بدور الجماعة وقدرتها على الاسهام في تحقيق غايات النظام وأهدافه.

3- **تدريب العاملين:** إن نجاح المنظمة في تحقيق أهدافها يعود إلى أنها تتيح لعامليها كافة سبل التعلم مـن خـلال التدريب والتجريب والتعلم الجماعي وادارة المعرفة.

4- **الاتصال الفعال:** يتطلب الاتصال الفعال تعريف العاملين بأهداف المنظمة ورسالتها وتعريف كل موظف بدوره لتحقيق هذه الأهداف، واهتمام الادارة بإيجاد وسائل اتصال فعالة بين العامليـن عـلى اخـتلاف مسـتوياتهم، وتوفير فرصة الموظفين إلى أصحاب القرار وشرح مواقفهم.

5- **حفز العاملين:** ان نظام الحوافز الجيد يسهم في جذب الافراد والتحاقهم بالتنظيم واشباع حاجاتهم ويعـزز مـن استمرارهم في العمل، ويثير المنافسة فيهم وبذل الجهد لتحسـين ادائهـم والابـداع فيـه، ويـوفر لهـم المنـاخ التنظيمي الايجابي ويشعرهم بالرضى

---

(29) الطائي، رعد عبدالله، وعيسى قدادة، المرجع السابق، ص243.

(30) لمزيد من التفاصيل، ارجع إلى: المعاني، ايمن عودة، وعبد الحكيم عقلة أخو ارشيدة، **المجلة الاردنية لادارة الاعمال**، المجلـد 5، العـدد 2، 2009، ص ص 234-259.

والثقة ويرفع من روحهم المعنوية ويقوي ولاءهم للمنظمة ورغبتهم في الحرص على تحقيق أهدافها بكفاءة وفعالية.

ومن هنا نجد أنه تقع على المنظمات مسؤولية الاهتمام بالإنسان وتمكينه من تحقيق أهداف المنظمة من خلال تحقيق أهداف الفرد في العمل وتأمين مصالحهم بما يشعرهم بأن نجاح المنظمة مرتبط بمدى رضاهم وتأمين مطالبهم.

إن عملية تمكين الموظفين لا تنفذ باتخاذ قرار إداري من قبل رأس الهرم فقط، فهذه العملية تمر بعدة مراحل:

المرحلة الاولى: تعزيز ثقافة التمكين

الخطوة الأولى في عملية التمكين تكمن في إدراك إدارة المنظمة أن هناك حاجة لتغيير ثقافة المنظمة فيما يتعلق بالتمكين واقتناع المسؤولين فيها بضرورة التخلي عن جزء من صلاحياتهم.

المرحلة الثانية: تشجيع المديرين على تمكين المرؤوسين

يتم في المرحلة الثانية تشجيع المديرين للعمل على تفويض الصلاحيات لمرؤوسيهم وتمكينهم بحيث يستطيعوا أن يؤدوا أعمالهم بدون الرجوع إلى استشارة الإدارة.

المرحلة الثالثة: اختيار الأفراد

يتم اختيار المرؤوسين الذين لديهم المهارات والمعارف اللازمة لأداء الأعمال الموكلة إليهم، وكذلك الذين لديهم المهارات المتعلقة بالاتصال والتعامل مع الآخرين ضمن فرق العمل التي يتم تشكيلها، وأن يكون لديهم نظرة شمولية لنشاطات المنظمة وعملياتها وكيفية تداخلها وتفاعلها مع بعضها.

المرحلة الرابعة: التدريب والتحفيز

في هذه المرحلة يتم تصميم وتنفيذ برامج تدريبية لتأهيل الموظفين مثل برامج مهارات الاتصال والعمل الجماعي بالإضافة إلى برامج التدريب الفنية المتعلقة بأداء العمل المناط بالموظف. كذلك فإنه ينبغي أن يتم اعتماد نظام للحوافز مرتبط بعملية التحسين وبمستوى الأداء.

المرحلة الخامسة: التغذية العكسية

من الضروري ان يتم توفير التغذية العكسية للموظفين عن مدى التقدم في أعمالهم ونسب انجازاتهم أولا بأول، وهذا ما يساعدهم في معرفة وضعهم وتقدير الجهود اللازمة لإنجاز العمل المكلفين به.

أما من حيث فوائد التمكين فيذكر ملحم [31] أن التمكين يحقق نتائج إيجابية للموظف أهمها:

1- نتائج خاصة بالموظف، كتحقيق الانتماء ورفع مستوى المشاركة الفعالة وتطوير مستوى أداء الموظفين واكتسابهم المعرفة والمهارة والمحافظة على استقرار الموظف، وشعور الموظف بقيمة الوظيفة، بالإضافة إلى تحقيق الرضى الوظيفي.

2- نتائج خاصة بالمنظمة، كزيادة ولاء العاملين وتحسين مستوى انتاجية العمل، وزيادة فرص الإبداع والابتكار، ومساعدة المنظمة في برامج التطوير والتجديد، وجودة الأداء، وتحسين العلاقة بين الموظفين.

3- نتائج خاصة بالعملاء، كسرعة الانجاز وجودة الخدمات المقدمة.

ويشير السامرائي [32] إلى ان الزعم بأن المديرين وحدهم هم الذين يعلمون كيف تؤخذ القرارات توحي بأن الموظفين ليست لديهم مقدرة على حل المشكلات، وبهذا تبعث هذه الفكرة رسالة إلى الموظفين بأن افكارهم لا قيمة لها، تلك الفكرة التي عندما تقوى وتتعزز باستمرار فإنها تضع حواجز عالية بين الادارة والموظفين. ترتكز عملية التمكين على الفلسفة الفردية لدى الشخص، ولكن قد يساء فهمها من قبل الكثير من واضعي استراتيجيات الاعمال، لأن بعض المدراء يشعرون بأن هذه العملية تعني فقدان القوة حسب اعتقادهم، وعلى العكس من ذلك فإن مؤيدوها يرون انها هي التي تمنحهم القوة.[33]

(31) ملحم، يحيى سليم **التمكين كمفهوم إداري معاصر**، المنظمة العربية للتنمية الإدارية، القاهرة، 2006، ص ص 121-126.

(32) السامرائي، مهدي، **إدارة الجودة الشاملة في القطاعين الانتاجي والخدمي**، عمان، دار جرير للنشر والتوزيع، 2007، ص72.

(33) www. Hrdiscussion. Com.

اذن هناك العديد من العقبات التي تعترض تطبيق مفهوم التمكين في المنظمات، ومن أهم هذه المعوقات:

مقاومة التغيير، فالتغيير قد يجابه بمقاومة سواء من بعض المدراء أو من بعض العاملين، إذ ان تطبيق عملية التمكين يتضمن تغييراً في أسلوب التفكير في اتخاذ القرار.

تردد العاملين في تحمل المسؤولية وتعرضهم للمساءلة.

الثقافة التنظيمية المشجعة لعدم تبني الافكار الابداعية، أو المعززة لثقافة لوم الآخرين.

خوف المدراء على المراكز الوظيفية التي يحتلونها، يمنعهم من تفويض المرؤوسين وتمكينهم.

اتباع المركزية على نطاق واسع، فالمركزية لا تتفق مع التوسع في عملية التمكين.

ويختلف دور الفريق في المنظمات المتمكنة عنه في المنظمات الهرمية التقليدية، ففي المنظمات الهرمية يشكل الفريق من الادارات الوظيفية المختلفة للقيام بمهمة محددة أو مشروع معين، أما في المنظمة المتمكنة فإن الفريق يصبح ركيزة الهيكل التنظيمي للمنظمة، بحيث لا ينتهي بانتهاء المهمة أو المشروع. وهو بذلك يتميز بخاصية الاستمرار كما أنه يشمل أنظمة المنظمة كافة. [34]

وعلى الإدارة التي تفكر بالتوجه نحو تمكين الموظفين ان تراعي ما يلي:

1- اختيار المدراء الذين يؤمنون بالتمكين ولا يعارضون تحويل سلطات اتخاذ القرار لديهم إلى المرؤوسين.

2- اختيار الموظفين الكفؤيين الذين لديهم القدرة على اداء أعمالهم المحولة إليهم من رؤسائهم في العمل.

---

(34) الدوري، زكريا مطلك، وأحمد علي صالح "ادارة التمكين واقتصاديات الثقة"، عمان، دار اليازوري العالمية، 2009، ص89.

3- بناء المناخ المناسب للعمل والذي يؤدي إلى وجود الثقة المتبادلة بين الرؤساء والمرؤوسين.

4- الثقة المتبادلة بين الرؤساء والمرؤوسين.

4- النظر إلى الاخطاء على أنها فرص تطوير وتشجيع المرؤوسين على تحمل المخاطرة.

5- تقاسم المعلومات وإيصال المعلومات عن الانجازات إلى الموظفين الذين يحتاجونها في الوقت المناسب.

وبهذا الصدد فإنه لا بد من الاشارة إلى ضرورة توفير ثقافة مناسبة تعزز مفهوم التمكين لدى المنظمة، فبعض المدراء قد يعارضون تطبيق مفهوم التمكين وبعض الموظفين قد لا يكون لديهم القدرة على تطبيق مفهوم التمكين. وكذلك من الضروري العمل على ايجاد الثقة المتبادلة بين الرؤساء والمرؤوسين.

الجودة الشاملة وإدارة الموارد البشرية

بدأ التركيز على مفهوم إدارة الجودة الشاملة Total Quality Management في أواسط القرن العشرين في اليابان، ثم انتشر بعد ذلك في أمريكا والدول الاوروبية، ثم باقي دول العالم. وقد كان هناك مساهمات كثيرة من قبل عدد من العلماء والمفكرين في تطوير إدارة الجودة الشاملة مثل Deming ، Juran ، Crosby والذين لا تزال مساهماتهم مثمنة من قبل الجميع حتى الآن.

عرف معهد المقاييس البريطاني British Standards Institute (BSI) إدارة الجودة الشاملة بأنها فلسفة إدارية تشمل كافة نشاطات المنظمة، حيث من خلالها يتم تحقيق احتياجات وتوقعات العميل والمجتمع وتحقيق أهداف المنظمة، بأكفأ الطرق وأقلها تكلفة، عن طريق الاستخدام الأمثل لطاقات جميع العاملين بدافع مستمر للتحسين.

كما عرفها جودة [35] على أساس الكلمات التي يتكون منها المصطلح كما يلي:

---

(35) جودة، محفوظ، إدارة الجودة الشاملة: مفاهيم وتطبيقات، عمان، دار وائل للنشر والتوزيع، 2006، ص23.

إدارة: تخطيط وتنظيم وتوجيه ومراقبة كافة النشاطات المتعلقة بتطبيق الجودة، كما يتضمن ذلك دعم نشاطات الجودة وتوفير الموارد اللازمة.

الجودة: تلبية متطلبات العميل وتوقعاته.

الشاملة: تتطلب مشاركة واندماج كافة موظفي المنظمة، وبالتالي ينبغي إجراء التنسيق الفعال بين الموظفين، لحل مشكلات الجودة ولإجراء التحسينات المستمرة.

اما بالنسبة إلى الفوائد والعوائد التي يمكن ان تجنيها المنظمة من تطبيق إدارة الجودة الشاملة فهي متعددة منها:

تحسين الوضع التنافسي للمنظمة في السوق ورفع معدلات الربحية.

تعزيز العلاقات مع الموردين.

رفع مستوى رضى العملاء.

تحسين جودة المنظمات.

انخفاض تكلفة العمل نتيجة عدم وجود أخطاء وتقليل معدلات التالف.

فتح أسواق جديدة وتعزيز الأسواق الحالية.

القيام بالأعمال بصورة صحيحة من المرة الأولى.

زيادة معدل سرعة الاستجابة للمتغيرات من قبل موظفي المنظمة.

تطوير القدرات من خلال التدريب.

حفز الموظفين وإشعارهم بتحقيق الذات، من خلال مشاركتهم في وضع الأهداف واتخاذ القرارات.

لقد حدثت عدة تغيرات في إدارة الموارد البشرية في ظل تطبيق مفهوم إدارة الجودة الشاملة، حيث تمثلت هذه التغيرات فيما يلي:

1- العمل الجماعي:

يعد العمل الجماعي أحد مرتكزات إدارة الجودة الشاملة، فثقافة الجودة في المنظمة التي تطبق إدارة الجودة الشاملة تكون مبنية اساسا على تشكيل فرق العمل.

وهناك عدة أنواع وتشكيلات لفرق العمل:

أ- فرق تحسين الجودة:

فرق تحسـين الجـودة Quality Improvement Teams عبـارة عـن مجموعـات مـن الأفراد لـديها معارف ومهارات وخبرات مناسبة تجتمع مع بعضها لمعالجة وحل مشكلات الجودة. وفرق الجودة عـادة لا تكـون تابعة لدائرة معينة أو قسم معين بـل يعطي نشـاطها العمليـات الانتاجيـة والاداريـة بكاملهـا أو نظـام التشـغيل بكامله.

يكون لكل فريق رئيس يوجه الدعوات لاجتماعاته ويترأس جلساته، ويساعد رئيس الفريق مقرراً يقـوم بتدوين محاضر الجلسات والاحتفاظ بالسجلات والملفات الضرورية. ان هذه الفرق لها دور أساسي في تنمية الأفراد وتطوير مهاراتهم في حل المشكلات واتخاذ القرارات. كـما انهـا تـؤدي إلى بنـاء جسـور الثقـة والتعـاون وتحسـين العلاقات بين الاعضاء. وتقوم كثير من المنظمات بدمج فرق تحسين الجودة في الهيكل التنظيمي والنظر إليها عـلى أنها جزء من الهيكل التنظيمي، وليس أمرا مؤقتا يزول بعد فترة.

ب- حلقات الجودة

يعتبر Kauro Ishikawa الأب الروحي لحلقات الجودة Quality Service حيث كـان أول مـن نـادى بها إذ كانت على شكل مجموعات صغيرة من العاملين تجتمع على أساس تطوعي لتحديد مشاكل العمـل واقـتراح الحلول المناسبة بهدف تطوير الاداء. وقد بدأ انتشـار حلقـات الجـودة في اليابـان في أوائـل السـتينات مـن القـرن العشرين، حيث أعيد تصدير الفكـرة وانتشرت في الولايـات المتحـدة الامريكيـة في اوائـل السـبعينات مـن القـرن العشرين.

ويذكر الهيتي [36] ان اهتمام اعضاء حلقة الجودة ينصب على حل المشكلات ذات العلاقة بمواقع العمل الذي ينتمون إليه.

ان معدل ساعات اجتماعات حلقات الجودة يتراوح بين ساعتين وثلاث ساعات شهريا، حيث تعقد هذه الاجتماعات عادة خارج أوقات الدوام الرسمي وخارج مواقع العمل. ولا يشترط لنجاح حلقـات الجـودة وفعاليتهـا ان يكون هناك انسجاماً بين اعضاءها

---

(36) الهيتي، خالد عبد الرحمن، المرجع السابق، ص293.

من حيث المستوى التعليمي والمركز الاداري والخبرة العملية، وقد يشترك في لقاءات حلقات الجودة الموردين والمقاولين بالإضافة إلى العاملين حيث يعقدون اجتماعاتهم على أساس تطوعي، مما يزيد من تماسك أعضاء الفريق وتحسين فعالية الاتصال فيما بينهم.

ج- فرق حل المشكلات

قد تشكل جماعات بهدف حل مشكلات معينة تتعلق بالوظائف التي تؤديها المنظمة، وبالتالي فهذه الجماعات تركز على حل المشكلات المتعلقة بالتشغيل ولا يتعلق عملها بالنظم والسياسات والاجراءات.

ان اهتمام فرق حل المشكلات يكون جزئيا بقدر المشكلة أو المشكلات التي تلف الفريق بدراستها وحلها. تعتمد هذه الفرق اجتماعاتها وتقوم بدراسة المشكلات المناطة بها، حيث في النهاية تقوم بتقديم مقترحات وتوصيات لحل المشكلات، وذلك بعكس فرق تحسين الجودة التي تتخذ قرارات وتتولى تنفيذها.

د- فرق العمل المسيرة ذاتيا

يتم في كثير من المنظمات تشكيل فرق عمل ذات تسيير ذاتي حيث تقوم بإدارة أمورها بنفسها، وخاصة في أقسام خدمة العملاء والتعامل مع الجهمور، وتجتمع هذه الفرق على أساس يومي حيث تتخذ القرارات وتنفيذها باستقلالية تامة عن الدوائر والاقسام التابعة لها.

ومما يجدر ذكره أنه من الضروري تفويض الصلاحيات اللازمة إلى فرق العمل السيرة ذاتيا، حيث أن سلطة هذه الفرق تنفيذية، أما المديرين فتنحصر مهامهم في تقديم الاستشارات والتوجيهات.

هناك دوراً حيوياً لإدارة الموارد البشرية في بناء فرق العمل، حيث ان العملية تبدأ من الأساس عند الاستقطاب والاختيار والتعيين، فتقوم إدارة الموارد البشرية بإجراء الاختبارات اللازمة لمعرفة ميول وقدرات الفروق حيث العمل الجماعي، وهل لديه الاستعداد للعمل في فرق العمل.

بالإضافة إلى ذلك فإن للتدريب دور في زيادة مهارات الأفراد في العمل الجماعي، ويجب ان لا يغيب عن بالنا ما للتحفيز من تأثير على تشجيع الافراد على العمل الجماعي المثمر والبناء.

ومن نافلة القول أنه يجب التركيز على تحفيز فرق العمل بكافة أنواعها، حيث يمكن تحفيزها من خلال عدة طرق كالمكافآت المادية والحوافز المعنوية، ومنح الثقة للمرؤوسين، والتدريب والتطوير.

2- أسلوب الإدارة

من الضروري اتباع أسلوب إداري ينسجم مع تطبيق المفهوم الجديد أي تطبيق إدارة الجودة الشاملة. وينبغي ان يتصف هذا الأسلوب الإداري بالمرونة وإعطاء الحرية في العمل وزيادة مساحة الاستقلالية، بالإضافة إلى ضرورة منح الرئيس الفرصة للمرؤوسين للمشاركة في وضع الأهداف واتخاذ القرارات وحل المشكلات.

ان مشاركة العاملين واندماجهم في كل ما يتعلق بالمنظمة من قرارات ومشكلات هو متطلب أساسي لتطبيق مفهوم إدارة الجودة الشاملة، وبالتالي فإن الاسلوب الديمقراطي في الإشراف يعد أكثر ملائمة من الأسلوب الديكتاتوري في الإشراف في ظل تطبيق هذا المفهوم.

وحيث ان التركيز في إدارة الجودة الشاملة يعتمد على العمل الجماعي، فإن أسلوب الادارة يصبح مختلفا، فالعمل الفردي والمصلحة الخاصة والتنافس الشخصي لم يعد لهم وجود في مفهوم إدارة الجودة الشاملة، بل ان الجميع يعمل لتحقيق هدف واحد أو أهداف مشتركة موحدة.

3- الهيكل التنظيمي

يعتبر الهيكل التنظيمي وسيلة من وسائل تحقيق أهداف المنظمة حيث أنه يقوم بتقسيم نشاطات المنظمة وتجميعها في دوائر وأقسام ووظائف تمهيدا لشغل هذه الوظائف بأشخاص مؤهلين قادرين على أداء العمل المطلوب.

ان الهيكل التنظيمي الطويل (Tall) المبني على أساس وجود مستويات إدارية كثيرة لم يعد يتناسب مع المنظمات المطبقة لمفهوم إدارة الجودة الشاملة وذلك لما يسببه هذا النوع من الهياكل التنظيمية من مشكلات تتعلق بالمبالغة في تقسيم العمل والتخصص، والنظرة الجزئية للأمور، وطول خطوط الاتصال.

وبناء عليه، فإن الهيكل التنظيمي الأكثر ملائمة عند تطبيق مفهوم إدارة الجودة الشاملة هو الهيكل التنظيمي الأفقي أو المنبسط (Flat) بحيث يتوفر للأفراد وكذلك لفرق العمل صلاحيات اكبر واستقلالية أعلى.

4- العمليات

حتى تتمكن المنظمة من تحقيق مستوى عال من الجودة في منتجاتها، فإن ذلك قد يتطلب إعادة تصميم العمليات بشكل جزئي أو كلي لتحقيق الانسجام مع متطلبات إدارة الجودة الشاملة.

وينبغي دراسة طرق أداء العمل في المنظمة باستمرار وإجراء التغييرات اللازمة على تصميم العمليات حسبما تتطلبه الدراسة.

قد تكون هذه التعديلات طفيفة وقد تكون جذرية كإعادة الهندسة Re-engineering والتي تستدعي إجراء تعديلات كبيرة في تصميم العمليات، وأساليب العمل، وترتيب الوظائف، وتفويض الصلاحيات، ونظم المكافآت، كل ذلك من أجل رفع مستوى الأداء وتخفيض التكلفة وتحسين جودة المنتج.

وتتطلب التغيرات الناتجة عن تنفيذ عمليات إعادة الهندسة تغيير في متطلبات التوظيف في مختلف الوحدات الإدارية، حيث تؤدي التطورات التكنولوجية في معظم الأحيان، إلى تخفيض في إعداد الموظفين المطلوبين لتشغيل الأجهزة بالإضافة إلى تغيير في متطلبات المهارات التي يحتاجها العمل.

وبناء عليه، ينبغي إيجاد الانسجام بين عمليات إعادة الهندسة وبين المواصفات المطلوب توفرها في العنصر البشري وهذا ما يسمى بإعادة هندسة الموارد البشرية.

كل هذه التغييرات التي تحدث مع تطبيق مفهوم إدارة الجودة الشاملة تؤثر في احتياجات الموارد البشرية كما ونوعا وتحليل وتقييم الوظائف، كما أنها تؤثر بالتالي في عمليات الاستقطاب والاختيار والتعيين، بالإضافة إلى نظم المكافآت، وطرق تقييم الاداء.

وبناء على ذلك فإنه ينبغي التركيز على التحسين المستمر Continual Improvement كأحد أهم مبادئ إدارة الموارد في كافة العمليات، وخاصة عمليات ونشاطات إدارة الموارد البشرية، وهذا ما يساهم بدرجة كبيرة في توفير ظروف العمل المناسبة والمريحة وتحسين مستوى الأداء في المنظمة.

القيادة في إدارة الجودة الشاملة

لقد ازدادت أهمية القيادة Leadership في المنظمات التي تطبق فلسفة إدارة الجودة الشاملة، وذلك حتى تتمكن هذه المنظمات من مقابلة التغيرات في البيئة الخارجية. ان نجاح المنظمة يتوقف إلى حد كبير على كفاءة القيادة وفعاليتها، وبالتالي فالقيادة الكفؤة يكون لها دور أساسي في تحقيق المنظمة وأهدافها.

يمكن القول بأن القيادة هي عملية اجتماعية يسعى القائد من خلالها إلى التأثير في تصرفات أعضاء المنظمة لجعلهم ينفذون الأعمال برغبة وطواعية مما يسهل تحقيق أهداف المنظمة. وهناك فروق بين القائد والمدير، فالقائد يستخدم كل ما لديه من سلطات شخصية وخبرة ومعلومات للتأثير في المرؤوسين حتى يؤدوا أعمالهم برغبة واقتناع سعياً وراء تحقيق أهداف المنظمة. أما المدير فهو الذي يستخدم سلطاته الرسمية فقط في التأثير على المرؤوسين وجعلهم ينفذون الأوامر الصادرة إليهم لتحقيق أهداف المنظمة.

وينبغي الإشارة إلى وجود محددات قد تقف أمام فعالية القيادة في التحويل لتطبيق فلسفة إدارة الجودة الشاملة منها اتجاهات المرؤوسين والتي قد تختلف عن اتجاهات القيادة ومدى استعدادهم لتحمل المسؤولية، بالإضافة إلى اهتزاز الثقة بين القائد والمرؤوسين.

وقد ذكر Oakland [37] عشرة مرتكزات ينبغي أن تقوم بها الإدارة حتى يمكن اعتبارها ملتزمة تجاه الجودة:

1- التزام طويل الأمد بالتحسين المستمر، وينبغي أن يكون المدير قدوة حسنة أمام مرؤوسيه من خلال أن يضرب لهم مثلاً جيداً بتصرفاته Lead by example .
2- تبني فلسفة العيوب الصفرية Zero-defects من خلال ترسيخ ان العمل الصحيح يجب ان يؤدى من المرة الأولى وذلك في ثقافة المنظمة.
3- تدريب العاملين على فهم واستيعاب طبيعة العلاقات بين العميل الداخلي والموردين.
4- عدم اتخاذ قرار الشراء اعتماداً على السعر فقط، إذ يجب النظر إلى الجودة والتكلفة الاجمالية.
5- إنشاء إدارة لتحسين الأنظمة في المنظمة.
6- تبني طرق حديثة للإشراف والتدريب، فمن المهم بذل عناية أكبر لعقد برامج تدريبية جيدة للعاملين حتى يتمكنوا من أداء أعمالهم بالشكل الأفضل.
7- تفعيل الاتصالات والتوسع في تشكيل فرق العمل، إضافة إلى إزالة الحواجز بين الوحدات الإدارية لأجل المصلحة العامة.
8- تجنب الممارسات الخاطئة مثل تحديد الأهداف عشوائياً بدون وجود برامج عمل، أو اعتماد المعايير على الأرقام فقط دون وجود إطار زمني أو مواصفات جودة.
9- تنمية وتطوير الخبراء في المنظمة والعمل على الاحتفاظ بهم.
10- اتباع منهجية منظمة لتطبيق إدارة الجودة الشاملة.

وفي هذا المجال ركزت المنظمة الدولية للتقييس (ISO) The International Organization for Standardization [38] على أهمية دور الإدارة العليا في نظام إدارة الجودة، حيث أشارت إلى ان من أهم مسؤوليات الإدارة العليا هي الالتزام بتأسيس نظام إدارة الجودة وتطبيقه والعمل بشكل مستمر على تطوير فعاليته، وذلك من خلال:

(37) Oakland, John, **Total Quality Management**, Oxford, Butterworth- Heinemann, 1993, pp. 36-38.

(38) ISO 9001: 2008, International Organization for Standardization, Quality Management Systems – Requirments, BSI, 2008, p.4.

أ- التركيز على تلبية احتياجات العميل، والوفاء بالمتطلبات القانونية والمنظّمة، وتعميم ذلك على أعضاء المنظمة.
ب- وضع سياسة الجودة.
ج- ضمان أن أهداف الجودة قد تم وضعها.
د- إجراء المراجعات الإدارية (للتأكد من فعالية نظام إدارة الجودة).
هـ- التأكد من توفر الموارد المطلوبة.

وبشكل عام، فإنه من الممكن اعتبار الإدارة العليا أهم عنصر من عناصر إدارة الجودة الشاملة لأن دورها يبرز في كل مرحلة وكل مجال من مجالات إدارة الجودة الشاملة: في وضع الرؤية، وفي صياغة رسالة المنظمة، وفي تحديد الاستراتيجيات، وفي الرقابة الاستراتيجية، وغير ذلك.

كما ان الإدارة الملتزمة بتطبيق فلسفة إدارة الجودة الشاملة تقود العاملين في المنظمة باتجاه الجودة الشاملة، من اجل تحقيق أهداف المنظمة.

اسئلة للمناقشة

1- يعتمد أسلوب كيزن Kaizen في التحسين المستمر على خمسة مبادئ أساسية. اشرح هذه المبادئ بإيجاز.

2- اشرح مفهوم العدالة التنظيمية مبينا أنواعها.

3- يمكن ان يكون الابداع على ثلاثة مستويات: مستوى الفرد، أو المجموعة، أو المنظمة، تكلم عن الابداع على مستوى المنظمة.

4- وضح خصائص الاداريين المبدعين.

5- بين الادوات المساعدة في مجال إدارة عملية الابداع.

6- تكلم بكلمات من عندك عن مفهوم تمكين الموظفين وحدد ما هي أبعاد هذا التمكين.

7- تمر عملية تمكين الموظفين بعدة مراحل، وضح تلك المراحل بنوع من التفصيل.

8- هناك العديد من العقبات التي تعترض تطبيق مفهوم التمكين في المنظمة. اشرح تلك العقبات مع اقتراح الحلول الممكنة لتفاديها.

9- وضح العوائد التي يمكن ان تجنيها المنظمة من تطبيق مفهوم إدارة الجودة الشاملة.

10- لقد حدثت تغييرات في إدارة الموارد البشرية في ظل تطبيق مفهوم إدارة الجودة الشاملة. بأي المجالات تمثلت هذه التغييرات.

الفصل العاشر
العلاقات الصناعية
Industrial Relations

الأهداف التعليمية

يتوقع من الطالب بعد دراسة الفصل العاشر أن يحقق الأهداف التعليمية المرجوة وذلك بأن يكون قادراً على:

- استيعاب مفهوم العلاقات الصناعية في المنظمة.
- شرح نشأة النقابات العمالية وأدوارها.
- إدراك الوضع الحالي للنقابات العمالية وتراجع عدد أعضائها.
- توضيح إجراءات تقديم وحل شكاوى العاملين.

إدراك أسباب حدوث المنازعات العمالية وكيفية حلها.

الفصل العاشر
العلاقات الصناعية
Industrial Relations

مفهوم العلاقات الصناعية

شهدت أوروبا خلال القرنين الثامن عشر والتاسع عشر ظهور الثورة الصناعية والتي تضمنت تطورات في العلم والتقنية كاختراع الآلة التجارية وتسير الخط الحديدي وتوليد الطاقة الكهربائية، كل هذه التحولات الجديدة وغيرها ساهم في انحسار المعامل الحرفية وبدء انتشار وازدهار المصانع الكبيرة. ونتج عن التطور عدة آثار سلبية على العاملين فيما يتعلق بظروف العمل القاسية والأجور والمعاملة السيئة وغيرها.

وبانتشار الحركة الصناعية وازدياد أعداد العاملين أصبح هناك حاجة ماسة لتنسيق وتنظيم العلاقات بين أصحاب هذه المنظمات الصناعية وإدارتها من جهة، والعاملين فيها من جهة أخرى.

يشير مفهوم العلاقات الصناعية إلى مجموعة النشاطات المتعلقة بالاتصالات مع النقابات العمالية وتسوية النزاعات ومعالجة الشكاوي، وتهتم الإدارة الصناعية بجميع المعلومات وتحليلها وتقديمها إلى إدارة المنظمة مع اقتراح وسائل تعزيز الروابط بين الإدارة والعاملين وذلك بهدف توفير أفضل ظروف للعمل في المنظمة بتكلفة مناسبة.

وبناء عليه فإن هنالك خمسة أطراف أساسية في العلاقات الصناعية هي:

1- العاملون الأعضاء في نقابات أو اتحادات نقابية معينة.
2- النقابات التي تمثل هؤلاء العاملين في المفاوضات وتسوية النزاعات والمدافعين عن حقوقهم.
3- إدارة المنظمة والتي تمثل مالكيها.
4- الدولة بما تمثله من سلطات فيما يتعلق بإصدار التشريعات المنظمة لهذه العلاقات.
5- أطراف أخرى وخاصة المساهمين في تسوية النزاعات العمالية مثل المحققين والوسطاء والمحكمين.

النقابات العمالية Labor Unions

نشأة النقابات العمالية

النقابة هي عبارة عن تجمع دائم للعاملين بهدف رعاية مصالحهم والحفاظ عليها، والدفاع عن حقوقهم وتحسين أجورهم وامتيازاتهم الوظيفية، ولا تستطيع أي منظمة أن تفصل عاملاً بسبب كونه عضواً في النقابة وذلك لأن التشريعات في الدول التي بها نقابات تمنع ذلك.

ويعرف زويلف[1] النقابة بأنها اتحاد مستديم من العمال لحماية أفراده فيما يتعلق بعملهم، فهي تقوم على الرغبة التعاونية بين أفرادها وراء غرض مشترك وهي اتحاد مستديم إذ هي ليس اتحاداً مؤقتاً يقوم لمناسبة من المناسبات وينتهي بانتهائها فلا يقال للهيئات الوقتية كهيئات الإضراب، حتى لو نجح الإضراب من أنها نقابات. والنقابة لا تعرف بعضويتها وقانونها فقط بل تعرف بوظيفتها. فهي: تهتم على الخصوص بالمسائل التي تنشأ عن عقد العمل كالأجر وساعات العمل وشؤون الاستخدام بأوسع معانيها. وقد يكون لها وظائف غير هذه ولكنها أن لم تعنى بحياة أعضائها في العمل فهي ليست نقابة.

وحتى نتفهم النقابات ودورها فإنه ينبغي استعراض نشأة هذه النقابات وتطور وظائفها ونشاطاتها ففي الولايات المتحدة الأمريكية تكونت أولى النقابات العمالية عام 1790 وكانت خاصة بعمال الحرف مثل النجارين وصانعو الأحذية والخياطين والطباعين، ونادت هذه النقابات بزيادة الأجور وتخصيص ساعات العمل بالنسبة للعاملين.

وقد استمرت النقابات التجارية الخاصة في أداء دورها إلى أن تم تشكيل اتحاد العمال الأمريكي في عام 1886 والذي تمتع بنفوذ كبير تجاوز عدد أعضائه الخمسة ملايين عضو في العقد الثاني من القرن العشرين وكانت كل نقابة داخل الاتحاد تتمتع باستقلال مالي وإداري، كما كان لها نظامها الداخلي الخاص بها وقراراتها المنفصلة عن إدارة الاتحاد.

أما في بريطانيا فيعود تاريخ تكوين النقابات إلى النصف الثاني من القرن التاسع عشر حيث أسست أول نقابة عام 1870 بعد أن سمحت التشريعات بإمكانية إقامة

---

(1) زويلف، مهدي حسن، **إدارة الأفراد**، عمان، مكتبة المجتمع العربي للنشر، 1424هـ 2003م، ص 273.

التكتلات العمالية وتأسيس النقابات. ومما شجع الحركة النقابية في العالم على تأسيس نقابات، صدور اتفاقية الحرية النقابية عن منظمة العمل الدولية عام 1948 والتي كفلت لجميع العمال وأصحاب الأعمال الحق في تأسيس أو الدخول في عضوية المنظمات التي يختارونها.

وقد تنامى دور النقابات العمالية في بريطانيا وباقي أنحاء أوروبا لتصبح هيئات سياسية واجتماعية واقتصادية وثقافية، ولها وزنها الملموس في المجتمع وفي كافة مناحي الحياة.

وفيما يتعلق بالدول العربية فقد كانت أول نقابة ظهرت لعمال الدخان والسجاير وكان ذلك عام 1899. أما في الأردن فقد كانت أول نقابة أسست فيها بعد صدور قانون نقابات العمال عام 1953 هي نقابة عمال البناء، تبعها بعد ذلك نقابات عديدة لعمال الخياطة، وعمال الأحذية، وشركة سنجر، ومناجم الفوسفات، بالإضافة إلى نقابة عمال ومستخدمين شركة دخان سجاير الشرق العربي، هذه النقابات عقدت مؤتمرها الأول عام 1954 وأعلنت عن تأسيس الاتحاد العام لنقابات العمال في الأردن، حيث انضمت إليه بعد ذلك الكثير من النقابات العمالية في الأردن.

وكان قد صدر في الأردن نظام لتنظيم شؤون الاتحاد العام لنقابات العمال والاتحادات المهنية بمقتضى أحكام المادة 110 من قانون العمل رقم 8 لسنة 1966 والذي تم تعديله عام 2006 تحت رقم 2006/9. وتنص المادة 25 البند أ من هذا النظام على أن الاتحاد العام يهدف إلى تحقيق ما يلي[2]:

1- تنظيم جهود النقابات وتوحيدها في رعايتها لمصالح العمال المنتسبين لها.
2- تقديم الخدمات اللازمة للنقابات وبخاصة الاقتصادية والاجتماعية والثقافية.
3- المساعدة على حل المشكلات التي قد تنشأ بين أعضاء النقابة الواحدة أو بين نقابة وأخرى.

وقد بدأ تاريخ العمل بهذا النظام 2006/2/16 ليحل بدل النظام القديم.

---

(2) المادة د البند أ، نظام تنظيم شؤون الاتحاد العام لنقابات العمال والاتحادات المهنية رقم 2006/9، المملكة الأردنية الهاشمية.

أنواع النقابات وأدوارها

هنالك عدة تصنيفات للنقابات، إلا أن الباحثين ارتأوا تقسيمها إلى أربعة مجموعات رئيسة. [3]

1- النقابات المهنية والفنية العالية، وعددها (11) نقابة أهمها نقابة أطباء الأسنان، ونقابة الأطباء الأردنية، ونقابة الصيادلة، ونقابة المهندسين، وجمعية المحاسبين القانونيين الأردنيين.

2- النقابات العمالية، وعددها (16) نقابة أهمها نقابة العاملين في البناء، ونقابة العاملين في مصفاة البترول، ونقابة الغزل والنسيج والألبسة، والنقابة العامة لعمال الكهرباء في الأردن.

3- نقابات أصحاب المهن، وعددها (29) نقابة منها النقابة العامة لأصحاب المخابز، ونقابة تجار ومصدري الخضار والفواكه، ونقابة أصحاب المدارس الخاصة، ونقابة أصحاب المطابع.

4- النقابات الثقافية الفكرية الفنية، وعددها (4) نقابات هي رابطة الكتاب الأردنيين، وملتقى أصدقاء الثقافة الأردني، ونقابة الصحافيين، ونقابة الفنانين الأردنيين.

أما بالنسبة للدور الذي تقوم به النقابات فيأتي على عدة أشكال:

1- **الدور التقليدي:** إن الوظيفة الأساسية لنقابات العمال هي الدفاع عن حقوق العاملين وحمايتها من أي ظلم أو تعسف من كل أصحاب المنظمة أو المديرين فيها.

2- **الدور الرقابي:** يتضمن الدور الرقابي للنقابات التأكد من تطبيق القوانين والأنظمة في المنظمات، بالإضافة إلى ضمان مراعاة المنظمات لشروط الصحة والسلامة المهنية وغير ذلك من المهام.

(3) درة، عبد الباري إبراهيم، وعبد الله عليان، وأمجد حداد، دور النقابات والجمعيات المهنية في تنمية الموارد البشرية في الأردن، عمان، **المركز الوطني لتنمية الموارد البشرية**، شباط 2006، ص ص 79 – 82.

3- **الدور الاجتماعي:** كثير من النقابات تقوم بتقديم خدمات معينة لأعضائها مثل فتح نوادي اجتماعية ورياضية، وتمويل عيادة طبية ودور حضانة للأطفال.

4- **الدور التوعوي والتثقيفي:** توعية الأعضاء وتثقيفهم فيما يتعلق بالقضايا السياسية والاقتصادية التي تهمهم مما يساهم في تكوين المواطن الصالح الواعي الذي يخدم بلده بكل ما يستطيع أن يقدمه، بالإضافة إلى ذلك تقوم النقابات برفع مهارات العاملين وتحسين قدراتهم من خلال تنفيذ الدورات التدريبية سواء داخل مقر النقابة أو خارجه.

5- **الدور التضامني:** أن للنقابات دوراً مميزاً في تحقيق التضامن والتعاضد بين العمال المنظمين في النقابة، وتشجيعهم على الانضمام إلى اللجان المتفرعة التابعة للنقابة بالإضافة إلى ذلك تقوم كثير من النقابات بوضع نظم تقاعد وضمان اجتماعي خاصة بأعضائها.

6- **الدور الإعلامي:** للنقابات إمكانات واسعة في الإعلام وإيصال المعلومات إلى أعضائها بشكل مباشر، فالنشرات المطبوعة باسم النقابة تشتمل على الكثير من الأخبار المتعلقة بنشاطات النقابة وإنجازاتها وأخبار أعضائها. كما أن إصدار الكتيبات وعقد الاجتماعات الكبيرة والندوات تساهم في تعزيز هذا الدور الإعلامي.

7- **الدور السياسي:** كثر الجدل حول أحقية الدور السياسي لنقابات العمال في العالم، إلا أنه وعلى أرض الواقع فإن كثير من النقابات تمارس دوراً سياسياً في الفعاليات السياسية وخاصة في ظل وجود أعداداً كبيرة من المنظمين في هذه النقابات.

8- **الدور الاستشاري:** تلجأ الدول في كثير من الأحيان إلى النقابات العمالية لطلب رأيها في مشروعات القوانين والأنظمة المتعلقة بتنظيم أمور العمل، مثل قوانين العمل، وقانون الضريبة على الدخل، وقانون الضمان الاجتماعي وغيرهم.

والسؤال الذي يطرح نفسه الآن ... لماذا ينضم العمال إلى النقابات؟

يورد French عدة أسباب للانضمام إلى النقابات منها[4]:

الاهتمام: يرغب العاملين بأن يشعروا بأهميتهم وبتقدير الغير لهم.

الحماية من الإساءات: يرغب العاملين في حمايتهم من الإساءات والإحراجات أمام زملائهم والتي يوجهها لهم أصحاب العمل.

اليأس: العديد من العاملين تغلق أمامهم فرص الترقية أو حتى فرص تعلم مهارات جديدة، فالنقابات قد تكون الملاذ.

المعايير المزدوجة: يصاب العاملين بردود فعل غاضبة إذا كان هناك فروقات في التعامل مع كل منهم.

عدم المشاركة في اتخاذ القرار: يرغب العاملين بدور لهم في المشاركة باتخاذ القرار والتأثير به.

الاستقرار الوظيفي: تشترط النقابات عادة على أصحاب العمل عدم فصل العاملين من الخدمة بدون سبب عادل، وبذلك فهي تحميهم من التعسف في القرار المتخذ.

تمثيل المصالح: يلجأ المرؤوسين إلى النقابات لتمثيلهم وخاصة في ظل عدم إمكانية المسؤولين من تمثيلهم.

الحماية من التغييرات: غالباً ما تنص برامج التغيير للوصول إلى أهداف سامية، ولكنها في نفس الوقت قد لا تأخذ بعين الاعتبار الحياة الشخصية والآثار السلبية لهذا التغيير.

وإجمالاً فإن أي عامل يقرر الانضمام إلى النقابات إذا وجد أن مصلحته تتطلب ذلك، وسيبقى منضماً إلى النقابة طالما أن الفوائد التي يحققها أكبر من التكلفة التي يدفعها. فدفاع النقابات عن مصالح العمال وحمايتهم لحقوقهم وقيام النقابات بالأدوار السبعة السابقة الذكر تجاه عمالها تجعل هنالك عوائد كثيرة يمكن أن يستفيد منها الذي ينضم إلى النقابة.

---

(4) French, Wedell L., **Human Resources Management**, 5th Ed., USA, Houghton   Mifflin Company, 2003, p. 545.

لكن وبنفس الوقت فإن هناك بالمقابل بعض التكاليف التي يدفعها العامل مثل أقساط الاشتراك في عضوية النقابة، وتكاليف المساهمة في برامج هذه النقابات كالضمان الأجتماعي الخاص بالنقابة، والتأمين الصحي، والاشتراك في النوادي الاجتماعية التابعة للنقابة.

وبغض النظر عن مقارنة العوائد بالتكلفة إلا أن النقابات تبقى عاملاً أساسياً في الدفاع عن مصالح العاملين وحل شكاواهم وحماية حقوقهم ومكتسباتهم الوظيفية بما يساهم في إشعارهم بالاستقرار الوظيفي.

الوضع الحالي للنقابات العمالية

على الرغم من أهمية النقابات العمالية ودورها الفعال في حماية مصالح أعضائها والحفاظ على حقوقهم، إلا أن المتتبع لعضوية هذه النقابات في كثير من دول العالم يجد أن أعدادها في تراجع مستمر، ويوضح الجدول التالي كثافة النقابات أي النسب المئوية لأعداد الأعضاء بالنسبة إلى أعداد العمال Union Density لبعض الدول:

الجدول رقم (12)

كثافة النقابات لآخر عشر سنوات (%)

السنة	الولايات المتحدة	المملكة المتحدة	السويد	الدنمارك
1998	13.4	30.3	81.3	75.5
1999	13.4	29.9	80.6	74.9
2000	12.8	29.6	79.1	74.2
2001	12.8	29.1	78.0	73.8
2002	12.6	29.1	78.0	73.2
2003	12.4	29.0	78.0	72.4
2004	12.0	28.8	77.3	71.7
2005	12.0	28.8	76.5	71.7
2006	11.5	28.2	75.1	69.4
2007	11.5	28.0	70.8	69.1

Source: Oecd, Trade Union Density (%) in Oecd countries, 1998 - 2007, بتصرف

وعلى الرغم من اختلاف النسب المئوية بين دولة وأخرى حيث نجد أعلاها في السويد والدنمارك وأقلها في الولايات المتحدة، إلا أن المؤشر العام يشير إلى انخفاض نسبة إعداد أعضاء النقابات إلى إجمالي العمال في السنوات الأخيرة[5]. ويوضح الشكل التالي ميل الانخفاض لكل من الولايات المتحدة والمملكة المتحدة والسويد والدنمارك:

الشكل رقم (32)

كثافة النقابات لآخر عشر سنوات (%)

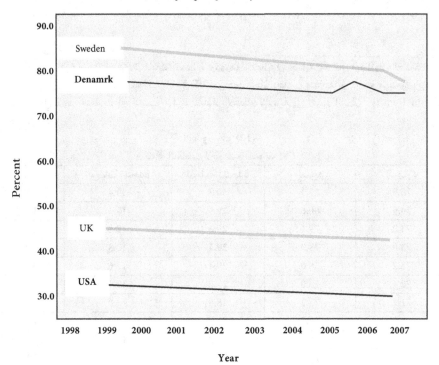

يلاحظ من الجدول أعلاه أن خط ميل النسب المئوية يتجه إلى أسفل مما يعني أن هناك انخفاضاً مستمراً في هذه النسب المئوية. كما يلاحظ أن درجة ميل النسب المئوية

(5) www. OECD. org.

لكثافة النقابات بالنسبة للولايات المتحدة والمملكة المتحدة أقل من درجة الميل بالنسبة للسويد والدنمارك.

ويؤكد Zammit & Rizzo [6] تراجع كثافة النقابات عموماً ويبين أن عضوية النقابات قد بدأت في التراجع في عدة دول أوروبية اعتباراً من الثمانينات من القرن العشرين. ويمكن عزو هذا التراجع إلى العوامل الاقتصادية المتضمنة سياسات تحويل المؤسسات والشركات الحكومية إلى مؤسسات وشركات خاصة، إضافة إلى عمليات الاندماج التي تتم بين المنظمات. كما يمكن عزو هذا التراجع بالإضافة إلى ذلك إلى تحديات العولمة وتوسع المنظمات في نشاطاتها وأعمالها الدولية وكذلك زيادة حدة المنافسة التي أجبرت إدارة المنظمة على أن تدفع رواتب وامتيازات أعلى.

وفي هذا المجال يذكر Gennard [7] أن النقابات قابلت خلال الخمس وعشرين سنة الأخيرة عدة قضايا مثل تحديات العولمة، وزيادة المنافسة الدولية، وتغييرات التكنولوجيا ولامركزية المساومات الجماعية. وقد نتج عن هذه التغييرات وغيرها انخفاضاً ملحوظاً في كثافة النقابات في معظم المجتمعات الصناعية، ولمجابهة ذلك لجأت بعض النقابات لأجل زيادة فعاليتها إلى إتباع بعض الاستراتيجيات التي تحسن من أوضاعها بما في ذلك دمج بعض النقابات ذات الطبيعة المشابهة مع بعضها.

ويعلق Patton et al [8] على انخفاض عضوية النقابات فيتوقع بأن النقابات مهما انخفض أعداد أعضائها إلا أنها لا بد أن تستمر في وجودها وذلك بسبب تضاعف أعداد العاملين واستمرار حاجاتهم إلى من يمثلهم أمام أصحاب العمل، بالإضافة إلى ذلك فإن حاجة العاملين لتحسين رواتبهم وظروف عملهم ستبقى الدافع الأساسي لهم للانضمام إلى نقابات.

(6) Zammit, Edward L., and Saviour Rizzo "The Perception of Trade Unions by their Members" **Employee Relations**, vol. 24, No. 1, 2002, pp. 53 – 68.

(7)Gennard, John, "Trade Union Merger Strategies: Good or Bad", **Employee Relation**, vol. 31, No. 2, 2009, pp. 116 – 120.

(8) Patton, W. David, Stephanie, L. Witt, Nickolas P. Lovrich, and Patricia J. Federicksen, **Human Resource Mangement**, Boston, Honghton Mifflin Company, 2002, p. 105.

كانت بعض المنظمات في الولايات المتحدة سابقاً تحاول التأثير على أعداد أعضاء النقابات من خلال استخدام عقد التوظيف Yellow-dog Contract والذي يشترط في بنوده منع الموظف من الاشتراك في النقابة أو في نشاطاتها[9]. إلا أنه بعد صدور قانون Anti – injunction Act عام 1932 في الولايات المتحدة لم يعد هذا العقد قانونياً وأصبح العامل غير ملزماً بتنفيذ مثل هذا النوع من العقود.

ومن جهة أخرى تحاول كثير من النقابات زيادة عدد أعضائها حتى تضمن بقاءها واستمرار نفوذها، ولذلك فإنها تلجأ إلى أساليب عديدة منها اعتبار حصول الفرد على عضوية النقابة شرطاً مسبقاً لتوظيفه Closed shop ، كما تلجأ النقابات إلى أساليب أخرى في هذا المجال كاشتراط حصول الموظف على عضوية النقابة بعد فترة محددة من الزمن Union shop. وفي نفس الوقت هناك نقابات أخرى لا تهتم بذلك وتساوي بين الموظفين في تعاملاتها معهم، سواء أولئك الذين انتسبوا إلى المنظمة أو الذين لم ينتسبوا إليها Open shop.

وبغض النظر عن الأسلوب الذي تتبعه النقابة والاشتراطات التي تضعها سواء عند توقيع عقد التوظيف أو بعده، إلا أننا ينبغي أن نقر بأن للنقابة دوراً أساسياً في حل المنازعات العمالية وإجراء التسويات الجماعية.

شكاوى العاملين

تنشأ شكاوى العاملين Grievances عند شعور العاملين بعدم العدالة في معاملتهم، ويعبرون عن ذلك من خلال تقديم شكوى أو بأي طريقة من الطرق، ويذكر Rollinson بأن الشكوى هي عبارة عن تعبير عن عدم رضى العاملين يقدم إلى المدير المسؤول[10]. ومن الجدير بالذكر أنه قد يتجه البعض إلى إخفاء السبب الحقيقي الكامن لتقديم شكاواهم خوفاً من ردود فعل إدارة المنظمة إذا كانت متعلقة بالمدير المباشر لمقدمي

---

(9) Mondy, R. Wayne, and Robert M. Noe, Human Resource Management, Ninth Edition, New Jersey, Pearson Prentice Hall, 2005, p. 397.

(10) Rollibson, Dereck J., "Supervisor and Marager Approaches to Handling Descipline and Griecance", **Personnel Review**, vol. 29, No. 6, 2006 pp.   743 – 768.

الشكوى، وبناء عليه فإن على الإدارة التوسع في دراسة الشكوى ومحاولة الكشف عن السبب الحقيقي لتقديمها. وإجمالاً فإن لوضع نظام الإدارة شكاوى العاملين أهمية كبيرة، إذ أنه يحقق عوائد كثيرة سواء للمنظمة أو لمقدمي الشكوى منها:

إيجاد فرصة للعاملين للتعبير عن شعورهم بالظلم في معاملتهم.

تلطيف أجواء التوتر بين الإدارة والعاملين في حالة وجود شعور بعدم الرضى وإعطاء العاملين غير الراضين فرصة لتنفيس الاحتقان والغضب.

الشكاوى كثيراً ما تعد نقاط للإنذار المبكر فيما يتعلق بالمشكلات أو الأزمات المتوقع حدوثها، وبالتالي على الإدارة استغلال ذلك والاستعداد للتصدي لهذه المشكلات.

تعد الشكوى نقطة انطلاق إذا قمنا بتتبعها قد نكتشف مشكلات أكبر، والأسلوب الحديث في الزيارات الدورية للحاصلين على شهادة ISO 9000: 2008 هو اختيار نقطة انطلاق ومتابعة آثارها، حيث قد تكون شكوى موظف معين هي بداية لاكتشاف أخطاء كثيرة ينبغي تصحيحها.

وتذكر Carrell and Heavrin [11] أن قسماً من الشكاوى قد تكون أكثر صعوبة في حلها وتسوية أوضاعها من غيرها. فبعض الشكاوي يمكن حلها فوراً من قبل مستلم وثيقة الشكوى، أما البعض الآخر فقد يتم تحويلها إلى المدير العام أو على لجنة متخصصة، وقد تكون أساساً لقيام نزاعات عمالية.

تتضمن الكثير من عقود التوظيف على بنود تتعلق بإجراءات الشكاوى وذلك ينطبق على العاملين المنتسبين إلى نقابات، وتشمل إجراءات تقديم الشكاوى ما يلي [12]:

1- إبلاغ المسؤول في النقابة عن تفاصيل الشكوى وذلك خلال فترة لا تتجاوز مدة محددة من تاريخ حدوث سبب الشكوى.

---

(11) Carrell, Michael amd Christina Heavrin, **Labor Relations and Collective Borgaining**, New Jersey, Peason, 2004, pp. 417 – 418.

(12) Gomez – Mejia, Luis R. David B. Balkin, and Robert L. Cardy, **Managing Human Resources**, 3rd Edition, New Jersey, Prentice Hall, 2001, pp. 514 – 515.

وفي هذه الخطوة يرجع مسؤول النقابة إلى عقد العمل لإقرار مدى صحتها، ومن ثم يتصل بالمشرف المباشر لمقدم الشكوى لمحاولة حلها. إذا تم حل الشكوى (75% من الشكاوى يتم حلها في الخطوة الأولى) فلا داعي لكتابتها.

2- كتابة الشكوى من قبل المشتكي في حالة عدم حلها في الخطوة الأولى، وإعطاء فرصة لحل الشكوى من خلال عقد اجتماعات رسمية بين مسؤول النقابة والمشرف المباشر لمقدم الشكوى.

3- إذا لم يتم حل الشكوى ودياً في الخطوة الثانية، يتم تحويلها إلى مدير دائرة العلاقات الصناعية وممثل النقابة لدراستها ومحاولة حلها.

4- إذا لم تحل الشكوى في الخطوة الثالثة فإن الحل الوحيد هو تحويلها إلى التحكيم Arbitration، مع العلم بأن حوالي 1% فقط من الشكاوى تحول إلى التحكيم، وأما الغالبية العظمى من الشكاوى فيتم حلها في الخطوات السابقة، وفي الخطوة الأخيرة تقوم كل من النقابة والمنظمة باختيار المحكم وعقد جلسات التحكيم والتي يقوم فيها محامو كل من النقابة والمنظمة بعرض وجهة نظرهم مع تقديم الدليل المادي عليها.

يقوم المحكم بالرجوع إلى بنود عقد العمل وفحص الأدلة التي يقدمها كل طرف، ثم يصدر قراره بعد ذلك، حيث يعد هذا القرار نهائي وملزم للطرفين.

أما فيما يتعلق بعملية اختيار المحكمين فهناك عدة أساليب لذلك، إلا أن الأسلوب الأكثر استخداماً هو قيام كل من النقابة والمنظمة باختيار محكم يرشحونه لإجراء التحكيم، وفي نفس الوقت يختار المحكمين المرشحين محكم ثالث يتفقون عليه فيما بينهم. كما قد تقوم كل من النقابة والمنظمة بعرض قائمة أسماء من يرشحونهم للتحكيم حيث يتم بعدها مناقشة الأسماء المرشحة والاتفاق على اختيار محكم واحد أو أكثر.

يجب على إدارة المنظمة الاهتمام بشكاوي العاملين بغض النظر عما إذا كتبت أو لم تكتب، وبغض النظر إذا تم حلها في الخطوة الأولى أو الثانية أو الثالثة، فقد تكون هذه الشكاوى مؤشر واضح على وجود ثغرات أو أخطاء تؤثر على جودة المنتج أو على رضى العميل في النهاية.

المنازعات العمالية

المنازعات العمالية Labor Conflicts هي وقوع اختلافات بين إدارة المنظمة والعاملين فيها (ممثّلين في نقابة العمال) حول القضايا العمالية والمتعلقة بامتيازات العاملين وحقوقهم ومصالحهم، والتي تتعارض مع مصالح المنظمة في كثير من الأحيان.

وبشكل إجمالي فإن المنازعات العمالية تتناول مواضيع أوردها قانون العمل لتنظيم العلاقة بين المنظمة والعاملين فيها كالرواتب والأجور، والإجازات السنوية والمرضية والطارئة، والفصل التعسفي من الخدمة. كما تتناول كذلك مواضيع لم تتضمنها مواد القانون مثل إجراءات العمل، ومستوى الأداء وشراء واستخدام التكنولوجيا إلا أن هناك مواضيع لا تطالها المنازعات العمالية ولا تتدخل فيها النقابات وهي تلك المتعلقة بالمنظمة فقط مثل رؤية المنظمة ورسالتها، وخطط العمل.

تسوى المنازعات العمالية عادة بين أطراف الخلاف من خلال إجراءات واتفاقات توافق عليها الأطراف المقصودة، وإذا لم يكن هناك اتفاق بينهم، فإنه يتم اللجوء إلى إحدى مجموعتين من الطرق:

أ- الطرق غير الإيجابية

1- الإضراب Strike

الإضراب هو توقف العاملين عن العمل من أجل الضغط على إدارة المنظمة لتلبية مطالب عمالية معينة. وتسمح تشريعات كثير من الدول للعاملين بالإضراب وتعتبره حق من حقوقهم بشرط استنفاذ كافة الطرق الأخرى لتسوية النزاعات قبل استخدامه.

قد يتخذ الإضراب أشكالاً عديدة أهمها:

التوقف التام عن العمل، وهذا يتضمن عدم الحضور إلى المنظمة للدوام فيها.

التباطؤ في العمل Slow Down Strike، وهذا الشكل من الإضراب يؤدي إلى عرقلة عمليات المنظمة ويعد وسيلة فعالة للضغط على إدارة المنظمة لتلبية المطالب العمالية.

الاعتصام Sit Down Strike، حيث يتوقف العاملين عن العمل ولكن في نفس الوقت يكونوا متواجدين في أماكن عملهم.

وعلى إدارة المنظمة أن تقوم بدراسة ظروف المنازعات العمالية وأن تستشعر وقت حدوث الإضراب وتهتم بنقاط الإنذار المبكر. وعند تأكد الإدارة من أن الاضراب هو الخطوة التالية أو المتوقعة للنقابة فعليها أن تحاول معالجة الوضع وأن تحل المنازعات ولو جزئياً أو بشكل مؤقت كي لا تدع الأمور تسوء وتصل إلى مرحلة الإضراب.

ومن الجدير بالذكر أن الإضراب في معظم الحالات يكون بقرار من النقابة وهي التي تقوم بتنظيمه وتنفيذه من خلال العاملين المنتسبين إليها، إلا أنه أحياناً قد يقوم بعض العاملين بالاضراب بدون موافقة النقابة Wildcat Strike حيث يحدث الاضراب أثناء عملية المساومة وإجراء المفاوضات بين النقابة والمنظمة بهدف التعبير عن رأي العاملين بعدم الرضى عن مجريات الأمور.

2- المقاطعة Boycott

المقاطعة هي وضع يرفض فيه العاملين وكذلك بعض الأطراف المعنية كالعملاء شراء منتجات المنظمة أو الاستفادة من خدماتها. فقد تلجأ النقابة من خلال العاملين المسجلين لديها إلى شن حملات تشهيرية بالمنظمة من خلال الصحف أو وضع / حمل لافتات أمام مقر المنظمة تحث العملاء على عدم التعامل مع المنظمة بسبب عدم تلبية المطالب العمالية.

3- الإغلاق Lock out

قد يلجأ أصحاب العمل إلى إغلاق المنظمة مؤقتاً إلى أن يتراجع العاملين عن مطالبهم، وقد حدث هذا الإغلاق من قبل أصحاب العمل عدة مرات، ففى ولاية إلينوي قامت شركة مصانع A.E. Staley بإغلاق مصنع الحنطة لديها عام 1993 حيث كان يعمل لديها حينئذ حوالي ثمانمائة عامل في المصنع.

وعلى الرغم من أن هذا الخيار قد يكون وسيلة ضغط على العاملين من وجهة نظر أصحاب العمل، إلا أنه قد يكون له آثار سلبية على المنظمة فقد ينتج عنه انخفاض

أحجام الإنتاج وبالتالي انخفاض المبيعات مما يؤدي إلى تقليل أرباح المنظمة وتدنيه العائد على رأس المال المستثمر في تلك الفترة، وبالتالي فإن بعض المنظمات قد تلجأ إلى الاستمرار في العمل بشكل محدود من خلال تشغيل المشرفين على العمليات واستئجار عماله مؤقتة بدلاً من العماله الدائمة لديها.

ب- الطرق الإيجابية

1- التوفيق Concilliation

التوفيق هو محاولة التوصل إلى تسوية ودية بين النقابة وإدارة المنظمة تنتهي بعقد اتفاق كتابي توثيقاً للحل الذي ثم التوصل إليه.

2- التحقيق Investigation

يقصد بالتحقيق تعيين محقق مهمته إعداد تقرير مفصل بشأن المنازعات العمالية ونشره في الصحف والمجلات. والهدف من ذلك اللجوء إلى الرأي العام لإجبار النقابة وإدارة المنظمة على التوصل إلى حل.

3- الوساطة Mediation

يعين شخص محايد موثوق به من كل من النقابة وإدارة المنظمة، ويقوم هذا الشخص بمخاطبة كل من الطرفين وتقديم الاقتراحات إليهم.

4- التحكيم Arbitration

يعين شخص محايد موثوق به وله خبرة متخصصة في موضوع المنازعات العمالية، حيث يدرس مواقف وحجج كل من الطرفين ويصدر حكمه بناء على قناعاته، وقرار التحكيم هنا إلزامياً لكلا الطرفين المتنازعين ويجب على كل منهما الأخذ به وتنفيذه.

5- المساومة الجماعية

تعد المساومة الجماعية من أهم الطرق الإيجابية لحل المنازعات الجماعية، ونظراً لأهميتها فإننا سوف نقرر لها مبحثاً منفصلاً في الجزء التالي من الفصل.

المساومة الجماعية

تعد المساومة الجماعية Collective Bargaining إحدى أهم النشاطات التي تقوم بها النقابات العمالية والتي ينبغي أن تتم في جو من التعاون والتنسيق الجيد وحسن النوايا. وتشير المساومة الجماعية إلى اللقاءات التي تعقد بين النقابة وإدارة المنظمة من أجل التفاوض والتوصل إلى اتفاق حول كثير من النزاعات العمالية والتي تشمل الأجور والرواتب، وساعات العمل، الصحة والسلامة المهنية، الإجازات، والعمل الإضافي، والتدريب وأسس الترقية، ومستويات الأداء وغيرها.

ويذكر Beardwell et al [13] أن المساومة الجماعية تهتم بوضع القواعد والأنظمة الجوهرية بالمنظمة والتي تنظم عقود التوظيف وساعات العمل، بالإضافة إلى أنها تهتم كذلك بوضع إجراءات التظلمات وإجراءات حل النزاعات وغيرها.

وللمساومات الجماعية أهميتها الكبيرة حيث أنها تعزز موقف العاملين في حل المنازعات مع إدارة منظمتهم، فالتعامل الجماعي مع الإدارة أقوى من التعامل الفردي، وخاصة إذا كان لدى الجماعة أو النقابة وسائل يمكن استخدامها للتأثير على سير المفاوضات، بالإضافة إلى اتفاقات الجماعة أو النقابة المتعلقة باستخدام متخصصين في أمور المنازعات والمساومات الجماعية.

مراحل المساومة الجماعية

تمر المساومة الاجتماعية بين النقابة والمنظمة بعدة مراحل كما يلي:

1- مرحلة جمع المعلومات وتحليلها

تتضمن المرحلة الأولى من المساومة الجماعية جمع المعلومات المتعلقة بموضوع المساومة والذي يتعلق بالشكاوى المقدمة أو بالمنازعات العمالية. كما قد تشتمل المعلومات المجمعة على رواتب العاملين الحالية وسلم الرواتب، والدرجات ومعدلات

---

(13) Beardwell, Lan, leu Holden, and Tim Claydon, **Human Resource Management: A Contemporary Approach**, 4th Edition, Financial Times Prentice Hall, U.K, 2004, p. 468.

التضخم والمستوى المعيشي وغير ذلك من المعلومات التي تتطلبها طبيعة الشكاوى أو المنازعات الجماعية.

وكخطوة لاحقة لجمع المعلومات يتم تحليل هذه المعلومات والتوصل إلى استنتاجات معنية بشأن عملية التحليل، وتقديم تفسيرات مبنية على الاستنتاجات التي تم التوصل إليها.

2- تكوين فريق التفاوض:

في هذه المرحلة يشكل كل طرف، أي النقابة والمنظمة، فريقه الخاص لتمثيله في عملية المساومة، بحيث يضم كل فريق مجموعة من المتخصصين في العلاقات العمالية والمساومات الجماعية، وعادة يضم فريق المنظمة موظفين متخصصين في قسم العلاقات الصناعية، ويمكن للمنظمة أن تستعين بمستشارين في العلاقات الصناعية من خارجها.

3- تحديد مطالب النقابة

جزء مهم من اهتمامات الإدارة الصناعية متابعة حالة وقوة النقابة ومطالبها المحتملة ومحاولة تحديد ما ستقوم به، فهناك احتمال أن تعد النقابة مطالبها لأغراض التفاوض والضغط وتبقي ذلك سرياً، لذلك تقوم إدارة العلاقات الصناعية بإعداد تنبؤات عن هذه المطالب وأسبابها، هذه المعلومات ضرورية لاقتراح السياسة المناسبة تجاه النقابة، فإذا كانت النقابة قوية في موقفها، فقد تكون سياسة التعاون معها هي الأفضل[14].

إن تحديد المطالب بشكل مسبق له تأثير كبير على توقع الأمور ووزن قوة الطرف الآخر وفي أي المواقف سوف يشعروا وأنها سوف تكون سرياً، مما يساعد على سياسة محددة لمقابلة ذلك.

4- إجراء المساومات

في هذه المرحلة يبدأ كل طرف في معرفة مطالب الطرف الآخر بشكل فعلي من خلال الجلسات التي تعقد لحل النزاعات. ويحدد كل طرف الحد الأعلى الذي يستطيع أن يقدمه إلى الطرف الآخر من خلال المساومة، والحد الأدنى لما يمكن أن يحصل عليه من

---

(14) برنوطي، سعاد نائف، إدارة الموارد البشرية / إدارة الأفراد، عمان، دار وائل للنشر والتوزيع، 2007، ص 508.

خلال المساومة وبالتالي لا يمكن تجاوزه. والمنطقة بين الحد الأعلى والحد الأدنى لكل طرف من الأطراف تمثل المنطقة المشتركة التي تشترك فيها مصالح الأطراف التي تقوم بعملية المساومة. ويبدأ كل طرف باستخدام الاستراتيجيات والتكتيكات التي وضعها على أساس السيناريوهات الموضوعة سبقاً بالاعتماد على المرحلة التي قبلها.

وهنا قد يقوم أي طرف من أطراف المساومة بتقديم بعض التنازلات أمام الطرف الآخر عن مطالباته إذا وجد أن من مصلحته تقديم مثل هذه التنازلات. ويدخل ضمن هذه المرحلة قيام كل طرف بدراسة البدائل الممكنة وتحليلها قبل اتخاذ القرار المناسب.

5- الاتفاق بين الطرفين

المرحلة الأخيرة في المساومات الجماعية هي الاتفاق بين الطرفين: النقابة والمنظمة على كافة المواضيع موضوع النزاع. وتنتهي هذه المساومات بالتوصل إلى:

أ- اتفاق كامل على كافة البنود موضوع النزاع.

ب- اتفاق جزئي، حيث يتم في هذا النوع من الاتفاق التوصل إلى قرارات تسوية لبعض المواضيع وعدم الاتفاق على المواضيع الأخرى أو تأجيل البت فيها إلى وقت لاحق.

ج- عدم الاتفاق على أي من المواضيع المطروحة للمساومة الجماعية، حيث قد تستمر المنازعات ويتم اللجوء إلى حلول أخرى من قبل كل طرف.

وينبغي التركيز في عملية المساومة الجماعية ضرورة توفر عنصر النوايا الحسنة لدى كل طرف من أطراف المنازعات أي يجب أن ينطلق كل طرف من منطلق تعادل القوى ومراعاة مصالح الأطراف المعنية، وأنه ليس هناك طرف قوي وطرف ضعيف، فالهم الأساسي هو حل المنازعات في جو يسوده التعاون والتفاهم.

أسئلة للمناقشة

1- بين كيف نشأت النقابات العمالية في كل من الولايات المتحدة والمملكة المتحدة.

2- هناك عدة تصنيفات للنقابات. وضح المجموعات الأربع الرئيسة للنقابات وأعطِ أمثلة لبعض النقابات التي تصنف داخل كل منها.

3- تقوم النقابة بأدوار عديدة، إشرح الدور التوعوي التثقيفي للنقابة.

4- لماذا ينضم العمال إلى النقابات للدفاع عن حقوقهم.

5- ما هي العوائد التي تعود إلى كل من النقابة والمنظمة من وضع نظام لإدارة شكاوى العاملين.

6- حدد بالتفصيل إجراءات تقديم شكاوى العاملين وحلها.

7- بين ما هو دور المحكم في شكاوى العاملين وما هي درجة إلزامية القرارات التي يتخذها.

8- هناك طرق غير إيجابية يتم اللجوء إليها منها الإضراب، وضح المقصود بالإضراب مع بيان أشكاله.

9- وضح المقصود بما يلي:
- التوفيق
- التحقيق
- الوساطة

10- تعد المساومة الجماعية إحدى أهم النشاطات التي تقوم بها النقابات العمالية، إشرح مراحل المساومة الجماعية.

الفصل الحادي عشر
الصحة والسلامة المهنية
Occupational Health and safety

- مفهوم الصحة والسلامة المهنية
- مخاطر الصحة والسلامة المهنية
- التشريعات والقواعد المنظمة للصحة والسلامة المهنية

الأهداف التعليمية للفصل

يتوقع من الطالب بعد دراسة الفصل الحادي عشر أن يحقق الأهداف التعليمية المرجوة للفصل وذلك بأن يكون قادراً على:

‒ تحديد مفهوم الصحة والسلامة المهنية وأهدافها.

‒ إيجاد التكامل بين مفهوم الصحة والسلامة المهنية وإدارة الموارد البشرية.

‒ إدراك مخاطر الصحة والسلامة المهنية.

‒ الإلمام بالتشريعات الخاصة بالسلامة والصحة المهنية.

‒ بيان كيفية الوقاية من الحوادث والإصابات والأمراض المهنية.

الفصل الحادي عشر
الصحة والسلامة المهنية

مفهوم الصحة والسلامة المهنية وأهميتها

لقد أدى ازدياد حجم العاملين في المنظمات المعاصرة كالشركات متعددة الجنسية إلى ارتفاع معدلات المخاطر التي يمكن أن يتعرض لها العاملين في هذه المنظمات، فالعاملين في المصانع يتعرضون إلى مخاطر تشغيل الآلات وإدارتها، والعاملون في مصافي النفط يتعرضون لمخاطر تلوث الهواء، والعاملون في المختبرات والمستشفيات يتعرضون إلى مخاطر انتقال الأمراض إليهم.

إن ازدياد احتمالات التعرض لهذه المخاطر تطلب تدخل إدارة المنظمة لأجل تخفيض هذه المخاطر والتقليل من آثارها السلبية على حياة العامل وصحته.

يشير مفهوم الصحة والسلامة المهنية إلى الإجراءات التي تتخذها إدارة المنظمة لأجل حماية الموارد البشرية العاملة لديها من الأمراض والأخطار المتعلقة بعملهم، ويتبع تطبيق هذه الإجراءات توفير البرامج التثقيفية المناسبة للعاملين والعمل على رعايتهم وتقديم الخدمات العلاجية لهم.

ويذكر نصر الله[1] أن للتعبيرين "الصحة والسلامة" مفهومان متصلان ببعضهما، ويتم فهمهما أحياناً بنفس الإطار بالرغم من وجود فرق بينهما، فعبارة صحة الفرد لها مدلول أوسع وأشمل من السلامة، إذ يقصد بها خلو الفرد من الأمراض العقلية والجسدية، بينما يقصد بالسلامة سلامة الفرد من الحوادث وتجنبيه الإصابة بها، كما أن سياسة المنظمة في توفير الصحة والسلامة للعاملين ينطوي على التعامل الأمين بين الأفراد والبيئة بتوفير بيئة آمنة للعامل وظروف عمل خالية من مخاطر التعرض للحوادث والمشكلات الصحية.

---

(1) نصر الله، حنا، **إدارة الموارد البشرية**، عمان، دار زهران للنشر والتوزيع، 2009، ص 344.

إن تعرض العاملين لحوادث العمل أثناء العمل أو بسببه قد يتسبب في إصابتهم بأضرار جسدية أو نفسية، وقد لا يتسبب في إصابتهم فيكون حادثاً بدون إصابات، كما قد يتعرض العاملين إلى الإصابة بأمراض مهنية معينة نتيجة لطبيعة المهمة التي يمارسونها.

إن الحرص على صحة وسلامة العاملين ووضع برامج لحمايتهم، ينعكس إيجابياً على المنظمة وعلى الأطراف المعنية كذلك. ويمكن إيجاز أهم النتائج الإيجابية لتطبيق مفهوم الصحة والسلامة المهنية بما يلي:

1- **التقليل من معدلات الإصابات**: إن إصابات الظهر Back injuries هي أكثر أنواع إصابات العمل تكراراً في العالم حيث يعانون منها ملايين العاملين مما يؤثر في قدراتهم على الأداء. هناك إصابات العيون وإصابات الأيدي والأرجل.

إلى جانب ذلك هناك الأمراض النفسية كالتوتر النفسي والاكتئاب، ويجب أن لا يغيب عن بال أحد أن هناك بعض الأمراض الجسمية لا تظهر إلا بعد فترة من الزمن لأسباب عديدة كتلوث الجو في المصانع والتعرض لمواد معينة مثل الاسبست وغيرها.

وبناء عليه، فمهمة إدارة الموارد البشرية وضع برامج معينة للتقليل من الحوادث إجمالاً وتخفيض معدلات الإصابات بهذه الحوادث.

2- **تخفيض حالات الوفاة**: قد يصاحب بعض الحوادث حالات وفاة، وبالتالي فإن الاهتمام بالصحة والسلامة ونشر الوعي التثقيفي يساهم إلى حد كبير في إرشاد العاملين بكيفية التصرف في حوادث معينة أو كيفية تجنب الإصابات الجسمية أو الوفاة في مثل هذه الحوادث، وتشير إحصاءات إدارة السلامة والصحة المهنية [2] إلى أن عدد وفيات العمال عام 2008 بلغ 5071 أثناء العمل.

3- **الاستجابة للمتطلبات**: تشترط الجمعيات المهنية والنقابات والاتحادات العمالية في كثير من البلدان وجود برامج علاجية ووقائية في هذا المجال، كما تشترط قوانين الكثير من الدول ضرورة توفير إجراءات الأمن والسلامة للعاملين بما في ذلك توفير أجهزة السلامة وتغطية التأمين الصحي وغيرها.

---

(2) www. Osha. gov.

4- **الوفر في التكاليف:** إن الاهتمام بالصحة والسلامة المهنية وتوفير البرامج والأجهزة اللازمة لذلك، له أثر كبير على تخفيض التكلفة في عدة مجالات أهمها:

- تكلفة علاج الإصابات التي تحدث والأمراض المهنية التي يصاب بها العاملون الذين تعرضوا لحوادث أثناء العمل أو بسببه.

- تكلفة أيام العمل الضائعة التي غاب عنها المصابون بالعجز الجزئي أو بالأمراض المهنية نتيجة للعمل أو بسببه.

- تكلفة التعويضات المدفوعة لورثة الوفيات وكذلك تعويضات العجز الجزئي والعجز الكامل.

تكلفة تحويل العمالة إلى موقع الشخص المصاب بصفة مؤقتة في حالة العجز الجزئي أو المؤقت.

تكلفة استقطاب واختيار وتعيين عاملين جدد في حالتي العجز الكامل أو الوفاة.

تكلفة الأخطاء التي يتحمل ارتكابها في حالة تعيين موظف جديد أو حتى في حالة تحويل عمالة إلى موقع الشخص المصاب.

تكلفة التدريب بما في ذلك توجيه الموظف الجديد وتكيفه مع العمل الجديد الذي أنيطت به مسؤولياته.

زيادة أقساط التأمين على سلامة العاملين والأخطار المحدقة بهم إذا كان معدل الحوادث في المنظمة عالياً.

مما سبق تبين مدى أهمية الحرص على الصحة والسلامة المهنية وضرورة وضع برامج وتوفير أجهزة واقية وغيرها للحد من الآثار السلبية لإصابات العمل وأمراض المهنة.

ولبيان أهمية وتأثير اصابات وحوادث العمل نستعرض الجدول التالي:

الجدول رقم (13)

إصابات وحوداث العمل المسجلة وتكلفة الإصابات في جميع المنشآت المشتركة في الضمان الاجتماعي 2003-2007

البنود	2003	2004	2005	2006	2007
عدد الاصابات والحوادث المسجلة	16323	17468	14738	17295	18164
نفقة الإصابات	1700818	1755604	666787	1175611	2845528
عدد ايام التغيب	132745	141002	59903	83264	174343

المصدر: المؤسسة العامة للضمان الاجتماعي، ورد في الكتاب الاحصائي السنوي الصادر عن دائرة الاحصاءات العامة لعام 2007، العدد 58، الأردن، جدول رقم 3.2.4 ص43.

- **تغير الارقام عن السنوات السابقة يعود إلى اختلاف منهجية الحساب.**

يبين الجدول أعلاه معنوية أرقام إصابات وحوادث العمل المسجلة وكذلك ارتفاع تكلفة هذه الإصابات والتي وصلت إلى 2,845,528 عام 2007 ، مع ملاحظة أنه لم يتم إدخال تكلفة الإصابات غير المسجلة وكذلك تكلفة الإصابات في المنشآت غير المسجلة في الضمان الاجتماعي.

أما فيما يتعلق بإصابات وحوادث العمل وفقاً لأسبابها، فيبين الجدول التالي هذه الأسباب مرتبة وفقا لتسلسلها الزمني:

الجدول رقم (14)

اصابات وحوادث العمل في المنشآت المشتركة في الضمان الاجتماعي حسب السبب 2003-2007

البنود	2003	2004	2005	2006	2007
آلات وماكينات صناعية	1520	1947	1986	2622	3407
أدوات العمل اليدوية	2481	2349	2561	3054	1658
السير على الأشياء أو الاصطدام	599	702	671	471	852
سقوط الاشخاص	3032	3668	3957	4802	4977
سقوط الاشياء	1730	1903	1923	1966	2492
مواد كيماوية	203	237	216	195	203
تحميل وتنزيل البضائع	318	395	381	397	305
الانهيارات	3	7	1	17	0
الانفجارات والحرائق	59	67	91	104	147
الكهرباء	64	48	77	74	89
حوادث سير	603	748	862	1106	1137
أخرى	1511	1771	2012	1832	2118

المصدر: المؤسسة العامة للضمان الاجتماعي، ورد في الكتاب الاحصائي السنوي الصادر عن دائرة الاحصاءات العامة لعام 2007، العدد 58، الأردن، جدول رقم 4.2.4، ص44.

يبين الجدول أعلاه إصابات وحوادث العمل حسب السبب من العام 2003-2007. ويلاحظ أن عدد إصابات وحوادث العمل في المنشآت المشتركة في الضمان الاجتماعي قد كان متزايداً بشكل عام باضطراد حيث بلغت هذه الإصابات والحوادث بسبب آلات وماكينات صناعية 1520، 1947، 1986، 2622، 3407 وذلك للأعوام 2003، 2004، 2005، 2006، 2007 على التوالي. وكذلك كان أعداد الإصابات وحوادث العمل تصاعدية فيما يتعلق بسقوط الاشخاص، وسقوط الاشياء، والانفجارات والحرائق، وحوادث السير.

أما بالنسبة لباقي الاسباب فقد كان الاتجاه العام لها تصاعدياً.

التكامل مع نظام إدارة الموارد البشرية

يوضح الجدول التالي علاقة الصحة والسلامة المهنية مع باقي النشاطات التي تقوم بها إدارة الموارد البشرية، حيث تتبين الصورة التكاملية بين هذه العلاقات:

الشكل رقم (33)
الصحة والسلامة المهنية في النظام الكلي
لإدارة الموارد البشرية

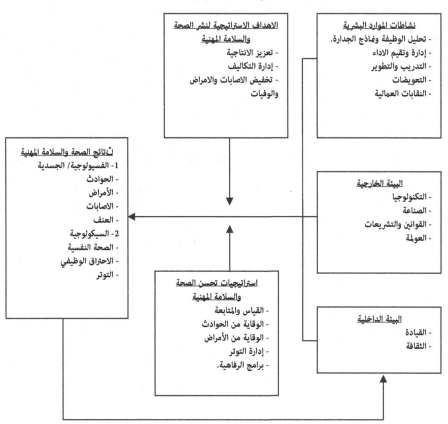

Source: Jackson, Susan E., Randall S. Schaler, and Steve Werner, **Managing Human Resources**, Australia, South – Western Cengage Learning, 2009, p. 477.

يلاحظ من الشكل السابق تداخل نشاطات إدارة الموارد البشرية وتكاملها، فنشاطات تحليل الوظيفة وإدارة وتقييم الأداء، والتدريب والتطوير، والتعويضات والتعامل مع النقابات العمالية، بالإضافة إلى البيئة الخارجية والداخلية كلها، من خلال طريقة التعامل معها، تؤثر في نتائج الصحة والسلامة المهنية سواء النتائج السيكولوجية – الجسدية. أو النتائج السيكولوجية.

فإذا تفحصنا نشاط التدريب فإننا نجد أنه يمكن استخدامه بكفاءة لتحسين وضع الصحة والسلامة المهنية بشكل فعال، فالعاملين يشاركون في دورات تدريبية لتعلم سياسات السلامة والتعرف على السلوك الذي يقلل من احتمالات وقوع حوادث أو إصابات، كما أن الحاجة إلى التدريب تظهر لتعليم العاملين كيفية استخدام المعدات الجديدة التي ترى المنظمة حمايتهم من مخاطرها. أما فيما يتعلق بإدارة الأداء فعندما يتم إدراك الصحة والسلامة المهنية كمسألة مهمة استراتيجياً تصبح إدارة الأداء مركز الاهتمام، وبالتالي فإن قياسات الأداء تتابع مدى تحقيق المدراء لأهدافهم. كما يتم إعطاء المدراء والعاملين حوافز نقدية لتخفيض الحوادث وتحسين السلوك في العمل، فإعطاء العاملين حوافز جيدة في حالة تحقيق أهداف الصحة والسلامة يكون له أثره الفعال في هذا المجال[3].

كما يؤثر في هذه النتائج أيضاً عملية وضع الأهداف الإستراتيجية لتعزيز الصحة والسلامة المهنية، بالإضافة إلى استراتيجيات تحسين الصحة والسلامة المهنية في العمل.

وبناء على ذلك نجد بأن كافة نشاطات إدارة الموارد البشرية تتفاعل مع بعضها، ومن ضمنها الصحة والسلامة المهنية، لتكون نظاماً متكاملاً في نشاطاته ووظائفه، فكل نشاط في إدارة الموارد البشرية تؤثر في النشاطات الأخرى وتتأثر بها وتتفاعل معها ضمن نظام متكامل ومكونات مترابطة.

(3) Jackson, Susan E., Randall S. Schuler, and Steve Werner, Managing **Human Resources**, Australia, Sourg – Western Cengage Learning, 2009, p. 478.

مخاطر الصحة والسلامة المهنية

هناك مخاطر عديدة تتعلق بالصحة والسلامة في مكان العمل ترجع إلى أسباب كثيرة يمكن تقسيمها إلى مجموعات كما يلي:-

1- العوامل البيئية

العوامل البيئية هي تلك العوامل المرتبطة بالأحوال الجوية الخارجية مثل درجة الحرارة والرطوبة والسيول والأمطار التي قد تزيد من معدلات وقوع الحوادث وبالتالي الإصابات، فالأجواء الحارة مثلاً تسبب التعب والإجهاد للكثير من العاملين وتؤثر على الجهاز العصبي وبالتالي تزيد من احتمالات وقوع الحوادث في العمل.

2- ظروف العمل:

تشكل ظروف العمل عاملاً هاماً وسبباً مؤثراً كوقوع الحوادث والإصابات فقيادة المركبات والورديات الليلية Night shift والتكنولوجيا المستخدمة، وفي هذا المجال يذكر الكبيسي [4] إن الأماكن سيئة التهوية أو الإضاءة أو الملوثة بالغبار والغازات والدخان والأبخرة السامة، بالإضافة إلى سوء اختيار مواقع المصانع وسوء تصحيحها وبناءها أو سوء من الأسلاك الكهربائية فيها يسهم في زيادة احتمالات وقوع الحوادث والحرائق وانهيارات المباني.

بالإضافة إلى ذلك فإن ساعات العمل الطويلة وتأجيل الإجازات السنوية المستحقة عن مواعيدها قد تؤدي إلى إرهاق العاملين وبالتالي تزيد من احتمالات وقوع الحوادث والإصابات.

3- سلوك العاملين

كثيراً ما يكون لسلوك العاملين أثراً في زيادة الحوادث وإصابات العمل، فعدم المعرفة التامة بآلية التعامل مع الآلة، وعدم الانتباه الكافي أثناء تشغيل الآلة والمعدات، والإهمال في تنفيذ تعليمات الأمن والسلامة، كما قد تكون أسباباً مباشرة للحوادث.

---

(4) الكبيسي، عامر خضير، إدارة الموارد البشرية في الخدمة المدنية، القاهرة، المنظمة العربية للتنمية الإدارية، بحوث ودراسات، 2005، ص 223.

ومن نافلة القول أن ردود الفعل العنيفة لبعض العاملين والتهديد الشفوي والميل لتخريب الممتلكات كلها تعتبر مسببات للحوادث والإصابات الجسدية والنفسية، مما يشكل مخاطر إضافية في العمل.

4- أمراض المهنة

الكثير من الأمراض المرتبطة بالمهن تصيب أصحاب المهن وتسبب مشكلات لهم وللمنظمات التي يعملون لديها. فالذين يعملون في مصافي النفط وشركات البتروكيماويات والمناجم، وفي مصانع الحديد والرصاص والبلاستيك، ومصوري الأشعة في المستشفيات، والدهانين، يتعرضون لمواد خطرة وإشعاعات قد يكون لها آثار سيئة ومسببة لأمراض معينة كأمراض الكبد، والرئة، وسرطان الكبد، وأمراض الدم، والربو الشعبي، وغيرها من أمراض الجهاز التنفسي والجهاز الهضمي.

5- إدمان الكحول واستخدام المخدرات

إن الإدمان على شرب الكحول من المشاكل الخطيرة التي قد تسبب في مخاطر إضافية أثناء العمل، فالتعود على شرب الكحول له آثار سلبية على عدم الانتباه والحذر أثناء العمل، وكذلك زيادة احتمال الإهمال في إتباع تعليمات الأمن والسلامة في المنظمة.

كما أن استخدام المخدرات له آثار سلبية أكبر على الفرد، وعلى المنظمة، وعلى المجتمع. ويؤثر إجمالاً تعاطي المخدرات في كفاءة الفرد وقدرته على العمل بدقة وبدون أخطاء مما يؤثر بالتالي ويعمل على رفع معدلات وقوع حوادث العمل في المنظمة.

6- ضغوط العمل

تنشأ ضغوط العمل نتيجة عدم وجود تناسب بين مهارات الفرد وإمكاناته وبين الشروط الواجب توفرها في شاغل الوظيفة التي يشغلها، مما قد يسبب نوعاً من عدم التوازن النفسي وبالتالي يؤثر على مستوى الأداء المطلوب.

وتعتبر ضغوط العمل أحد أهم الأسباب التي ينتج عنها وقوع حوادث ربما تسبب عنها حدوث إصابات معينة. وبالتالي فإنه ينبغي التخفيف من ضغوط العمل والتقليل من الآثار السلبية الناتجة عنه، والمخاطر الكثيرة المصاحبة له.

إن ضغوط العمل والتوتر النفسي تعد مفيدة إذا كانت ضمن حدود معينة، فمن هنا ينشأ التحدي في العمل ومحاولات التغلب على هذه الضغوط بقبول التحدي والعمل الجاد، إلا أن ضغوط العمل تعد مدمرة إذا ارتفعت إلى مستويات أعلى، مما يجعلها تتسبب بأمراض معينة كضغط الدم العالي وزيادة سرعة ضربات القلب، كما أنها قد تؤدي إلى عدم تركيز الفرد على عمله مما يكون سبباً في وقوع حوادث وربما إصابات معينة. وهناك إجمالاً مصادر عديدة لضغوط العمل منها:-

حجم العمل الكبير والمسؤوليات الكثيرة في العمل.

عدم وضوح السلطات والمسؤوليات.

العلاقات غير الجيدة مع الرؤساء أو مع الزملاء أو المرؤوسين.

الرقابة في العمل وعدم توسيع الوظيفة أو إثراءها.

الشعور بعدم العدالة في المعاملة أو التعويضات.

عدم وجود فرص للترتيبات.

مشكلات الفرد الشخصية، المستوى المعيشي أو الطلاق أو وفاة أحد أفراد العائلة أو بُعد مكان العمل.

عدم استقرار الأوضاع السياسية والاقتصادية.

التطورات التكنولوجية السريعة.

أما من حيث الآثار السلبية لضغوط العمل فهي تقسم إلى جزئين:

الآثار السلبية على الفرد: والتي تتمثل في أمراض معينة كارتفاع ضغط الدم، والأزمات القلبية، ومشاكل في الجهاز الهضمي، والإحباط، والنسيان.

الآثار السلبية على المنظمة: والتي تنعكس على زيادة معدلات التغيب عن العمل، وارتفاع حالات التمارض، وكثرة الأخطاء مما قد يزيد من تكلفة العمل، بالإضافة إلى مظاهر الانبساط وعدم الرضا، مما قد يزيد من احتمالات وقوع حوادث أثناء العمل أو بسببه.

وعلى الرغم من تعدد استراتيجيات إدارة ضغوط العمل، إلا أنه يمكن تقسيمها إلى مجموعتين: الاستراتيجيات قصيرة الأجل، والاستراتيجيات طويلة الأجل، وفي هذا المجال يشرح اللوزي [5] هذه الاستراتيجيات بالشكل الآتي:

أولاً: الاستراتيجيات قصيرة المدى: حيث يتم التركيز فيها على تعليم العاملين وتدريبهم على تنمية مهاراتهم في مواجهة الضغوط والتوتر، بالإضافة إلى استخدام المنهج العلمي في اختيار وتعيين المؤهلين، وكذلك تطوير الوظائف وتوضيح الأهداف للعاملين.

ثانياً: الاستراتيجيات طويلة المدى: والتي تتضمن عدة استراتيجيات أهمها استخدام منهج علمي في تقييم الأداء، واستخدام وحدة استشارية لدراسة التوتر وأسبابه، إضافة إلى تنمية مستوى الثقة بين الأفراد أنفسهم وبينهم وبين الإدارة.

وقبل تحديد استراتيجيات دائرة ضغوط العمل فإن من المهم تحديد مصادر هذه الضغوط وتحليل أسبابها، فهذا التحليل يساعد إدارة المنظمة على إتباع الإستراتيجية المناسبة وبالتالي التخفيف من الآثار السلبية لضغوط العمل بطريقة فعالة.

مسؤولية تطبيق إجراءات الصحة والسلامة المهنية

لا تقتصر مسؤولية تطبيق إجراءات ومعايير الصحة والسلامة المهنية على إدارة الموارد البشرية فقط، ولكنها تمتد لتشمل العديد من الأطراف المعنية في دقة تطبيق هذه الإجراءات والمعايير، وهذه الأطراف تشمل [6]:

1- **العاملون:** تقع على العاملين مسؤولية الالتزام بأداء مهامهم في المحافظة على سلامة وأمن المنظمة، وأن يكونوا على علم ودراية بنظم وقواعد السلامة وأن يحرصوا بانتباه على تطبيق لوائح وتعليمات السلامة المهنية.

---

(5) اللوزي، موسى، **التطوير التنظيمي: أساسيات ومفاهيم حديثة**، عمان، دار وائل للنشر والتوزيع، 2003، ص 116.

(6) صالح، محمد فالح، **إدارة الموارد البشرية**، عمان، دار الحامد للنشر والتوزيع، 2004، ص ص 187 – 188.

-2

-3 **الإدارة العليا:** وتعتبر هي الجهة المسؤولة عن توفير وسائل السلامة المهنية، ووضع اللوائح والتعليمات التي تنظم استخدام تلك الوسائل، كما تكون الإدارة العليا مسؤولة عن توفير الأفراد المناط بهم مسؤولية وضع وتصميم برامج السلامة المهنية والعمل على تنفيذها.

-4 **مدراء الدوائر والمشرفون:** تقع على مدراء الدوائر ومشرفوا الأقسام مسؤولية الحفاظ على السلامة المهنية والصحية الخاصة بموظفيهم فعليهم مثلاً التأكد من أن ظروف العمل توفر السلامة ما أمكن، وأن يدربوا موظفيهم على العمل بأسلوب سليم. كما أن عليهم من الناحية النفسية تشجيع مرؤوسهم على الالتزام بقواعد السلامة المهنية.

-5 **ضباط الصحة والسلامة:** إن من مسؤولية ضباط الصحة والسلامة تقديم المشورة المهنية والمساعدة اللازمة، سواء إلى الإدارة العليا، أو إلى مدراء الدوائر المشرفين بالإضافة إلى مسؤوليتهم عن:

- وضع برامج الصحة والسلامة المهنية.
- إجراء التحقيقات في المشكلات التي قد تنشأ عند تطبيق البرامج.
- مراجعة وتحديث البرامج من وقت لآخر والعمل على تعديلها بما يتمشى مع ظروف العمل المستجدة.
- المساعدة في تدريب كل من الإداريين والعاملين على البرامج.
- بذل الجهد الكافي لمنع وقوع حوادث للعاملين أو لممتلكات المنظمة.

د- **إدارة الموارد البشرية:** مما لا شك فيه أن على إدارة الموارد البشرية مسؤوليات كبيرة في هذا المجال، لا تقل عن مسؤوليات الدوائر الأخرى، فمن واجباتها التأكد من أن الأفراد الذين يعانون من الحوادث أو الأمراض المهنية يتلقون العلاج المناسب والعناية الصحية اللازمة، وأنه يتم صرف التعويضات الكافية لهم حسبما يقرره القانون.

وبناء على ما سبق، يمكن استنتاج أن المسؤولية الكبيرة في وضع برامج الصحة والسلامة المهنية ومعالجة الآثار السلبية للحوادث والإصابات الناجمة عنها، تقع على عاتق إدارة الموارد البشرية، بل إنه في كثير من الشركات يكون قسم الصحة والسلامة

المهنية قسماً من أقسام إدارة الموارد البشرية. وهذا الأمر لا ينفي أن هناك مسؤوليات كذلك تقع على الأطراف الأخرى الإدارة العليا ومدراء الدوائر والعاملين في إرساء قواعد الصحة والسلامة المهنية في المنظمة، وتطبيق إجراءاتها، والالتزام بمعاييرها.

التشريعات والقواعد المنظمة للسلامة والصحة المهنية

تنظم التشريعات والقواعد المنظمة في معظم دول العالم الأمور المتعلقة بالسلامة والصحة المهنية، وكذلك العلاقة فيما بين المنظمة والعاملين بهذا الخصوص، وهنا سوف نقوم بمناقشة أهم القضايا الخاصة بإدارة السلامة والصحة المهنية، بالإضافة إلى أهم بنود السلامة والصحة المهنية في قانون العمل الأردني، بالإضافة إلى مناقشة ما ورد في أهم القواعد المنظمة للصحة والسلامة المهنية في العالم.

أولاً: قانون العمل الأردني

يتناول الفصل التاسع من قانون العمل الأردني[7] قضايا السلامة والصحة المهنية، فينص القانون في المادة 78 (أ) منه على أنه يتوجب على صاحب العمل ما يلي:

1. توفير الاحتياطيات والتدابير اللازمة لحماية العمال من الأخطار والأمراض التي قد تنجم عن العمل وعن الآلات المستعملة فيه.

2. توفير وسائل الحماية الشخصية والوقاية للعاملين من أخطار العمل وأمراض المهنة كالملابس والنظارات والقفازات والأحذية وغيرها وإرشادهم إلى طريقة استعمالها والمحافظة عليها وعلى نظافتها .

3. إحاطة العامل قبل اشتغاله بمخاطر مهنته وسبل الوقاية الواجب عليه اتخاذها وان يعلق بمكان ظاهر تعليمات وإرشادات توضيح فيها مخاطر المهنة ووسائل الوقاية منها وفق الأنظمة والقرارات التي تصدر بهذا الشأن.

4. توفير وسائل وأجهزة الإسعاف الطبي للعمال في المؤسسة وفقاً للمستويات التي تحدد بقرار من الوزير بعد استطلاع آراء الجهات الرسمية المختصة.

---

(7) قانون العمل وتعديلاته، رقم 8 لسنة 1996، الأردن.

أما المادة (79) من نفس القانون فتنص على:

يحدد الوزير بعد استطلاع رأي الجهات الرسمية المختصة بتعليمات يصدرها ما يلي:

أ. الاحتياطيات والتدابير التي يجب اتخاذها أو توفيرها في جميع المؤسسات أو في أي منها لحماية العمال والمؤسسات من أخطار العمل وأمراض المهنة.

ب. الأجهزة والوسائل التي يجب توفيرها في المؤسسات أو في أي منها لحماية العاملين فيها من أخطار العمل وأمراض المهنة ووقايتهم منها.

ج. الأسس والمعايير الواجب توافرها في المؤسسات الصناعية لضمان بيئة خالية من التلوث بجميع أشكاله والوقاية من الضوضاء والاهتزازات وكل ما يضر بصحة العامل ضمن المعايير الدولية المعتمدة وتحديد طرق الفحص والاختبار الخاصة لضبط هذه المعايير.

وبالمقابل فإن قانون العاملين في أي منظمة الالتزام بالتعليمات المتعلقة بإجراءات الوقاية والسلامة والصحة المهنية، واستعمال أجهزة الأمن والسلامة الضرورية أثناء العمل والمحافظة عليها.

ثانياً: إدارة السلامة والصحة المهنية OSHA

تم إنشاء إدارة السلامة والصحة المهنية   Occupational Safety and Health Administration (OSHA) كإدارة داخل دائرة القوى العاملة في الولايات المتحدة الأمريكية، ويعمل لدى OSHA مجموعة كبيرة من المفتشين للتأكد من التزام مبادئ السلامة والصحة المهنية والتقيد بتنفيذها.

لقد وضعت OSHA معايير السلامة على شكل "الممارسات" والمعدلات والعمليات اللازمة لضمان سلامة الموظفين، وهذه المعايير تصدر بشأن تطبيق أي شيء يؤثر على سلامة الموظفين في مكان العمل، وقد يتضمن ذلك معايير للرصاص، والزئبق، والبنزين، وغبار القطن، كما تضع OSHA بالإضافة إلى ذلك مواصفات لأمور كثيرة قد تشكل خطراً على سلامة الفرد، فتذكر مثلاً مواصفات السقالة كما يلي:

" يجب أن لا يقل سمك السقالة عن 2 إنش × 4 إنش، وألا يقل طولها عن 360سم، وإن لا يزيد ارتفاعها عن 420سم، كما يجب أن تثبت السقالة بشكل محكم من خلال ربطها بأسلاك قوية ...".

إن المنظمة هي المسؤولة عن تطبيق هذه المعايير والتي يصل عدد صفحاتها إلى آلاف الصفحات. فإذا لم تطبق هذه المعايير في أي منظمة فقد يؤدي ذلك إلى تصفية المنظمة وإغلاقها، وحتى المدير المسؤول فقد يؤدي به الأمر إلى دفع غرامات كبيرة بالإضافة إلى السجن لفترة قد تصل إلى سنة.

كما ينبغي على المنظمات أن تحتفظ بسجلات منتظمة عن الوفيات وإصابات العاملين والأمراض المهنية التي أصابتهم والتي تشمل أي أمراض مزمنة قد تنشأ استنشاق المواد السامة أو بلعها أو ملامستها.

ويوضح الشكل التالي دليلاً لكتابة تقرير تسجيل الحوادث والأمراض والوفيات في مكتب إدارة السلامة والصحة المهنية:

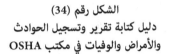

الشكل رقم (34)
دليل كتابة تقرير وتسجيل الحوادث
والأمراض والوفيات في مكتب OSHA

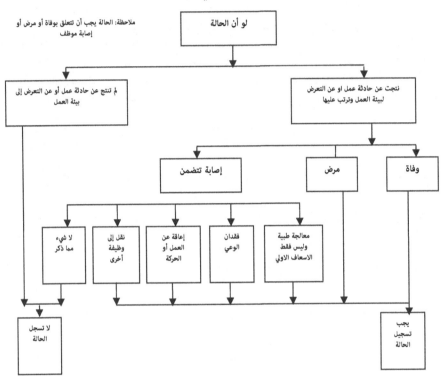

يبين الشكل أعلاه الحالات التي يجب تسجيل الحالات فيها والتي تتضمن إجمالاً حالات المعالجة الطبية التي تحتاج إلى أكثر من الإسعاف الأولي، وفقدان الوعي، والإعاقة عن العمل أو عن الحركة، والنقل إلى وظيفة أخرى تحتاج إلى جهد أقل، بالإضافة إلى حالات الوفاة والأمراض المهنية.

وتعمل OSHA وفق ترتيب من الأولويات، فلمواقف الخطر الوشيك أولوية رئيسة، فهي المواقف أو الظروف التي يحتمل تواجد خطر قد يسبب الموت حالاً أو الأذى الجسدي الخطير. والأولوية الثانية تعطى للكوارث والنكبات والحوادث التي حدثت بالفعل

(ويجب تسجيل هذه المواقف وإخبار OSHA بها خلال 48 ساعة). أما الأولوية الثالثة فتعطى لشكاوى الموظفين الحقيقية من الانتهاكات المشتركة للمعايير أو المقاييس، والأولية الرابعة تعطى للفحوص ذات الأهمية الخاصة والموجهة نحو الصناعات التي هي مكمن خطورة عالية أو للوظائف أو المواد الخاصة بها. وأخيراً فإن الفحوص العشوائية وإعادة التفتيش لها عموماً الأولية الأخيرة[8].

وتتبع هذه الأولويات في التفتيش وفقاً لأهميتها النسبية بالنسبة للأولويات الأخرى، حيث أنه من الطبيعي أن تعطى مواقف الخطر الوشيك والكوارث والنكبات أولوية على شكاوى الموظفين عن الانتهاكات المشتركة للمعايير أو المقاييس. هذا ويقوم مفتشو OSHA بعمل مئات آلاف عمليات التفتيش في كل عام وذلك للتأكد من تطبيق معايير إدارة السلامة والصحة المهنية، ولهم الحق عند ثبوت انتهاكات للمعايير الموضوعة فيما رفع دعاوى قضائية ضد المخالفين والمطالبة بتوقيع العقوبات عليهم.

ثالثاً: نظام إدارة السلامة والصحة المهنية: OHSAS 18001: 2007

أن نظام إدارة السلامة والصحة المهنية Occupational Health and Safety Assessment Series 18001 (OHSAS) والذي نشر من قبل معهد المعايير البريطاني British Standards Institution بمواصفات اختيارية وليست معيارية عام 2007، يعد نظاماً متكاملاً تم وضعه حتى يمكن المنظمات من ضبط المخاطر التي من المحتمل أن تؤثر على الأمن والسلامة في المنظمات مما يؤدي إلى تحسين أداء هذه المنظمات ويلبي متطلبات العاملين في توفير بيئة عمل صحية وآمنة وتوفير شروط حمايتهم ومنع وقوع الحوادث وإصابات العمل.

يمكن لأي منظمة ترغب في تطبيق مواصفات عالمية لتقليل مخاطر الأمن والسلامة في بيئة العمل فيها أن تتبنى تطبيق سياسات وإجراءات نظام إدارة السلامة والصحة المهنية OHSAS 18001.

---

(8) ديسلر، جاري، **إدارة الموارد البشرية**، ترجمة محمد سيد أحمد عبد المتعال، ومراجعة عبد المحسن عبد المحسن جودة، الرياضة، دار المريخ للنشر، 2009، ص 528.

ويتضمن هذا النظام عدة عناصر هي:[9]

1.4 متطلبات عامة.

2.4 سياسات السلامة والصحة المهنية والالتزام بها.

3.4 التخطيط (تحديد المخاطر وتقييم المخاطر والمتطلبات القانونية ...).

4.4 التطبيق والتشغيل (الهيكل التنظيمي والمسؤولية، التدريب والتوعية، الاتصالات، التوثيق، ضبط المستندات الجاهزية للطوارئ...).

5.4 المراجعة والإجراء التصحيحي (قياس ومتابعة الأداء، الحوادث، عدم المطابقة، الإجراء التصحيحي والوقائي، السجلات، التدقيق ....).

6.4 مراجعات الإدارة.

أما من حيث العوائد التي يمكن أن تجنيها الشركات المطبقة لهذا النظام فهي متعددة وتشمل المساعدة على التحكم بمخاطر السلامة والصحة المهنية، وتعزيز تطبيق التشريعات المتعلقة بها، ورفع مستوى الوعي لدى العاملين بالأمن والسلامة، بالإضافة إلى تقليل تكلفة الحوادث والإصابات والأمراض المهنية. تتميز هذه الموصفات بأنها مواصفات موحدة على مستوى العالم بحيث تعطي الثقة لذوي العلاقة أن الشركات التي تطبقها تفي بكافة الشروط المطلوبة لحماية موظفيها وحماية المجتمع من الحوادث والأخطار.

وهناك العديد من الشركات التي حصلت على شهادة بأنها طبقت متطلبات هذا النظام منها Honeywell Control Systems Rockwell Automation, Compag - Fermont Samung Heavy . أما في الدول العربية فقد حصلت على شهادة الصحة والسلامة المهنية OHSAS الشركة المصرية لخدمات التليفون المحمول (موبنييل) كما حصل على الشهادة شركة أرامكس في الأردن والتي تعتبر الشركة العالمية الرائدة في تقديم حلول النقل المتكاملة. بالإضافة إلى ذلك أعلنت شركة تيكوم للاستثمارات العضو في دبي القابضة إنجازها بنجاح لعملية تدقيق نظام السلامة والصحة

(9) www. Absconsulting. com.

البيئية حيث حصلت على شهادة OHSA 18001 الخاصة بمعايير السلامة والصحة المهنية.

ويمكن اعتبار معايير نظام OHSAS 18001 متوافقة بدرجة كبيرة مع كل من معايير نظام إدارة البيئة ISO: 14000 ، ونظام إدارة الجودة ISO : 9000 ، حيث أنشئ هذا النظام بعد جهود حثيثة قام بها عدد من الهيئات المتخصصة والمستشارين المتخصصين بوضع المواصفات والمعايير وعلى رأسها المعهد البريطاني للمعايير، ومؤسسة لويدز العالمية، ومكتب فيرتياس لنظم الجودة العالمية.

قياس تكرار شدة الحوادث

من أهم وسائل الرقابة في إجراءات السلامة والصحة المهنية قياس معدلات تكرار وشدة الحوادث خلال فترات محددة، وإجراء المقارنة المعيارية Benchmarking بين معدلات منظمة معينة ومعدلات الصناعة أو معدلات منظمة رائدة محددة. ومن أهم هذه المعدلات:

أ- معدل تكرار الحوادث

يأخذ معدل تكرار الحوادث Frequency Rate في الاعتبار عدد حوادث الإصابات والأمراض في السنة، ويمكن حسابه من خلال المعادلة التالية:

$$\text{معدل تكرار الحوادث} = \frac{\text{عدد حوادث الإصابات والأمراض في السنة} \times 1,000,000 \text{ ساعة}}{\text{عدد ساعات العمل الكلية في السنة}}$$

تحتسب معدلات تكرار الحوادث على أساس 500 موظف متفرغ كمعدل عام، كما يلي:

40 ساعة بالأسبوع × 50 أسبوع بالسنة × 500 موظف = 1,000,000 ساعة عمل.

وكلما انخفض معدل تكرار الحوادث كما دل ذلك على انخفاض عدد الإصابات والأمراض خلال فترة الدراسة (غالباً سنة)، مما يعكس مدى كفاءة إدارة المنظمة في السيطرة على الحوادث.

ب- معدل شدة الحوادث

يعكس معدل شدة الحوادث Severity Rate عدد ساعات العمل المفقودة بسبب الإصابات أو الأمراض، ويحسب المعدل بتطبيق المعادلة التالية:

معدل شدة الحوادث = عدد ساعات العمل المفقودة × 1,000,000 ساعة / عدد ساعات العمل الكلية في السنة

إن عدد الساعات أو الأيام المفقودة تختلف وفقاً لشدة الحادث فالساعات المفقودة بسبب العجز الدائم تختلف عن تلك المفقودة بسبب العجز الجزئي، وحتى في حالة العجز الجزئي فإن الساعات المفقودة تختلف من حالة إلى أخرى حسب شدة الحالة.

ومن الجدير بالذكر أنه ينبغي الاحتفاظ بسجلات منتظمة للحوادث والإصابات والأمراض المهنية التي يصاب بها كل موظف في المنظمة، لأن هذه المعلومات تساعد كثيراً في تحليل الحالات وأسبابها، كما تساعد في فرض الرقابة على هذه المعدلات واتخاذ القرار المناسب.

وفي كثير من المصانع نرى يافطة كبيرة في مكان بارز كأن تكون في أعلى مبنى الإدارة أو عند بوابة المنظمة ومكتوب عليها عبارات مشجعة كما يلي:

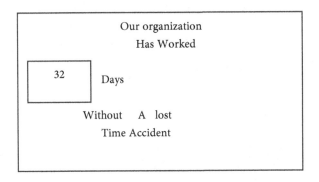

Our organization
Has Worked

32 Days

Without A lost
Time Accident

وتشكل مثل هذه اليافطات عاملاً محفزاً للعاملين على عدم التسبب بالحوادث، بل ويمكن ربط ذلك بنظام حوافز معينة، كما أن هذه اليافطات تعد مؤشراً على صحة ودقة تطبيق إجراءات السلامة والصحة المهنية بالمنظمة في حالة ارتفاع عدد الأيام التي مرت دون وقوع حوادث أو إصابات بين العاملين.

الوقاية من الحوادث

إن تصميم ظروف العمل بطريقة تحمي العاملين وتحافظ على صحتهم من أفضل الوسائل للوقاية من الحوادث ومنع وقوعها، ومن أهم الإجراءات التي تساعد إلى حد كبير في الوقاية من الحوادث ما يلي:

1- تشكيل فريق عمل دائم للتعامل مع الحوادث:

من الضروري تشكيل فريق عمل دائم بشكل مسبق في بداية السنة بهدف معالجة أي حادثة أو أزمة أو نكبة تمر بالمنظمة فور حدوثها. ويبدأ هذا الفريق عمله فور وقوع الحادثة مباشرة ويمارس مهامه بحيث يؤدي كل عضو في الفريق دوره الذي يكلف به ويعرفه مسبقاً وبالتنسيق مع الآخرين بهدف منع التضارب والازدواجية بين أعضاء الفريق[10].

2- معالجة الضغوط النفسية لدى العاملين

هناك الكثير من الضغوط النفسية التي تشكل عبئاً على الموظف كالتوتر النفسي وضغوط العمل والاحتراق الوظيفي، والتي تؤثر على مدى انتباهه للعمل والتزامه بالتعليمات، مما قد يتسبب بوقوع حوادث وإصابات، وبالتالي على الإدارة أن تعمل على التخفيف من هذه الضغوط إتقاءً لآثارها السلبية.

3- تحديد مسؤولية كافة الجهات

من المفترض أن تقوم إدارة الموارد البشرية بتحديد دور كل طرف في المنظمة ومسؤوليته عن الحوادث والإصابات، سواء كان العامل، أو المشرف، أو قسم السلامة والصحة المهنية وذلك حتى يؤدي كل طرف من هذه الأطراف دوره. فالعامل ينتبه وينفذ التعليمات أثناء العمل، والمشرف يعطي التعليمات ويراقب، وقسم السلامة والصحة المهنية يؤدي دوره في الوقاية من الحوادث.

---

(10) جودة، محفوظ أحمد، **العلاقات العامة، مفاهيم وممارسات**، الطبعة الرابعة، عمان، دار زهران للنشر والتوزيع، 2009، ص 273.

4- توفير الملابس والمعدات الواقية

من الضروري أن توفر المنظمة الملابس والمعدات الواقية على حسابها مثل خوذة السلامة Safety Hat ، أحذية السلامة Safety Boots ، والقفازات Gloves، والأقنعة Masks الواقية من الغبار والروائح بالإضافة إلى توفير أجهزة الإنذار ضد الحريق أو ضد الدخان ومعايرتها والتفتيش عليها بشكل دوري.

5- التدريب:

يعد التدريب عاملاً هاماً في الحد من حوادث العمل، سواء للعامل نفسه أو للمشرفين، فتصيب العاملين على كيفية تشغيل الآلات والمعدات بطريقة آمنة وتدريب المشرفين وتوجيههم بخصوص ضوابط السلامة والصحة المهنية، له أثر كبير على الحد من حوادث العمل، ومن الضروري إعطاء أهمية كبيرة لنقاط الأمان Safety points في العمليات التشغيلية عند عقد الدورات التدريبية، بالإضافة إلى عمل دورات تثقيفية توعوية لأهداف وضوابط برامج الصحة والسلامة المهنية.

6- الاهتمام ببرامج الهندسة البشرية:

تعنى برامج الهندسة البشرية Ergonomics بملاءمة أجواء العمل وتقنياته ومستلزماته للأفراد العاملين Fitting the work environment to the work، فقد لوحظ أن توزيع الأثاث المكتبي الموحد بمقاييسه لأفراد مختلفين في أطوالهم وأوزانهم ومواصفاتهم الجسمية المختلفة، له مشاكله وآثاره السلبية المتمثلة في الآلام العضلية والعصبية وانزلاق الفقرات وغيرها. وقد اكتشفت إحدى المنظمات أن كلفة تجهيز مكاتب خاصة للأفراد وفقاً لخصائصهم كانت أقل بكثير من تكاليف الإصابة بأمراض الفقرات في الظهر والرقبة وضعف البصر. [11]

7- تحديد مسؤول عن برامج السلامة والصحة المهنية:

لا بد من تحديد مسؤول ليكون ملتزماً بمراقبة تطبيق برامج السلامة والصحة المهنية، ليس من الضروري أن يكون هذا الشخص المسؤول متفرغاً للعمل في برامج

---

(11) الكبيسي، عامر خضير، المرجع السابق، ص 226 – 227.

السلامة والصحة والمهنية ولكن الممكن أن تعهد هذه المسؤوليات إلى شخص غير متفرغ لها كأن يكون مدير دائرة الإنتاج، أو مدير الموارد البشرية أو غيره من المدراء.

8- تسجيل وتحليل الحوادث:

يجب الاحتفاظ بسجلات الحوادث وتفاصيلها وذلك بهدف الاستفادة منها مستقبلاً كدروس مستفاد منها، هذه السجلات يمكن تقسيمها حسب أنواع الحوادث والإصابات والأمراض المهنية، كما يمكن تقسيمها حسب شدة الإصابات والأمراض المهنية الناتجة عن هذه الحوادث.

إن دراسة وتحليل ظروف بيئة العمل قد تشير إلى ضرورة اتخاذ تدابير احترازية خاصة في العمل كارتداء ملابس الوقاية وغيرها. كما أن دراسة وتحليل ظروف المتسبب في الحادثة قد تلفت النظر إلى أن السبب في وقوع الحادثة هو عدم توجيه الشخص وتدريبه التدريب الكافي، وبالتالي قد يتطلب الأمر عقد برنامج تدريبي لهذا الشخص ولزملائه الذين لم يتم تدريبهم من قبل.

9- إتباع المدخل الوقائي

يشجع اتباع المدخل الوقائي Preventive or Wellness Approach العاملين على إجراء تغييرات في أسلوب حياتهم من خلال تغذية صحية، وبرامج تمارين رياضية منتظمة، والامتناع عن التدخين وتناول الكحول وغيرها.

وقد اتبعت شركة Adolph في كولورادو المدخل الوقائي، وكانت نتيجة اتباع هذا المدخل بعد عشرة سنوات أن وفرت الشركة حوالي مليوني دولار أمريكي من تخفيض الدعاوى الطبية، كما أنها خفضت من معدلات التغيب عن العمل، وزادت من الإنتاجية، وكان كل دولار واحد صُرف على البرنامج الوقائي يعطي الشركة 6.15 دولار مسترد.[12]

(12) Invancevich, John M., **Human Resource Management**, Boston, McGraw - Hill Irwin, 2001, p. 543.

10- منح الحوافز:

تستخدم إدارة المنظمة العديد من الأدوات لتحفيز العاملين على العمل بطريقة آمنة، وهناك عدة طرق لتحفيز العاملين في هذا المجال، حيث تقوم بعض الشركات بوضع نقاط معينة ضمن برنامج تحفيز السلامة، متى وصلها العامل يسجل له ما يقابلها من زيادة على الراتب، وكلما ارتفع رصيد نقاطه كلما زاد راتبه بفضل ذلك.

كما أن البعض يربط بين حوافز المديرين وبين التحسينات التي يجريها هؤلاء المديرين في مجال السلامة[13].

ويذكر Coble[14] أن البرامج التحفيزية قد نجحت في تخفيض إصابات العمل بدرجة كبيرة.

ومن الضروري أن يكون المدراء قدرة حسنة أمام المرؤوسين وذلك في إتباع إجراءات السلامة والحرص عليها، فالإدارة بالقدوة الحسنة Management by sample أفضل الطرق للتأثير في المرؤوسين وجعلهم يهتمون بالسلامة والصحة المهنية.

وإجمالاً فإن كثيراً من الشركات تعتمد على تشجيع العاملين على تطبيق إجراءات الأمن والسلامة، ويذكر ديسلر[15] أن العاملين في شركة صدف يعملون في كل جزء من أجزاء عملية الأمان، فهم يعملون في لجنة الأمان ويقومون يومياً بتطوير وإدارة اجتماعات يومية وشهرية للأمان ويديرون تحليلات وظيفية للأمان، وفي هذه الشركة يبدأ الأمان بفريق عمل الإدارة العليا بالشركة، فمندوبين الإدارة العليا يعملون في لجنة الصحة والأمان بإدارة الشركة، وهذه اللجنة من مهامها الاجتماع مرة واحدة في الشهر لمراجعة تقارير الحوادث ووضع أهداف خاصة بالصحة والأمان، ومراجعة إحصاءات ورعاية برامج الأمان، ويتم تشجيع ثقافة الأمان أولاً من اليوم الأول لوصول الموظفين الجدد

---

(13) Smith, Sandy, "Breakthrough Safety Management", **Occupational Hazards**, vol. 66, June 2004, pp. 41 – 43.

(14) Cable, Hosh, "Seven Suggestions for a Successful Safety Incentive Program", **Occupational Hazards**, vol. 67, March 2005, pp. 39 – 43.

(15) ديسلر، جاري، المرجع السابق، ص 544.

لأعمالهم، ثم بعد ستة أشهر تقريباً يحضرون لقاء مدته يوم واحد حيث يقوم المسؤولون بالشركة بشرح والتأكيد على أهمية سياسة الشركة الخاصة بالصحة والأمان والبرامج الخاصة بها.

إن الهدف الأساسي لتوجيه الموظفين الجدد نحو السلامة والأمان ومتابعتهم خلال فترة توظيفهم هو نشر ثقافة السلامة والأمان بين كافة الموظفين لكي يبذلوا كل ما في وسعهم لتأدية أعمالهم بطريقة سليمة وتطبيق تعليمات السلامة والصحة المهنية أثناء تأدية هذه الأعمال.

أسئلة للمناقشة

1- يشير مفهوم الصحة والسلامة المهنية إلى الإجراءات التي تتخذها إدارة المنظمة لأجل حماية الموارد البشرية لديها، علق على هذه العبارة.

2- وضح بالرسم وضع الصحة والسلامة المهنية في النظام الكلي لإدارة الموارد البشرية.

3- كثيراً ما يكون لسلوك العاملين آثراً في زيادة الحوادث وإصابات العمل. وضح ذلك.

4- تكلم بإسهاب عن الآثار السلبية لضغوط العمل سواء على الفرد أو على المنظمة.

5- حدد الاستراتيجيات قصيرة وطويلة المدى لإدارة ضغوط العمل.

6- وضح كيف يمكن كتابة تقرير وتسجيل الحوادث والأمراض والوفيات وفقاً لمواصفات إدارة الصحة والسلامة المهنية OSHA.

7- هناك معدلات كثيرة يمكن استخدامها في قياس الحوادث. إشرح معدل تكرار الحوادث في هذا المجال.

8- بين كيف يمكن لأي منظمة أن تخطط للوقاية من الحوادث.

الفصل الثاني عشر
نظام معلومات الموارد البشرية
Human Resource
Information System

- مفهوم نظام معلومات الموارد البشرية
- أهمية النظام ومجالات استخدامه
- مكونات نظام معلومات الموارد البشرية
- تصميم وتطبيق نظام معلومات الموارد البشرية
- متطلبات نجاح النظام
- صعوبات التطبيق

الأهداف التعليمية للفصل

يتوقع من الطالب بعد دراسة الفصل الثاني عشر أن يحقق الأهداف التعليمية المرجوة وذلك بأن يكون قادراً على:

- مناقشة نظام معلومات الموارد البشرية.
- إدراك أهمية نظام معلومات الموارد البشرية.
- فهم واستيعاب مجالات استخدام النظام.
- تحديد مكونات النظام.
- تصميم وتطبيق النظام.

الفصل الثاني عشر
نظام معلومات الموارد البشرية

مقدمة:

من الضروري توفير المعلومات اللازمة لمن يحتاجها بالخصائص المطلوبة من حيث التوقيت والدقة والشمولية والكلفة والموثوقية. وبالتالي فإن على المنظمة توفير نظام معلومات معين يمكن المدير والموظفين من الوصول إلى المعلومات التي يحتاجونها، كل وفق طبيعة عمله، هذا النظام الذي يسمى بنظام المعلومات هو عبارة عن شبكات مترابطة من المعلومات يتم إعدادها ومعالجتها من أجل استخدامها لمساعدة الموظفين المستفيدين منها لإنجاز أعمالهم.

فالهدف الأساسي إذن من أي نظام للمعلومات الإدارية بشكل عام هو توفير المعلومات اللازمة والتي قد يحتاجها المديرون أثناء تأدية أعمالهم في التخطيط والتنظيم والتوجيه والرقابة.

أما عن قواعد البيانات فهي عبارة عن تنظيم منطقي لمجموعات من الملفات المترابطة مع بعضها[1]، حيث تتكون قاعدة البيانات من:

أ-   الملفات Files.

ب-   السجلات Records.

ج- الحقول Fields.

فمجموعة الحقول المترابطة تكون سجلاً، ومجموعة السجلات المترابطة تكون ملفاً ومجموعة الملفات تشكل قاعدة البيانات[2]. وبإمكان قواعد البيانات تخزين كافة البيانات المتعلقة بجميع النشاطات بما فيها نشاطات إدارة الموارد البشرية وتصنيفها وترتيبها بحيث تكون قابلة للاسترجاع في أي وقت يرغب فيه المستخدم استرجاعها.

---

(1)Turban, E., K. Rainer and R. Potter, **Introduction Information Technology**, N.Y. John Wiley & Sons, 2003, p. 732.

(2) الكيلاني، عثمان، وهلال البياتي، وعلاء السالمي، **المدخل إلى نظم المعلومات الإدارية**، عمان، دار المناهج للنشر والتوزيع، 2000، ص 74.

وتساعد عملية تنظيم الملفات بطريقة صحيحة مستخدمي المعلومات في الوصول إلى المعلومات التي يريدونها بشكل مباشر وسريع، وحتى يتم تحقيق فائدة أكبر من تنظيم الملفات، ينبغي على مستخدمي النظام تحديد احتياجاتهم من المعلومات بدقة بالإضافة إلى تحديد أوقات الحاجة والمكان الذي يريدون المعلومات فيه.

ويتم تجزئة نظام المعلومات في أي منظمة إلى مجموعة من الأنظمة الفرعية، فيكون هنالك نظام معلومات لكل وظيفة أو نشاط من نشاطات المنظمة، وينبغي التأكيد هنا على أن هذه الأنظمة الفرعية تتفاعل مع بعضها وتكون نظاماً متكاملاً، وفي هذا المجال يقول العجارمة وزميله الطائي [3] أن التكامل بين الأنظمة الفرعية يمكن أن يتحقق بطرق مختلفة، واحدة من هذه الطرق تتمثل في التدفق الفعلي أو المحتمل للمعلومات فيما بينها. فالتدفق يعد مهماً جداً خاصة عندما تكون هذه المعلومات والموجودة في نظام فرعي معين مطلوبة من قبل نظام فرعي ثاني ... إن مخرجات نظام فرعي معين من المعلومات المعالجة سوف تشكل بيانات (المادة الخام) النظام الفرعي الآخر.

فنظام معلومات الموارد البشرية يمد موظفي إدارة الموارد البشرية والمسؤولين بالمنظمة بالمعلومات اللازمة عبر شبكة الاتصالات وذلك وفق احتياجاتهم لمساعدتهم في اتخاذ القرار. وفي نفس الوقت فمخرجات نظام فرعي لتخطيط الموارد البشرية تشكل بيانات يستخدمها نظام فرعي آخر مثل الاستقطاب والتعيين.

وتلخص وظائف نظم المعلومات الإدارية بشكل عام كما يلي [4]:

1-   **وظيفة تجميع البيانات:** وهي عملية البحث عن معلومات من المصادر المختلفة من داخل المنظمة ومن خارجها.

2-   **وظيفة معالجة البيانات:** وتتفرع إلى خطوات فرعية هي:

تسجيل وإدخال البيانات: وهي عملية توثيق وإدخال البيانات التي تم تجميعها من وظيفة جمع البيانات.

(3) العجارمة، تيسير، ومحمد الطائي، **نظام المعلومات التسويقية**، عمان، دار الحامد للنشر والتوزيع، 2002، ص 22.

(4) السامرائي، إيمان فاضل، وهيثم محمد الزعبي، **نظم المعلومات الإدارية**، عمان، دار صفاء للنشر والتوزيع، 2004، ص 272 - 273.

حفظ وخزن البيانات: وهي عملية التأكد من تخزين البيانات في قواعد البيانات أو بأكثر من نسخة.

فرز وتصنيف وتبويب البيانات: هي عملية إعادة ترتيب البيانات بأشكال أكثر فائدة من وجودها بشكل عشوائي من خلال توفر البيانات ذات الفائدة وإهمال أي بيانات بدون فائدة ثم تصنيف هذه البيانات المفيدة في أبواب وحقول مرتبة ثم إعادة تبويب البيانات في قواعد البيانات بشكل منتظم.

وظيفة تحديث البيانات: وهي عبارة عن الوظيفة المعنية بالبحث الدائم المستمر عن البيانات الجديدة وإحلالها محل البيانات القديمة.

3- **وظيفة إدارة البيانات:** وهي عبارة عن الوظيفة المعنية بإدامة وصيانة البيانات والمحافظة على وجودها واستمرارها من خلال التواصل الدائم مع جميع الأطراف المتعاملة بالبيانات وتكون مسؤولة عن اتخاذ كافة الإجراءات اللازمة لاستمرار تدفق البيانات لدائرة نظم المعلومات، ومن هذه الإجراءات:

الإدامة المستمرة لهذه البيانات والصيانة الدائمة لقواعد البيانات.

توليد البيانات من خلال تجهيز بيانات جديدة معززة بأشكال مفيدة.

إصدار التقارير الإجمالية والملخصة والمفصلة للمعلومات الموجودة على قواعد بيانات نظم المعلومات الإدارية.

إصدار الأشكال والمخططات والرسومات من المعلومات الموجودة على قواعد بيانات نظم المعلومات الإدارية.

4- **وظيفة حفظ البيانات:** حماية البيانات الموجودة على قواعد بيانات نظم المعلومات الإدارية من الاختراق والسرقة والتدمير والتلف، ومن إجراءات هذه الوظيفة المحافظة على سرية المعلومات / أمنية المعلومات، فرض كلمات العبور Passwords وغيرها.

هناك عدة أنواع من النظم، وذلك يرجع إلى اختلاف التخصصات في العمل، وتباين المستويات الإدارية في المنظمة، بالإضافة إلى تعدد الاحتياجات من المعلومات لمستخدمي كل نظام.

من الممكن تقسيم وتصنيف نظم المعلومات وعلى أساس المستويات التنظيمية الأساسية التي تقدم الدعم لها ابتداء من المستوى الأدنى، وصعوداً إلى المستويات الأعلى وكالآتي:[5]

مستوى العمليات Operational level والذي يمثل القاعدة الأساسية لحركة المنظمة ويشتمل على إدارة عملياتها.

المستوى المعرفي Knowledge level والذي يشتمل على العاملين في مجالات البيانات والمعلومات والمعرفة.

المستوى الإداري Management level والذي يشتمل على إدارات المنظمة الوسطى.

المستوى الاستراتيجي Strategic level والذي يشتمل على الإدارات العليا أو إدارة العمل الاستراتيجي في المنظمة.

مفهوم نظام معلومات الموارد البشرية

Human Resources Information System

يعتبر نظام معلومات الموارد البشرية أحد الأنظمة الوظيفية الفرعية داخل المنظمة، حيث يهدف إلى تجميع البيانات ومعالجتها وتوفيرها لمديري وموظفي إدارة الموارد البشرية لأجل الاستفادة منها في تخطيط وتنظيم وتوجيه ورقابة وظائف ونشاطات الموارد البشرية.

ومما يجدر الإشارة إليه أن نظام معلومات الموارد البشرية لا يعمل بشكل منعزل عن الأنظمة الوظيفية الفرعية الأخرى، فهو يعتبر مكملاً لها ومتفاعلاً معها فمخرجات نظم المعلومات في كافة إدارات المنظمة تعتبر مدخلات لنظام معلومات إدارة الموارد

---

(5) الوليد، بشار يزيد، **نظام المعلومات الإدارية**، الطبعة الأولى، عمان، دار الراية للنشر والتوزيع، 2009، ص 129.

البشرية والعكس صحيح، وبذلك فإن مخرجات نظام معلومات الموارد البشرية تعتبر مدخلات لنظم معلومات التسويق والأفراد والمالية والإنتاج. ويوضح الشكل التالي التفاعل بين هذه النظم الفرعية.

الشكل رقم (35)

تفاعل نظم المعلومات الفرعية في المنظمة

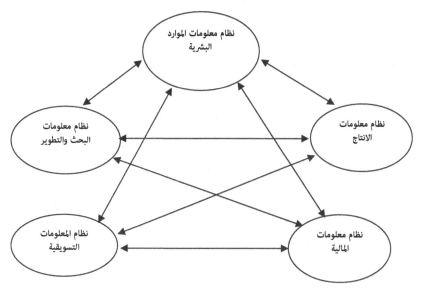

من الشكل أعلاه يتبين لنا كيف تتم عملية التفاعل والتكامل بين نظم معلومات إدارة الموارد البشرية ونظم المعلومات الوظيفية الفرعية الأخرى في المنظمة.

وحتى تكون المعلومات التي تم جمعها وتجهيزها مفيدة وذات جدوى فإنه ينبغي أن تتوفر فيها الصفات التالية:- [6]

1- **الوضوح**: تعتبر المعلومات الواضحة والمحددة أكثر فائدة من المعلومات المبهمة والغامضة أو تلك التي تحمل أكثر من معنى.

---

(6) جودة، محفوظ أحمد، **العلاقات العامة، مفاهيم وممارسات**، عمان، دار زهران للنشر والتوزيع، 2009، ص 468.

2- **الصحة**: أي الصدق في إيراد المعلومات وعدم المبالغة فيها أو التقليل من أهميتها يؤثر على نتائج العملية المراد استخدام هذه المعلومات فيها.

3- **الدقة**: ينبغي توخي الدقة وخاصة في تسجيل الأرقام والأعداد والمبالغ النقدية، لما ذلك من أهمية في اتخاذ القرار.

4- **التوثيق**: من الضروري أن تكون المعلومات مكتوبة وموثقة فالمعلومات الشفوية قد يتم نسيانها ويسهل التغيير فيها.

5- **التوقيت**: يجب أن تصل المعلومات إلى المستفيدين في الوقت المناسب، فلا معنى إطلاقاً لوصول المعلومات بعد فوات الأوان.

6- **الكم المناسب**: يجب أن تتوفر المعلومات التي تكون ذات صلة بالموضوع المراد اتخاذ القرار فيه أو معالجته وبنفس القدر المطلوب. فإذا كان حجم المعلومات الواردة أكثر من اللازم، أدى ذلك إلى إضاعة الوقت وعدم فعالية المعلومات المجمعة. أما إذا كان حجم المعلومات الواردة أقل من اللازم، أدى ذلك إلى عدم وضوح الصورة وعدم اكتمال المعلومات، وبالتالي فمن المحتمل أن يكون القرار المتخذ قراراً خاطئاً.

7- **الكلفة / العائد**: يفترض أن يكون العائد المتوقع من جمع المعلومات وتحليلها وترتيبها وتجهيزها أكبر من الكلفة المصاحبة لذلك.

8- **الثبات والصدق**: إعطاء المعلومات لنفس النتائج التي أعطتها التجربة السابقة، وأن تكون المعلومات المتجمعة صادقة وشرعية وصحيحة وتتطابق مع معطيات الواقع شكلاً ومضموناً وتوجهاً.[7]

هذا وينبغي أن تتوفر السرية والأمن في المعلومات المهمة التي يتم تجهزيها. وبالتالي فإن على المستفيدين من هذه المعلومات عدم إفشاء أي جزء من تلك المعلومات، كما يتطلب الأمر حماية قواعد البيانات وضمان عدم وصولها إلى غير المصرح لهم باستخدامها.

(7) النجار، فايز جمعة صالح، **نظم المعلومات الإدارية**، عمان، دار الحامد للنشر والتوزيع، 2005، ص 28.

لقد ظهرت الحاجة إلى نظم معلومات الموارد البشرية بعد التطور الكبير الذي حصل في ثورة المعلومات وتقدم وسائل الاتصالات في العالم من انترنت وغيره، حيث أصبحت السرعة بالإضافة إلى الدقة في العمل من مواصفات جودة الأداء في أي من وظائف المنظمة، كما أن تطور مفهوم إدارة الموارد البشرية ليشمل أدواراً جديدة بالإضافة إلى الدور التقليدي الذي كانت تقوم به كان سبباً قوياً لظهور الحاجة إلى نظم معلومات الموارد البشرية، فإدارة الموارد البشرية هي جزء من الفريق الإداري الذي يدير المنظمة واستراتيجياتها هي جزء من الإستراتيجية العامة للمنظمة.

تعرف Al-zegaier[8] نظم إدارة الموارد البشرية بأنها النظم المتعلقة بالحصول على المعلومات الخاصة بالموارد البشرية وتخزينها ومعالجتها وتحليلها وتفسيرها. وتضيف Al-zegaier أن هذه الأنظمة تتضمن العاملين والسياسات والإجراءات والبيانات الخاصة بهذا المجال.

كما يعرف اليوزبكي[9] نظام إدارة الموارد البشرية بأنه تكوين هيكلي متكامل ومتفاعل من المستلزمات المختلفة كالآلات وأجهزة وبرامج الحاسوب والأفراد والعاملين في النظام وإجراءات النظام وقواعده، وذلك بفرض توفر المعلومات اللازمة وإيصالها إلى المستفيدين لصنع قرارات وإنجاز وظائف إدارة الموارد البشرية بما يحقق الاستخدام الأفضل لتلك المعلومات.

أما بني حمدان[10] فيعرف نظام معلومات الموارد البشرية، بأنه المكونات التي تعمل بصورة منتظمة ومتفاعلة، تشمل جمع وخزن وتحليل ومعالجة واسترجاع البيانات

---

(8) Al-zegaier, Hanadi, **Investigating the Link between Human Resources Information Systems and Strategic Human Resources Planning**", PHD Dissertation, The Arab Academy for Banking and Financial Sciences, 2008. p. 34.

(9) اليوزبكي، بسام عبد الرحمن، "أثر معلومات الموارد البشرية في تعزيز المزايا التنافسية للمنظمة"، رسالة ماجستير غير منشورة، كلية الإدارة والاقتصاد، جامعة الموصل، 2001.

(10) بني حمدان، خالد محمد طلال، "تحليل علاقة نظم معلومات الموارد البشرية ورأس المال الفكري وأثرهـا في تحقيـق الميـزة التنافسـية: دراسة ميدانية في شركات صناعة التأمين الأردنية"، أطروحة دكتوراة غير منشورة، كلية الاقتصاد والإدارة، جامعة بغداد، 2002.

والمعلومات المتعلقة بالموارد البشرية وإدارتها وتهيئتها أمام المستفيدين من المديرين وصناع القرار وذلك لمساعدتهم في اتخاذ القرارات في مجال تخطيط الموارد البشرية، واستقطابها، وتعيينها، وتعويضها، وتدريبها، وتطورها، وتقويم أدائها بكفاءة وفاعلية.

ويرى المفرجي وصالح[11] أن نظام معلومات الموارد البشرية يمثل مجموعات مكونات وعناصر تعمل بصورة منتظمة بهدف توفير المعلومات المطلوبة عن الموارد البشرية لاتخاذ القرارات المناسبة بصددها بالتوقيت الملائم.

وبصفة عامة يعتبر نظام معلومات الموارد البشرية أحد التطبيقات الخاصة لقواعد البيانات الالكترونية والبرامج الجاهزة التي تستهدف تحقيق الكفاءة والفعالية في عمليات إدارة الموارد البشرية في المنظمة العصرية، ونظام معلومات الموارد البشرية يجمع بين الأفراد والأجهزة والبرامج الجاهزة والإجراءات والبيانات والمستفيدين[12]. وبالتالي فنظام معلومات الموارد البشرية يتضمن الأطراف المعنية من أفراد ومستفيدين بالإضافة إلى الأجهزة والبرامج والبيانات.

أهمية النظام ومجالات استخدامه

أولاً: أهمية نظام معلومات الموارد البشرية

تشتق أهمية نظام معلومات الموارد البشرية من كونه يتعلق بالموارد البشرية التي تعتبر أهم الموارد المتاحة والمستقبلية في المنظمة، فهذا النظام يفترض أن يزود كافة إدارات المنظمة بالمعلومات المطلوبة في الوقت المناسب وبالسرعة الملائمة والتكلفة الأقل.

كما أن نظام معلومات الموارد البشرية يساهم في زيادة تأثير دور إدارة المعلومات البشرية في صياغة الإستراتيجية العامة للمنظمة، وفي نفس الوقت في تنفيذها.

(11) المفرجي، عادل حرحوش، وأحمد علي صالح، "تحليل معطيات العلاقة الارتباطية بين نظام معلومات الموارد البشرية ورأس المال الفكري، من وجهة نظر قادة المنظمات والمعرفية في العراق"، **المجلة العربية للإدارة**، المجلد 26، العدد، يونيو (حزيران) 2006، ص ص 127 - 151.

(12) المرسي، جمال الدين محمد، **الإدارة الاستراتيجية للموارد البشرية**، الاسكندرية، الدار الجامعية، 2006، ص 530.

كما وإن النظام يساهم بدعم قرارات الإدارة المتعلقة بالتخطيط للموارد البشرية وتخفيض العمالة Downsizing وبإعادة الهندسة Reengineering.

بالإضافة إلى ذلك فنظام معلومات إدارة الموارد البشرية يرفع من قدرة الإدارة على متابعة وتقييم نشاطات الموارد البشرية من خلال توفير المعلومات اللازمة عن تنفيذ الخطط ودرجة إنجاز المهام المخطط لها، مما يتيح المجال لدراسة وتحليل أي انحرافات عن الخطة في الوقت المناسب واتخاذ الإجراءات التصحيحية قبل فوات الأوان. وبشكل عام فإن نظام معلومات الموارد البشرية يصمم لأداء وظائف محددة هي[13]:

أ- حصر وتسجيل الوقوعات الوظيفية ورصدها في شكل بيانات وحقائق تفصيلية، ويتطلب ذلك بالطبع ربط النظام بمصادر البيانات عن طريق النماذج، والسجلات المستخدمة في شؤون الموظفين، كنماذج طلبات التعيين، وسجلات الموظفين والرواتب وغيرها.

ب- مراجعة وتصنيف وتحليل البيانات والحقائق، تمهيداً لاستخدامها في المجالات المختلفة لإدارة الموارد البشرية، وتتم تلك العمليات إما يدوياً أو آلياً وذلك حسب نوع النظام المستخدم، إن قدرة النظام على أداء مهمة تصنيف وتحليل البيانات والحقائق تعتبر المعيار المناسب لتحديد فاعليته من عدمه، والمهم أن يكون نظام معلومات الموارد البشرية، مهما كان نوعه، قادراً على سرعة تحديد العوامل المشتركة في قاعدة للمعلومات. فعلى سبيل المثال لا بد أن يكون النظام قادراً على تزويد المختصين في إدارة الموارد البشرية بإحصائية عن جميع العاملين ذوي الخبرات العملية التي تفوق 10 سنوات، ويزيد معدل دخلهم على خمسة آلاف ريال. كما يفترض أيضاً أن يكون النظام قادراً على تبويب ودمج البيانات ومقارنتها بحيث يتمكن المسؤولين في الجهاز الإداري من متابعة حركة الوظائف والموظفين.

جـ- تقديم البيانات والحقائق المحللة (المعلومات) بصورة يسهل فهمها وتفسيرها بما يحقق الفائدة بالنسبة للأغراض التي سيتم استخدامها فيها. وتأتي مخرجات النظام في شكل ملخصات للبيانات وإحصائيات جاهزة للاستخدام حيث يمكن حفظها وتخزينها في ذاكرة النظام

---

(13) باجابر، بدر سالم، وكمال جعفر المفتي، "استخدام نظم معلومات الموارد البشرية وأثرها في فاعلية إدارة شؤون الموظفين بالمملكة". الرياض، معهد الإدارة العامة، إدارة البحوث، ص ص 39 - 40.

حيث يلجأ إليها متخذو القرارات للاستفادة منها في اتخاذ قرارات سليمة.

ويمكن القول بأن عناصر نظام معلومات الموارد البشرية متكاملة وتؤدي دوراً هاماً في تعزيز وظائف إدارة الموارد البشرية من أجل اتخاذ القرارات السليمة فيما يتعلق بالامتياز والتعيين والتدريب والتقييم والترقية وغيرها.

أما من حيث الأطراف الذين لهم علاقة بنظام المعلومات فهناك عدة أطراف معينة أهمهم[14].

1- **المبرمجون Programmers**: هم مجموعة من المتخصصين والفنيين الذين حصلوا على تأهيل وتدريب عال في تأمين وكتابة إيعازات وتعليمات البرمجة للحاسوب.

2- **محللو النظم System Analysts**: متخصصون يقومون بترجمة متطلبات العمل ومشكلاته إلى متطلبات نظم المعلومات، فهم يقومون بدور ووظيفة الوسطاء بين أقسام المنظمة واحتياجاتهم المعلوماتية من جهة، وبين نظام المعلومات ومتطلباته، من جهة أخرى.

3- **مديرو نظم المعلومات Information System Mangers**: وهم القادة لشتى التخصصات في قسم نظم المعلومات.

4- **المدير العام للمعلومات Chief Information Officer**: هو الذي يتولى الإدارة الشاملة لنظم المعلومات، ويضع السياسات والاتجاهات المختلفة لقسم نظم المعلومات. وهو أيضاً رئيس العمليات، وهو إلى جانب ذلك يساعد وضع سياسة المؤسسة.

5- **المستخدمون النهائيون End – Users**: مثل ممثلوا الأقسام والإدارات المختلفة الأخرى من خارج قسم وإدارة نظم المعلومات، والذين تم تطوير التطبيقات من أجلهم.

---

(14) قنديلجي، عامر إبراهيم، وعلاء الدين عبد القادر الجنابي، **نظم المعلومات الإدارية وتكنولوجيا المعلومات**، عمان، دار المسيرة للنشر والتوزيع والطباعة، 2005، ص ص 106 – 107.

6- أطراف أخرى مثل اختصاصي الشبكات **Network specialist** : والمشغلين Operations staff.

ثانياً: مجالات استخدام نظام معلومات الموارد البشرية

تختلف المعلومات المطلوبة من قبل مستخدمي أي نظام عن المعلومات المطلوبة من قبل مستخدمي أي نظام آخر، فالمعلومات المطلوبة مثلاً من نظام المعلومات المالية تتعلق بالحسابات والموازنات التقديرية والميزانيات السنوية ورأس المال وتخصيص الموارد والمالية على دوائر المنظمة والاستثمارات وغيرها من الأمور المالية. ونظام المعلومات التسويقية يزود مستخدميه بمعلومات عن الأوضاع التنافسية في السوق والحصة السوقية والمبيعات الفعلية والمتوقعة الإجمالية ولكل موظف بيع وكل فرع وكل منتج بالإضافة إلى معلومات عن العملاء وعناوينهم والتفصيلات الضرورية عنهم، سواء العملاء الحاليين أو العملاء المرتقبين.

أما فيما يتعلق بنظام معلومات الموارد البشرية، فيقوم بتزويد مستخدمي النظام بالمعلومات التي تختص بالموارد البشرية ونشاطاتها والتي تعد بمثابة عناصر أو مجالات الاستخدام للنظام المذكور والتي يمكن أن تقاس عن طريقها درجة كفاءة وفعالية النظام.

وقد صنف Laudon & Laudon [15] نظم المعلومات في المنظمة حسب المجالات الوظيفية إلى خمسة أنواع:

1- نظم معلومات التسويق والمبيعات.
2- نظم معلومات الإنتاج والتصنيع.
3- نظم معلومات التمويل والمحاسبة.
4- نظم معلومات الموارد البشرية.
5- أنواع أخرى تتعلق بطبيعة الصناعة مثل نظم المعلومات الجامعية.

---

(15) Laundon, Kenneth and Jane laundon, **Management Information Systems**, 7ᵗʰ Ed. USA, Prentice Hall, 2002, pp. 46 – 50.

أما بالنسبة للمجالات الوظيفية في إدارة الموارد البشرية فيرى بني حمدان⁽¹⁶⁾ أنها تشتمل على:

الشكل رقم (36)

العناصر الرئيسة لنظام معلومات الموارد البشرية

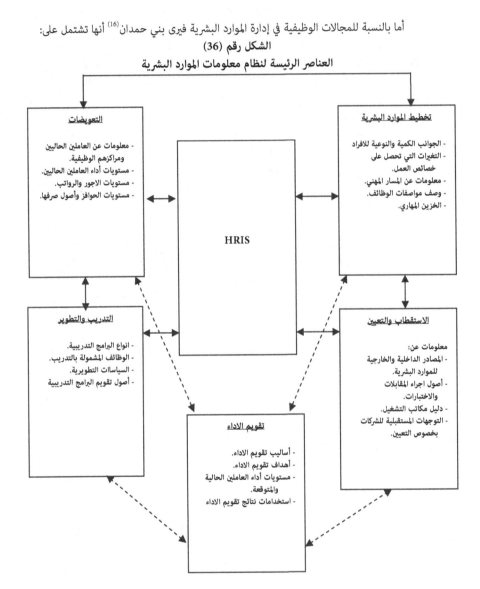

(16) بني حمدان، خالد محمد طلال، المرجع السابق، ص18.

يتضح من الشكل السابق أن المعلومات المطلوبة لمستخدمي نظام الموارد البشرية تتضمن ما يلي:

1- **معلومات عن تخطيط الموارد البشرية:** عدد الأفراد المطلوب تعيينهم ونوعيتهم ومهاراتهم، بالإضافة إلى تغيرات خصائص العمل، ومعلومات عن المسار الوظيفي، وكذلك الوصف الوظيفي للوظائف، ومخزون المهارات.

2- **معلومات عن الاستقطاب والتعيين:** مصادر الاستقطاب سواء من داخل المنظمة أو من خارجها، وإجراءات المقابلات والامتحانات، بالإضافة إلى التوجهات المستقبلية فيما يتعلق بالتعيينات.

3- **معلومات التعويضات:** معلومات عن المراكز الوظيفية للموظفين الحاليين، ومستويات الرواتب والأجور في المنظمة وفي السوق، بالإضافة إلى معلومات عن الحوافز والمكافآت.

4- **التدريب والتطوير:** معلومات عن الخطط التدريبية، وأنواع البرامج التدريبية المنفذة والمشاركين فيها وتقييمها وكذلك السياسات المتبعة لتطوير الموظفين.

5- **تقويم الأداء:** يزود نظام معلومات الموارد البشرية المستخدمين بمعلومات عن أساليب تقويم الأداء ومستويات أداء العاملين ونقاط القوة والضعف لديهم، بالإضافة على استخدامات نتائج تقويم الأداء في التدريب والتطوير وفي الزيارات السنوية والحوافز وفي إنهاء الخدمات وغيرها.

مكونات نظام معلومات الموارد البشرية

أصبح الكثير من المنظمات في الدول العربية يقوم باستخدام نظم معلومات الموارد البشرية المعتمدة على الحاسوب، وإجمالاً فإن نظام معلومات الموارد البشرية يتكون من خمسة عناصر أساسية: المدخلات Inputs، والعمليات Processes، والمخرجات Outputs، والتحكيم/ الرقابة Control، والتغذية الراجعة Feedback. ويبين الشكل التالي هذه المكونات:

الشكل رقم (37)
مكونات نظم معلومات الموارد البشرية

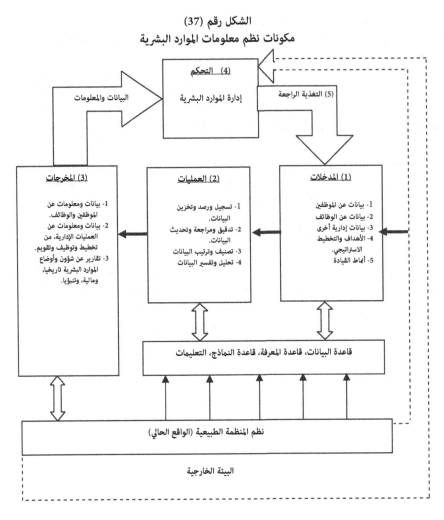

المصدر: الحسنية، سليم إبراهيم، **نظم المعلومات الإدارية**، الطبعة الثانية، عمان، مؤسسة الوراق للنشر والتوزيع، 2002، ص 321.

من الجدول السابق يبين مكونات نظم معلومات الموارد البشرية والتي تتضمن [17]:

1- **المدخلات:** تتعلق المدخلات بالبيانات المدخلة والتي تشكل المادة الخام التي لا يتم الاستفادة منها في شكلها الحالي والتي تحتوي عادة على بيانات تفصيلية عن الموظفين وعن الوظائف ومسمياتها والوصف الوظيفي، وكذلك عن رؤية إدارة الموارد البشرية ورسالتها، وأهدافها، وعن أسلوب الإشراف المتبع والتعويضات والترتيبات وغيرها.

وتتأثر المدخلات لنظام معلومات الموارد البشرية بالبيئة الخارجية القانونية والاقتصادية والاجتماعية والثقافية والتكنولوجية والمنافسة.

2- **العمليات:** تتم في هذه المرحلة معالجة البيانات Data Processing من خلال تحويل المدخلات الخام إلى مخرجات أو معلومات يمكن الاستفادة منها والاستناد عليها للمساعدة في اتخاذ القرارات.

3- **المخرجات:** هناك عدة أشكال من المخرجات أو النتائج التي تم الحصول عليها بعد إجراء العمليات السابقة من أهمها:

- بيانات وإحصاءات الموظفين والوظائف والعمليات الإدارية.

- تقارير دورية عن أوضاع الموظفين كالرواتب الشهرية والعمل الإضافي.

- تقارير غير دورية عن أوضاع الموظفين والوظائف، وتصدر وفق احتياجات المستفيدين من هذه التقارير أو في حالة وقوع مشكلة معينة يتطلب المساعدة في حلها الإطلاع على مثل هذه التقارير.

4- **التحكم / الرقابة:** وهو ذلك الجزء المتعلق بالتحكم بسير الخطوات كما هو مخطط ومرسوم مسبقاً، ويفترض أن تكون هناك وسيلة تنبيه عند حصول خطأ أثناء قيام البرنامج بالوظائف المحددة له، مما يتطلب إجراء عمل تصحيحي للمسار.

5- **التغذية الراجعة:** التغذية الراجعة تحمل رسائل وإرشادات عن كيفية عمل النظام ومستوى أدائه ومدى رضى المستفيدين عن مخرجاته. وللتغذية الراجعة تأثيراً مهماً

---

(17) الحسنية، سليم إبراهيم، **نظم المعلومات الإدارية**، الطبعة الثانية، عمان، مؤسسة الوراق للنشر والتوزيع، 2002.

في دورة نظام معلومات الموارد البشرية حيث تمكن من معالجة المشكلات التي قد تعترض فعالية استخدام النظام، فالمعلومات المجمعة من خلال التغذية الراجعة يمكن استخدامها في التعرف على مواطن القوة والضعف في النظام مما يساعد على إجراء التحسينات المستمرة عليه.

وبدون أدنى شك فإن لقواعد البيانات وقواعد المعرفة والنماذج وتعليمات وإرشادات المنظمة دوراً أساسياً في تفاعلها مع المدخلات والعمليات والمخرجات المتعلقة بنظام معلومات الموارد البشرية.

تصميم وتطبيق نظام معلومات الموارد البشرية

هنالك أشكال وصور مختلفة لنظام معلومات الموارد البشرية فدرجة بساطة أو تعقيد النظام تعتمد على عدة عوامل أهمها حجم المنظمة وتكلفة النظام بالإضافة إلى نظرة الإدارة العليا إلى الأهمية النسبية لنظام المعلومات المعني مقارنة بالوظائف الأخرى للمنظمة.

ويمكن تلخيص خطوات تصميم وتطبيق نظام معلومات الموارد البشرية بما يلي:

1- **دراسة وتحليل النظام الحالي:** تشخيص الوضع الحالي للمنظمة والتعرف على نقاط القوة ونقاط الضعف في النظام المطبق حالياً مما يساعد كثيراً في تحديد الاحتياجات بصورة علمية وموضوعية.

2- **إجراء دراسة جدوى اقتصادية:** يتم في هذه الخطوة تقييم عوائد نظام المعلومات مع تكاليف إنشائه، وهذا التقييم يتضمن الوفورات غير الملموسة مثل زيادة مستوى الدقة وتقليل الأخطاء.

3- **دعم الإدارة العليا:** بعد التوصل إلى نتائج إيجابية من خلال دراسة الجدوى الاقتصادية فإن من الضروري الحصول على دعم وتأييد الإدارة العليا.

4- **تشكيل فريق العمل:** يتم تشكيل فريق العمل ويفضل أن يترأسه أحد أعضاء الإدارة العليا لأجل أن تصبح قراراته أكثر إلزاماً، ويشترك في عضويته ممثلين عن إدارة

الموارد البشرية، وإدارة الرواتب، إذا كانت منفصلة عن إدارة الموارد البشرية، بالإضافة إلى ممثل عن تكنولوجيا المعلومات.

5- **تحديد الاحتياجات من المعلومات:** يتم في هذه الخطوة الاتصال بالمديرين والموظفين الذين يحتاجون إلى المعلومات لإنجاز أعمالهم. ويتم الاتصال من خلال المقابلات الشخصية أو تصميم وتوزيع استبانات أو غيرها من الطرق، وذلك بهدف تحديد احتياجاتهم من المعلومات من حيث الكم والوقت والمكان.

6- **التصميم الفعلي:** تتضمن عملية تصميم النظام القيام بوضع وتصميم المدخلات والعمليات وقواعد البيانات والمخرجات بالإضافة إلى تحديد وسائل التقييم لأداء النظام.

يمكن تقسيم تصميم نظم المعلومات إلى مرحلتين: الأولى هي التصميم المنطقي أو المفاهيمي، حيث يتم تحديد مكونات النظام والعلاقات التي تربط تلك المكونات وكيفية ظهور النظام للمستخدم النهائي، وبالتالي يتم توصيف المدخلات والمخرجات والعمليات والوظائف التي يؤديها النظام. أما المرحلة الأخرى فهي التصميم المادي، حيث يتم ترجمة المرحلة الأولى إلى تصميم فني للنظام يتضمن محددات البرنامج، والحسابات ومكوناتها، والاتصال عن بعد، وسرية وأمن النظام، وهناك عدة بدائل لتصميم النظام، حيث يقوم المحلل بتقييم تلك النماذج اعتماداً على نتائج تحليل الاحتياجات والتي تم التوصل إليها في مرحلة التحليل[18].

ومما يجدر الإشارة إليه أن النظام يصمم لتلبية احتياجات المستفيدين، وبالتالي فإن من الضروري إشراكهم في عملية تصميم النظام وكذلك تطويره وتحديثه.

7- **وضع البرامج:** يتم في هذه الخطوة تحديد البرامج التي ستحقق أهداف التصميم، حيث يتم تحديد لغة البرمجة المستخدمة بالإضافة إلى توصيف المدخلات والعمليات والمخرجات لهذه البرامج.

---

(18) البكري، سونيا محمد، إبراهيم سلطان، **نظم المعلومات الإدارية**، الاسكندرية، الدار الجامعية، 2001، ص 292.

8- **جمع المعلومات واختيار النظام:** قبل البدء بتشغيل النظام يتم جمع المعلومات وإدخالها إلى النظام بهدف اختبار النظام للتأكد من أن مخرجاته هي المخرجات الصحيحة والمفيدة للمستخدم. وذلك في ضوء تحديد نقاط القوة ونقاط الضعف في النظامين الجديد والقديم وكذلك في ضوء التكلفة والعائد.

9- **التنفيذ:** بعد إجراء الاختبار اللازم للتأكد من فعالية النظام تتم عملية التحول إلى النظام بإتباع أحد الاستراتيجيات التالية[19]:

أ- **استراتيجية التوازي:** حيث يتم تشغيل النظام الجديد أثناء تشغيل النظام القديم ويتم الإحلال تدريجياً خلال فترة زمنية معينة في نهايتها يكون قد تم استخدام النظام الجديد بالكامل. ونعتبر هذه الطريقة أكثر أمناً حيث أن ظهور أي مشاكل للنظام الجديد لا يؤثر على المنظمة نظراً لوجود النظام القديم يعمل في ذات الوقت، إلا أن تلك الطريقة مكلفة.

ب- **التحول المباشر:** حيث يتم إحلال النظام القديم بالنظام الجديد في لحظة زمنية محددة، ورغم انخفاض تكلفة تلك الطريقة، إلا أن مخاطرها مرتفعة وهو ما قد يؤدي إلى ارتفاع التكلفة.

جـ- **الدراسة الاستكشافية:** حيث يتم تطبيق النظام في جزء محدد من المنظمة، فإذا تم التأكد من أن النظام يعمل بكفاءة وبدون مشاكل يتم تعميمه على باقي أجزاء المنظمة.

د- **المدخل المرحلي:** حيث يتم ادخال النظام الجديد على مراحل سواء على مستوى وظائف المنظمة أو وحداتها.

10- **المتابعة والرقابة:** وخلال هذه الخطوة يتم تصحيح أي أخطاء وإجراء أي تعديلات لازمة لتطبيق النظام الجديد.

تعتبر عملية المتابعة والرقابة الخطوة الأخيرة في مجال تصميم وتطبيق نظام معلومات الموارد البشرية. تشمل هذه الخطوة متابعة تطبيق النظام للتأكد من أن مخرجات النظام هي المخرجات المطلوبة، وضمان أن النظام يعمل بكفاءة وفعالية.

---

(19) المرجع نفسه، ص 296.

متطلبات نجاح نظام معلومات إدارة الموارد البشرية

لكي ينجح نظام معلومات الموارد البشرية ويكون أكثر فعالية فإن من الضروري توافر المتطلبات التالية:

[20]

1) **المتطلبات الإدارية:** وتتمثل في الأمور المتعلقة بالإدارة وأنشطتها المختلفة، ومنها:

أ- تحديد أهداف وغايات الإدارة بشكل واضح، ومن ثم بيان الأهداف التي يسعى إلى تحقيقها نظام معلومات الموارد البشرية.

ب- التخطيط الفعال لاحتياجات النظام من الموارد المتعددة، مما يتطلب بدوره اقتناع وتأييد الإدارة العليا في المنظمة بأهمية نظام معلومات الموارد البشرية، وتقديم الدعم المادي والمعنوي لذلك.

ج- مشاركة الإدارات الرئيسة في المنظمة مع إدارة الموارد البشرية في إعداد وتصميم النظام.

د- مراعاة احتياجات المستفيدين من مخرجات ومعلومات النظام سواء من داخل المنظمة أو خارجها.

هـ- الرقابة والمتابعة المستمرة على كافة عناصر نظام معلومات الموارد البشرية لضمان كفاءة وفاعلية أدائه.

2) **المتطلبات التكنولوجية:** وتتمثل في عدة متطلبات أهمها:

أ- توفر الأجهزة والآلات والأدوات اللازمة لتشغيل النظام بمراعاة إمكانيات واحتياجات المنظمة.

ب- توفير الأفراد ذوي المهارات والخبرات الفنية اللازمة لتشغيل الأجهزة والآلات والحسابات الآلية أو الاستعانة بمجموعة من الاستشاريين في هذا المجال.

ج- تصميم نظام متكامل للصيانة والسلامة، وسرية البيانات والمعلومات التي يتعامل معها النظام.

د- تكامل البيانات – الملفات والسجلات والوثائق – من أجل استخدامات أكثر فاعلية.

---

(20) المغربي، عبد الحميد، **نظم المعلومات الإدارية**، المنصورة، المكتبة العصرية، 2002، ص ص 352 – 353.

3) المتطلبات الاقتصادية: ومن أهمها:

أ- توفير وقت كاف لعملية إعداد وتصميم النظام، بما يسهم في إيجاد نظم مبنية على أساس واضح سليم.

ب- العمل على تخفيض التكاليف.

ج- الاستخدام الأمثل للأفراد العاملين على تشغيل نظام معلومات الموارد البشرية.

4) المتطلبات الاجتماعية: ومن بينها:

أ- التعاون المستمر بين إدارة الموارد البشرية وكافة الإدارات الأخرى بالمنظمة لضمان الإمداد بالمعلومات لتلك الإدارات والحصول منها على البيانات والحقائق.

ب- الاتصال الجيد بين العاملين في إدارة الموارد البشرية ومجموعة العاملين بالحاسب ضرورة وجود تفاهم متبادل بين الطرفين.

ج- توفر روح المساعدة من قبل مصممي النظام للمستفيدين منه.

صعوبات التطبيق

يعترض نظام معلومات إدارة الموارد البشرية عند تأدية الوظائف والمهام المطلوبة منه بنجاح عدة عقبات منها:

1- عدم قبول المستخدم النهائي

إن التكنولوجيا وحدها لا تؤدي إلى نجاح نظام معلومات إدارة الموارد البشرية، بل لا بد من قبول المستخدم النهائي End – user لهذه التكنولوجيا والاستفادة منها. فكلما كان استخدام نظام المعلومات أكثر كان لهذا النظام فاعلية أكبر من حيث مقارنة الاستفادة منه بتكلفة شراءه وتشغيله وصيانته.

2- عدم وجود التكامل مع أنظمة المعلومات الأخرى

إن عدم وجود التكامل مع الأنظمة الفرعية الأخرى للمعلومات يؤدي كذلك إلى عدم الاستفادة المثلى من نظام معلومات الموارد البشرية.

3- سياسات وإجراءات المنظمة

إن تطبيق نظام معلومات إدارة الموارد البشرية يحتاج إلى وجود سياسات وإجراءات خاصة بالنظام، مما يستدعي إجراء بعض التغييرات في السياسات والإجراءات

الحالية للمنظمة. فعدم مراعاة ضرورة إجراء هذه التغييرات قد يعرقل عملية الاستفادة من النظام.

4- سرية المعلومات

لقد أصبحت خصوصية المعلومات الشخصية للموظفين من أهم القضايا في هذا المجال، فقد أصبح الموظفين أكثر اهتماماً فيمن سوف يقرأ أو يشاهد المعلومات المتعلقة بهم، ولحل هذه المشكلة يجري وضع كلمة العبور Password بحيث لا يدخل إلى معلومات معينة إلا المصرح لهم فقط، ولا يجوز أن يقوم أي شخص بتعديل المعلومات إلا لمن يملكوا هذا الحق.

5- استخدام تكنولوجيا معقدة

إن استخدام تكنولوجيا معقدة قد يكون مكلفاً بالدرجة الأولى، كما أنه قد يشكل عائقاً أمام موظفي إدارة الموارد البشرية فيما يتعلق بتوظيفها وتشغيلها.

6- اللجوء إلى الاستشاريين

إن اللجوء إلى الاستشاريين والمتخصصين من خارج المنظمة له مزايا عديدة، كما أنه له مساوئ أيضاً، وبعض النظر عن هذه المزايا والمساوئ، إلا أن عدم مشاركة إدارة الموارد البشرية بشكل فعال في بناء وتصميم نظام المعلومات قد يؤدي إلى مشاكل عديدة عند استخدام النظام.

وحتى تؤدي إدارة الموارد البشرية دورها وتقوم بعملها على أكمل وجه فإن من الضروري أن تكون المعلومات المدخلة إلى النظام دقيقة ومتعلقة بالموضوع بالإضافة إلى حتمية أن تكون معلومات حديثة، فكثير من المعلومات المتعلقة بالموارد البشرية تتغير باستمرار كالعنوان أو رقم الهاتف أو الاشتراك بدورة تدريبية جديدة.

فكلما كانت مدخلات النظام دقيقة وحديثة كلما استطاعت إدارة الموارد البشرية الحصول على معلومات تساعد الإدارة في اتخاذ القرارات المناسبة وحل المشكلات بكفاءة وفعالية أكبر.

أسئلة للمناقشة

1- اشرح بإيجاز وظائف نظام المعلومات الإدارية.

2- تكلم عن الصفات التي يجب توفرها في المعلومات المجمعة.

3- ناقش أهمية نظام معلومات الموارد البشرية مستعرضاً مجالات استخدامه.

4- اذكر الأطراف الذين لهم علاقة بنظام المعلومات مع شرح موجز لكل من هذه الأطراف.

5- وضح مكونات نظام معلومات إدارة الموارد البشرية.

6- طلب منك المدير العام وضع نظام معلومات لإدارة الموارد البشرية، كيف تقوم بتصميم واقتراح تطبيق هذا النظام.

7- من الممكن تقسيم وتصنيف نظم المعلومات على أساس المستويات التنظيمية الأساسية. تكلم عن هذه المستويات التنظيمية.

8- نظام معلومات الموارد البشرية لا يعمل بشكل منعزل عن الأنظمة الأخرى. بين كيف تتفاعل نظم المعلومات الفرعية في المنظمة.

9- لكي ينجح معلومات إدارة الموارد البشرية، فإنه لا بد من توفر متطلبات محددة، تكلم عن متطلبات نجاح نظام معلومات الموارد البشرية.

المراجــع

المراجع العربية:

1. أبو بكر، مصطفى محمود "ثقافة المنظمة والاتجاهات الإدارية ومقومات تفعيل اتفاقية الكويز بـالتطبيق عـلى شركات ومصانع منطقة الاسكندرية الكبرى" **المجلة العربية للتجارة والتمويل**، جامعة طنطا، المجلد الثاني، العدد الأول، 2006، ص ص 95-139.

2. أبو بكر، مصطفى محمود، **الموارد البشرية**، مدخل تحقيق الميزة التنافسية، الإسكندرية، الدار الجامعية، 2008.

3. أبو شيخه، نادر، أحمد، **إدارة الموارد البشرية: إطار نظري وحالات عملية**، عـمان، دار صفاء للنشر والتوزيـع، 2009.

4. الأحمدي، حنان، "الرضى الـوظيفي والـولاء التنظيمـي للعـاملين في الرعايـة الصحية الأولية في المملكة العربيـة السعودية"، المجلة العربية للعلوم الإدارية، 13، 2006، ص ص 305-337.

5. اسماعيل، محمد أحمد، "استراتيجية إدارة الموارد البشرية ودورها في انجاز استراتيجية المنظمة"،

6. أفندي، عطية حسين، **تمكين العاملين: مـدخل للتحسـين والتطـوير المسـتمر**، المنظمـة العربيـة للتنميـة الإدارية، القاهرة، 2003.

7. ايمن عودة، وعبد الحكيم عقلة أخو ارشيدة، **المجلة الاردنية لادارة الاعمال**، المجلد 5، العـدد 2، 2009، ص ص 234-259.

8. باجابر، بدر سالم، وكمال جعفر المفتي، "استخدام نظم معلومات الموارد البشرية وأثرها في فاعليـة إدارة شـؤون الموظفين بالمملكة"، الرياض، **معهد الإدارة العامة**، إدارة البحوث.

9. باور، جوزيف، **فن الإدارة**، ترجمة أسعد أبو لبدة، عمان، دار البشير للطباعة والنشر، 1997.

10. برنوطي، سعاد نائف، **إدارة الموارد البشرية – إدارة الأفراد**، عمان، دار وائل للنشر والتوزيع، 2007.

11. البكري، سونيا محمد، إبراهيم سلطان، **نظم المعلومات الإدارية**، الاسكندرية، الدار الجامعية، 2001.

12. بلوط، حسن إبراهيم، **إدارة الموارد البشرية من منظور استراتيجي**، بيروت، دار النهضة العربية، 2002.

13. بني حمدان، خالد محمد طلال، "تحليل علاقة نظـم معلومـات المـوارد البشـرية ورأس المـال الفكـري وأثرهـا في تحقيق الميزة التنافسية: دراسة ميدانية في شركات صناعة التأمين الأردنية"، أطروحة دكتوراة غـير منشـورة، كليـة الاقتصاد والإدارة، جامعة بغداد، 2002.

14. بني حمدان، خالد محمد، ووائل محمد صبحي ادريس، **الاستراتيجية والتخطيط الاستراتيجي: منهج معاصر**، عمان، دار اليازوري العلمية للنشر والتوزيع، 2007.

15. بني هاني، جهاد صياح، "أساسيات بناء المنظمة المتعلمة في الشركات الصناعية الأردنية، دراسة ميدانية على شركات صناعة البرمجيات في الأردن"، **المجلة الأردنية في إدارة الأعمال**، المجلد 3، العدد 4، 2007، ص ص 463-483.

16. بوسنينة، الصديق، منصور، وسليمان الفارسي، **الموارد البشرية: أهميتها، تنظيمها، مسئوليتها، مهامها**، طرابلس، الجماهيرية العربية الليبية، أكاديمية الدراسات العليا، 2003.

17. تريس، وليم، **تصميم نظم التدريب والتطوير**، ترجمة سعد احمد الجبالي، مراجعة عبد المحسن بن فالح اللحيد، السعودية، معهد الإدارة العامة، مركز البحوث، 1425هـ 2004م.

18. التميمي، إياد فاضل، والخشالي، شاكر جار الله، "السلوك الإبداعي وأثره على الميزة التنافسية: دراسة ميدانية في شركات الصناعات الغذائية الأردنية"، **مجلة البصائر**، المجلد 8، العدد 2، 2004، 159-195.

19. توفيق عبد الرحمن، **التدريب الفعال**، القاهرة، مركز الخبرات المهنية للإدارة، (بميك)، 2004.

20. توفيق، عبد الرحمن، **الجودة الشاملة: الدليل المتكامل**، القاهرة: سلسلة إصدارات بميك، 2003.

21. جاد الرب، سيد محمد، **إدارة الموارد البشرية**، موضوعات وبحوث مختلفة، مطبعة العشري، قناة السويس، 2005.

22. الجريد، عارف بن ماطل، **التحفيز ودوره في تحقيق الرضا الوظيفي لدى العاملين بشرطة منطقة الجوف**، رسالة ماجستير غير منشورة، جامعة نايف العربية للعلوم الامنية، 2007.

23. جمعة، احمد حلمي، وعارف، حسن صالح، وهلالي، محمد جمال "منهج مقترح لتطبيق بطاقة الأداء المتوازن في الشركات الصغيرة في ظل اقتصاد مبني على المعرفة". المؤتمر العلمي السنوي الخامس، جامعة الزيتونة الأردنية، 2005.

24. جودة - محفوظ أحمد، **التحليل الاحصائي باستخدام SPSS**، الجزء الأول، عمان، دار وائل للطباعة والنشر 2008.

25. جودة، عبد الناصر محمد علي، **إدارة التنوع الثقافي في الموارد البشرية، المنظمة العربية للتنمية الادارية**، بحوث ودراسات، 2005.

26. جودة، محفوظ أحمد، إدارة التغيير وتحسين مناخ العمل، **دورة تدريبية**، معهد الإدارة الأردني، عمان، 13-1998/6/18.

27. جودة، محفوظ أحمد، **العلاقات العامة، مفاهيم وممارسات**، عمان، دار زهران للنشر والتوزيع، 2009.

28. جودة، محفوظ، **إدارة الجودة الشاملة: مفاهيم وتطبيقات**، عمان، دار وائل للنشر والتوزيع، 2006.

29. جودة، محفوظ، **أساليب البحث العلمي في ميدان العلوم الإدارية**، عمان، دار زهران للنشر والتوزيع، 2007.

30. جودة، محفوظ، وحسن الزعبي، وياسر المنصور، **منظمات الأعمال: المفاهيم والوظائف**، عمان، دار وائل للنشر-والتوزيع، 2004.

31. جونز، شارلز، وجاريث جونز، **الإدارة الاستراتيجية، مدخل متكامل**، الجزء الأول، ترجمة رفاعي محمد رفاعي ومراجعة محمد سعيد احمد عبد المتعال، الرياض، دار المريخ للنشر، 2001.

32. حجازي، محمد حافظ، **إدارة الموارد البشرية**، الطبعة الأولى، الاسكندرية، دار الوفا الدنيا للطباعة والنشر، 2007.

33. حريم، حسين، **مبادئ الادارة الحديثة**، عمان: دار الحامد للنشر والتوزيع، 2006.

34. حريم، حسين، وشفيق حداد، ونظام سويدان، وظاهر كلالدة، ومحفوظ جودة، **أساسيات الإدارة**، عمان، دار الحامد للنشر والتوزيع، 1998.

35. حسن، عادل، **إدارة الافراد والعلاقات الانسانية**، الاسكندرية، مؤسسة شباب الجامعة 1998.

36. الحسنية، سليم إبراهيم، **نظم المعلومات الإدارية**، الطبعة الثانية، عمان، مؤسسة الوراق للنشر والتوزيع، 2002.

37. الحسنيه، سليم إبراهيم، **الإدارة بالإبداع: نحو بناء منهج نظمي**، القاهرة، المنظمة العربية للتنمية الإدارية، بحوث ودراسات، 2009.

38. الحسيني، فلاح حسن عداي، **الإدارة الاستراتيجية: مفاهيمها ومداخلها وعملياتها المعاصرة**، عمان، دار وائل للنشر والتوزيع، 2006.

39. حمادات، محمد حسن محمد، **قيم العمل والإلتزام الوظيفي لدى المديرين والمعلمين في المدارس**، عمان، دار الحامد للنشر والتوزيع، 2006.

40. الحنيطي، إيمان محمد علي، **دراسة تحليلية للرضى الوظيفي لدى أعضاء هيئة التدريس في كلية التربية الرياضية في الجامعات الأردنية**، رسالة ماجستير غير منشورة، الجامعة الأردنية، 2000.

41. الحواجرة، كامل محمد، "مدى امكانية تطبيق مفهوم المنظمة المتعلمة في الجامعات الأردنية الخاصة من وجهة نظر أعضاء هيئة التدريس: دراسة استطلاعية"، **المؤتمر العلمي الدولي السنوي الثامن**، جامعة الزيتونة الأردنية، 21-24 نيسان (إبريل) 2008.

42. الخشالي، شاكر جاز الله، "أثر العدالة التنظيمية والخصائص الشخصية على الرضى والاداء الوظيفي: دراسة ميدانية في مديرية ضريبة دخل عمان" **المجلة الأردنية للعلوم التطبيقية**، المجلد 7، العدد 2، ص ص 1-18.

43. درة، عبد الباري ابراهيم، وزهير نعيم الصباغ، **إدارة الموارد البشرية في القرن الحادي والعشرين**، دار وائل للنشر-والتوزيع، 2008.

44. درة، عبد الباري إبراهيم، وعبد الله عليان، وأمجد حداد، دور النقابات والجمعيات المهنية في تنمية الموارد البشرية في الأردن، عمان، **المركز الوطني لتنمية الموارد البشرية**، شباط 2006.

45. الدوري، زكريا مطلق، **الإدارة الاستراتيجية: مفاهيم وعمليات وحالات دراسية**، عمان، دار اليازوري العلمية، 2005.

46. الدوري، زكريا مطلق، تمكين العاملين/ منهج متكامل في إطار استراتيجيع الجودة، **مجلة كلية الإدارة والإقتصاد بالجامعة المستنصرية**، العدد 46، 2004، ص ص23-64.

47. الدوري، زكريا مطلك، وأحمد علي صالح "**ادارة التمكين واقتصاديات الثقة**"، عمان، دار اليازوري العالمية، 2009.

48. الدوري، زكريا مطلك، واحمد علي صالح؛ **إدارة الأعمال الدولية: منظور سلوكي واستراتيجي**، عمان، دار اليازوري العلمية للنشر والتوزيع، 2009.

49. الدوري، زكريا، وأحمد علي صالح، **الفكر الاستراتيجي وانعكاساته على نجاح منظمات الأعمال**، عمان، دار اليازوري العلمية، 2009.

50. ديسلر، جاري، **إدارة الموارد البشرية**، ترجمة محمد سيد أحمد عبد المتعال، ومراجعة عبد المحسن عبد المحسن جودة، الرياض، دار المريخ، 1430هـ ، 2009م.

51. ديمكوسكي، سابين، دينونا ألدريدج، وإيان هانتر، **الخطوات السبع للتدريب الفعال**، ترجمة خالد العامري، القاهرة، دار الفاروق للاستشارات الثقافية، 2009.

52. ربابعة، علي محمد، **إدارة الموارد البشرية**، عمان، دار صفاء للنشر والتوزيع، 2003.

53. رشيد، مازن فارس، **إدارة الموارد البشرية**، السعودية، مكتبة العبيكان، 1422هـ 2001م.

54. رضا، اكرم، **برنامج تدريب المدربين**، الطبعة الأولى، القاهرة، دار التوزيع والنشر الإسلامية، 1424هـ 2003م.

55. رمضان، زياد، وأميمة الدهان، ومحسن مخامرة، وفؤاد الشيخ سالم، **المفاهيم الإدارية الحديثة**، الطبعة السابعة، عمان، مركز الكتب الأردني، 2003.

56. زايد، عادل محمد، **العدالة التنظيمية: المهمة القادمة لإدارة الموارد البشرية**، القاهرة المنظمة العربية للتنمية الإدارية، بحوث ودراسات، 2006.

57. زويلف، مهدي حسن، **إدارة الأفراد**، عمان، مكتبة المجتمع العربي للنشر، 1424هـ 2003م.

58. السالم، مؤيد سعيد، **إدارة الموارد البشرية: مدخل استراتيجي تكاملي**، عمان، إثراء للنشر والتوزيع، 2008.

59. سالم، محمود يحيى، **الموارد البشرية: المعنى والتطبيق**، القاهرة، مكتبة مدبولي، 2008.

60. السامرائي، إيمان فاضل، وهيثم محمد الزعبي، **نظم المعلومات الإدارية**، عمان، دار صفاء للنشر والتوزيع، 2004.

61. السامرائي، مهدي، **إدارة الجودة الشاملة في القطاعين الانتاجي والخدمي**، عمان، دار جرير للنشر والتوزيع، 2007.

62. سلامه، رتيبه محمد حسن، "الممارسات الإدارية لمديري المدارس الثانوية العامة في الأردن وعلاقتها بالرضا التنظيمي والولاء التنظيمي للمعلمين"، رسالة دكتوراه غير منشورة، الأردن، جامعة عمان العربية للدراسات العليا 2003.

63. سلطان، محمد سعيد، **السلوك الانساني في المنظمات**، الاسكندرية، دار الجامعة الجديدة، 2002.

64. صالح، محمد فالح، **إدارة الموارد البشرية**، عمان، دار الحامد للنشر والتوزيع، 2004.

65. الصحن، محمد فريد، ونهال فريد مصطفى، **أساسيات الأعمال**، الاسكندرية، المكتب الجامعي الحديث، 2006.

66. الصرن، رعد حسن، **إدارة الإبداع والإبتكار**، الجزء الأول، دمشق، دار الرضا للنشر، 2000.

67. الصيرفي، محمد، **إدارة الموارد البشرية: المفاهيم والمبادئ**، الجزء الأول، عمان، دار المناهج للنشر والتوزيع، 2003.

68. الطائي، رعد عبدالله، وعيسى قدادة، **إدارة الجودة الشاملة**، عمان، دار اليازوري العلمية للنشر والتوزيع، 2008.

69. الطائي، يوسف حجيم، ومؤيد عبد الحسين الفضل، وهاشم فوزي العبادي، **إدارة الموارد البشرية: مدخل استراتيجي متكامل**، عمان، دار الوراق للنشر، 2006.

70. الطحيح، سالم مرزوق، وعلي حسن محمد، العلاقة بين الهيكل التنظيمي ومدى الإدراك للعدالة التنظيمية: دراسة على منظمات الاعمال الكويتية، **الإداري**، السنة 2، العدد 94، سبتمبر 2003، ص ص 81-108.

71. عارف، سامي، **أساسيات الوصف الوظيفي**، عمان، دار زهران للنشر والتوزيع، 2008.

72. العامري، صالح مهدي محسن، وطاهر محسن منصور الغالبي، **الادارة والأعمال**، الطبعة الثانية، عمان، دار وائل للنشر والتوزيع، 2008.

73. العامري، صالح، والغالبي، طاهر. بطاقة القياس المتوازن للأداء كنظام لتقييم أداء منشآت الأعمال في عصر المعلومات: نموذج مقترح للتطبيق في الجامعات الخاصة، **المجلة المصرية للدراسات التجارية، كلية التجارة**، جامعة المنصورة، المجلد (27) العدد (2)2003 ، ص ص 129-153.

74. عباس، سهيلة محمد، وعلي حسين علي، **ادارة الموارد البشرية**، الطبعة الثانية، عمان، دار وائل للنشر والتوزيع، 2007.

75. عبد الباقي، صلاح الدين، وعلي عبد الهادي مسلم، وراوية حسن، **إدارة الموارد البشرية**، الاسكندرية، المكتب الجامعي الحديث، 2007.

76. عبوي، فريد منير، **إدارة الموارد البشرية**، عمان، دار كنوز المعرفة للنشر والتوزيع، 2007.

77. العتيبي، سعود محمد، والسواط، خلف عوض الله ، الولاء التنظيمي لمنسوبي جامعة الملك عبد العزيز والعوامـل المؤثرة فيه، **مجلة الإداري**، مسقط، العدد (70) سبتمبر 1997، ص ص 13-67.

78. العجارمة، تيسير، ومحمد الطائي، **نظام المعلومات التسويقية**، عمان، دار الحامد للنشر والتوزيع، 2002.

79. العزاوي، نجم، **التدريب الاداري**، عمان، دار اليازوري لعملية للنشر والتوزيع، 2006.

80. العزاوي، نجم، **جودة التدريب الاداري ومتطلبات المواصفة الدولية الايزو 10015**، عمان، دار اليازوري العلمية للنشر والتوزيع، 2009.

81. العزب، حسين محمد، أثر الحوافز على الـرضى الـوظيفي لـدى مـوظفي وحـدات الجهـاز الاداري الحكومي في محافظة الكرك، **مجلة المحاسبة والإدارة والتأمين**، العدد السادس والستون، السنة الخامسة والاربعون، 2006، ص ص 85-127.

82. عقيلي، عمر وصفي، **إدارة القوى العاملة**، عمان، دار زهران للنشر والتوزيع، 1996.

83. عقيلي، عمر وصفي، **إدارة الموارد البشرية المعاصرة: بعد استراتيجي**، عمان، دار وائل للنشر والتوزيع، 2009.

84. العلي، عبد الستار، وعامر ابراهيم قنديلجي، وغسان العمري، **المدخل إلى إدارة المعرفة**، الطبعة الاولى، عمان، دار المسيرة للنشر والتوزيع والطباعة، 2006.

85. العميان، محمود سلمان، **السلوك التنظيمي في منظمات الأعمال**، عمان، دار وائل للنشر والتوزيع، 2005.

86. العنزي، سعد علي وأحمد علي صالح، **إدارة رأس المال الفكري في منظمات الأعمال**، عمان، دار اليازوري العلمية، 2009.

87. الفاعوري، رفعت، وبراء بكار، "ادارة الابداع في المنظمات المتعلمة: دراسة ميدانية لشركة موبايلكم الأردنية، **ابحاث اليرموك**، سلسلة العلوم الانسانية الاجتماعية، 2004، ص ص 2237-2279.

88. **فلمان، ايناس فؤاد نواوي، "الرضى الوظيفي وعلاقته بالالتزام التنظيمي لـدى المشرفين التربويين والمشرفات التربويات بإدارة التربية والتعليم بمدينة مكة المكرمة"**. رسالة ماجستير غير منشورة، جامعة ام القرى بمكة، 1429هـ 2008.

89. الفهداوي، فهمي خليفة صالح، ونشأت أحمد القطاونه، "تأثيرات العدالة التنظيمية في الـولاء التنظيمي: دراسـة ميدانية للدوائر المركزية في محافظات الجنوب الأردنية"، **المجلة العربية للإدارة**، المجلد (24)، العـدد (2)، 2004، ص1-52.

90. فيليب، جاك، ورون ستون، **الاستثمار البشري: أدوات وخطوات قياس العائد**، ترجمة إصدارات بميك، القاهرة، 2003.

91. قانون العمل وتعديلاته، رقم 8 لسنة 1996، الأردن.

92. القريوتي، محمد قاسم، **السلوك التنظيمي**، الطبعة الرابعة، عمان، دار الشروق للنشر والتوزيع، 2003.

93. القريوتي، محمد، وعوض خلف العنزي، "الشعور بالتمكن لدى المديرين من مستوى الإدارة الوسطى في دولة الكويت: دراسة ميدانية"، **مجلة جامعة دمشق للعلوم الاقتصادية والقانونية**، المجلد 22، العدد1، 2006، ص ص281-310.

94. قنديلجي، عامر إبراهيم، وعلاء الدين عبد القادر الجنابي، **نظم المعلومات الإدارية وتكنولوجيا المعلومات**، عمان، دار المسيرة للنشر والتوزيع والطباعة، 2005.

95. كاظم حمود، إدارة الجودة الشاملة، ط3، عمان، دار المسيرة للنشر والتوزيع والطباعة، 2007.

96. الكبيسي، عامر خضير، **إدارة الموارد البشرية في الخدمة المدنية**، المنظمة العربية للتنمية الإدارية، القاهرة، 2005.

97. كشواي، باري، **إدارة الموارد البشرية**، ترجمة دار الفاروق، القاهرة، دار الفاروق، 2006.

98. الكيلاني، عثمان، وهلال البياتي، وعلاء السالمي، **المدخل إلى نظم المعلومات الإدارية**، عمان، دار المناهج للنشر والتوزيع، 2000.

99. اللوزي، موسى، **التطوير التنظيمي: أساسيات ومفاهيم حديثة**، عمان، دار وائل للنشر والتوزيع، 2003.

100. المادة د البند أ، نظام تنظيم شؤون الاتحاد العام لنقابات العمال والاتحادات المهنية رقم 2006/9، المملكة الأردنية الهاشمية.

101. ماهر، احمد، **إدارة الموارد البشرية**، الابراهيمية، الدار الجامعية، 2005.

102. ماهر، احمد، **السلوك التنظيمي مدخل بناء المهارات**، الطبعة الثامنة، الاسكندرية، الدار الجامعية، 2002.

103. المرسي، جمال الدين محمد، **الإدارة الاستراتيجية للموارد البشرية**، الاسكندرية، الدار الجامعية، 2006.

104. المرسي، جمال الدين، **الإدارة الاستراتيجية للموارد البشرية**، الاسكندرية، الدار الجامعية، 2003.

105. المرهفي، سنان غالب رضوان، **مبادئ إدارة الأعمال وتأسيس الاعمال الصغيرة**، صنعاء، مركز الأمين للنشر والتوزيع، 2006.

106. المصري، منذر، استراتيجية تنمية الموارد البشرية، **المركز الوطني لتنمية الموارد البشرية**، المملكة الأردنية الهاشمية.

107. المغربي، عبد الحميد، **نظم المعلومات الإدارية**، المنصورة، المكتبة العصرية، 2002.

108. المغربي، كامل محمد، **الإدارة: الاصالة، المبادئ والاسس، ووظائف المنشأة**، عمان، دار الفكر للنشر والتوزيع، 2009.

109. المفرجي، عادل حرحوش، وأحمد علي صالح، "تحليل معطيات العلاقة الارتباطية بين نظام معلومات الموارد البشرية ورأس المال الفكري، من وجهة نظر قادة المنظمات والمعرفية في العراق"، **المجلة العربية للإدارة**، المجلد 26، العدد، يونيو (حزيران) 2006، ص ص151 – 127.

110. ملحم، يحيى سليم **التمكين كمفهوم إداري معاصر**، المنظمة العربية للتنمية الإدارية، القاهرة، 2006.

111. النجار، فايز جمعة صالح، **نظم المعلومات الإدارية**، عمان، دار الحامد للنشر والتوزيع، 2005.

112. نصر الله، حنا، **إدارة الموارد البشرية**، عمان، دار زهران للنشر والتوزيع، 2009.

113. نيلز، جوران، وآخرون، **الأداء البشري الفعال لقياس الأداء المتوازن، أفكار عالمية معاصرة**، ترجمة أشرف عبد الرحمن توفيق، القاهرة، سلسلة إصدارات بميك، 2003.

114. الهيتي، خالد عبد الرحيم، **إدارة الموارد البشرية: مدخل استراتيجي**، عمان، دار وائل للنشر والتوزيع، 2005.

115. الوليد، بشار يزيد، **نظام المعلومات الإدارية**، الطبعة الأولى، عمان، دار الراية للنشر والتوزيع، 2009.

116. ويلز، مايك، **إدارة عملية التدريب: وضع المبادئ موضع التنفيذ**، ترجمة محسن ابراهيم الدسوقي، مراجعة حنان بن عبد الرحيم الاحمدي، السعودية، معهد الادارة العامة، 1426هـ 2005م.

117. يحياوي، نعيمة، بطاقة الاداء المتوازن وسيلة فعالة للتقييم في المؤسسة، **مجلة العلوم الاجتماعية والانسانية**، جامعة باتنة بالجزائر، العدد 8، يونيو 2008، ص ص 21-52.

118. اليوزبكي، بسام عبد الرحمن، "أثر معلومات الموارد البشرية في تعزيز المزايا التنافسية للمنظمة"، رسالة ماجستير غير منشورة، كلية الإدارة والاقتصاد، جامعة الموصل، 2001.

119. يوسف، محمد محمود (2005)، **البعد الاستراتيجي لتقييم الأداء المتوازن**، القاهرة، المنظمة العربية للتنمية الإدارية، 2005.

المراجع الأجنبية:

1. Al-zegaier, Hanadi, **Investigating the Link between Human Resources Information Systems and Strategic Human Resources Planning**", PHD Dissertation, The Arab Academy for Banking and Financial Sciences, 2008.

2. Anthony, William et al, **Human Rsources Management: A Strategic Approach**, 3rd Ed., New York, Dryden Press, 1999.

3. Aswathappa, K., **Human Resource and Personnel Management**, 3rd Ed., New Delhi, Tata McGraw-Hill Publishing Company, 2003.

4. Aswathappa, K., **Human Resource and Personnel Management: Text and cases**, 3rd Edition, New Delhi, Tata MaGraw- Hill Publishing Company Limited, 2002.

5. Aswathappa, K., **Human Resources and Personnel Management, Text and Cases**, 3rd Edition, New Delhi, Tata Mc Graw-Hill Publishing Company Limited, 2002.

6. Aswathappa, K., Human Resources and Personnel Management. Text and Cases, 3rd Edition, New Delhi, Tata McGraw-Hill Publishing Company Limited 2002.

7. Atkinson, H, Strategy Implementation: A Role for the Balanced Scorecard, **Mangement Decision**. Vol 44. No. 10, 2006, pp. 1411-1460.

8. Baccarani, Clandio, "What Does Ethical Behavior Mean in Management Activities", **The TQM Journal**, Vol. 20, No. 2 , 2008, pp. 145-146.

9. Barney, J. B. and P.M. Wright, "On Becoming a Strategic Partner: The Role of Human Resources in Gaining Competitive Advantge", **Human Resources Management**, 37, 1, 2007

10. Beardwell, Ian, Leu Holden, and Tim Claydon, **Human Resource Management: A Contemporary Approach**, 4th Edition, Financial Times Prentice Hall, U.K, 2004.

11. Beardwell, Julie and Tim Claydon, Human Resourece Management, 5th Edition, Pearson Prentice-Hall, UK, 2007.

12. Boxall P. and J. Purcell, **Strategy and Human Resource Management**, 2003, Hound mills, Palgrave Macmillan.

13. Bratton, J. and J. Gold, **Human Resources Management: Theory and Practices**, 3rd Ed., Great Britain, Bath Press, 2003.

14. C.W. Von Bergen, Barlow Soper and Teresa Foster, "Unintended Negative Effects of Diversity Management, **Public Personnal Management** 31, (Summer 2002) , 239 – 251.

15. Cable, Hosh, "Seven Suggestions for a Successful Safety Incentive Program", Occupational Hazards, vol. 67, March 2005, pp. 39 – 43.

16. Carrell, Michael amd Christina Heavrin, **Labor Relations and Collective Borgaining**, New Jersey, Peason, 2004, pp. 417 – 418.

17. Daft, Richard and Raymond A. Noe, **Organizational Behavior**, Harcourt Inc., 2001.

18. De Nisi, Angelo 5. and Ricky W. Griffin, **Human Resources Managemnt**, Boston, Houghton Mifflin, 2001.

19. De Nisi, Angelo S., and Ricky W. Griffen, **Human Resource Management**, Houghton Mifflin Company, 2001.

20. De Nisi, Angelo, S. , and Ricky W. Griffin, **Human Resources Management, Boston**, Houghton Mifflin Company, 2001.

21. Dessler, Gary, **Human Resource Management,** 11th Ed., USA Pearson Prentice-Hall, 2008.

22. Dessler, Gary, **Human Resource Management,** 11th Ed., USA, Pearson Prentice-Hall, 2008.

23. Digh, Patricia, Creatirg a New Balance Sheet: The Need for Better Diversity Metrics", **Mosaics Society for Human Resource Management,** October, 1999, pp. 1-6.

24. Dobbs, Matti F. "Managing Diversity: Lessons from the Private Sector", **Public Personnel Management.,** 25, Sept. 1996. pp. 351-655.

25. Donald L. Kirk Patrick, "Four Steps to Measuring Training Effectiveness", **Personnel Administrator,** 28 (11), (Nov. 1983), pp. 19-25.

26. Employment Department, "People, Jobs and Opportunity", UK Government White Paper, 1992.

27. Feather N. and A.Rauter, "Organizational Citizenship Behaviors in Relation to Job Status, Job Insceurity, Organizational Commitment and Identification, Job Satisfaction, and Work Values" ,**Journal of Occupational and Organizational Psychology,** 77, 2004, pp. 81-94.

28. Fisher, Cynthia, D., Lyle F. School Feldt and James B. Shaw, **Human Resources Management,** 4th Ed., USA, Houghton Mifflin Co., 1999.

29. Fraedrich, J., J. Cherry, J. King & C. Guo, "An Empirical Investigation of the Effects of Business Ethics Training. **Marketing Education Review,** 15 (3), 2005, pp. 27-35.

30. French, Wedell L., **Human Resources Management,** 5th Ed., USA, Houghton   Mifflin Company, 2003.

31. Gennard, John, "Trade Union Merger Strategies: Good or Bad", **Employee Relation,** vol. 31, No. 2, 2009, pp. 116 – 120.

32. Gibson, James L. John Ivancevich and James Donnely, Jr. , **Organizations Behavior and Processes,** Boston, Mass.: Irwin, 1994.

33. Gomez – Mejia, Luis R., David B. Balkin, and Robert L. Cardy, **Managing Human Resources,** New Jersey, Prentice Hall, 2001.

34. Grossman Robert,"Is Divertity Working"? **The Magazine,** March 2000, p p. 47-50.

35. Gupta, S.C. **Advanced Human Resource Mangement Strategic Perspective,** New Delhi, Anc Books Pvt. Ltd. 2009.

36. Gupta, S.C., **Advanced Human Resource Management**, New Delhi, Anc Book Pvt. Ltd., 2009.

37. Gupta, S.C., **Advarced Human Resource Management: Strategic Perspective**, New Delhi, Ane Books Put. Ltd., 2009.

38. Hill, C. Seeking Emotional Support. Journal of Personality and Social Psychology, Vol. 60, No.1, 1991 , pp. 112-121.

39. Honold, L., "A Review of the Literature on Employee Empowerment", **Empowerment in Organizations**, Vol. 5, No. 4, 1997, pp. 202-212.

40. Horngren, C. et al, **Cost Accounting**, USA, Prentice Hall International 2000.

41. ISO 9001: 2008, International Organization for Standardization, Quality Management Systems – Requirments, BSI, 2008.

42. Ivancevich, John, M., **Human Resource Mangement** 8th Ed., Boston, Irwin, 2001.

43. Jackson,Susan E., Ranall S. Schuler, and Steve Werner, **Managing Human Resources**, Australia, South Werstern, 2009.

44. Jarrar, F. and M. Zairi,. Emptoyee Empowerment "**Managerial Auditing Journal,**, 17 (5) 2007, pp. 266-272.

45. Jones, Gareth R., **Organizational Theory, Design, and Change**, 5th Ed., New Jersey, Pearson Prentice – Hall Inc., 2007.

46. Jusoh, R. D., N. Ibrahim and Y. Zainnddin, "Assessing The Alignment Between Business Strategy and use of Multiple Performance Measures Using Interaction Approach" **The Business. Review**, Combridge, 2006, 5(1), pp. 51-60.

47. Kaplan, Robert S. & David Norton "The Balanced Scorecard: Measures that Drive Performance", **Harvard Business Review**, Jan-Feb 1992, pp.71-79.

48. Kaplan, Robert S. & David Norton, **The Balanced Scorecard: Translating Strategy into Action**, Boston, MA: Harvard Business School Press,1996 .

49. Kenneth N. Wexley, and Gary P. Latham, **Developing and Traning Human Resources in Organizations**, ILL: Scott, Foresman, 1990.

50. Laundon, Kenneth and Jane laundon, **Management Information Systems**, 7th Ed. USA, Prentice Hall, 2002.

51. Lee, M. and J. Koh, "Is Empowerment Really a New Concept? "International **Journal of Human Resource Management**, Vol. 12, No. 4, 2001, pp. 684-695.

52. Lind, E.A., "Thinking Critically about Justice Judgements", **Journal of Vocational Behavior,** 58, 2001, pp. 220-226.

53. Marilyn, Rosenthal "O Net Dictionary of Occupational Titles 2001-2002" **Library Journal,** October 1, 2002, pp. 65-71.

54. Mc Court Willy: "Recrutiment, Selection and Equal Opportunities" In Global Human Resource Management, UK, Edward Elgar, 2003.

55. Meyer, J.P. & Allen, N.J.: A Three- Component Conceptualization of Organization Commitment, **Human Resources Management Review,** (1), 1991, pp. 61-89.

56. Meyer, J.P. and L. Herscovitch, "Commitment in the workplace toward a General Model" **Human Resource Managemant Review,** 11, 2001, 299-326.

57. Moilanen, R., "Diagnostic Tools for Learning Organizations", **The Learning Organization,** 8 (1), 2001, pp. 6-20.

58. Mondy, R. Wayne, and Robert M. Noe, **Human Resource Management,** Ninth Edition, New Jersey, Pearson Prentice Hall, 2005.

59. Moorhead, George and Ricky Griffen **Organizational Behavior,** 5th Ed., USA: Houghton Mifflin Company, 2000.

60. Murrell, K.L. & M. Meredith 2000, Empowering Employees, New York, McGraw-Hill, 2000.

61. Noe, Raymond A., John R. Hollenback, Barry Gerhart, and Patrick M. Wright, **Human Resource Management,** Boston, Irwin, 2004.

62. O'Regan, N. and A. Ghobadian, "Formal Strategic Planning: The Key to Effective Business Process Management?", **Business Process Management Journal,** Vol 8, No. 5, pp. 416-429.

63. Oakland, John, **Total Quality Management,** Oxford, Butterworth- Heinemann, 1993.

64. Olve, N. & Sjostrand, G., **The Balanced Scorecard,** USA, John Wiley & Sons, 2002.

65. Oreilly, Charles, Corporation, Culture and Commitment: Motivation and Social Control in Organizationa In Steers, R. & Porter, L. Motivation and Work Behavior, N.Y, McGraw – Hill Inc., 1991.

66. Patton, W. David, Stephanie, L. Witt, Nickolas P. Lovrich, and Patricia J. Federicksen, **Human Resource Mangement,** Boston, Honghton Mifflin Company, 2002.

67. Policastro, Michael I., "Introduction to Strategic Planning" SBA, U.S. Small Business Administration, 2003.

68. Price, Alan, **Human Resource Management in a Business, Context 3**rd Ed., Australia, Thomson, 2007.

69. Psoinos A., and S. Smithson, Employee Empowerment in Manufacturing: A Study of Organizations in the UK, "**New Technology, Work and Employment**" vol. 17, No. 2, 2002, pp. 132-148.

70. Rollibson, Dereck J., "Supervisor and Marager Approaches to Handling Descipline and Griecance", **Personnel Review**, vol. 29, No. 6, 2006 pp.   743 – 768.

71. Rosenbloom, J.S. **The Handbook of Employee Benefits**, 5th Ed., USA McGraw- Hill, 2001.

72. Sallie Tracey, "Understanding Value and it Implications for Pay Equity and the Wage Gap". MA Dissertation, Carlzton University, Ottawa, 2004.

73. Schermerhorn, J.R. Jr, G.J.Hunt, and R.N. Osborn, **Organizational Behavior**, 7th E.d., New York, John Wiley and Sons, Inc., 2000.

74. Schettler, Joel, "Equal Access to All: **Training Issue** 39, Jan. 2002, pp. 44-48.

75. Sekaran, Uma, **Research Methods for Business: A Skill Building Approach**, 4th Ed., New York, John Wiley and sons, 2003.

76. Smith, Sandy, "Breakthrough Safety Management", **Occupational Hazards**, vol. 66, June 2004, pp. 41 – 43.

77. Stredwick, John, **An Introdaction to Human Resource Mamagement**, USA, Butter-worth Heinemann, 2000.

78. Sulaiman, A.M. & Isles, P.A. "Is Continuance Commitment Beneficial to Organizations: Commitment-Performance Relationship". **Journal of Managerial Psychology**, Vol. 15, No.5, 2001, pp. 407-426.

79. Turban, E., K. Rainer and R. Potter**, Introduction Information Technology**, N.Y. John Wiley & Sons, 2003.

80. U.S. Office of Personal Management.

81. Velasqnez, M., "A Framework for Thinking Ethically" Issues in Ethics 1(2), Winter 1998.

82. Wang, C., and P. Ahmed, "Learning Through Quality and Innovation", **Managerial Auditing Journal**, 17, 2007, pp. 417-423.

83. Wayne F. Cascio, **Managing Human Resources: Productivity, Quality of Work life, Profits**, 3rd Ed., Singapore: Mc Graw – Hill Inc., 1992.

84. Wright, P. M and S.A. Snell, "Towards a Unifying Framework for Exploring Fit and Flexibility in a Strategic Human Resource Management", **Academy of Management Review**, 1998, 23, 4, pp. 756-772.

85. Zammit, Edward L., and Saviour Rizzo "The perception of Trade Unions by their Members" **Employee Relations**, vol. 24, No. 1, 2002, pp. 53 – 68.

86. www. Absconsulting. com.

87. www. Boxeradv. Com/ vb/show thread. Php?

88. www. Hrdiscussion, com.

89. www. Hrdiscussion. Com.

90. www. Hrm-group.com/article76.html

91. www. Hutchshrm.org/ethics.htm

92. www. Mesa 7a. com.

93. www. OECD. org.

94. www. OSHA. gov.

95. www.ericdgests.org/pre-9220/focus.htm

96. www.Kaa.jo

Printed in the United States
By Bookmasters